Hermeneutik des Bilderverbots

Forum Theologische Literaturzeitung

ThLZ.F 26 (2016)

Friedhelm Hartenstein
Michael Moxter

Hermeneutik des Bilderverbots

Exegetische und systematisch-theologische Annäherungen

EVANGELISCHE VERLAGSANSTALT
Leipzig

Bibliographische Information der Deutschen Nationalbibliothek
Die Deutsche Nationalbibliothek verzeichnet diese Publikation in der Deutschen Nationalbibliographie; detaillierte bibliographische Daten sind im Internet über http://dnb.dnb.de abrufbar.

Printed in Germany · H 8039

Das Buch wurde auf alterungsbeständigem Papier gedruckt.

Umschlag und Entwurf Innenlayout: Kai-Michael Gustmann, Leipzig
Coverfoto: © Aintschie – Fotolia.com
Satz: Evangelische Verlagsanstalt GmbH, Leipzig
Druck und Binden: Hubert & Co., Göttingen

ISBN 978-3-374-03060-6
www.eva-leipzig.de

Vorwort

Dieses Buch ist das Resultat einer Zusammenarbeit zwischen (alttestamentlicher) Exegese und systematischer Theologie zu einem aktuellen und – wie wir meinen – theologisch und anthropologisch fundamentalen Thema. Sie begann mit gemeinsamen Seminaren in Hamburg, weshalb die Wurzeln des Unternehmens und die Verabredungen über die Vorgehensweise schon einige Jahre zurückliegen. Die gegenwärtige Brisanz der Themenstellung in Kultur und Politik unterstreicht die Bedeutung des Themas, hat uns aber nicht davon abgehalten, unsere eigene Arbeitskraft und Aufmerksamkeit vor allem auf den Problemkreis des biblischen Bilderverbots zu richten. Es ging und geht uns um Sondierung und Sortierung von historischen und gegenwärtigen Deutungsschichten an einem exemplarischen Fall, um den sich implizit oder explizit Bildkonzepte und Bildtheorien angelagert haben. ‚Hermeneutik' dient dabei als eher pragmatisches Schlüsselwort für eine gemeinsame Verständigungsbemühung zwischen Text und Bild, zwischen den Disziplinen und über die Fächergrenzen hinaus.

Der Genese des Bandes geschuldet sind einige „Ungleichzeitigkeiten" (manche Abschnitte und Teile lagen schon länger vor, andere wurden erst kurz vor Abschluss geschrieben). Es würde die Autoren freuen, wenn das Buch als „dialogisches" Unternehmen wahrgenommen würde. Man kann und soll seine beiden unterschiedlich situierten Hauptteile (II und III) stets aufeinander hin lesen und bedenken (dazu helfen die wechselseitigen Verweise). Die Einleitung (I) und der Ausblick

(IV) werden von beiden Autoren gemeinsam verantwortet, wobei Ersteres in seiner Grundfassung von M. Moxter, Letzteres von F. Hartenstein geschrieben wurde. Der Prozess eines solchen Buchprojekts „zu zweit" ist deutlich aufwändiger, bietet aber einen Zugewinn an Perspektiven und Argumenten, den die Autoren und – hoffentlich – auch die Leserinnen und Leser nicht missen möchten.

Dass der Band nun fertiggestellt werden konnte, verdankt sich auch der Mitarbeit vieler Personen. Wir danken sehr herzlich für alle Anregungen, Gespräche, Anmerkungen und Korrekturen aus Hamburg: Nina Heinsohn, Markus Firchow und Olivia Brown (die sich auch um die redaktionelle Seite kümmerte), aus München: Ann-Cathrin Fiss, Elisabeth Kühn sowie Mathias Neumann und Susanne Schleeger (die die Endkorrektur von Teil II und IV gelesen haben). Ein wichtiges Gesprächsforum bildete zudem das DFG-Projekt „Bild und Zeit. Exegetische, hermeneutische und systematisch-theologische Untersuchungen zur Bildlichkeit religiöser Repräsentationsformen". Schließlich danken wir den Herausgebern der Reihe ThLZ.F, insbesondere Ingolf U. Dalferth, die den Band angeregt haben, sowie der Evangelischen Verlagsanstalt Leipzig, vor allem Frau Dr. Annette Weidhas, für ihre engagierte Unterstützung und für die Geduld angesichts einer langen Inkubationszeit.

Im Februar 2016
Friedhelm Hartenstein, Michael Moxter

Inhalt

I Einleitung

„Verstehst Du auch, was Du liest?“ fragt Philippus den über eine Prophetenrolle gebeugten Kämmerer aus dem Morgenland (vgl. Apg 8,26–40). Theologische Hermeneutiken zitieren das gerne. Denn mit dieser Frage ist ein elementarer Bereich ihrer Aufgabe benannt, Missverständnisse auszuräumen, die sich zwischen Text und Rezeption ergeben und nicht nur die Kommunikation, sondern mitunter schon die Lust am Weiterlesen blockieren. In mancher Hinsicht ist die hier vorgelegte Skizze einer Hermeneutik des Bilderverbots an diese Frage des Philippus gut anschließbar. Zwar ist mit dem Abschnitt der Tora (sei es in Gestalt von Ex 20,4–6 oder Dtn 5, 8–10) ein anderer Text einschlägig, aber eigentlich müsste man den Textabschnitt der lukanischen Inszenierung nur etwas erweitern. Denn wenn der Kämmerer vor der Frage steht, wen der Prophet mit der Rede vom leidenden Gottesknecht eigentlich meine, so setzt dies eine Lektüre von Jes 53 voraus, in deren Kontext ihm kurz zuvor auch der Spott des Prophetenbuches über die wirkungslosen Götzenbilder der Heiden untergekommen sein muss (Jes 44). Ob es ihm gelungen sein mag, die Kritik der Götterstatuen, der anderen Kulte und Religionen mit dem Bilderverbot zu verbinden oder in ihm ein Alleinstellungsmerkmal monotheistischer Religion zu erkennen?

Es wäre also nicht aus der Luft gegriffen, die lukanische Geschichte auch in dieser Variante zu erzählen und in der Folge einer Hermeneutik des Bilderverbots die Aufgabe zuzuweisen, das Verständnis biblischer Textstellen, ihre Ausstrahlung auf andere Bereiche der Schrift und ihre Bedeutung für Kultstreitigkeiten, Bilderstürme und religiös motivierte Gewalt zu klären. Man könnte auch die für eine hermeneutische Theologie wichtige Frage nach dem Verhältnis von Textverstehen und Selbstverständnis aufnehmen. Denn nur Weniges irritiert das gläubige Bewusstsein stärker als das Zwielicht, in das Monotheismus und Bilderverbot, Rigorismus und Exklusivismus geraten sind. Wie oft in der Kirchen- und Theologiegeschichte fallen auch in unserer Gegenwart an biblischen Texten Entscheidungen über die eigene religiöse Orientierung. Sind Bilderverbot und Bilderkritik Ausdruck einer besonderen Vernünftigkeit (Intellektualität) und eines typischen Freiheitssinns monotheistischer Religionen – weil sie sich nicht länger in der Sinnlichkeit und ungeschützten Konkretion polytheistischer Kulte bewegen – oder bildet eine solche Vorstellung den Nährboden für Überlegenheitsgefühle und religiöse Intoleranz? Vor allem aber: Verstehen wir den Text überhaupt richtig, wenn wir ihn in diesem Sinne lesen?

Zu diesen und verwandten Fragen nehmen die vorliegenden Studien Stellung. Jedoch konnten und wollten sie auch der anderen Frage nicht ausweichen: ‚Verstehst Du, was Du siehst?' – Sie erinnert daran, dass das biblische Verbot der Anfertigung und Anbetung von Götterstatuen der Macht der Bilder nachhaltige Aufmerksamkeit verschafft. Wie man das Bilderverbot versteht, enthält eine Stellungnahme zu der Frage, was am Bild eigentlich so problematisch und verwerflich oder genauer: so unvereinbar mit dem Gott Israels ist oder sein soll. Die Auslegungsgeschichte zeigt, dass es auf diese Frage ganz unterschiedliche Antworten gibt und sich diese stillschweigend, d. h. oft ohne methodische Klarheit und ausdrückliche Reflexion, der Interpretation des Textes oktroyiert haben. Spezifische Bildtheorien bestimmen das Textverständnis kaum weniger als die Art und Weise, wie Gott gedacht wird.

Ob man versteht, was man sieht, wirft darüber hinaus die Frage auf, wie sich Begriff und Anschauung zueinander verhalten, ob Denken und Erkennen erschöpfend erfassen können, was anschaulich gegeben ist. Und weiter: Welchen Status hat Bildlichkeit für den humanen Weltumgang? Sind Bilder Steigerungsformen visueller Wahrnehmung, die nicht nur etwas zu sehen geben, sondern anderes auch dem Blick verweigern und unsichtbar machen? Dann etablierten Bilder – weit davon entfernt, die Wirklichkeit bloß zu reproduzieren und abzubilden – selbst Grenzen zwischen Sichtbarem und Verborgenem.

Eine Hermeneutik des Bilderverbots erweitert deshalb die methodische Arbeit am Textverständnis. Sie lässt sich von der Schrift (und ihrer Wirkungs- und Auslegungsgeschichte) auf den Pfad einer allgemeinen Hermeneutik des Bildes locken. War der protestantischen Theologie am Zusammenhang von Text-, Sach- und Selbstverständnis gelegen, so entstehen ihr neue Aufgaben aus den Einsichten der Bildwissenschaften.

Vor allem in der Exegese des Alten Testamentes hat sich die Einschätzung des Bilderverbots gewandelt. Historische Beobachtungen zur altorientalischen Religionsgeschichte und also zu den Bilderwelten, in denen sich die antike Kultur artikuliert, haben die Vorstellung einer unvergleichbaren Sonderrolle Israels fragwürdig werden und vor allem die prägnante Formel des Bilderverbots als eine späte Erscheinung innerhalb der alttestamentlichen Theologiegeschichte erkennen lassen. Debattiert wird zur Zeit, ob das Bilderverbot aus der Not eine Tugend machte, ob es etwa den Verlust eines einst vorhandenen Kultbildes JHWHs durch die Fiktion kompensierte, eine Götterstatue sei noch nie mit dem Gott Israels vereinbar gewesen. Die Mehrzahl exegetischer Stimmen vertritt die Meinung, der Kult im Jerusalemer Tempel sei *de facto* stets ohne ein anthropomorphes Kultbild ausgekommen, also in dieser Hinsicht „bildlos“ gewesen, aber dies aus kontingenten Gründen. Dann, so die auch von uns vertretene These, habe sich im Zusammenhang mit dem expliziten Monotheismus das Nichtvorhandensein eines JHWH-Bildes als Identifikationsmerkmal aufgedrängt, um eine prinzipielle Differenz dieses Gottes von allen anderen Göttern zu markieren. Authentizität und Souveränität des Schöpfergottes verlangten, dass ausgeschlossen wird, was ihm nicht zukommt, und stattdessen an dem festzuhalten, was er in seiner (Selbst-)Offenbarung zu erkennen gibt. Das Verbot eines (menschen- oder tiergestaltigen) Kultbildes erscheint so als sekundäre Rationalisierung einer Lage, die in exilischer Zeit im Selbstvergleich mit der babylonischen Religion erst als Mangel erfahren, hernach aber als Vorzug interpretiert werden konnte.

Eine solche Herleitung mahnt zur Vorsicht, aus dem Bilderverbot keine zu weitreichenden Schlüsse hinsichtlich der Frage zu ziehen, welche Bedeutung Visualität und Bildlichkeit in der altisraelitischen Gottesverehrung im Ganzen innehatten. Tempelkult, Ritus, Opfer und performatives gottesdienstliches Handeln sind jedenfalls immer an Sichtbarkeit gekoppelt, so dass Bildlosigkeit ein zu weit gefasster, abstrakter Begriff bleibt, um als Kennzeichnung der Religion alttestamentlicher Texte dienen zu können. Nicht allein die Theophanieerzählungen des Alten Testaments, sondern noch stärker die poetische Sprache, vor allem der Psalmen und der Prophetenbücher, lebt von mentalen Bildern, in denen der Glaube an JHWH sich ausspricht. Dürfte man also sagen: ein spezifisches Gottesbild verbietet die Götterbilder? Oder prägt gar der jüdisch-christliche Gottesglaube das, was in Bildern gesehen wird?

Auch an den historischen Kontexten bestätigt sich also, dass Interpretationen des Bilderverbots einen Begriff der Bildlichkeit mit sich führen. Das Verstehen des Textes verknüpft sich mit einer *Hermeneutik des Bildes.*

Gottfried Boehm hatte diesen Disziplinentitel eingeführt wie auch den vielzitierten Begriff eines *iconic turn* der Kulturwissenschaften. Beide Begriffe hatten entscheidenden Anteil an der Etablierung der sogenannten Bildwissenschaft(en). Sie enthalten aber auch Begrenzungen und Einseitigkeiten, auf die kurz einzugehen ist.

Nach Maßgabe des *linguistic turn* wurde der Begriff *iconic turn* geformt. Als Richard Rorty unter dem (Buch-)Titel „The linguistic turn" den Paradigmenwechsel von einer mentalistischen Bewusstseinsphilosophie zu Logik und Sprachphilosophie beschrieb und mit der Sammlung einschlägiger Beiträge forcierte, war seine spätere Angleichung von Philosophie und Literaturwissenschaft nicht absehbar. Die Ausrichtung des Denkens an den Formen der Sprache und den Regeln der Sprachspiele sowie der Vorrang öffentlicher Bedeutungssetzung vor dem solipsistischen Akt des Meinens sollten eine Wende der Philosophie, ihrer Methode wie der Ausrichtung ihrer Inhalte, kennzeichnen. Alles kam auf die These an, das Verhältnis zur Wirklichkeit sei sprachlich geprägt, die Kategorien der Erkenntnis in die Kommunikationsformen eingelassen. Die für Paradigmenwechsel empfängliche akademische Öffentlichkeit konnte deshalb die spätere Aufforderung zum *iconic turn* kaum anders denn als die Einladung verstehen, das zuvor erreichte Reflexionsniveau noch einmal zu überbieten und die Analyse basaler Voraussetzungen zu vertiefen. Nicht erst die Sprache, sondern zuvor schon das Bild wurde als das Medium identifiziert, in dem und durch das sich der menschliche Weltzugang vermittelt.

Die methodische Abkünftigkeit des *iconic turn* von der Theorie der Sprache und der in ihr fundierten Darstellungsformen prägte den Titel, den Boehm (zunächst) zur Kennzeichnung derjenigen Disziplin wählte, die die involvierten Aufgaben übernehmen sollte: eben die einer Bildhermeneutik. Mit diesem Disziplinentitel war die Überzeugung markiert, dass Bilder Erkenntnis konstituieren, Sinn manifestieren und Wirklichkeit erschließen, aber auch mit welchen geisteswissenschaftlichen Methoden dies dargelegt werden sollte. Die Schnittstelle zwischen Bildlichkeit und Sprache bestimmte darum auch das Sachprogramm: „Die Hermeneutik des Bildes hat ihren Ursprung, wo die Bilderfahrung des Auges in das Medium der Sprache übergeht.“[1] Dass Boehm Bildern eine der Leistung der Sprache analoge Funktion zuschrieb, bedeutete freilich eine implizite methodische Anpassung der neuen Disziplin der Bildwissenschaft an die ‚Logik‘ der Sprachwissenschaften, so sehr in der Sache die Behauptung eines Primats des Bildes gegenüber der Sprache betont wurde. Die darin angelegte Spannung tritt noch deutlicher zutage, wenn Boehm schreibt, das Bild sei „kein Ding unter Dingen [...], sondern eine eigene Sprache“[2] und zwar näherhin eine stumme, eine schweigende Sprache.[3] Hermeneutik sollte vor diesem Hintergrund die wechselseitige Übersetzbarkeit[4]

---

1 G. Boehm, Zu einer Hermeneutik des Bildes, in: Ders., H.-G. Gadamer (Hrsg.): Die Hermeneutik und die Wissenschaften, Frankfurt am Main 1978, 444.

2 A. a. O., 457.

3 A. a. O., 456.

4 Vgl. a. a. O., 469.

von Wort und Bild entfalten, ohne freilich der Programmatik einer Ikonologie im engeren Sinne (welche die Bedeutungen einzelner Bildelemente zu identifizieren versucht) zu folgen.

Die Frage legt sich nahe, ob Visualität und Bildlichkeit hinreichend zur Geltung gebracht werden, wenn man den methodischen Zugang an der Sinnorientierung der Sprache ausrichtet und gegenüber der Sinnlichkeit und Materialität der Bilder priorisiert. Geben Bilder nicht gerade deshalb zu denken, weil sie ein Nicht-Begriffliches repräsentieren, das sich der Einholung ins Verstandene widersetzt? Dann wäre dem *iconic turn* mit einer Bildhermeneutik nicht wirklich gedient.

Dieses Problem wird nicht dementiert oder bagatellisiert, wenn wir im Folgenden von einer Hermeneutik des Bilderverbots sprechen. Die Arbeitsgemeinschaft zwischen alttestamentlicher und systematischer Theologie, die in der vorliegenden Publikation ihren Niederschlag findet, begann mit einem gemeinsamen Hamburger Hermeneutik-Seminar, an dessen Ausklang die Arbeit am programmatischen Aufsatz Gottfried Boehms zur Bildhermeneutik stand. Da die hermeneutische Frage eine bewährte Basis der Zusammenarbeit zwischen Exegese und Systematik bildet, lag es nahe, die damals beschlossene gemeinsame Studie zum Bilderverbot unter den Leitbegriff einer Hermeneutik zu stellen und andere (zu umfassende und anspruchsvolle: ‚Das Bilderverbot' oder falsche Erwartungen weckende: ‚Verbotene Bilder') zu vermeiden. Die problemorientierte Skizze ist ein Versuch des Textverstehens wie der interdisziplinären Verständigung. Dass die Autoren in diesem Sinne am Titel ‚Hermeneutik' festhalten, heißt aber nicht, dass sie für Bedenken unzugänglich wären.

5 J. Hörisch, Die Wut des Verstehens. Zur Kritik der Hermeneutik, Frankfurt am Main, 1988.

Die ‚Wut des Verstehens'[5] wissenschaftlich (und lebenspraktisch) zu disziplinieren, wäre durchaus eine – und nicht die schlechteste – Definition hermeneutischer Aufgaben. Jene Wut bricht aus im übereilten Zugriff auf die Sache, die sie deutend identifiziert, ohne Alternativen gründlich geprüft, den Umhof der Möglichkeiten hinreichend gewichtet zu haben.

Hermeneutik als Kunstlehre des Verstehens ist ein Gegenmittel, das durch Verzögerung eine methodische Anstrengung zugunsten des Anders-Verstehen-Könnens auf den Weg bringen will. Diese Kunst einzuüben erscheint uns wichtiger als eine programmatische Beanspruchung des Hermeneutikbegriffs. Manches, was im Folgenden vorgetragen wird, ließe sich wohl auch unter den Titel einer Auslegungs- und Rezeptionsgeschichte des Bilderverbots stellen. Entscheidender als die Nomenklatur ist für die vorliegenden Studien jedoch die Frage, ob die historische Interpretation biblischer Texte im Horizont kulturwissenschaftlicher Fragestellungen so durchgeführt werden kann, dass sich Aufgaben einer Theologie des Alten Testaments abzeichnen – bzw. ob und wie es der systematischen Theologie gelingt, ihr Verhältnis zur Schrift nicht nur im abstrakten Streit um Prinzipien (im Prolegomena-Teil der Dogmatik) zu traktieren, sondern bestimmte biblische Texte, die sich aufdrängen, denkend ernst zu nehmen. Diesen Zusammenhang von Exegese, Hermeneutik und Systematik zu wahren, war eines unserer Interessen. Dass Interdisziplinarität sich vor allem im wechselseitigen kritischen Vorhalt zuvor unbedachter Fragen zeigt, muss nicht verschwiegen werden. Doch auf diesen Austausch kam es gerade an.

Gemeinsam ließen wir uns von der Behauptung Hans Blumenbergs leiten, symbolische Formen vermöchten Prägnanzen herauszubilden, ohne dass diese von Haus aus in den geprägten Formen bereitliegen.[6] Die Arbeit der Rezeption bringt Sinn an den Tag, den man keiner immer schon wirksamen, gleichsam *a priori* vorhandenen Entelechie zuschlagen kann. Letzeres ginge zu Lasten historischer Erfahrung, die zur bloßen Entwicklung herabgestuft wäre – mit dem einzigen Restrisiko, dass niemand vorhersehen kann, wann genau jedwedes sein *telos* erreicht. Die Geschichte wartet indes mit größeren Unsicherheiten auf und ihre Kontingenzen werfen oft Gewissheitsfragen für die Subjekte auf. Niemand wird darum die Entwicklung alttestamentlicher Theologie als eine natürliche Entfaltung immanenter Anfänge beschreiben, vielmehr findet der Gottesglaube aufgrund neuer, oft krisenhafter Erfahrungen zu Transformationsgestalten, bei denen es als falsch gestellte Frage gelten darf, ob sich das Frühere im Späteren hätte wiedererkennen können.

Die Gegenüberstellung des ‚ursprünglichen' Textsinnes und dem, was spätere Zeiten oder andere kulturelle Kontexte unter ihm verstanden und aus ihm gemacht haben, dient der Erkenntnis des historischen Abstandes, muss aber nicht einem Positivismus der ersten Anfänge zuarbeiten. Statt die vermeintlichen Fakten und Ausgangslagen von der späteren Deutung zu trennen, verdient der Satz Beachtung: ‚Im Anfang war die Umdeutung'. Er schließt eine Zuordnung der theologischen Disziplinen aus, nach der zunächst die historische Exegese unter Zurücksetzung aller hermeneutischen Fragen und systematischen Perspektiven vervollständigt und abgeschlossen werden soll, um hernach und sekundär nach

6 „Zeit schleift die Prägnanzen nicht ab, sie holt aus ihnen heraus, ohne daß man hinzufügen dürfte: ‚was darin ist'" (H. Blumenberg, Arbeit am Mythos [1979], Frankfurt am Main ^{4}1986, 79).

Deutung, Bedeutsamkeit und Geltung zu fragen. Den Unterschied zwischen Genesis und Geltung ernstzunehmen ist jedoch etwas anderes als mit der Trennung von Fakten und Interpretationen die Grenzen der Disziplinen zementieren zu wollen. Da Zeichen und Symbole mehr zu denken geben als ein historischer Positivismus wahrzunehmen vermag, gehört Auslegung zu den denkenden, sich den denkbaren Fragen stellenden Tätigkeiten. Gerade die Geschichte des Bilderverbots zeigt das. Trotz seiner festen Form als Rechtssatz unbedingten Gottesrechts ist es in Kontexten überliefert und wird in ihnen rezipiert, in denen sein Sinn reflektiert, präzisiert und korrigiert wurde. Die Vielzahl späterer Auslegungstraditionen spiegelt und greift auf, was in den biblischen Texten selbst beginnt. Insofern ist die Rezeptionsgeschichte des Bilderverbots mit diesem von Anfang an verbunden und ihm nicht äußerlich.

Die vorliegenden Studien zerfallen darum auch nicht in einen ersten (exegetischen) und einen zweiten (systematischen) Teil, womit der Bruch zwischen historischer Identifikation des ursprünglichen Textsinnes und gegenwärtiger Verantwortung seiner Wahrheit nur verstärkt würde. Beide Teile sind vielmehr von gemeinsamen Überzeugungen und Fragen bestimmt, die jede Disziplin mit ihren je spezifischen Mitteln vertritt bzw. stellt und die – wo immer es möglich war – abgestimmt wurden. Vor allem aber blicken sowohl der exegetische wie der systematische Teil dieser Studie vom Späteren auf Früheres zurück, sei es dass im Ausgang von monotheistischen Redaktionen auf die Schichten früher prophetischer Überlieferungen zurückgegriffen, sei es dass mit den Kategorien gegenwärtiger Bildwissenschaften die Unruhe früher Debatten ausgelotet wird. Mit diesem Zugang war darüber entschieden, dass wir nicht beanspruchen, eine umfassende Theologiegeschichte des Bilderverbots zu schreiben oder einen hinreichenden Überblick über die einschlägige Forschungsliteratur zu geben. Das entspräche im Übrigen auch nicht dem Charakter dieser Reihe, die Anstöße zu aktuellen Debatten geben und darum problemorientiert, nicht aber enzyklopädisch, informieren will.

Das historische Urteil über die theologische Arbeit, die Überlieferungs- und Redaktionsgeschichte bereits geleistet haben, steht in Nachbarschaft zur systematischen Vermutung, es werde das Wichtigste erst im Nachhinein erfasst. Luther konnte das über den Gott der Sinaitheophanie (Ex 33), Hegel über die Reflexionsbestimmung des Wesensbegriffs, Kierkegaard über die Art und Weise sagen, in der das Subjekt sich selbst erfährt, und schließlich konnte Lévinas sie in die Frage fassen: „Die großen ‚Erfahrungen' unseres Lebens sind nie im eigentlichen Sinne des Wortes erlebt worden. Kommen nicht vielleicht die Religionen auf uns zu aus einer Vergangenheit, die nie reines Jetzt war?"[7] Sie ist nicht desillusionierend gemeint, sondern gibt der Arbeit der Erinnerung einen systematischen Ort im Selbstverhältnis wie in der Religionsgeschichte.

Es verband uns schließlich auch die Absicht, den Bildbegriff möglichst offenzuhalten. Einerseits ist mit einem vieldimensionalen Bildverständnis zu rechnen, das sich nicht durch eine Definition vereinheitlichen lässt, andererseits aber auch mit der Vergeblichkeit des Verbotes, der Attraktivität des Bildes durch Entsagung zu begegnen. (Nichts dürfte die anthropologische Bedeutung des Bilderkultus deutlicher

7 E. Lévinas, Rätsel und Phänomen, in: Ders., Die Spur des Anderen. Untersuchungen zur Phänomenologie und Sozialphilosophie, übers. u. hrsg. v. W. N. Krewani, Freiburg i. Br./München (1983), ³1992, 236–259: 250.

unterstreichen als die Vergeblichkeit aller Versuche, ihn zu verbieten oder im Interesse der jeweiligen Macht zu kanalisieren.) Gewiss gibt es entsetzliche Bilder, die loszuwerden man begehrt. Aber um sich gegen Bilder zu wehren, muss man der Kraft der Gegenbilder vertrauen. Diese bild-anthropo-theologische Einschätzung verbietet einen scharfen Schnitt, mit dem das Bilderverbot des Alten Testaments allein auf skulptierte Statuen konkurrierender Götter bezogen und als kulturelle Sonderentwicklung aufgefasst würde. Die Behauptung, nur darum sei es gegangen, rechnet nicht hinreichend mit der Prägnanz des Bildlichen, der Virulenz des Visiblen auch für die Gottesimaginationen biblischer Texte. Das Bilderverbot leiht seine Dramatik von der des Bildes.

Es kam deshalb darauf an, die Beziehungen zwischen Theologie und Anthropologie, zwischen ordnender Gewalt und Bildmacht, zwischen Imagination und Erkenntnis in den Blick zu nehmen, aber auch die biblischen Texte daraufhin zu befragen, was sie über die Sichtbarkeit JHWHs, sein Angesicht, seine Residenz im Tempel oder über Christus als Bild Gottes zu sagen haben.

Die Faszination des Bilderverbots, das immer wieder Interpretationen hervorruft, die weit über die Texte hinausführen, seine Kraft, unterschiedliche Gehalte der Religion zu organisieren, aber auch der Schrecken und Terror, zu deren Rechtfertigung es diente und dient, standen uns am Ende unserer Arbeit noch deutlicher vor Augen als zu Beginn. Wenn sie bei der Lektüre des entstandenen Textes noch erkennbar sein sollten, wäre das Projekt nicht verunglückt.

II Exegetische und religionsgeschichtliche Perspektiven[1]

Das alttestamentliche Bilderverbot gehört zu den wichtigsten Besonderheiten der jüdischen Tradition. Seine Wirkung in der Religions-, Kultur- und Philosophiegeschichte ist kaum zu ermessen (vgl. III). Durch die christlichen Transformationen hindurch hat es etwa im byzantinischen Bilderstreit oder im Bildersturm der Reformation hohe Bedeutung erlangt (s. III 5.2; 8). Unter Berufung auf das Bilderverbot wurde um Gottesvorstellungen gerungen und die Frage nach der Angemessenheit visueller Vermittlungsformen für Gott/das Göttliche begrifflich zu erfassen versucht. Mit Blick auf das Bilderverbot wurden aber auch Kunstwerke zerstört und geschaffen (s. III 9). Die folgenden Überlegungen zu einem reflektierten Umgang mit dem Bilderverbot aus exegetischer Perspektive verfolgen einen doppelten Zugang:

a) Denjenigen einer *Religionsgeschichte des antiken Israel,* die Perspektiven einer historisch-kritisch rekonstruierten *Theologiegeschichte des Alten Testaments* und die *Auswertung außerbiblischer Quellen* vereinigt. Dazu muss besonders auch der weitere kulturelle Kontext über Palästina hinaus (vor allem altorientalische Tempel und ihre Kultbilder) betrachtet werden.

---

[1] Die Fußnoten bieten – dem Charakter eines Essays entsprechend – neben den direkten Nachweisen für Zitate lediglich eine begrenzte Auswahl an vertiefender Literatur. Wenn in Klammern auf andere Abschnitte von Teil II verwiesen wird, so ohne nochmalige Nennung der römischen Ziffer, anders aber bei Verweisen auf den folgenden Teil III.

b) Denjenigen einer *hermeneutischen Reflexion des Bilderverbots* aus der Position einer christlichen (evangelischen) Theologie, unter Aufnahme der exegetisch-religionsgeschichtlichen Ergebnisse.

1. Religionsgeschichtliche Kontexte

Um die Frage nach dem alttestamentlichen Bilderverbot bearbeiten zu können, soll zunächst der Rahmen skizziert werden, in dem allein dieses Verbot angemessen verstanden werden kann: In den Religionen des Alten Orients und der klassischen Antike spielten kultisch verehrte Bilder als Medien der Gottespräsenz eine herausragende Rolle. Sie standen im Mittelpunkt der Heiligtümer und Tempel. Auf sie waren Opfer, Gebete und Feste ausgerichtet. Deshalb kommen im Folgenden zunächst die Tempel als Hauptkontext der Bilder zur Sprache (1.1a). Anschließend werden die Bilder und ihre wichtigsten Formen (menschengestaltig, symbolisch, anikonisch) sowie ihre Herstellung und Funktionen in den Blick genommen (1.1b–e). Schließlich ist über die mit dem Kult verbundene „mentale Ikonographie", die visuelle Imagination der Kultteilnehmer vom Körper der Götter und von deren Transzendenz, zu handeln (1.2).

1.1 Grundzüge altorientalischer Bilderkulte

a) Was ist ein Heiligtum?

Wenn man über einen chronologisch und regional stark unterschiedlichen Kulturraum wie den der altorientalischen Antike in einer auf gemeinsame vergleichbare Strukturen abhebenden Perspektive etwas sagt, besteht die Gefahr der Pauschalisierung. Dennoch ist es hilfreich, sich für unsere Fragestellung einige Grundzüge vor Augen zu führen, die für die Kulturen Vorderasiens und Ägyptens im Ganzen gelten:

Seit den ältesten neolithischen Heiligtümern in Anatolien (Göbekli Tepe, Nevali Çori) lassen sich im Alten Orient Tempel(-gebäude) nachweisen.[2] Es ist bemerkenswert, dass dies so früh (um 9500 v. Chr.) bereits der Fall ist. Schon vor der Entstehung von Dauersiedlungen und sogleich mit ihrer Etablierung entstanden auch Heiligtümer (außerhalb und innerhalb von Dörfern/Städten). Sie wurden als architektonische Räume aus umliegenden Landschaften (bzw. aus den Ortschaften) „herausgeschnitten" (vgl. griechisch *temenos* und lateinisch *templum* „Herausgeschnittenes" für einen heiligen Bezirk). In der elementaren räumlichen Unterscheidung zwischen *innen* und *außen* zeigt sich der religiös-kulturelle Symbolbereich der Schwelle.[3] Er ist fundamental für alles, was im Folgenden entfaltet werden soll. Mit Schwellen werden sowohl Grenzen/Abschrankungen als auch Überlappungen/Zugänge markiert: Ein Heiligtum stellt insofern vor allem eine *Übergangszone* zwischen Göttlichem und Menschlichem, zwischen Reinem/Heiligen und Unreinem/Profanen dar.[4] Es

---

2 Vgl. dazu K. Schmidt, Sie bauten die ersten Tempel. Das rätselhafte Heiligtum der Steinzeitjäger. Die archäologische Entdeckung am Göbekli Tepe, München 2006; J. Mellaart, Çatal Hüyük. A Neolithic Town in Anatolia, London/Southampton 1967.

3 Siehe E. Cassirer, Philosophie der symbolischen Formen II. Das mythische Denken, Darmstadt [8]1987 (1924), 127, der für die Symbolik der Schwelle ein „mythisch-religiöses Urgefühl" annimmt; vgl. auch K. Hübner, Die Wahrheit des Mythos, München 1985, 162.

4 Vgl. Hübner, Wahrheit (s. Anm. 3), 163–167; M. Eliade, Die Religionen und das Heilige. Elemente der Religionsgeschichte, Frankfurt am Main [2]1989 (frz. 1949), 423–444; zur Problematik und Unverzichtbarkeit der Kategorie des „Heiligen" siehe C. Colpe, Über das Heilige. Versuch, seiner Verkennung kritisch vorzubeugen, Frankfurt am Main 1990.

vereinigt in sich auch das Zusammentreffen von horizontaler und vertikaler Symbolachse bzw. mit dem Ägyptologen und Kulturwissenschaftler Jan Assmann gesprochen, von „Zentrum" und „Weg".[5]

Die *horizontale* Bewegungsrichtung führt über die Schwelle(n) eines Tempels hinweg immer weiter nach innen; sie folgt dabei meistens einem geradlinigen Weg, der in beiden Richtungen benutzt werden kann (wobei offen bleibt, ob die Subjekte jeweils dieselben sind; oft führt vor allem der Weg der Menschen nach innen[6]). Die Wegachse des Heiligtums endet an einem letzten Punkt: der entscheidenden Schnittstelle zwischen außen und innen, die durch die stärkste Präsenz des Göttlichen gekennzeichnet ist. Es handelt sich um die heikelste und wichtigste Grenzmarkierung eines Heiligtums, den räumlichen Punkt, an dem „hier" und „dort", diese und eine andere („jenseitige") Welt am stärksten zueinander durchlässig sind. An dieser letzten Schwelle, meist eigens als Naos oder Cella markiert, wird oft die *vertikale* Dimension bestimmend.

Ein berühmtes Beispiel ist die Vision des Propheten Jesaja in Jes 6,1–11 aus der zweiten Hälfte des 8. Jh.s v. Chr.[7] In ihr erscheinen die Dimensionen des irdischen Tempelgebäudes

---

5 Vgl. J. Assmann, Ägypten. Theologie und Frömmigkeit einer frühen Hochkultur, UT 366, Stuttgart u. a. 1984, 39–43; übergreifend zum ägyptischen Tempel: D. Arnold, Die Tempel Ägyptens. Götterwohnungen, Baudenkmäler, Kultstätten, Zürich 1992; D. Kurth, Edfu. Ein ägyptischer Tempel, gesehen mit den Augen der alten Ägypter, Darmstadt 1994.

6 Der Weg der Gottheiten besonders beim Fest führt eher von innen nach außen (s. u. Anm. 14).

7 Vgl. F. Hartenstein, Die Unzugänglichkeit Gottes im Heiligtum. Jesaja 6 und der Wohnort JHWHs in der Jerusalemer Kulttradition, WMANT 75, 1997; B. Janowski, Die heilige Wohnung des Höchsten. Kosmologische Implikationen der Jerusalemer Tempeltheologie, in: Ders., Der Gott des

von Jerusalem transparent für den kosmischen Wohnsitz JHWHs: einen himmelhoch aufragenden Königsthron, von dem aus der Erdkreis seine Ordnung und Stabilität erhält (vgl. dazu, ebenfalls aus der staatlichen Zeit Judas, Ps 93*). Auch der Haupttempel der Weltstadt Babylon (Zeit Nebukadnezars II., 605–562 v. Chr.) hatte eine ähnliche Symbolik, die auf zwei Gebäudekomplexe innerhalb des Heiligtumsbezirks verteilt war: Esangil, der sogenannte „Tieftempel", bildete die horizontale Achse mit der geregelten Zugänglichkeit des Reichsgottes Marduk (täglicher Opfer- und außeralltäglicher Festkult). Das Etemenanki „Haus, Fundament von Himmel und Erde", die berühmte sechsstufige Zikkurrat, war ein künstlicher Berg und verkörperte die vertikale Achse zwischen den Schichten der Welt. Auf seiner Spitze stand ein durch blaue Lasurziegel wahrscheinlich als dem inneren Himmelsbereich zugehörig markiertes Tempelgebäude, der sogenannte „Hochtempel". Der Tempelturm galt als „Abbild" des kosmologisch im „unteren Himmel" verorteten Heiligtums Enlils/Marduks mit Namen Ešarra „Haus der Gesamtheit".[8]

Besonders eindrücklich sind die bis heute erhaltenen ägyptischen Tempel der Ptolemäerzeit (hellenistisch-römisch).

Lebens. Beiträge zur Theologie des Alten Testaments 3, Neukirchen-Vluyn 2003, 27–71: 35–41.

8 Vgl. R. Koldewey, Das wieder erstehende Babylon, hrsg. v. B. Hrouda, München 51990 (1912), 201–210, 303–342, 366; W. G. Lambert, Babylonian Creation Myths, MesCiv 16, Winona Lake 2013, 199 f.; H. Schmid, Der Tempelturm Etemenanki in Babylon, BaghF 17, Mainz 1995; übergreifend: E. Heinrich, Die Tempel und Heiligtümer im Alten Mesopotamien, Denkmäler antiker Architektur 14/1–2, Berlin 1982; S. M. Maul, Das Haus des Götterkönigs. Gedanken zur Konzeption überregionaler Heiligtümer im Alten Orient, in: K. Kaniuth u. a. (Hrsg.), Tempel im Alten Orient, CDOC 7, Mainz 2013, 311–324.

In ihnen, so etwa im großen Horustempel von Edfu[9] (Bild 1), markierte zunächst eine Umfassungsmauer die Grenze zwischen dem Bereich des Gottes und der Außenwelt/seiner Stadt.

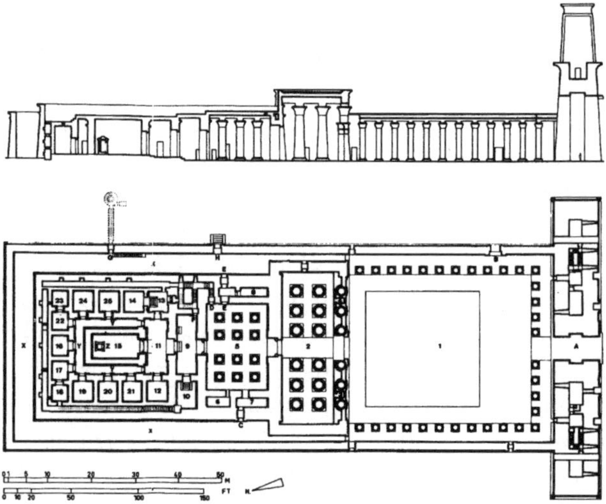

Bild 1: Horustempel von Edfu
Seitenansicht und Grundriss des Tempelgebäudes: Von den Eingangspylonen führt der Weg durch mehrere Säle und Vorhallen zum eigentlichen Kultzentrum, dem kleinen, für sich stehenden Naos/Schrein, in dem sich das Hauptkultbild befand und der von einem Korridor und einem Kranz von 13 Räumen umgeben ist.

Quelle: J. Assmann, Ägypten. Theologie und Frömmigkeit einer frühen Hochkultur, UT 366, Stuttgart u. a. 1984, 40, Abb. 2 (= S. Sauneron, H. Stierlin, Die letzten Tempel Ägyptens, 1975, 36 f.).

9 Vgl. zu ihm Kurth, Edfu (s. Anm. 5); ders., Treffpunkt der Götter. Inschriften aus dem Tempel des Horus von Edfu, Zürich 1994; Arnold, Tempel (s. Anm. 5), 98–102; E. Brunner-Traut, Ägypten. Kunst- und Reiseführer mit Landeskunde, Stuttgart u. a. ^{4}1982, 694–698.

Der Eingang zum eigentlichen Tempelgebäude wurde durch zwei mächtige Pylone, riesige künstliche Berge, flankiert, die den Aufgangspunkt der Sonne zwischen den Horizontbergen darstellten und Unheil abwehrende und Ordnung stiftende Bildprogramme trugen. Hatte man sie passiert, bewegte man sich auf einem immer mehr verengten (unter zunehmend abgesenkten Decken leicht ansteigenden) Weg durch ein System von Höfen und Hallen, wobei deren Größe nach hinten abnahm.[10] Mit jeder Schwellenüberschreitung nahm in sozialer Hinsicht die Zugangsbeschränkung zu – den innersten Tempelbereich durften nur noch die stellvertretend für den Pharao und zugleich in Götterrollen agierenden Priester betreten. Am Ende des Weges befand sich der Naos (für das Kultbild). Es handelte sich um ein in der dunklen Cella/dem Sanktuar für sich stehendes kleines Gebäude, einen „Tempel im Tempel“[11]. Dieser war mit Flügeltüren versehen, so dass die in ihm befindliche Präsenz der Gottheit zwar zugänglich, vor allem aber verborgen erschien. Die Entzogenheit des Kultbildraums konnte im alten Ägypten so beschrieben werden:

> „Es ist unzugänglicher, als was im Himmel ist, verhüllter als die Dinge der Unterwelt, verborgener als die Bewohner des Urwassers.“[12]

Weil die Bilder auf diese Weise „entrückt“ waren, wurde der (indirekte) Kontakt mit ihnen manchmal auch durch einen sogenannten „Gegentempel“ ermöglicht, welcher der Cella außerhalb des Tempels gegenüberlag, oder aber durch eine

---

10 Assmann, Ägypten (s. Anm. 5), 40.

11 D. Arnold, Art. Naos, in: Ders., Lexikon der ägyptischen Baukunst, Düsseldorf 2000, 171.

12 Arnold, Tempel (s. Anm. 5), 32.

mit „Ohren“ (für die Erhörungsbereitschaft des Gottes) versehene Kultstelle an der Umfassungsmauer.[13]

Knapp zusammengefasst: Die grundlegende Struktur eines altorientalischen Heiligtums war die einer Schwelle. Sie vereinigte dabei in sich die räumlichen Symboliken von Zentrum und Weg.

Wichtig ist, sich nochmals die möglichen Blick- und Aktionsrichtungen deutlich zu machen: Wir denken – vor dem Hintergrund christlicher Kirchengebäude – vor allem von außen nach innen, imaginieren also den Weg zum Altar/Chorraum. Diese Aktionsrichtung traf im Alten Orient für die vielen Riten zu, die sich im *„alltäglichen“ Tempelkult* auf die Kommunikation mit den Gottheiten richteten (Opfer als Gabe und Audienzgeschenk, Bitten um Erhörung, Ehrerweis). Die *außerordentlichen* Rituale der Feste nahmen dagegen oft die umgekehrte Aktionsrichtung. Bei den altorientalischen Festen, kollektiven Inszenierungen einer „anderen Zeit“, traten Gottheiten (in ihren Kultbildern, die bei Prozessionen mitgeführt wurden) aus ihren Tempeln auch nach außen und wurden dort „epiphan“. Dabei blieben sie dennoch zumeist dem direkten Blick entzogen (abgeschirmt durch transportable Schreine und Vorhänge). Sie sakralisierten im Vollzug des Festes durch ihr Herauskommen kurzzeitig die Landschaft/Siedlungen, und das ansonsten „Profane“ wurde in ihre „heilige“ Präsenz mit einbezogen.[14]

---

13 Zum „Gegentempel“ siehe D. Arnold, Art. Gegenkapelle, in: Ders., Lexikon der ägyptischen Baukunst (s. Anm. 11), 91; zu den Ohren an der Außenmauer: H. Altenmüller, Gott und Götter im alten Ägypten. Gedanken zur persönlichen Frömmigkeit, in: F. Hartenstein, M. Rösel (Hrsg.), JHWH und die Götter der Völker. Symposium zum 80. Geburtstag von Klaus Koch, Neukirchen-Vluyn 2009, 17–58: 32f.

14 Vgl. J. Assmann (Hrsg.), Das Fest und das Heilige. Religiöse Kontrapunkte

Letztlich entscheidend für das antik-orientalische Verständnis eines Heiligtums ist, dass es der *von den Göttern selbst erwählte Ort* ihrer Anwesenheit war (vgl. die *hieroi logoi*, Legenden von der Entdeckung dieser Orte durch Menschen, z. B. Gen 28,10–22[15]). Die grundlegende Bezeichnung für Tempel war daher einfach „Haus Gottes" (hebräisch *bēt 'ēl*, akkadisch *bīt īli*; vgl. hebr. *hēkāl* von akk. *egallu*, sum. É.GAL „großes Haus" = Palast, ägyptisch *ḥwt nṯr* [*het-netjer*] „Gotteshaus").

Wie ein menschlicher Herr wohnten auch die Götter in „Häusern". Das schließt nicht aus und ist bei den großen kosmischen Gottheiten (wie Sonnen- und Mondgottheiten, Wettergöttern etc.) auch klar gesagt, dass sie zugleich über hintergründige „Wohnorte" in der Tiefe der Welt verfügten, die dem menschlichen Zugriff entzogen waren. Diese transzendenten Räume (im Himmel, auf Bergen, in der Unterwelt und anderswo) werden z. B. in Hymnen und Gebeten beschrieben oder vorausgesetzt.[16] Anfangs- und Schöpfungs-Mythen erzählen, wie die Götter lange vor der Erschaffung der Men-

zur Alltagswelt, Studien zum Verstehen fremder Religionen 1, Gütersloh 1991; darin: J. Assmann, Der zweidimensionale Mensch: das Fest als Medium des kollektiven Gedächtnisses, 13–30; ders., Das ägyptische Prozessionsfest, 105–122. Vgl. zu Mesopotamien: B. Pongratz-Leisten, Ina Šulmi Īrub. Die kulttopographische und ideologische Programmatik der *akītu*-Prozession in Babylonien und Assyrien im 1. Jahrtausend v. Chr., BaghF 16, Mainz 1994.

15 Zu Gen 28,10–22 siehe E. Blum, Die Komposition der Vätergeschichte, WMANT 57, Neukirchen-Vluyn 1984, 7–35; F. Hartenstein, Wolkendunkel und Himmelsfeste. Zur Genese und Kosmologie der Vorstellung des himmlischen Heiligtums JHWHs, in: B. Janowski, B. Ego (Hrsg.), Das biblische Weltbild und seine altorientalischen Kontexte, FAT 32, Tübingen 2001, 125–179: 156–160.

16 Vgl. A. Falkenstein, W. von Soden, Sumerische und akkadische Hymnen und Gebete, BAW.AO, Zürich 1953; M.-J. Seux, Hymnes et prières aux dieux

schen dort ihre Sitze etablierten.[17] Es gab also ein deutliches Bewusstsein für die Übergröße und Ferne der Götter. Die „irdischen" Heiligtümer erschienen in diesem Licht vor allem als Kontaktstellen aus der Initiative der Gottheiten heraus, die sich mittels eines „joint venture" (A. S. Kapelrud: „temple building: a task for gods and kings"[18]) in der Welt der Menschen ansiedelten. Damit banden sie sich bewusst an die Menschen. Es blieb aber – auch das macht die Schwellen-Struktur eines altorientalischen Heiligtums deutlich – ein in Krisenfällen (wie Katastrophen, Stadteroberungen) offen zutage tretendes Wissen um das Prekäre der Präsenz der Götter. Positiv pries man die Gottheiten in Hymnen und Gebeten als übermächtig und gütig, negativ schilderte man sie in Klagen und Krisenritualen als abgewendet, zornig und undurchschaubar.[19]

---

de Babylonie et d'Assyrie, LAPO, Paris 1976; J. Assmann, Ägyptische Hymnen und Gebete, OBO, Freiburg, Schweiz/Göttingen ²1999; O. Kaiser (Hrsg.), Lieder und Gebete I–II, TUAT II/5–6, Gütersloh 1989/1991; B. Janowski, D. Schwemer (Hrsg.), Hymnen, Klagelieder und Gebete, TUAT.NF 7, Gütersloh 2013; A. Lenzi (Hrsg.), Reading Akkadian Prayers and Hymns. An Introduction, SBL.ANEM 3, Atlanta 2013.

17 Vgl. Lambert, Babylonian Creation Myths (s. Anm. 8); O. Kaiser (Hrsg.), Mythen und Epen TUAT III/3–6, Gütersloh 1993–1997; B. Janowski, D. Schwemer (Hrsg.), Weisheitstexte, Mythen und Epen, TUAT.NF 8, Gütersloh 2015.

18 A. S. Kapelrud, Temple Building: A Task for Gods and Kings, Or.NS 32, 1963, 56–62; vgl. V. A. Hurowitz, I Have Built You an Exalted House. Temple Building in the Bible in Light of Mesopotamian and Northwest Semitic Writings, JSOT.S 115, Sheffield 1992; R. S. Ellis, Foundation Deposits in Ancient Mesopotamia, YNER 2, New Haven/London 1968; zum Palastbau: S. Lackenbacher, Le palais sans rival. Le récit de construction en Assyrie, Paris 1990. – Im Alten Orient und in Ägypten war der Tempelbau immer ein zugleich auf der menschen- wie der götterweltlichen Ebene spielender Handlungszusammenhang, den die entsprechenden Rituale konstituierten.

19 Vgl. M. E. Cohen, The Canonical Lamentations of Ancient Mesopotamia,

Ein Heiligtum war ein asymmetrischer Ort von Herrschaft und Gaben-Zirkulation, aber auch Markierung einer Anwesenheit, die in Abwesenheit umschlagen konnte. Diese ungleichgewichtige *Ambivalenz* kennzeichnete einen altorientalischen Tempel - modern gesprochen - als ein *Medium*, einen in unserer Sicht ebenso realen wie imaginären Ort der *Vermittlung* zwischen dieser und jener Welt. Als solcher war er Gabe der Götter, aber auch bleibende Aufgabe der Menschen. Die Herrscher pflegten in Bau und Renovierung von „Gotteshäusern" die Beziehung zu den Göttern und vermehrten so ihr eigenes Prestige (königsideologisch natürlich auch stellvertretend für das Kollektiv).

Bisher wurden bewusst die im Zentrum der Heiligtümer verehrten *Bilder* bzw. *Kultsymbole* noch nicht ausführlich erwähnt. Ihnen ist jetzt genauere Aufmerksamkeit zu schenken. Im Kultbild wiederholte sich nämlich *in nuce* alles, was bisher über das Heiligtum gesagt wurde: Das Götterbild war selbst Schwelle und Medium *par excellence*, es war die wichtigste Verkörperung von Gottespräsenz, aber zugleich spannungsvoller Ausdruck von deren Transzendenz. Was die Riten beim Bau und der Erhaltung von Tempeln kennzeichnete, galt verstärkt für die zentralen kultischen Objekte, um die herum ein altorientalischer Tempelkult inszeniert und ein Tempelgebäude errichtet wurde (vgl. den mittelalterlichen Kathedralbau, der mit dem Chorraum begonnen wurde, dem architektonischen Rahmen für die Gottespräsenz im Altar, in den Sakramenten und Reliquien; wie im Alten Orient baute man gewissermaßen von innen nach außen)[20].

Potomac 1988; T. Podella, Ṣôm-Fasten. Kollektive Trauer um den verborgenen Gott im Alten Testament, AOAT 224, Kevealer/Neukirchen-Vluyn 1989.

20 Siehe H. Sedlmayr, Die Entstehung der Kathedrale, Herder Spektrum 4181,

b) Anthropomorphe Kultbilder: Herstellung, Verehrung, Bedeutung

Altorientalische und antike Kultbilder waren die herausragenden Medien der Gottespräsenz.[21] Sie standen im Zentrum des gesamten religiösen Symbolsystems. Archäologisch sind Kultbilder aus Mesopotamien (Sumer, Babylon, Assur) und Syrien/Palästina kaum überliefert (auch aus Ägypten gibt es nur wenige Beispiele)[22]. Das verwundert angesichts ihrer Bedeutung und der verwendeten wertvollen Materialien nicht. Vielleicht ist die hervorragend gearbeitete große Bronzestatue eines thronenden Gottes (36 cm) aus dem Haupttempel der Akropolis der spätbronzezeitlichen Stadt Hazor in Galiläa (Gebäude 7050), als zentrales Tempelkultbild anzusprechen (Bild 2).

Zumeist ist die Forschung, was die *äußere* Erscheinung der zentralen Kultbilder angeht, auf literarische Beschreibungen,

---

Freiburg u. a. 1993 (1950), 104 f.; A. Angenendt, Geschichte der Religiosität im Mittelalter, Darmstadt 1997, 432–439; vgl. zu Altägypten am Beispiel des Satet-Tempels von Elephantine, der um eine natürliche Felsnische herum gebaut und im Lauf der Jahrhunderte immer stärker erweitert wurde, Assmann, Ägypten (s. Anm. 5), 48–50.

21 Vgl. als interdisziplinäre Überblicke zur Thematik z. B. H.-J. Klimkeit (Hrsg.), Götterbild in Kunst und Schrift, Studium Universale 2, Bonn 1984; B. Groneberg, H. Spieckermann (Hrsg.), Die Welt der Götterbilder, BZAW 376, Berlin/New York 2007; M. M. Luiselli, J. Mohn, S. Gripentrog (Hrsg.), Kult und Bild. Die bildliche Dimension des Kultes im Alten Orient, in der Antike und in der Neuzeit, Diskurs Religion 1, Würzburg 2013.

22 Vgl. dazu Arnold, Tempel (s. Anm. 5), 22, mit einem Beispiel (Falkengott). Zu ägyptischen Götterbildern siehe z. B. den Ausstellungskatalog S. Schoske, D. Wildung, Gott und Götter im Alten Ägypten, Mainz 1992; D. Lorton, The Theology of Cult Statues in Ancient Egypt, in: M. B. Dick (Hrsg.), Born in Heaven, Made on Earth. The Making of the Cult Image in the Ancient Near East, Winona Lake 1999, 123–210.

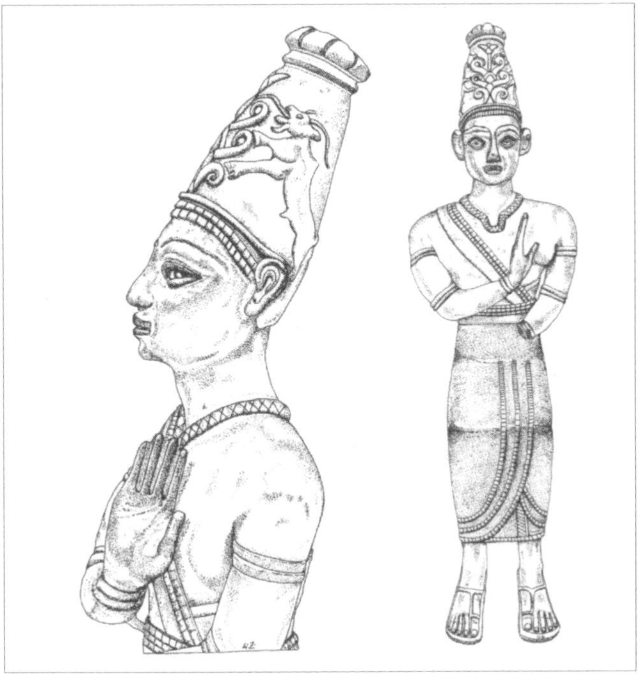

Bild 2: Bronzestatue eines Gottes aus Hazor
Die Bronzefigur ist detailliert ausgestaltet. Eine Besonderheit ist die Dekoration ihrer Kopfbedeckung mit einem stilisierten Palmettebaum und daran fressenden Capriden (= Ziegen oder Steinböcke), einem uralten vorderasiatischen Symbol für Lebensfülle und Weltordnung, das auch zur Ikonographie des Jerusalemer Tempels gehörte. Die Statue aus Hazor dürfte einen Wettergott (Baʿal, Hadad?) repräsentieren.

Quelle: S. Zuckerman, The Temples of Canaanite Hazor, in: J. Kamlah (Hrsg.), Temple Building and Temple Cult. Architecture and Cultic Paraphernalia of Temples in the Levant (2.–1. Mill. B. C. E.), ADPV 41, Wiesbaden 2012, 99–125: 115, Fig. 4.1 (= T. Ornan, „Let Baʿal Be Enthroned". The Date, Identification, and Function of a Bronze Statue from Hazor, JNES 70, 2011, 253–280, Fig. 2a–3).

ikonographische Götterdarstellungen auf Roll- und Stempelsiegelbildern sowie auf Informationen aus den mit den Bildern befassten Ritualtexten angewiesen:[23]

> „*Zusammenfassend* ist zu sagen, daß ein Kultbild nicht als ‚Ähnlichkeitsbild' oder ‚Portrait', sondern als ‚Repräsentationsbild' verstanden wurde. Es ließ eine eindeutige Identifizierung der dargestellten Gottheit nur dann zu, wenn man es mit seinem Umfeld (Podest, Cella, Attributtieren) und den Paraphernalia (Szepter, Symbole, Kleider, Schmuck) zusammen sah. Letztere beinhalteten häufig eine Anspielung an den Wirkungsbereich des jeweiligen Gottes; Identität und Verantwortungsfeld waren daher eng aufeinander bezogen."[24]

Die erste Bemerkung im angeführten Zitat zielt darauf ab, dass eine „klassische" Definition des Bildes anhand von *Ähnlichkeit* die Beziehung des Bildes zum „Dargestellten" im Alten Orient nicht trifft. Vielmehr ist das Bild ein *Ort* der Gottespräsenz, ohne dass die Frage nach Übereinstimmung mit dem Vorbild/Urbild eine eigenständige Rolle spielte.[25] Um

---

23 Zu unterschiedlichen Medien für die Prägung der Gottesvorstellung vgl. am Beispiel Griechenland, aber transkulturell bedeutsam B. Gladigow, Präsenz der Bilder – Präsenz der Götter. Kultbilder und Bilder der Götter in der griechischen Religion, in: Ders., Religionswissenschaft als Kulturwissenschaft, Religionswissenschaft heute 1, Stuttgart u. a. 2005, 62–72; ders., Epiphanie, Statuette, Kultbild. Griechische Gottesvorstellungen im Wechsel von Kontext und Medium, a. a. O., 73–84; V. Platt, Facing the Gods. Epiphany and Representation in Graeco-Roman Art, Literature and Religion, Greek Culture in the Roman World, Cambridge 2011.

24 A. Berlejung, Die Theologie der Bilder. Herstellung und Einweihung von Kultbildern in Mesopotamien und die alttestamentliche Bilderpolemik, OBO 162, Freiburg, Schweiz/Göttingen 1998, 58 (Hervorhebung im Original).

25 Siehe F. Hartenstein, Das Angesicht JHWHs. Studien zu seinem höfischen und kultischen Bedeutungshintergrund in den Psalmen und in Exodus 32–34, FAT 75, Tübingen 2008, 26–52.

welche Göttergestalt genau es sich bei einem bestimmten Bild handelte, war daher nicht schon am anthropomorphen Äußeren als solchem abzulesen; auch wenn die Gottheiten der altorientalischen Panthea in manchen Texten individuelle Züge trugen, so waren sie doch in ihrer Erscheinung vor allem *funktional unterschieden* (teils aber auch austauschbar und miteinander identifizierbar).

Ähnlich wie ein mesopotamisches Heiligtum durch bestimmte Elemente seiner Baugestaltung (etwa die Nischengliederung an Fassaden und Eingängen oder die mit ihm verbundenen Tempeltürme/Zikkurrate) als *der Götterwelt zugehörig markiert wurde,*[26] hatte das Kultbild *göttliche Merkmale allgemeiner Art*: Es trug, jedenfalls meistens, eine sogenannte (einfache oder mehrfache) Hörnerkrone und bestimmte nur Göttern vorbehaltene Gewänder (etwa das Falbelgewand). Seine Farbgebung wich von der gewöhnlicher Menschen ab: Die Bilder hatten blaue (die Himmelsfarbe des Lapislazuli nachahmende) Haare und Bärte[27] und eine überirdische Ausstrahlung durch Edelmetallüberzug (Gold, Elektron, Silber). Letzterer ist wohl auch auf den aus vielen Textquellen bekannten „Schreckensglanz" der Gottheiten zu beziehen (sumerisch ME.LÁM, akkadisch *melammu, pulḫu* etc.). Dieser verwies auf überirdische *Vitalität* und zugleich furchterregende *Alterität* – eine kulturelle Grundvorstellung der „mentalité mésopotamienne", der Elena Cassin die bis heute beste Studie gewidmet hat.[28] Angelika Berlejung

26 Zur Nischengliederung von Gebäudefassaden als „seit der frühesten Vorgeschichte [...] untrügliches Zeichen kultischen Charakters" vgl. etwa A. Moortgat, Die Kunst des Alten Mesopotamien. Sumer und Akkad, Köln 1982, 24.

27 Vgl. Berlejung, Theologie (s. Anm. 24), 58–61.

28 E. Cassin, La splendeur divine. Introduction a l'étude de la mentalité

führt dazu im Blick auf die Wirkung der Bilder auf die Betrachter aus:

> „[Z]udem gibt es auch einen Hinweis, wie die Bilder von ihren Verehrern wahrgenommen wurden: Die leuchtenden Gesichter wurden mit Lichterscheinungen in Zusammenhang gebracht, die in den Menschen Ehrfurcht und Schrecken auslösten. Der Glanz der polierten Steine und der Edelmetalle, die für das Kultbild verwendet worden waren oder die sich in Form der Kleider und des Schmuckes an ihm anbringen ließen, blendete und bannte den Betrachter. Die Kostbarkeit und die Seltenheit der Bestandteile des Bildes zeigten seine göttliche Qualität an."[29]

Wenn man nun ein Kultbild nicht aus einer individualisierten Ikonographie heraus identifizieren konnte, so half dafür entscheidend sein Kontext, denn jedes Hauptkultbild wurde nach feststehenden Regeln für ein bestimmtes Heiligtum und seine Riten und Feste angefertigt. Hier „zeigte seine Aufstellung, was seine Bedeutung war" – so einst völlig zutreffend schon W. Robertson Smith in seinen berühmten „Lectures on the Religion of the Semites" (1888–1891).[30] Denkt man etwa an das Ebabbar, das große Sonnenheiligtum von Sippar in der Nähe von Babylon, über dessen zentrales Kultbild wir gut unterrichtet sind (Relief des Nabû-apla-iddina, Bild 3), so war der thronende Sonnengott Šamaš anhand mehrerer „features" eindeutig erkennbar:

mésopotamienne, CeS 8, Paris 1968; vgl. auch W. H. P. Römer, Numinose Licht-erscheinungen im alten Mesopotamien. Eine terminologische und religionsgeschichtliche Betrachtung, JARG 1, Saarbrücken 1973, 65–122; S. Z. Aster, The Unbeatable Light. *Melammu* and Its Biblical Parallels, AOAT 384, Münster 2012.

29 Berlejung, Theologie (s. Anm. 24), 59.

30 W. R. Smith, Die Religion der Semiten, übers. von R. Stübe, Freiburg u. a. 1899, 157.

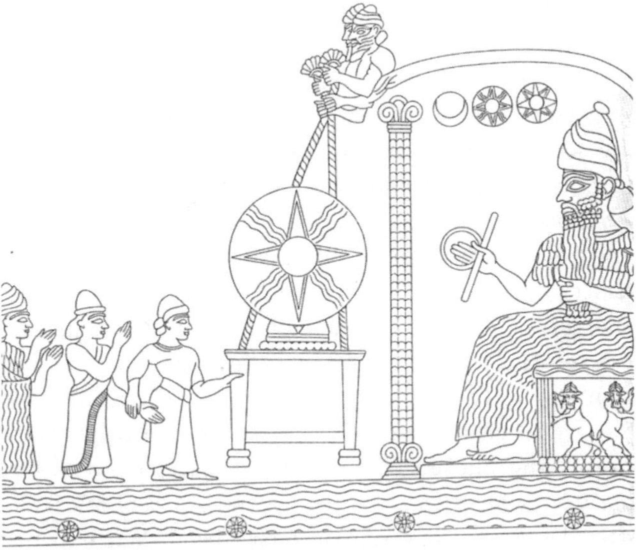

Bild 3: Relief des Sonnengottes Šamaš aus Sippar
Die neubabylonische Steintafel (853 v. Chr.) enthält neben dem Relief eine lange Inschrift, die der Erneuerung des Kultbilds des Šamaš gewidmet ist. Das Bild ist einerseits bewusst traditionell bzw. archaisierend (Motiv einer Einführungsszene vor den thronenden Gott). Andererseits trägt es singuläre Züge, vor allem die gleichzeitige Darstellung des Gottes (bzw. seines Kultbildes) und eines ihn verkörpernden Symbols (Sonnenscheibe).

Quelle: F. Hartenstein, Das Angesicht JHWHs. Studien zu seinem höfischen und kultischen Bedeutungshintergrund in den Psalmen und in Exodus 32–34, FAT 75, Tübingen 2008, 298, Tf. 4.1 (= J. Black, A. Green, Gods, Demons and Symbols of Ancient Mesopotamia. An Illustrated Dictionary, London 1992, 94, Fig. 73, Zeichnung: T. Rickards).

Šamaš (rechts) saß auf einem kosmisch dimensionierten Thronsitz, der als Horizonttür des Sonnenaufgangs mit Stiermenschen (*kusarikku*) gestaltet war – ikonographisch ein eindeutiger Identifizierungsmarker.[31] Zum links vor seinem Schrein befindlichen Sonnensymbol, zu dem ein menschlicher Adorant eingeführt wird, vgl. unten 1.1c.

Entscheidend für die Funktionalität des Tempelkultbilds war seine *Kommunikationsfähigkeit*, die durch die Frontalität der Aufstellung und die betonte Hervorhebung der *Gesichtszüge* (Augen, Mund, Ohren, freundliche Mimik) sowie durch die *Gestik* (oft zu Gruß/Segen geöffnete Hand, s. Bild 2) sicher gestellt wurde (hier setzte die spätalttestamentliche Bilderkritik an, indem sie dies als Illusion vorführte, s. u. 2.2b). Ein auf das Bild zutretender Bittsteller (vgl. das unter 1.1a zum Weg im Tempel Gesagte) trat zu ihm in Beziehung. Die Bilder agierten in einem *Handlungszusammenhang* und ihre Herstellung und Aufstellung diente allein diesem Zweck. Das *tägliche Tempelritual*, wie wir es etwa aus dem seleukidischen Uruk (3./2. Jh. v. Chr.) kennen,[32] beinhaltete umfangreiche Bekleidungs- und Speiseriten für das Bild. Der Herrscher hatte durch sie an der Tafel des Gottes Anteil (reziprokes System von Opfergaben), und die Priester des Tempels lebten stellvertretend für die Stadt/das Reich/den König im „Haus des Gottes" in Gemeinschaft mit ihm (Leo Oppenheim überschrieb deshalb ein einschlägiges Kapitel seiner mesopotamischen Kulturgeschichte „The Care and Feeding of the Gods"[33]).

---

31 Zum Sippar-Relief siehe Berlejung, Theologie (s. Anm. 24), 141–149; Hartenstein, Angesicht (s. Anm. 25), 44 f.; U. Seidl, Das Ringen um das richtige Bild des Šamaš von Sippar, ZA 91, 2001, 120–132.

32 Vgl. die Übersetzung von W. Farber in: O. Kaiser (Hrsg.), Religiöse Texte. Rituale und Beschwörungen 1, TUAT II/2, Gütersloh 1987, 227–232.

33 A. L. Oppenheim, Ancient Mesopotamia. Portrait of a Dead Civilization, ed. by E. Reiner, Chicago/London 1977, 183–198; s. weiter W. G. Lambert, Donations of Food and Drink to the Gods in Ancient Mesopotamia, in: J. Quaegebeur (Hrsg.), Ritual and Sacrifice in the Ancient Near East, OLA 55, Leu-

Zumeist hatte allerdings die weitere Öffentlichkeit keinen direkten Zugang zu den Tempelkultbildern (vgl. den assyrischen Titel *erib bīti* „Tempelbetreter"[34]). Die Bilder befanden sich im hinteren unzugänglichen Bereich des Adyton (Kultnische), oft auch hinter Vorhängen.[35] Dennoch wusste man, auch wenn man des Bildes nicht direkt ansichtig wurde, um die lebenswichtige Gottespräsenz, die sich mit ihm verband, und hatte – aufgrund der Feste und der „Massenmedien" (vor allem Siegelbilder) – eine visuell recht genaue Vorstellung vom Aussehen z. B. der Göttin Ištar (dies zeigt etwa der Bericht über eine Traumvision für den assyrischen König Assurbanipal, in dem die Göttin dem Herrscher sichtbar erscheint[36]). Der Kontakt mit den Bildern konnte also sowohl direkt wie (wohl häufiger) indirekt sein.[37] In jedem Fall war er von *zentraler Bedeutung für die soziale und kosmische Ordnung*. Denn der Verlust eines Tempelkultbildes, wie er am häufigsten im Kriegsfall eintrat (Entführung, teils auch Zer-

ven 1993, 191–201; aus alttestamentlicher Sicht vgl. F. Hartenstein, „Brote" und „Tisch des Angesichts" – Zur Logik symbolischer Kommunikation im Tempelritual, in: J. F. Diehl, M. Witte (Hrsg.), „Einen Altar von Erde mache mir …", FS D. Conrad, Kleine Arbeiten zum Alten und Neuen Testament 4/5, Waltrop 2003, 107–127.

34 Siehe B. Menzel, Assyrische Tempel 1. Untersuchungen zu Kult, Administration und Personal, StP 10/I, Rom 1981, 289.

35 Vgl. D. O. Edzard, Die Einrichtung eines Tempels im älteren Babylonien. Philologische Aspekte, in: E. van Donzel u. a. (Hrsg.), Le temple et le culte, CRRA 20, Leiden 1975, 156–163; B. Hrouda, Le mobilier du temple, a. a. O., 151–155.

36 Vgl. M. Nissinen u. a., Prophets and Prophecy in the Ancient Near East, SBL Writings from the Ancient World 12, Atlanta 2003, 147 f. (Nr. 101: Assurb., Prisma B v 15–vi 16, Z. 49–71).

37 Vgl. A. Berlejung, Kultische Küsse. Zu den Begegnungsformen zwischen Göttern und Menschen, WO 29, 1998, 80–97.

störung feindlicher Kultbilder), war eine Katastrophe für Land und Volk. Hier finden sich je nach Perspektive in den Quellen unterschiedliche Deutungen, besonders aus Babylon: Triumphierten die Sieger (Elamer, Assyrer) darüber, dass sie den Hauptgott entmächtigt ins Exil führten, so deuteten die Verlierer (Babylonier) dies unter Umständen als eine freiwillige Abwendung Marduks von seinem Volk wegen dessen Übertretungen (s. u. 2.4a).[38] Man sieht auch daran, wie stark die *Gleichsetzung* von Gott und Bild gedacht war: Im Bild war der Gott da und ansprechbar. Auch wenn dies gleichzeitige gegenläufige Symboliken von Entzogenheit sowie andere Verkörperungen des Gottes nicht ausschließt, war das Kultbild für einen heilvollen und die kosmische Ordnung stabilisierenden Gotteskontakt entscheidend.

In den mesopotamischen Ritualen zu seiner Herstellung und Einweihung, die Angelika Berlejung in ihrer wichtigen Monographie „Die Theologie der Bilder"[39] bearbeitet hat, wird ein genaues Bewusstsein dafür deutlich, dass erst im Augenblick der *Mundöffnung* im Rahmen des abschließenden Mundwaschungsrituals und somit der endgültigen Einbindung in den Kommunikationszusammenhang des Tempels das Bild *kein Artefakt mehr* war, sondern eine übermenschliche Erscheinungsform des Gottes.[40] Zuvor wurde das Bild

---

38 Vgl. zu entsprechenden babylonischen Texten im Blick auf das „Exil" der Mardukstatue C. Ehring, Die Rückkehr JHWHs. Traditions- und religionsgeschichtliche Untersuchungen zu Jesaja 40,1–11, Jesaja 52,7–10 und verwandten Texten, WMANT 116, Neukirchen-Vluyn 2007, 135–156.

39 Berlejung, Theologie (s. Anm. 24); vgl. auch C. Walker, M. B. Dick, The Induction of the Cult Image in Ancient Mesopotamia: The Mesopotamian *mīs pî* Ritual, in: M. B. Dick (Hrsg.), Born in Heaven (s. Anm. 22), 55–121.

40 Vgl. das begleitende Handerhebungsgebet/Beschwörung (ŠU.ÍL.LÁ) zum Mundwaschungsritual (*mīs pî*) bei Berlejung, Theologie (s. Anm. 24), 200, 449–451, bes. Z. 77–81 (s. dazu im Folgenden).

von den weisen Handwerkern, die zugleich auch Ritualspezialisten waren, sukzessive aus dem Kontext der Menschenwelt herausgelöst und in den götterweltlichen Handlungszusammenhang hinein transferiert, der von Anfang an alle Arbeitsschritte begleitete (zu Jes 40,18–20, wo dies polemisch aufgenommen wird, s. u. 2.4a).[41] Ein Handerhebungsgebet zur Mundöffnung des Kultbildes lautet:

> „Als der Gott geschaffen war, als die reine Statue vollendet war. Reine Statue, in ehrfurchtgebietendem Glanz vollendet. Bei deinem Hervorgehen. Statue, an einem reinen Ort geboren. Statue, im Himmel geboren."[42]

Das Bild ist zwar „geschaffen" und „vollendet", aber eben auch „im Himmel geboren", es ist wie es im Ritual heißt „Geschöpf des Gottes, Werk der Menschen"[43]. Es hat Anteil an beiden Seinsbereichen. In ihm fokussieren sich die horizontale und die vertikale Achse des Symbolsystems. Es steht im Zentrum aller religiösen Handlungen und die bei seiner Herstellung verwendeten Materialien spiegeln seine Verbindung zu allen kosmischen Regionen (Himmel, Erde, unterirdischer Süßwasserozean/Apsû; zur Abwehr dieser Vorstellung in Dtn 4 und in der Erweiterung des dekalogischen Bilderverbots s. u. 2.3a). Es ist wie der Tempel kosmischer Kreuzungspunkt und hat wie er Anteil an der Stabilisierung der Weltordnung (Jan Assmann hat im Blick auf den in ägyptischen

41 Vgl. A. Berlejung, Geheimnis und Ereignis. Zur Funktion und Aufgabe der Kultbilder in Mesopotamien, in: I. Baldermann u. a. (Hrsg.), Die Macht der Bilder, JBTh 13, Neukirchen-Vluyn 1999, 109–143; dies., Der Handwerker als Theologe. Zur Mentalitäts- und Traditionsgeschichte eines altorientalischen und alttestamentlichen Berufsstands, VT 46, 1996, 145–168.

42 Berlejung, Theologie (s. Anm. 24), 200.

43 A. a. O., 276.

Tempeln rituell unterstützten Sonnenlauf treffend von einer „Inganghaltung“ der Welt gesprochen)[44]. Was hier vor allem am Beispiel der Keilschriftkulturen Mesopotamiens demonstriert wurde, gilt mit Variationen ebenso für Ägypten, Syrien/die Levante, teils auch für Griechenland[45].

Entscheidend für unsere weiteren Überlegungen ist die sowohl im Umgang mit den Bildern wie in der Reflexion auf ihre Herstellung/Herkunft mehr oder minder bewusste Realisierung ihrer „Doppelnatur“: Als Präsenzmedien einer Gottheit konnte man direkt mit ihnen interagieren und folgte dabei den sozialen Regeln eines Kontakts mit Höhergestellten; hier stellte sich im Normalfall die Frage nach dem „Wesen“ der Bilder nicht. Zugleich aber entzog sich die im und mit dem Bild gegebene Präsenz jeder letzten Fixierung, nicht nur weil es sich um eine Gottheit handelte, sondern auch, weil im Medium des *visuellen* Objekts (in seinem Kontext) besondere *Differenzwahrnehmungen* mitgesetzt waren. Der Altphilologe Fritz Graf bringt das in einem wichtigen Beitrag, der dem „Eigensinn der Götterbilder in antiken religiösen Diskursen“ und damit der in den Bildern zum Ausdruck kommenden *Ambivalenz* gewidmet ist, auf folgenden Nenner:

> „Die Ambivalenz hat letztlich zu tun mit dem Gottesbild. Mensch und Gott sind fundamental unvereinbar: In Mekone, als Prometheus das Opfer einrichtete, hatten sich ihre Wege getrennt, sagte schon Hesiod, und seitdem sind die Kommunikationswege des Menschen mit dem Göttlichen schwierig geworden. Gewöhnlich sind es die Tempel, in denen diese Kommunikation in Gebet und Opfer stattfin-

---

44 J. Assmann, Ma'at. Gerechtigkeit und Unsterblichkeit im Alten Ägypten, München 1990, 195, im Blick auf den performativen Akt der Rezitation (hier: Stundenritual zur Stützung des Sonnenlaufs).

45 Vgl. dazu W. Burkert, Griechische Religion der archaischen und klassischen Epoche, RM 15, Stuttgart ²2011, 140–146 (zu Tempel und Kultbild).

> det; fokussiert sind diese Aktivitäten immer wieder eben auf das Kultbild. In einem gewissen Sinn ist das Bild die Verbindung (sozusagen das Interface) zwischen beiden letztlich unvereinbaren Welten. Als solches ist es *ein Ort von Spannungen und unvereinbaren Widersprüchen* – die Bilder stellen Götter dar, die letztlich doch jenseits der Darstellung stehen, schon weil sie unvergänglich und zeitlos sind."[46]

Genau an dieser Stelle – der *Unverzichtbarkeit* bei gleichzeitigem *Ungenügen* der Kultbilder als Medien des Gotteskontakts – lässt sich die Problematik des „Bildes" genauer eingrenzen, wie sie in antik-philosophischer Bilderkritik und im alttestamentlich-jüdischen Bilderverbot ihren Ausdruck fand (vgl. weiter die religionsphilosophischen Überlegungen unter III 4.3). Doch zunächst muss in Annäherung an das komplexe Problemfeld der Blick auf den Alten Orient noch einmal vertieft werden. Denn neben den anthropomorphen Kultbildern gab es *komplementäre visuelle Repräsentationen*: symbolische und „anikonische" Darstellungen, die regional und zeitlich verschieden von erheblicher Wichtigkeit waren.

c) Göttersymbole: gleichwertige oder konkurrierende Medien?

Altorientalische Tempel und Heiligtümer beherbergten nicht nur die zentralen Kultbilder der Gottheiten, denen sie geweiht waren, sondern verfügten auch über Verehrungsstellen anderer Götter und ihrer Bilder. Hier bildet sich ein Wesensmerkmal polytheistischer Symbolsysteme ab, bei denen Götter immer in Verwandtschafts- und Herrschaftsbezüge eingebunden sind. Bekanntlich ist es diese Vielfalt zusammen

---

[46] F. Graf, Der Eigensinn der Götterbilder in antiken religiösen Diskursen, in: G. Boehm (Hrsg.), Homo Pictor, Colloquium Rauricum 7, München/Leipzig 2001, 227–243: 234 (Hervorhebung FH).

mit den definierten Funktionsbereichen großer Gottheiten, die es ermöglichte, dass historisch und regional Götter miteinander identifiziert wurden und die Panthea von Städten und Reichen füreinander offen waren.[47] Eine ähnliche Vielfalt (vgl. Henri Frankforts berühmtes Diktum von der „multiplicity of approaches“[48]) galt auch für die Götterkulte *eines* Tempels, die verschiedene Repräsentationsformen für denselben Gott, seinen Götterkreis und weitere Gottheiten vereinigen konnten.

Eine weitere Voraussetzung für das Nebeneinander verschiedener Repräsentationsformen war die *Ausdehnung der Göttlichkeit* auf Dinge, die nach modern westlichem Verständnis „unbelebt“ waren. So konnten z. B. Waffen oder Musikinstrumente wie Kesselpauken (^{d}LILISSU) oder ein Saiteninstrument (^{d}BALAG) mit dem Gottesdeterminativ geschrieben werden (dem Keilschriftzeichen ^{d}=DINGIR für „Gott/Göttliches“).[49] Diese sakralen Objekte wurden namentlich

47 Vgl. dazu etwa J. Bottéro, Mesopotamia. Writing, Reasoning, and the Gods, Chicago/London 1992 (frz. 1987), 216 f.; M. Krebernik, Götter und Mythen des Alten Orients, C. H. Beck Wissen, München 2012, 54–56; B. Groneberg, Die Götter der Zweistromlands. Kulte, Mythen, Epen, Düsseldorf/Zürich 2004, 240–255; W. Sallaberger, Art. Pantheon, A. I.: Mesopotamien, RLA 10, 2004, 294–308; für Ägypten: E. Hornung, Der Eine und die Vielen. Altägyptische Götterwelt, Darmstadt ^{6}2005, 231–266; grundsätzlicher aus religionswissenschaftlicher Sicht: F. Stolz, Einführung in den biblischen Monotheismus, Die Theologie, Darmstadt 1996, 32–61.

48 Siehe die Registereinträge zum Stichwort in H. Frankfort, Kingship and the Gods. A Study of Ancient Near Eastern Religion as the Integration of Society and Nature, Chicago/London ^{5}1965 (1948).

49 Vgl. dazu G. Selz, „The Holy Drum, the Spear, and the Harp“. Towards an Understanding of the Problems of Deification in Third Millenium Mesopotamia, in: I. L. Finkel, M. J. Geller (Hrsg.), Sumerian Gods and their Representations, CM 7, Groningen 1997, 167–213; B. N. Porter, Blessings from a Crown, Offerings to a Drum: Were There Non-Anthropomorphic Deities in Ancient Mesopotamia?, in: Dies. (Hrsg.), What is a God? Anthropomor-

angesprochen und beopfert. Ganz analog konnten im Tempelritual auch *metonymische* (*pars pro toto*) oder *abstrakte Symbole* (als Skulpturen/Artefakte) eine kultische Funktion erhalten (oft mit akkadisch *šurinnu* „Gottesemblem" bezeichnet). Ihre diesbezügliche Gleichwertigkeit mit Kultbildern zeigt sich daran, dass man an einem Göttersymbol, z. B. einer Mondsichel, dasselbe Mundwaschungs- und Mundöffnungsritual vollzog wie an anthropomorphen Bildern (s. o.):

> „Diese Mondsichel riecht ohne Mundöffnung keinen Weihrauch, ißt kein Brot [und trinkt kein Wasser]."[50]

Der Herstellungsprozess der Mondsichel, einem vor allem mit dem großen Mondgott des Westens, Sîn von Ḫarran, verbundenen verbreiteten Symbol, wurde ebenfalls simultan im göttlichen und menschlichen Handlungszusammenhang wahrgenommen („Die Mondsichel, Geschöpf Gottes, das die Menschheit machte"[51]).

Manchmal, wohl auch aufgrund kultureller Eigenarten, wechselten in Mesopotamien die Vorlieben für anthropomorphe oder symbolische Darstellungen von Gottheiten. Ab der Herrschaft der Kassiten im Kernland Babyloniens (Mitte 2. Jt. v. Chr.) war es weit verbreitet, etwa auf Grenzsteinen und Vertragsurkunden (*kudurru*) Götter durch Symbole zu repräsentieren.[52] Entsprechende Ikonographien waren stabil und

---

phic and Non-Anthropomorphic Aspects of Deity in Ancient Mesopotamia, Transactions of the Casco Bay Assyriological Institute 2, Winona Lake 2009, 153–194.

50 Berlejung, Theologie (s. Anm. 24), 276.

51 A. a. O., 278.

52 Vgl. U. Seidl, Die babylonischen Kudurru-Reliefs. Symbole mesopotamischer Gottheiten, OBO 87, Freiburg, Schweiz/Göttingen 1989.

schöpften aus einem Bildinventar, das in vielen Fällen komplementär zu den menschengestaltigen Tempelkultbildern bestand. Auch im ersten Jahrtausend gab es beides nebeneinander, wobei sich in Babylonien erneut eine Bevorzugung von Symbolen auf Bildzeugnissen feststellen lässt. Ob dabei auch bewusste theologische Gründe eine Rolle spielten, lässt sich schwer entscheiden. Eine Wertung wird aus Textquellen kaum ersichtlich.[53] Wenn der Ort der Gottespräsenz im Ritual durch das Ganze des Kults, den symbolischen Interaktionszusammenhang und seinen architektonischen Rahmen, bestimmt wurde, war der Unterschied der Repräsentationsformen vermutlich nicht fundamental. Das ist wahrscheinlich, wenn man zwei für unseren weiteren Argumentationsgang wichtige Gesichtspunkte einbezieht:

a) Weil die Objekte der Gottespräsenz Medien für Handlungen/Kommunikation waren und nicht maßgeblich durch eine *Ähnlichkeits*beziehung konstituiert wurden, konnte *ein Symbol pars pro toto den Gott vertreten,* jedenfalls wenn es rite funktionsfähig gemacht wurde.

b) Zusammen mit den sichtbaren (visuellen, architektonischen und mimisch-gestischen) Vollzügen eines Kultes spielte eine gemeinsame *bildhafte Vorstellungswelt* eine entscheidende Rolle, die Rituale und Feste begleitete und struk-

---

53 Dass die Entstehung des biblischen Bilderverbots vor dem Hintergrund der babylonischen Götter*symbole* zu verstehen ist, wie T. Ornan vorschlägt, erscheint deshalb weit hergeholt (s. u. 2.4a), vgl. T. Ornan, The Triumph of the Symbol. Pictorial Representations of Deities in Mesopotamia and the Biblical Image Ban, OBO 213, Freiburg, Schweiz/Göttingen 2005; zum Verhältnis von menschengestaltigen und symbolischen Gottesrepräsentationen siehe dies., In the Likeness of Man: Reflections on the Anthropocentric Perception of the Divine in Mesopotamian Art, in: Porter, What is a God? (s. Anm. 49), 93–151.

turierte. Sie war vor allem *durch Sprache und Texte* geprägt. Deren (metaphorische) Bildlichkeit entschied genauso über Erleben und Verstehen wie äußerlich sichtbare Phänomene. Man kann hier mit Tryggve N. D. Mettinger von einer „mentalen Ikonographie“[54] sprechen, einer konventionellen Vorstellungswelt, in der die vorrangige Gestalt der Götter körperhaft und menschlich war. Hierzu trägt auch das Phänomen des *Eigennamens* bei.[55] Der Name machte einen Gott zur individuell ansprechbaren Instanz. Mit der Namensanrufung verband sich unwillkürlich eine „Verortung“. Insofern stehen Gestalt(vorstellung) und Name in Beziehung. Zusammen verleihen sie wie das Kultbild der Gottheit ihre Kommunikationsfähigkeit.

Ein berühmtes Beispiel aus mittelassyrischer Zeit (13. Jh. v. Chr.) vermag das schön zu illustrieren (Bild 4): Auf dem Berliner Kultsockel des Königs Tukulti-Ninurta I. ist in zwei Phasen die Proskynese des Herrschers vor einem Göttersymbol dargestellt, das sicher einmal real auf dem Podest gestanden hat:[56]

---

54 Vgl. T. N. D. Mettinger, No Graven Image? Israelite Aniconism in Its Ancient Near Eastern Context, CB.OT 42, Stockholm 1995, 20, mit Anm. 26; ders., Israelite Aniconism. Developments and Origins, in: K. van der Toorn (Hrsg.), The Image and the Book. Iconic Cults, Aniconism, and the Rise of Book Religion in Israel and the Ancient Near East, CBET 21, Leuven 1997, 173–204: 187.

55 Vgl. als Überblick Krebernik, Götter und Mythen (s. Anm. 47), 44–46; Hornung, Der Eine und die Vielen (s. Anm. 47), 85–89; B. Gladigow, Zur Konkurrenz von Bild und Namen im Aufbau polytheistischer Systeme, in: H. Brunner u. a. (Hrsg.), Wort und Bild. Symposium des Fachbereichs Altertums- und Kulturwissenschaften zum 500-jährigen Jubiläum der Universität Tübingen, München 1979, 103–122.

56 Vgl. dazu Hartenstein, Angesicht (s. Anm. 25), 45 f.; Seidl, Kudurru-Reliefs (s. Anm. 52), 124 f., 130; F. A. M. Wiggermann, The Staff of Ninšubura.

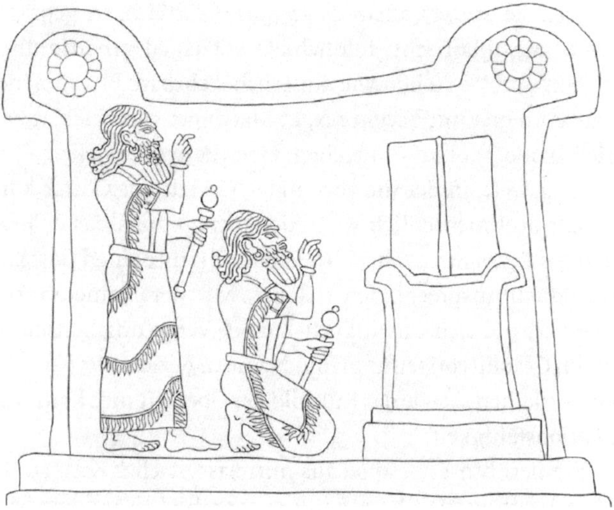

Bild 4: Symbolsockel des Tukulti-Ninurta I.
Der Sockel eines Kultsymbols aus mittelassyrischer Zeit zeigt als Seitenrelief das einstmals auf ihm befestigte Göttersymbol sowie zwei Phasen des Verehrungsgestus des Herrschers Tukulti-Ninurta I. (1244–1208 v. Chr.) vor dem Symbol (stehend und kniend).

Quelle: F. Hartenstein, Das Angesicht JHWHs. Studien zu seinem höfischen und kultischen Bedeutungshintergrund in den Psalmen und in Exodus 32–34, FAT 75, Tübingen 2008, 299, Tf. 5.1 (= J. Black, A. Green, Gods, Demons and Symbols of Ancient Mesopotamia. An Illustrated Dictionary, London 1992, 29, Fig. 20, Zeichnung: T. Rickards).

Auf der Seite sind sowohl der Sockel selbst wie das einstmalige Göttersymbol abgebildet: Es handelt sich vermutlich um einen Schreibgriffel (*stilus*) vor einer rechteckigen (Schrift-)

Studies in Babylonian Demonology, II, JEOL 29, 1985, 3–34: 10 f.; Ornan, In the Likeness of Man (s. Anm. 53), 114; Z. Bahrani, The Graven Image. Representation in Babylonia and Assyria, Philadelphia 2003, 185–201.

Tafel. Beides sind Attribute des Gottes Nabû, passen aber auch für den in der Inschrift des Sockels genannten Wesirgott Nusku, „der vor (dem Angesicht von) Assur und Enlil steht" und „der alltäglich die Gebete Tukulti-Ninurtas [I.], des von ihm geliebten Königs, vor Assur und Enlil wiedergibt"[57]. Nusku wurde dabei sicherlich nicht „in Form" des Symbols imaginiert, sondern durch dieses vertreten und dabei menschengestaltig vor den hohen Götterherren stehend gedacht, wie wir es aus Audienzszenen auf Siegelbildern kennen.

Noch einmal komplexer verhält es sich mit einem zweiten Beispiel für Göttersymbole: der oben bereits erwähnten Tafel des babylonischen Herrschers Nabû-apla-iddina aus dem Jahr 853 v. Chr. (Bild 3),[58] die viel Beachtung gefunden hat, weil sich hier eine Inschrift zusammen mit einem Bildrelief auf denselben Vorgang bezieht. Es geht um den Verlust des zentralen Tempelkultbildes des Sonnenheiligtums von Sippar, das einst von den Sutäern zerstört worden war. An seiner Stelle wurde im 11. Jh. v. Chr. eine (Sonnen-)Scheibe als Kultsymbol installiert. Die Interimssituation dauerte bis Mitte des 9. Jh. v. Chr., als unter Nabû-apla-iddina ein Modell für die Wiederherstellung des verlorenen anthropomorphen Kultbildes gefunden wurde und der König die Kultrestauration durchführen ließ. Die zweihundertjährige Abwesenheit des Kultbildes wird in der Inschrift geschichtstheologisch als „Zürnen mit Akkad" und als „Abwenden des Nackens" des Šamaš gedeutet. In der göttlichen Gabe des richtigen Vorbildes für die Erneuerung des Kultbilds wird die erneute Zuwendung des Gottes deutlich. Hier scheint eine Bewertung vorzuliegen, wonach das Symbol nur als unvollständiger Er-

57 Siehe Hartenstein, Angesicht (s. Anm. 25), 46, mit Anm. 163.

58 Siehe dazu oben Anm. 31.

satz für das anthropomorphe Kultbild galt. Das Bildrelief der Tafel lässt davon allerdings nichts erkennen, vielmehr erscheint hier beides als komplementär. Was die Inschrift aber klar voraussetzt, ist *die anthropomorphe Gottesvorstellung als solche* (Ab- und Zuwendung des Gesichts), die den Sonnengott hintergründig in seinem kosmischen Bereich verortet und das Kultbild als Gabe um der Menschen willen erscheinen lässt.

d) „Anikonische" Kultsymbole: komplementär oder konträr zu Bildern?

Dasselbe wie bei den Symbolen, die offenbar anthropomorphen Tempelkultbildern funktional gleichwertig waren, gilt schließlich auch für sogenannte „anikonische", also „bildlose" sakrale Objekte. Ihnen wurde im Blick auf die Herkunft des Bilderverbots bzw. die Abgrenzung gegenüber bildhaften Repräsentationen von Göttern in Judentum und Islam in den letzten Jahren vermehrte Aufmerksamkeit zuteil.[59] Sie sind vor allem im Norden Mesopotamiens (Assyrien) und in Syrien/der Levante einschließlich Palästinas bis nach Arabien, aber auch in Kleinasien belegt. Zumeist handelt es sich um

---

59 Siehe vor allem die wichtige Monographie von T. N. D. Mettinger, No Graven Image? (s. Anm. 54); ders., Israelite Aniconism (s. Anm. 54); ders., JHWH-Statue oder Anikonismus im ersten Tempel? Gespräch mit meinen Gegnern, ZAW 117, 2006, 485–508; im Weiteren z. B. R. S. Hendel, Aniconism and Anthropomorphism in Ancient Israel, in: van der Toorn, The Image and the Book (s. Anm. 54), 205–228; B. B. Schmidt, The Aniconic Tradition. On Reading Images and Viewing Texts, in: D. V. Edelman (Hrsg.), The Triumph of Elohim. From Yahwisms to Judaisms, CBET 13, Kampen 1995, 75–105. – Religionsvergleichend siehe im Weiteren H.-M. Barth, C. Elsas (Hrsg.), Bild und Bildlosigkeit. Beiträge zum interreligiösen Dialog, Rudolf-Otto-Symposium 1993, Hamburg 1994.

senkrecht aufgerichtete bearbeitete Steine, deren Größe von unter einem Meter bis zu übermenschlicher Höhe reicht.[60]

Die Formen variieren von einer einfachen Pfeiler- oder Rechteckform zur häufigen Stele (Tafelform mit oben gerundeten Ecken bzw. halbrunder Oberseite), aber auch zum Obelisken (Byblos). Gemeinsam ist diesen „standing stones" (akk. *sikkānum*, hebräisch *maṣṣēba*, arabisch *nuṣb*[61]), dass bei ihnen *Materialität* (dauerhafter Stein) und *vertikale* Ausrichtung die entscheidenden Merkmale sind. Philon von Byblos (2. Jh. n. Chr.) nennt sie mit einer schon älteren griechischen Bezeichnung *baitylos*,[62] ein Fremdwort, abgeleitet aus dem semitischen *bēt 'ēl/bīt īli*; „Haus Gottes" (s. o. 1.1a). Sie galten – wie es auch inschriftlich bezeugt ist – als *Wohnung eines Gottes* oder eines (vergöttlichten) Ahnen; dementsprechend finden sie sich sowohl in sakralen wie in sepulkralen Kontexten. Ihre außerdem belegten Funktionen als Memorialstelen oder Urkunden für Verträge erklären sich ebenfalls aus ihrem „belebten", mit göttlicher Präsenz „beseelten" Charakter. Es

60 Siehe für Mesopotamien und Syrien/Phönizien: A. Nunn, Bildhaftigkeit und Bildlosigkeit – ein Widerspruch?, in: D. Shehata u. a. (Hrsg.), Von Göttern und Menschen. Beiträge zu Literatur und Geschichte des Alten Orients, FS B. Groneberg, CM 41, Leiden/Boston 2010, 131–168; für Palästina, mit wichtigen Differenzierungen: B. U. Schipper, Kultbilder im antiken Israel. Das Verhältnis von Bild und Kult am Beispiel der anikonischen Kultobjekte, in: Luiselli u. a. (Hrsg.), Kult und Bild (s. Anm. 20), 163–180.

61 Vgl. hierzu Mettinger, No Graven Image (s. Anm. 54), 69–79, auf den sich S. Naef, Bilder und Bilderverbot im Islam. Vom Koran bis zum Karikaturenstreit, München 2007, 29–32, bezieht; vgl. zum Steinkult in vorislamischer Zeit schon J. Wellhausen, Reste arabischen Heidentums, ³1961 (1887), 101–103.

62 Vgl. A. I. Baumgarten, The Phoenician History of Philo of Byblos. A Commentary, EPRO 89, Leiden 1981, 16, 182, 202 (Philon, zitiert in Eusebius von Caesarea, Praeparatio evangelica I 10, 23).

gab sie in Koexistenz mit anthropomorphen Kultbildern prominent seit der Frühbronzezeit (3. Jt. v. Chr.) bis in die römische Zeit. Sie gehörten einzeln oder zu mehreren (oft Stelenreihen, in Palästina etwa in Gezer) sowohl zur Ausstattung von Freiluft-Heiligtümern wie von Tempeln. In Letzteren fand man sie einerseits in Hofanlagen, andererseits in klarem Bezug auf die oder direkt in der *Tempelcella*. In einigen Fällen nahmen sie die *Position des zentralen Kultsymbols* ein (etwa im bronzezeitlichen Obeliskentempel von Byblos oder im eisenzeitlichen judäischen Festungstempel von Arad, Bild 5):

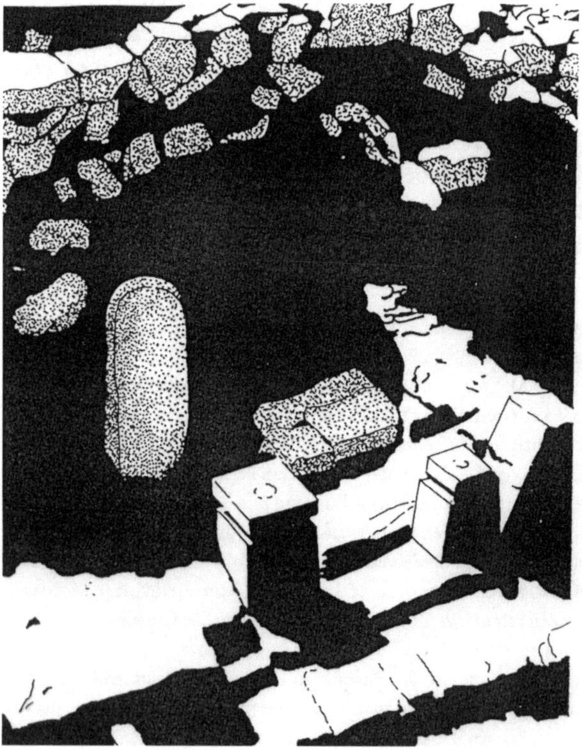

Bild 5: Kultnische des Festungstempels von Arad
In der erhöhten Kultnische des kleinen eisenzeitlichen judäischen Tempels, der in die NW-Ecke einer quadratischen Festung eingebaut war, stand als Kultsymbol JHWHs eine geglättete, rot bemalte anikonische Stele/Mazzebe. Zwei kleine Altäre flankierten auf der oberen Treppenstufe den Eingang zur Nische.

Quelle: O. Keel, Die Welt der altorientalischen Bildsymbolik und das Alte Testament. Am Beispiel der Psalmen, Zürich u. a./Neukirchen-Vluyn [3]1980, 162, Abb. 248 (= Zeichnung H. Keel-Leu).

In der Regel verbinden sich mit den Steinen kultische Installationen (oft: Wasserbecken, Opferbänke, Altäre etc.), die deutlich machen, dass Steinmale wie Kultbilder behandelt wurden und im Zusammenhang der Riten die göttliche Präsenz verkörperten:

> „Im Tempel sind sie also ein Zeichen der Gottespräsenz. Außerhalb des Tempels bedeuten sie ebenfalls Gottespräsenz, die zusätzlich mit der Garantie für einen Vertrag, eine Grenze oder einem Andenken, etwa im Totenkult, verbunden werden kann."[63]

Zu ihrer überirdischen Qualität mag in Einzelfällen auch die Vorstellung einer himmlischen Herkunft beigetragen haben (Meteorgestein, vgl. die Legende bei Philon von Byblos, wonach Astarte „einen vom Himmel gefallenen Stern" einem Tempel von Tyros geweiht habe;[64] siehe eventuell auch den berühmten schwarzen Stein der mekkanischen Ka'aba[65]). Im

---

63 Nunn, Bildhaftigkeit und Bildlosigkeit (s. Anm. 60), 134.

64 A. a. O., 142.

65 So A. Schimmel, Die Zeichen Gottes. Die religiöse Welt des Islam, München [3]2002, 24 („der schwarze Stein – ein Meteor – in der Südostecke der Kaaba"); vgl. aber Wellhausen, Reste (s. Anm. 61), 73 f., und A. J. Wensinck, Art. Ka'ba, HIsl, Leiden 1941, 236–244, die nichts zum Meteor vermerken (nach Wensinck vielleicht Lava oder Basalt, a. a. O., 237), aber seine vorislamische Funktion als steinernes Götterbild/Idol hervorheben (243).

aramäischen Bereich gehörten Stelen auch in öffentliche erhöhte Kultstellen im Außen- oder Innenbereich von *Stadttoren* (vgl. in Palästina Betsaida, Dan), wo sie ebenfalls beopfert wurden.[66] Auffallend ist, dass sie nicht immer „anikonisch" waren, wie es eine ganze Reihe von Beispielen aus verschiedenen Zeiten und Regionen zeigt (vgl. etwa die eisenzeitliche Reliefstele von Betsaida mit einer schwer deutbaren Stiersymbolik[67] oder die zum Mond ausgestreckten Hände auf der Vorderseite einer zentralen Stele aus dem kleinen spätbronzezeitlichen Heiligtum Hazor C [Bild 6], das in die Mauer der Unterstadt eingebaut war[68]):

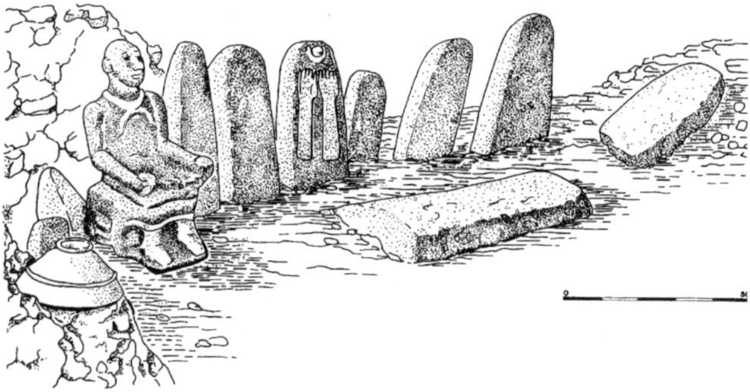

Bild 6: Stelenheiligtum in der Westmauer der Unterstadt von Hazor
In einer in die Stadt hinein offenen Anlage/Kultnische (6 mal 4,5 m) fanden sich halbkreisförmig angeordnet 10 Stelen (bis 65 cm hoch). Die mittlere ist mit Bildelementen versehen: Zwei zur Mondsichel

---

66 Vgl. dazu M. Bernett, O. Keel, Mond, Stier und Kult am Stadttor. Die Stele von Betsaida (et-Tell), OBO 161, Freiburg, Schweiz/Göttingen 1998, 45–94 (vermutlich Symbolik des Mondgottes).

67 Vgl. zur Interpretation Bernett, Keel, Mond (s. Anm. 66), 1–44.

68 Vgl. H. Weippert, Palästina in vorhellenistischer Zeit, HdA Vorderasien II/1, München 1988, 282f.

erhobene Hände. Links befand sich die Statue eines Mannes, mit Halbmondemblem (ob es sich beim Stelenheiligtum um einen Ort der Götter- oder Ahnenverehrung handelt, ist unklar).

Quelle: H. Weippert, Palästina in vorhellenistischer Zeit, HdA Vorderasien II/1, München 1988, 283, Abb. 3.45 (= BRL², Tübingen 1977, Abb. 49,4).

In solchen Fällen sollte man besser von *„ikonischen" Kultsymbolen* sprechen, die z. B. eine Stele mit bildlichen Darstellungen verbinden. Nach der Definition von Jens Kamlah waren „iconic cult symbols" „objects which represented a deity without depicting the deity's image. Though they avoided depicting the (anthropomorphic, theriomorphic or hybrid) figure of the deity, they were decorated with figures or figurative elements."[69] Die Kultsymbolik Palästinas partizipierte seit ältester Zeit an dieser syrisch-levantinischen Tradition „anikonischer" (und „ikonischer") Symbole. Es spricht aber wenig dafür, dass dies vor dem alttestamentlichen Bilderverbot als bewusster Kontrast zum Bilderkult empfunden worden wäre; vielmehr war es einfach *eine komplementäre Variante zu ihm*.[70] Es sollte dem späteren Sonderweg der monotheistischen Religionen Judentum und Islam vorbehalten sein, diese religiös-kulturelle Eigenart des westsemitischen und arabischen Raums als *eine* mögliche Grundlage für die Abgrenzung von Kultbildern neu zu verstehen (s. u.). Die These einer uralten *spezifischen Differenz* im Sinn eines an der

69 J. Kamlah, Temples of the Levant – Comparative Aspects, in: Ders. (Hrsg.), Temple Building and Temple Cult. Architecture and Cultic Paraphernalia of Temples in the Levant (2.–1. Mill. B. C. E.), ADPV 41, Wiesbaden 2012, 507–534: 525 (mit den beiden oben genannten Beispielen aus Hazor und Betsaida).

70 Vgl. ähnlich jetzt die Argumentation von Schipper, Kultbilder (s. Anm. 60), bes. 174–177.

nomadischen Lebensform, der ethnischen Zugehörigkeit (semitische Ikonophobie) oder einer primitiveren Religionsstufe festzumachenden Anikonismus lässt sich aber heute so nicht mehr aufrechterhalten.[71] Dennoch wird uns noch die Frage beschäftigen, inwiefern deportierte Judäer im Weltzentrum Babylon während ihres Exils nicht doch einen großen Kulturunterschied an dieser Stelle bemerkt haben, der im Zuge des nun explizit ausformulierten Monotheismus als Identitätsmarker wirksam geworden wäre (s. u. 2.4a).

e) Was wissen wir über die Kultsymbolik Jerusalems?

Im Blick auf die traditionsgeschichtlichen Voraussetzungen des Bilderverbots spielt auch die innerhalb der alttestamentlichen Wissenschaft kontrovers diskutierte Frage nach der *Kultsymbolik des vorexilischen Jerusalemer Tempels* eine wichtige Rolle. Othmar Keel, Tryggve N. D. Mettinger und Jens Kamlah haben sie so beantwortet, dass sie für den JHWH-Kult mit einem (oder mehreren) *anikonischen „visible token(s)" bzw. „iconic cult symbol(s)"* rechnen.[72]

---

71 Vgl. dazu schon K.-H. Bernhardt, Gott und Bild. Ein Beitrag zur Begründung und Deutung des Bilderverbotes im Alten Testament, ThA II, Berlin 1956, der die älteren Thesen zur Herkunft des Bilderverbots ausführlich mustert (96–98 diejenige der „Kulturarmut der Wüstenzeit") und selbst die „praktische Bilderlosigkeit" (149) älterer nomadischer Traditionen Israels (mit der Lade [s. u.] als „bilderlosem Wanderheiligtum") sowie die „Eigentümlichkeit" der Sinaitradition als mögliche Anfänge der Bilderablehnung identifizierte. – Zur grundsätzlichen Bedeutung numinos aufgeladener Objekte in der Perspektive von Ethnologie und Religionsgeschichte vgl. K.-H. Kohl, Die Macht der Dinge. Geschichte und Theorie sakraler Objekte, C. H. Beck Kulturwissenschaft, München 2003.

72 Vgl. O. Keel, Warum im Jerusalemer Tempel kein anthropomorphes Kultbild gestanden haben dürfte, in: G. Boehm (Hrsg.), Homo Pictor (s. Anm. 46), 244–282; ders., Die Geschichte Jerusalems und die Entstehung des

Eine Reihe von biblischen Texten berichtet, dass im Allerheiligsten des Tempels, dem kastenförmigen Holzeinbau des Debir (einem Naos nach ägyptischem Muster), zwei *Kerubim* gestanden hätten, deren ausgestreckte Flügel einen Thronsitz JHWHs bildeten (Kerubim = Sphingen: geflügelte Löwen mit Menschenantlitz). Auf dem „leeren“ Thron wäre unsichtbar, aber konkret JHWHs Königsgestalt (vgl. Jes 6, 1–11) vorzustellen. Es handelt sich bei dieser Bild-Konstellation um die archäologisch vor allem in der zweiten Hälfte des 1. Jt. v. Chr. aus Phönizien gut belegte Ikonographie von *Sphingenthronen* für verschiedene Götter (etwa Astarte oder Melkart: Bild 7):[73]

Monotheismus 1–2, OLG IV/1–2, Göttingen 2007, bes. Bd. 1, 294–307; T. N. D. Mettinger, The Dethronement of Sabaoth. Studies in the Shem and Kabod Theologies, CB.OT 18, Lund 1982, 19–37; J. Kamlah, „Und es herrschte Friede zwischen Hiram und Salomo“. Studien zum Tempelkult in Phönizien und in Israel/Juda [erscheint in ADPV]; zum weiteren religions- und architekturhistorischen Kontext des Jerusalemer Tempels vgl. die Beiträge der Tübinger Tempeltagung in: Kamlah (Hrsg.), Temples (s. Anm. 69), bes. die Zusammenfassung Kamlahs zum „Sacred Focal Point: Cult Statue, Cult Image or Cult Symbol“ (524–526): „With regard to the Iron Age temple at Jerusalem, this archaeological evidence (sc. die phönizischen *naiskoi* und Sphingenthrone FH) leads – in comparison with the description of the cherubim inside the shrine (1 Kgs 6:23–28) – to the conclusion that the shrine (*dəbīr*) contained an empty sphinx throne (cherubim throne), thus an iconic cult symbol, as sacred focal point.“ (526)

73 Vgl. dazu O. Keel, Jahwe-Visionen und Siegelkunst. Eine neue Deutung der Majestätsschilderungen in Jes 6, Ez 1 und 10 und Sach 4, SBS 84/85, Stuttgart 1977, 15–45; ders., Geschichte Jerusalems 1 (s. Anm. 72), 294–333; Mettinger, No Graven Image (s. Anm. 54), 81–113; M. Metzger, Jahwe, der Kerubenthroner, die von Keruben flankierte Palmette und Sphingenthrone aus dem Libanon, in: Ders., Vorderorientalische Ikonographie und Altes Testament. Gesammelte Aufsätze, Jerusalemer Theologisches Forum 6, Münster 2004, 112–123.

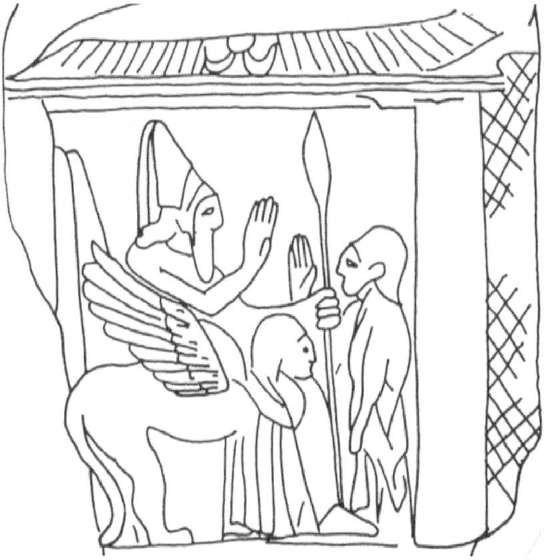

Bild 7: Relief eines Gottes auf dem Sphingenthron
Die Kalksteinstele (5. Jh. v. Chr.) aus dem punischen Hadrumetum (Sousse) zeigt einen bärtigen Gott auf einem Sphingenthron (evtl. Melkart, Stadtgott von Tyros), der in einem mit der Flügelsonne bekrönten Naos einen Adoranten empfängt (Audienzmodell der kultischen Begegnung). Die rechte Hand des Gottes ist grüßend/segnend erhoben (vgl. auch den Gestus der Statue aus Hazor, Bild 2). Er hält eine Lanze als Zepter.

Quelle: F. Hartenstein, Das Angesicht JHWHs. Studien zu seinem höfischen und kultischen Bedeutungshintergrund in den Psalmen und in Exodus 32–34, FAT 75, Tübingen 2008, 302, Tf. 8.2 (= S. Moscati, Die Phöniker. Von 1200 vor Christus bis zum Untergang Karthagos, Kindlers Kulturgeschichte, Zürich 1966, 487, Abb. XXXV).

Für Könige ist dieser Throntyp schon seit der Bronzezeit in Palästina nachweisbar (Megiddo). Es ist nicht unwahrscheinlich, dass der Jerusalemer JHWH einen solchen Königsthron als Kultsymbol besaß. Ob man jedoch hierfür von einem

„empty space aniconism" in Unterscheidung zum „material aniconism" der Mazzeben sprechen sollte, wie es Tryggve N. D. Mettinger vorgeschlagen hat, ist umstritten. Der vordergründig „leere", aber für die Vorstellung mit einer Königsgestalt besetzte Thron wäre eher als Mischform *zwischen* „Anikonismus" und Bilderkult anzusprechen, mit Kamlah als ein „iconic symbol". Jedenfalls steht er *in keinem bewussten Gegensatz zum anthropomorphen Kultbild*, sondern partizipiert auch an dessen Konzept, indem der Thron eine zugordnete „Gestaltvorstellung" evoziert. Ein 2006 entdecktes archäologisches Zeugnis aus den Grabungen der Davidsstadt in Jerusalem verhilft eventuell zu weiterer Differenzierung (Bild 8):

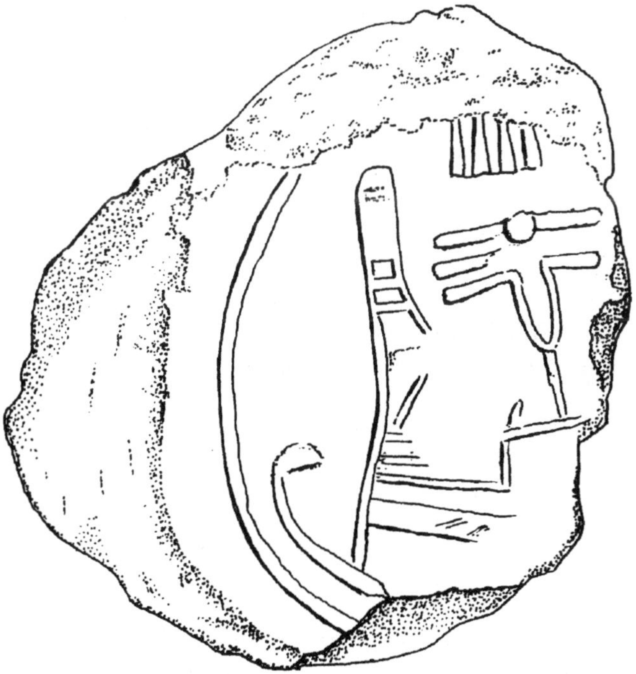

Bild 8: Siegelabdruck aus Jerusalem: Thron mit Sonnensymbol
Der Tonabdruck eines Stempelsiegels aus den Grabungen von R. Reich und E. Shukron (2006) stammt aus der Nähe des ersten Tempels (Gihon-Quelle) und datiert vermutlich ins 9. Jh. v. Chr. Er zeigt einen ägyptisch stilisierten „leeren" Thron mit hoher Lehne. Über/auf der Sitzfläche befindet sich eine geflügelte Sonnenscheibe bzw. ein Sonnensymbol.

Quelle: O. Keel, Die Geschichte Jerusalems und die Entstehung des Monotheismus 1–2, OLG IV/1–2, Göttingen 2007, Bd. I, 304, Abb. 191 (= Zeichnung: U. Zurkinden-Kolberg).

Auf dem Siegelabdruck der Eisenzeit II A (9. Jh. v. Chr.?) ist ein Thron dargestellt, auf/über dem sich eine *geflügelte Sonne* befindet.[74] Das ursprünglich aus Ägypten stammende, in der Levante im 1. Jt. v. Chr. weit verbreitete Sonnensymbol ist mehrdeutig: Es hat königliche (vgl. die offiziellen *lmlk*-Königsstempel auf judäischen Vorratskrügen, 8./7. Jh. v. Chr.[75]) und kosmische Konnotationen (solar/uranisch). In sozialer Hinsicht verbindet sich mit ihm im Alten Orient und in Israel auch die göttliche „Gerechtigkeit" (vgl. Mal 3,20). Ein Bezug des Siegelabdrucks auf den JHWH von Jerusalem ist gut möglich: Der Gott selbst wäre dann – wie in den biblischen Texten – nicht durch ein Bild, aber durch das für einen königlichen JHWH mit Lichtassoziationen offene Symbol des leeren Thronstuhls mit Flügelsonne repräsentiert worden.

Hierzu ist einerseits auf die Debatte um eine „Solarisierung" JHWHs im vorexilischen Juda[76] hinzuweisen und andererseits auf die mögliche Ver-

---

74 Vgl. zu diesem Stück Keel, Geschichte Jerusalems 1 (s. Anm. 72), 302, 304, mit Abb. 191; R. Reich, Excavating the City of David. Where Jerusalem's History Began, Jerusalem 2011, 215, Fig. 146 (Foto).

75 Vgl. dazu Weippert, Palästina (s. Anm. 68), 604–607.

76 Vgl. dazu zusammenfassend B. Janowski, JHWH und der Sonnengott. Aspekte der Solarisierung JHWHs in vorexilischer Zeit, in: Ders., Die rettende

bindung zum biblischen Konzept des göttlichen Lichtglanzes (*kābōd*[77]), einem „mentalen“ Präsenzsymbol JHWHs aus der staatlichen Jerusalemer Tempeltheologie. Wie unten (2.4a) genauer zu zeigen sein wird, wurde ab dem Exil – im Kontrast zu den Bildern Babylons – in Dtjes, „P“ und Ez auf dieses Präsenzkonzept zurückgegriffen. Im Kulturkontakt mit den babylonischen Bilderkulten wurde wahrscheinlich die einstige materiale Jerusalemer Kultsymbolik JHWHs ohne anthropomorphes Kultbild (und das damit zusammenhängende „mentale“ *kābōd*-Konzept) als Unterscheidungsmerkmal erkannt, wobei ein an dieser Stelle aufkommendes Differenzbewusstsein bereits in der Zeit Joschijas einen Vorläufer gehabt haben kann (vgl. die Beseitigung der Aschera in 2 Kön 23,6, s. u. 2.4b.2).

Es sprechen andererseits bisher kaum belastbare Gründe für die etwa von Herbert Niehr, Christoph Uehlinger und Matthias Köckert per Analogieschluss aus „altorientalischer Normalität“ abgeleitete Hypothese, im Jerusalemer Tempel habe sich bis 587/586 v. Chr. eine menschengestaltige Kultstatue JHWHs befunden.[78] Wahrscheinlich hat es in Jerusalem ne-

---

Gerechtigkeit. Beiträge zur Theologie des Alten Testaments 2, Neukirchen-Vluyn 1999, 192–219; Keel, Geschichte Jerusalems 1 (s. Anm. 72), 273–286; M. Leuenberger, Die Solarisierung des Wettergottes Jhwh, in: Ders., Gott in Bewegung. Religions- und theologiegeschichtliche Beiträge zu Gottesvorstellungen im alten Israel, FAT 76, Tübingen 2011, 34–71.

77 Vgl. etwa Mettinger, Dethronement (s. Anm. 72), 80–123, und zuletzt T. Wagner, Gottes Herrlichkeit. Bedeutung und Verwendung des Begriffs *kābôd* im Alten Testament, VT.S 151, Leiden 2012.

78 Vgl. H. Niehr, In Search of YHWH's Cult Statue in the First Temple, in: van der Toorn (Hrsg.), The Image and the Book (s. Anm. 59), 73–95; C. Uehlinger, Anthropomorphic Cult Statuary in Iron Age Palestine and the Search for Yahweh's Cult Images, a. a. O., 97–155; ders., Art. Bilderkult III. Bibel, RGG[4] 1, 1998, 1565–1570; M. Köckert, Die Entstehung des Bilderverbots, in: Groneberg, Spieckermann (Hrsg.), Welt der Götterbilder (s. Anm. 21), 272–290; ders., Vom Kultbild Jahwes zum Bilderverbot. Oder: Vom Nutzen der Religionsgeschichte für die Theologie, ZThK 106, 2009, 371–406. – Als gewichtige Gegenstimmen vgl. nur Mettinger, JHWH-Statue (s. Anm. 59); Keel, Warum (s. Anm. 72), bes. 260–277; ders., Geschichte Jerusalems 1 (s. Anm. 72),

ben dem leeren Thron auch noch das *Kastenheiligtum der Lade* mit darin befindlichen Stein(en) gegeben, die im Rahmen der geschilderten Tradition von Mazzeben verständlich wären.[79] Nach biblischem Zeugnis waren beide Kultsymboliken - Thron und Lade - aufeinander bezogen, explizit allerdings erst nach der Zerstörung des Tempels in der Priesterschrift belegt (vgl. Ex 25,10–22). Sehr interessant, möglicherweise auch im Blick auf eine vergleichbare Mischform „anikonischer" und „ikonischer" Kultsymbolik, ist ein phönizischer Sphingenthron aus dem Libanon (7. Jh. v. Chr., Bild 9):

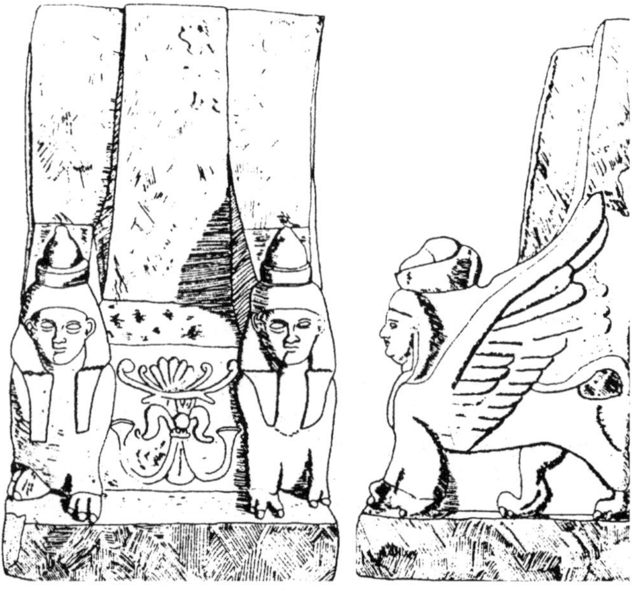

305–307hrsg. E. Otto, Deuteronomium 1,1–4,43, HThK.AT 8.1, Freiburg u.a. 2012, 563 f. (s. im Weiteren auch unten Anm. 144).

79 Vgl. Keel, Warum (s. Anm. 72), 262–264, 280 (zur Lade und dem Stein/den Steinen).

Bild 9: „Leerer“ Sphingenthron von der Südküste des Libanon
Der phönizische Kalksteinthron (7. Jh. v. Chr.), der von zwei Sphingen flankiert wird, ist entweder „leer“ oder die hervorstehende Mittelkonsole der Rückenlehne ist als Betyl/Mazzebe anzusprechen, so dass die Gottheit zweifach symbolisiert worden wäre.

Quelle: M. Metzger, Jahwe, der Kerubenthroner, die von Keruben flankierte Palmette und Sphingenthrone aus dem Libanon, in: Ders., Vorderorientalische Ikonographie und Altes Testament. Gesammelte Aufsätze, Jerusalemer Theologisches Forum 6, Münster 2004, 210, Abb. 157.

Auch hier ist der Thron „leer“. Vielleicht ist aber die Pfeilerstruktur an der Rückenlehne als Betyl/Mazzebe zu deuten; dann hätte man zusätzlich ein anikonisches „visible token“ als Verkörperung der Gottheit. In beiden Deutungsvarianten bleibt sie in ihrer eigentlichen Gestalt „unsichtbar“. Auf alle Fälle belegt das Stück, aus vorexilischer Zeit und einer Nachbarregion, zu der enge Beziehungen bestanden, eine Thronsymbolik, wie sie auch für Jerusalem anzunehmen ist - ohne menschen- oder tiergestaltiges Tempelkultbild. Der Überblick zu altorientalischen Bilderkulten und zum „Anikonismus“, der zum Schluss bis nach Palästina/Israel geführt hat, soll an dieser Stelle mit dem Votum Othmar Keels enden, das m. E. in der angedeuteten Debatte sachlich am besten begründet ist:

> „Der Jerusalemer Kult wäre nicht der einzige altorientalische Kult, der ohne anthropomorphes Kultbild ausgekommen wäre. Niehr erwähnt denn vorsichtshalber auch ‚a symbol of a deity‘ als möglichen Focus eines altorientalischen Kultus. Als Beispiel sei auf den berühmten Kultsockel des Assyrerkönigs Tukulti-Ninurta I. (um 1240 v. Chr.) in Berlin hingewiesen [s. o. Bild 4]. Näher liegend ist der kleine Jahwe-Tempel von Arad im nördlichen Negev, wo im 8.–6. Jh. v. Chr. die Gottheit, höchst wahrscheinlich Jahwe, durch eine anikonische Stele (Massebe) repräsentiert wurde, und man, wie ebenfalls der archäologische Befund zeigt, vor diesem Kultsymbol geräuchert und Opfer dargebracht hat [s. o. Bild 5]. Die Gottheit, die man da verehrte, war

> weder kistengestaltig (im Fall der Lade) noch steingestaltig (im Fall der Massebe) […].“[80]

Vielmehr dachte man sich im Sinne der altorientalisch verbreiteten Gottesvorstellung JHWH in den alttestamentlichen Texten stets *menschen- bzw. zumeist „königsgestaltig“*[81]. Dem damit verbundenen, weiter oben bereits angerissenen Problem der vielfältigen „Verkörperungen“ eines Gottes ist nun noch knapp etwas genauer nachzugehen, weil es sich um eine grundlegende Rahmenvorstellung handelt, mit deren Hilfe man den Ritus einerseits „lesen“ konnte, dieser andererseits aber auch relativiert und transzendiert wurde.

1.2 *Der Vorstellungsrahmen des Kultes: die „mentale Ikonographie“*

a) Die Körper der Götter

In der historischen Anthropologie der Antike wurde auch die Frage nach dem *(imaginierten) Körper der Gottheiten* behandelt. Vor allem Jean-Pierre Vernant hat darauf hingewiesen, wie sehr der göttliche Körper einerseits die Bedingung der Möglichkeit eines Verkehrs, einer Kommunikation, mit den Menschen darstellt und insofern für den Kult unabdingbare Voraussetzung ist: Götter sind als ansprechbare Träger von Namen eingebunden in ein Netz sozialer Beziehungen (s. o.).[82]

---

80 Keel, Warum (s. Anm. 72), 263 (Verweise in Klammern FH).

81 Mettinger spricht diesbezüglich von einem mentalen „‚basileomorphic‘ *Gottesbild*“ im alten Israel, vgl. ders., The Elusive Essence. YHWH, El and Baal and the Distinctiveness of Israelite Faith, in: E. Blum u. a. (Hrsg.), Die hebräische Bibel und ihre zweifache Nachgeschichte, FS R. Rendtorff, Neukirchen-Vluyn 1990, 393–417: 396 (Hervorhebung im Original).

82 J.-P. Vernant, Corps obscur, corps éclatant, in: C. Malamoud, J.-P. Vernant (Hrsg.), Corps des dieux, Le temps de la réflexion VII, Paris 1986, 19–45

Das gilt untereinander (Verwandtschaft/Herrschaft) und im Verhältnis zu den Menschen (Ritual/Kult). Andererseits aber ist die Körperlichkeit der Götter von einer Art, *die menschliche Begrenztheiten weit überschreitet*:

> „Sichtbar und unsichtbar, offenbart und verborgen, gegenwärtig und abwesend, hier und anderswo, überall und nirgends, kurz gesagt im Jenseits: der Leib des Gottes stellt das Problem der Beziehungen zwischen dem Göttlichen, der Form oder den Formen und der Individualität. Der Leib ist Form; er umschließt einen bestimmten Raum und zugleich hat er seinen Platz an einem bestimmten Ort. Diese Begrenzung durch und im Leib scheint die notwendige Bedingung dafür zu sein, daß ein Individuum in seiner Einzigartigkeit Gestalt annimmt. Die Götter besitzen wohl eine Individualität, aber die Überfülle des Seins und der Lebenskraft, die sie charakterisiert, läßt sich nicht in die engen Grenzen einer besonderen Form einschließen."[83]

Insofern spricht Vernant in religionsvergleichender Perspektive von der „Polysomie", der vielfältigen Verkörperung der Götter.[84] Auch der biblische Monotheismus, der die Endgestalt des Alten Testaments prägt, kennt für den personalen Gott JHWH *eine Reihe alter anthropomorpher Symbole*, die seine „Körperlichkeit" anzeigen sowie deren gleichzeitige Transzendierung und Relativierung.[85] Das zeigen die literari-

---

(= ders., Mortals and Immortals. The Body of the Divine, in: Ders., Mortals and Immortals. Collected Essays, Princeton 1992, 27–49); vgl. im Blick auf den Alten Orient: Porter, What is a God? (s. Anm. 49), im Blick auf das Alte Testament: Hartenstein, Angesicht (s. Anm. 25), 15–26.

83 J.-P. Vernant, Zwischen Mythos und Politik. Eine intellektuelle Autobiographie, Berlin 1997 (frz. 1996), 250.

84 Ebd.

85 Siehe dazu neben Hartenstein, Angesicht (s. Anm. 25) und A. Schart, Die „Gestalt" YHWHs. Ein Beitrag zur Körpermetaphorik alttestamentlicher Rede von Gott, ThZ 55, 1999, 26–43, zuletzt B. J. Sommer, The Bodies of God and the World of Ancient Israel, Cambridge 2009; A. Wagner, Gottes Körper.

schen und poetischen Bilder der Gestalt Gottes – von seinen Körperteilen, seiner Kleidung und ihren Funktionen – die alttestamentliche Texte entwerfen. Sie stellen eine *notwendige Voraussetzung* der Rede vom Gott Israels dar und machen ihn den Menschen zugänglich.[86] Es handelt sich um Anthropomorphismen, die der Ablehnung der Bilder nicht unterliegen (s. u. 3.1). So sind die „Stimme", der „(rechte) Arm", die „Hand", die „Füße" oder das leuchtende bzw. im Zorn abgewandte „Angesicht" *soziale Metaphern* für Gott, handlungsbezogene Aussagen, die auf bestimmte Reaktionen der Menschen angelegt sind. Hinter den sprachlichen Bildern stehen *feste Vorstellungszusammenhänge*, wie das Modell einer *Königsaudienz* (für das „Angesicht" JHWHs, vgl. Hartenstein) oder eines kämpfenden Königs (vgl. K.-P. Adam).[87] Diese Vorstellungen, die sich vor dem Hintergrund ikonographischer Konventionen des Alten Orients präziser erfassen lassen, werden im Sinne Vernants aber auch stets überschritten und relativiert. Angesichts dessen scheinen alle visuellen Repräsentationen der zuvor geschilderten Spannung des sichtbar Gegebenem und undurchdringlich „Anderen" zu unterliegen.

Zur alttestamentlichen Vorstellung der Menschengestaltigkeit Gottes, Gütersloh 2010; ders. (Hrsg.), Göttliche Körper – Göttliche Gefühle. Was leisten anthropomorphe und anthropopathische Götterkonzepte im Alten Orient und Alten Testament?, OBO 270, Freiburg, Schweiz/Göttingen 2014.

86 Siehe dazu klassisch einst L. Köhler, Theologie des Alten Testaments, Tübingen ³1953 (1935), 6: „An diesem Punkte erkennt man die Funktion der Anthropomorphismen. [...] Die Menschengestaltigkeit ist keine Vermenschlichung. So haben sie auch, außer in unbilliger Polemik, nie gewirkt. Vielmehr sollen sie Gott den Menschen zugänglich machen. [...] Sie tun Gott als personhaft dar. [...] Weil das AT in Anthropomorphismen von ihm redet, deshalb steht sein Gott als der persönliche und lebendige Gott vor den Menschen, der ihnen wollend und handelnd begegnet, auf die Menschen einwirkend, auf sie zukommend."

b) Die Transzendenz der Gottheiten

Altorientalische Gottheiten lassen sich nicht auf eine Präsenzform festlegen (weder in poly- noch in monotheistischen Systemen). Sie sind so vielfältig und vielgestaltig wie ihre lokalen und überregionalen Kulte mit teils uralten Traditionen. So haben sich etwa schon antike Autoren aus griechischer und römischer Sicht über die vielen für den Betrachter verschwimmenden Göttergestalten Ägyptens gewundert, besonders über die zahlreichen Verkörperungen in Tieren oder Mischwesen. In ägyptischer „Theologie“ steht dem durchaus eine innere mythische Logik entgegen, bei der hinter den zahllosen Gotteserscheinungen ein Wissen um die Begrenztheit jeder Erscheinungsform steht.[88] Der größte Gott, Amun-Re (Amun von Theben in Verschmelzung mit dem Sonnengott Re, im Neuen Reich allumfassend gedacht) trägt bereits in seinem Namensbestandteil Amun „der Verborgene“ die uranfängliche raumzeitliche Tiefe als unhintergehbaren Seinshorizont mit sich. Erich Hornung charakterisiert die entsprechende Eigenart ägyptischen „Gottesdenkens“ treffend:

> „Mit Begriffen dieser Art [sc. Sonnengott, Himmelsgöttin etc.] erfassen wir immer nur Ausschnitte der göttlichen Wirklichkeit, die wir nicht als verbindlich setzen dürfen. Auch mit anderen, verbesserten Begriffen werden wir den ganzen Wesensreichtum eines Gottes wohl nicht erfassen können, aber das befreit uns nicht von der Aufgabe, genauere Näherungen herauszuarbeiten. Darin haben uns die Ägypter selber ein Beispiel gesetzt – der Wesensreichtum eines Gottes erschließt sich ihnen in einer ‚Vielheit von Zugängen‘ (Henri Frank-

87 Hartenstein, Angesicht (s. Anm. 25); K.-P. Adam, Der königliche Held. Die Entsprechung von kämpfendem Gott und kämpfendem König in Psalm 18, WMANT 91, Neukirchen-Vluyn 2001.

88 Vgl. dazu Hornung, Der Eine und die Vielen (s. Anm. 47), bes. 128–132; C. Traunecker, The Gods of Egypt, Ithaca/London 2001 (frz. 1992), 42–56.

fort), die sich rein äußerlich in der Fülle der Namen und Erscheinungsformen spiegeln und erst zusammen das Ganze ergeben."[89]

Im Blick auf Mesopotamien ist eine ähnlich große Vielgestaltigkeit wie in Ägypten nicht gegeben; es zeigen sich aber vergleichbare Phänomene. Zu nennen wäre etwa die *Vielnamigkeit* der Gottheiten, besonders Marduks, dessen 50 Namen/ Epitheta im doxologischen Schlussabschnitt des Enuma elisch (Tf. VI–VII) aufgezählt werden.[90] Sie preisen in ihrer Fülle die über jedes Maß hinausreichende Größe des Gottes, dessen Aufstieg der voranstehende Mythos schilderte. Auch ist an die Besonderheit der astralen Trias Šamaš (Sonne), Sîn (Mond) und Ištar (Venus) zu erinnern. Ihre vorrangige Erscheinungsform am Himmel ist jenseits aller Artefakte und Symbolformen *kosmisch vorgegeben* und – im Fall der Sonne – unmöglich direkt zu schauen. Die Himmelskörper sind aber nicht die Gottheiten selbst, sondern *ma(n)zzāzu*, ihr „Standort", oder *tamšīlu*, „Ebenbild" für sie.[91]

Zumindest bei der astralen Trias gibt es also nebeneinander die menschengestaltige Vorstellung, anthropomorphe Kultbilder, Symbole, die ihre astrale Erscheinung repräsentieren (wie die oben genannte Sonnenscheibe des Šamaš-Tem-

---

89 Hornung, Der Eine und die Vielen (s. Anm. 47), 268 (Bemerkung in eckigen Klammern FH).

90 Vgl. zu ihnen jetzt Lambert, Babylonian Creation Myths (s. Anm. 17), 147–168.

91 Vgl. die berühmte Stelle in Enuma elisch Tf. V. 1 f.: „Er (= Marduk [FH]) schuf den Standort für die großen Götter; die Sterne, ihr Abbild, stellte er als Sternbilder auf." (T. R. Kämmerer, K. A. Metzler, Das babylonische Weltschöpfungsepos *Enūma elîš*, AOAT 375, Münster 2012, 337). Vgl. grundsätzlich zu dieser Vorstellung F. Rochberg, „The Stars Their Likenesses". Perspectives on the Relation Between Celestial Bodies and Gods in Ancient Mesopotamia, in: Porter (Hrsg.), What is a God? (s. Anm. 49), 41–91.

pels von Sippar) und die Himmelsphänomene selbst: ein Beispiel für Polysomie (Vernant) und Erscheinungsvielfalt (Frankfort, Hornung). Unsere Frage nach dem „Wesen" eines Gottes im Blick auf seine Erscheinungsformen kann angesichts der antik-orientalischen „Eigenbegrifflichkeit" (Benno Landsberger[92]) nur so formuliert werden, dass man die Vielfalt *und* ihre innere Spannung zum Ausgangspunkt nimmt und auf ihre Logik befragt.

Nach dem bisher Dargelegten liegt diese Logik in der *Ambivalenz von Präsenz und Entzug, von Gegebenem und bleibend Unbekanntem/Unsichtbarem*. Im Blick auf eine Hermeneutik des alttestamentlich-jüdischen Bilderverbots wäre die Frage dahingehend zuzuspitzen, ob sich die Art der Transzendenz nicht grundlegend wandelt, wenn *die Unterscheidung von (Schöpfer-)Gott und Welt* in einer bewussten Weise vollzogen wird (Fritz Stolz)[93]. Dann ändert sich auch der Blick auf visuelle Repräsentationen, vor allem wenn sie als „Artefakte" bewusst werden: Sie werden nun als innerweltlicher Teil des Geschaffenen verstanden. Von dieser Unterscheidung her lässt sich die späte biblische Bilderpolemik am leichtesten (be-)greifen und so ist sie auch mit der philosophischen Bilderkritik der Vorsokratiker verwandt. Auch deshalb soll der folgende Überblick über die Eigenart und Entstehung des Bilderverbots mit einer breiter angelegten Perspektive, nämlich der philosophischen Bilderkritik und der Sicht der griechisch-römischen Antike auf die Bildlosigkeit der jüdischen Religion, einsetzen.

---

92 Siehe den einflussreichen Beitrag von B. Landsberger, Die Eigenbegrifflichkeit der babylonischen Welt, Islamica 2, 1926, 355–372 (= Nachdruck: Libelli 142, Darmstadt 1965, 1–18).

93 Vgl. Stolz, Einführung (s. Anm. 47), 163–187, bes. 174; ders., Weltbilder der Religionen. Kultur und Natur, Diesseits und Jenseits, Kontrollierbares und Unkontrollierbares, Theophil 4, Zürich 2001, 139–161.

2. Das Bilderverbot: Eigenart und Entstehung

2.1 Die Bilderkritik der Vorsokratiker

Bereits die Vorsokratiker unterwarfen die kultische und religiöse Praxis einer Kritik, die vor allem an den visuellen Repräsentationen des Göttlichen im engeren Sinn ansetzte, um zu einer abstrakteren und ungebundenen Gottesvorstellung zu gelangen (vgl. auch III 4.4). Berühmt sind die entsprechenden Argumente des Xenophanes von Kolophon (ca. 570–475 v. Chr.), einem Zeitgenossen des Deuterojesaja (s. u. 2.4a) und der Priesterschrift (s. u. 3.2c). Seine Ausführungen zum Wesen der Götter, die in den *Stromateis* des Clemens von Alexandrien (um 200 n. Chr.), des Lehrers des Origenes, fragmentarisch überliefert sind, sprechen von der Unvergleichlichkeit der Götter im Blick auf „Körper“ und „Einsicht“, die von denjenigen der Sterblichen strikt geschieden seien.[94] Gleichwohl sind die Menschen aller Kulturen dem *Anthropomorphismus und -pathismus* verfallen:

> „Aber die Menschen meinen, Götter würden geboren, und hätten Kleidung, Stimme und Körper wie sie selbst.“[95]

> „Doch wenn Ochsen oder Löwen Hände hätten, so dass sie mit den Händen malen und Bildwerke herstellen könnten wie eben Menschen, dann würden Pferde pferdeähnlich und Ochsen ochsenähnlich die Gestalten der Götter malen und solche Körper bilden, wie sie gerade jeweils selbst die Gestalt hätten.“[96]

---

94 Clem. Strom. 5,14,109,1 (DK 21 B 23); hier und im Folgenden werden die Vorsokratiker zitiert nach M. L. Gemelli Marciano (Hrsg.), Die Vorsokratiker 1. Thales, Anaximander, Anaximenes, Pythagoras und die Pythagoreer, Xenophanes, Heraklit, Sammlung Tusculum, Düsseldorf 2007, 249.

95 Clem. Strom. 5,14,109,2 (DK 21 B 14): Gemelli Marciano (Hrsg.), Vorsokratiker (s. Anm. 94), 249.

> „Die Äthiopier [scil. malen ihre Götter] schwarz und stumpfnasig, die Thraker rötlich und blauäugig."[97]

Der Zeitgenosse des Xenophanes, Heraklit von Ephesus (Ende 6. Jh. v. Chr.), hatte noch deutlicher die Anbetung von Götterbildern kritisiert:

> „Und sie beten zu diesen Götterbildern hier, so wie wenn einer sich mit Häusern unterhielte, ohne von Göttern und Heroen zu wissen, wer sie sind."[98]

Eine solche aufgeklärte Religionskritik, die sich vielleicht auch durch den Kulturkontakt mit der (kult-)bilderarmen Religion der Perser (Achämeniden) anregen ließ,[99] hat sich in der Breite der griechisch-römischen Kultur keineswegs durchgesetzt, so dass die Bildlosigkeit und Bilderpolemik des *Judentums* in der Sicht antiker Betrachter zumeist als ebenso hervorstechend wie irritierend wahrgenommen wurden.

2.2 Antike jüdische Bilderkritik

a) Hellenistisch-römische Autoren über Monotheismus und Bilderverbot: Der Blick von außen

Angesichts der im Alten Orient und in der Antike zumeist unhinterfragt gültigen zentralen Rolle der Bilder für die kultische Verehrung von Gottheiten sowie für die Vorstellungen,

---

96 Clem. Strom. 5,14,109,3 (DK 21 B 15): Gemelli Marciano, Vorsokratiker (s. Anm. 94), 249.

97 Clem. Strom. 7,4,22 (DK 21 B 16): Gemelli Marciano, Vorsokratiker (s. Anm. 94), 251 (Klammern im Original).

98 Theosophia 68 (H. Erbse, Fragm. Griech. Theos. 184) (DK 22 B 5): Gemelli Marciano, Vorsokratiker (s. Anm. 94), 295.

99 So die begründete Annahme von Gemelli-Marciano (Hrsg.), Vorsokratiker 1 (s. Anm. 94), 268, 407 f.

die man sich von ihnen machte, erscheint die *Bildlosigkeit* der jüdischen Religion als Besonderheit. Das gilt nicht nur im Licht moderner Religionswissenschaft, sondern wurde seit dem Hellenismus häufig vermerkt. Die Bildlosigkeit war seit ca. 300 v. Chr. ein zentrales Element der „klassischen“ Motivkonstellation zur Beschreibung der Religion Judäas und der Juden.[100] Diese Religion galt in religiös-kultureller und philosophischer Außensicht als durch die Verehrung des „höchsten“ Gottes geprägt, dessen Name so unbekannt bleibt wie seine Gestalt. Für die Bezeichnung „höchster Gott“ (*summus deus*) findet sich in der Spätzeit des Alten Testaments und in den frühjüdischen Schriften ein direktes hebräisches und aramäisches Äquivalent: *'ēl 'æljōn* bzw. *'ælāha 'illāja*.[101]

Kosmologisch wurde der jüdische Gott in der Sicht antiker Autoren fast immer mit dem *Himmel* verbunden (erstmals vielleicht bei dem Aristotelesschüler Theophrast [372–288/287 v. Chr.],[102] sicher bei dem Historiker Hekataios von Abdera [Aigyptiaka, um 300 v. Chr.]).[103] Auch wurde der Gott der Juden häufig direkt *mit dem Himmel identifiziert* (oder

100 Vgl. zum Folgenden M. Hengel, Judentum und Hellenismus. Studien zu ihrer Begegnung unter besonderer Berücksichtigung Palästinas bis zur Mitte des 2. Jh.s v. Chr., WUNT 10, Tübingen ²1973, 464–486 (zur „Interpretatio Graeca“ des Judentums); O. Keel, Warum (s. Anm. 72), 246–252; P. Schäfer, Judenhaß und Judenfurcht. Die Entstehung des Antisemitismus in der Antike, Berlin 2010 (engl. 1998), 57–100.

101 Vgl. z. B. H. Niehr, Der höchste Gott. Alttestamentlicher JHWH-Glaube im Kontext syrisch-kanaanäischer Religion des 1. Jahrtausends v. Chr., BZAW 190, Berlin/New York 1990; E. E. Elnes, P. D. Miller, Art. Elyon, DDD², 1999, 293–299.

102 So Schäfer, Judenhaß (s. Anm. 100), 58.

103 Vgl. Schäfer, Judenhaß (s. Anm. 100), 59; Hengel, Judentum (s. Anm. 100), 465: „vermutlich noch vor Ende des 4. Jh.s v. Chr.“; vgl. W. Spoerri, Art. Hekataios 4., KP 2, 1967, 980–982.

stoisch mit der ganzen Welt: Strabo von Amaseia [64 v. Chr.–23 n. Chr.][104]). Der Himmelsbezug findet einen direkten Anhalt in der seit der Perserzeit alttestamentlich sehr häufigen Verbindung JHWHs mit dem Himmel. Besonders der prägnante Titel „Gott des Himmels", der alttestamentlich vor allem in Kontaktsituationen mit Nichtjuden gebraucht wird (so in Esr, Neh, Chr, Jona, Dan), ist hier zu nennen.[105] Religionsgeschichtlich lässt sich JHWHs zunehmender Himmelsbezug auch mit der in der zweiten Hälfte des 1. Jt. v. Chr. immer größeren Prominenz des universalen „Herrn des Himmels" *Ba'al šamēm* in Syrien/der Levante verbinden.[106] Für Griechen und Römer lag es nahe, Gottheiten dieses Typs mit Zeus und Jupiter zu identifizieren.

Der *Ausschließlichkeit* der Verehrung des einen (Himmels-)Gottes durch die Juden entsprach für die antiken Betrachter als das hervorstechende Merkmal seiner Verehrung die *Bildlosigkeit*. Die antiken Stimmen bezeugen klar, dass es dabei ausschließlich um *kultisch verehrte* Bilder ging (antike

[104] Vgl. Schäfer, Judenhaß (s. Anm. 100), 62, vgl. F. Lasserre, Art. Strabon, KP 5, 1975, 381–385.

[105] Siehe dazu etwa K. Schmid, Himmelsgott, Weltgott und Schöpfer. „Gott" und „Himmel" in der Zeit des Zweiten Tempels, in: M. Ebner u. a. (Hrsg.), Der Himmel, JBTh 20, Neukirchen-Vluyn 2006, 111–148; S. Grätz, *Jhwh*, der Gott des Himmels. Erwägungen zu einer alttestamentlichen Vorstellung, in: A. Berlejung, R. Heckl (Hrsg.), Ex oriente Lux. Studien zur Theologie des Alten Testaments, FS R. Lux, ABG 39, Leipzig 2012, 407–417; F. Hartenstein, JHWH, Erschaffer des Himmels. Zu Herkunft und Bedeutung eines monotheistischen Kernarguments, ZThK 110, 2013, 383–409.

[106] Vgl. W. Röllig, Art. Baalshamem, DDD², 1999, 149–151, sowie H. Niehr, JHWH in der Rolle des Baalšamem, in: W. Dietrich, M. A. Klopfenstein (Hrsg.), Ein Gott allein? JHWH-Verehrung und biblischer Monotheismus im Kontext der israelitischen und altorientalischen Religionsgeschichte, OBO 139, Freiburg (Schweiz)/Göttingen 1994, 307–326.

Synagogen in Palästina/Syrien hatten ja durchaus eine bildhafte Ausstattung)[107]. Neben der programmatischen Bildervermeidung werden stets noch weitere, Juden von Nichtjuden unterscheidende Bräuche und Riten genannt (wie bestimmte Tieropfer und die Beschneidung). Sie wurden im nicht selten judenfeindlich motivierten Urteil der griechisch-römischen Schriftsteller jedoch als weniger einzigartig angesehen als die Bildlosigkeit, vor allem in Kombination mit der „Namenlosigkeit" des Gottes bzw. dessen Außenstehenden verborgen bleibenden Namen (Livius [59 v. Chr.–17 n. Chr.], Lucanus [39–65 n. Chr.] u. a.).[108] Der Gott der Juden erschien insofern in gewisser Weise als „ortlos" (nicht eingebunden in eine Göttersozialität) und seltsam opak. Für manche Stimmen waren die Juden sogar schlicht „gottlos", weil man sich einen Gott ohne Bild und Namen nicht vorstellen konnte oder wollte (so der ägyptische Priester Manetho [*Aigyptiaca*: 3. Jh. v. Chr.][109]). Auch wenn Gelehrte wie Terentius Varro (Hinweis auf die altrömische Religion [*Antiquitates*: zw. 63 und 47 v. Chr.]) oder der Historiker Tacitus (Hinweis auf die Germanen [*Historiae* V. 5,4: zw. 105–110 n. Chr.]) religionsgeschichtliche Analogien für einen Anikonismus von Gottheiten benannten und insofern das Judentum in Bekanntes ein-

107 Vgl. zum Forschungsstand R. Hachlili, Ancient Synagogues – Archaeology and Art. New Discoveries and Current Research, HdO 1. The Near and Middle East 105, Leiden 2013.

108 Vgl. Schäfer, Judenhaß (s. Anm. 100), 62 f.; Hengel, Judentum (s. Anm. 100), 485.

109 Schäfer, Judenhaß (s. Anm. 100), 60; vgl. H. W. Helck, Art. Manethon, KP 3, 1969, 952–953; zu den Manetho-Zitaten bei Josephus vgl. D. Labow, Flavius Josephus, Contra Apionem Buch I. Einleitung, Text, Textkritischer Apparat, Übersetzung und Kommentar, BWANT 167, Stuttgart 2005, 53–98, bes. 58–70 (Exkurs: Manetho).

zuordnen versuchten (vgl. auch den Mittelplatoniker Kelsos [*Alethes Logos*: zw. 177–180 n. Chr.]: Analogie zur Bildlosigkeit der Perser, unter Verweis auf Herodot[110]), zeichnen sich, wie Peter Schäfer herausgearbeitet hat, die antiken Beurteilungen fast immer eher durch Unverständnis als durch Empathie aus:

> „Was den griechischen und römischen Autoren offenkundig am meisten auffiel, war die Bildlosigkeit des jüdischen Gottes, die offensichtliche Tatsache, daß er – im Gegensatz zu allen sonstigen Gepflogenheiten der griechisch-römischen Welt – unsichtbar ist und bleiben will, es also nicht zuläßt, daß ein Bild von ihm gemacht wird. Eine mögliche und weit verbreitete Reaktion darauf, die einen positiven und auch einen negativen Beigeschmack annehmen konnte, war, ihn mit dem Himmel zu identifizieren, genauer mit den entlegenen und unsichtbaren ‚Himmelshöhen'. (Damit verbindet sich manchmal die Vorstellung seiner Unkörperlichkeit.) Verwandt mit den ‚Himmelshöhen' ist der Beiname ‚höchster Gott' (*summus deus*) oder ‚Höchster', der den jüdischen Gott als den höchsten unter vielen anderen Göttern anerkennt und ihn folglich mit Jupiter oder Zeus identifiziert. Eine andere, deutlich negative Schlußfolgerung, die man ziehen konnte, spricht ihm jegliche Existenz ab und behauptet, daß die Juden keinen Gott anerkennen und folglich gottlos, Atheisten, seien. Zwischen diesen beiden Extremen finden wir die Vorstellung, daß die Juden einen Gott verehren, der – oder dessen Name – den Heiden unbekannt ist (*ignotus* beziehungsweise – nach der späteren neuplatonischen Terminologie – *agnōstos*)."[111]

Die von den antiken Autoren zur Interpretation der jüdischen Religion verwendeten Überbietungsfiguren („Höchster" der Götter, mit dem Himmel gleichzusetzen) haben wie gesagt ihrerseits Anhalt in alttestamentlichen Texten (vgl. aus dem

---

110 Vgl. Schäfer, Judenhaß (s. Anm. 100), 60–62 (zu Varro); 64–66 (zu Tacitus); 68–71 (zu Kelsos); Keel, Warum (s. Anm. 72), 247 f. (zu Tacitus); 250 (zu Varro).

111 Schäfer, Judenhaß (s. Anm. 100), 57 f.

spät-dtr. Tempelweihgebet Salomos 1 Kön 8,27: „Siehe der Himmel und aller Himmel Himmel können dich nicht fassen, wieviel weniger dieses Haus, das ich gebaut habe!“, vgl. Jes 66,1).[112] Beachtlich sind die berühmten Ausführungen des Tacitus in seinem ethnographischen Exkurs in den *Historien*. Sie geben eine Deutung der jüdischen Bildlosigkeit im Sinne einer antiken philosophischen Theologie wie in Ciceros *De natura deorum*[113], wobei der judenkritische Kontext sie auch wieder ambivalent erscheinen lässt:

> „Die Ägypter verehren viele Tiere und [aus Tieren und Menschen] zusammengesetzte Bilder (*animalia effigiesque compositas*), die Juden nehmen nur mit dem Geist eine einzige Gottheit wahr (*mente sola unumque numen intellegunt*): Gottlos seien diejenigen, die Götterbilder mit vergänglichem Stoff nach der Gestalt der Menschen schafften; jenes Höchste und Ewige (*summum illud et aeternum*) sei weder nachbildbar noch vergänglich (*neque imitabile neque interiturum*). Deswegen stellen sie in ihren Städten keine Götterbilder auf, erst recht nicht in ihren Synagogen; eine solche Kriecherei kennen sie nicht gegenüber ihren Königen, eine solche Verehrung nicht gegenüber unseren Kaisern.“[114]

---

112 Zum Tempelweihgebet 1 Kön 8 im Blick auf die Himmelsvorstellung vgl. Hartenstein, Unzugänglichkeit (s. Anm. 7), 225 f.; B. Janowski, „Ich will in eurer Mitte wohnen“. Struktur und Genese der exilischen *Schekina*-Theologie, in: Ders., Gottes Gegenwart in Israel. Beiträge zur Theologie des Alten Testaments, Neukirchen-Vluyn 1993, 119–147: 129 f.; zur entgrenzenden Kosmologie von Jes 66 siehe M. Albani, „Wo sollte ein Haus sein, das ihr mir bauen könntet?“ (Jes 66,1). Schöpfung als Tempel JHWHs?, in: B. Ego, A. Lange, P. Pilhofer (Hrsg.), Gemeinde ohne Tempel. Zur Substituierung und Transformation des Jerusalemer Tempels und seines Kults im Alten Testament, antiken Judentum und frühen Christentum, WUNT 118, Tübingen 1999, 37–56.

113 Vgl. O. Gigon, L. Straume-Zimmermann (Hrsg.), Marcus Tullius Cicero, Vom Wesen der Götter, Sammlung Tusculum, Zürich/Düsseldorf 1996.

114 Historiae V 5,4, zitiert nach Schäfer, Judenhaß (s. Anm. 100), 64 (Klammern im Original); vgl. Keel, Warum (s. Anm. 72), 247.

Der Abschnitt verrät Kenntnisse jüdischer Traditionen, auch des Alten Testaments, so etwa das Argument mit der Materialität der Bilder, die den ewigen Gott ins Vergängliche hinein ziehen (s. u. 2.2b und III 3). Auffallend ist, dass die Gottesvorstellung *mente sola* interpretiert wird, als eine denkende Erfahrung des Höchsten und Ewigen. Aufgrund dieser Einsicht könne es für die Juden weder anthropomorphe Darstellungen Gottes, noch eine gottgleiche Verehrung irdischer Herrscher (der eigenen wie der römischen Kaiser) geben. Die Stelle und ihr weiterer Zusammenhang illustriert die antike Auseinandersetzung mit der besonderen Eigenart der jüdischen Religion, die eben in der Bilderfrage einen entscheidenden Kern hatte (in Historien 5,3 bezieht sich Tacitus zuvor wie manche seiner Vorgänger ausführlich auf den Exodus und dessen prägende Bedeutung für den Ursprung des Judentums[115]).

Es ist für die Rückfrage nach der Traditionsgeschichte der Bildlosigkeit und der Entstehungsgeschichte des Bilderverbotes festzuhalten, dass bereits ab 300 v. Chr. folgende Grundelemente der jüdischen Religion in der Außensicht der Griechen und Römer häufig genannt wurden:

1. Der Rückbezug auf Mose als Gesetzgeber und die aus seinen Regeln folgende starke Identität in Abgrenzung von den anderen Völkern.

2. Ein im „Exodus" aus Ägypten (zumeist anders als in der biblischen Überlieferung nicht als Befreiung, sondern als Vertreibung gedeutet) gründendes besonderes Selbstbewusstsein der Bewohnerschaft Judäas/der Juden.

3. Die Verehrung eines (einzigen) Gottes als „Höchster" und seine kosmologische Verortung im bzw. seine Identifikation mit dem Himmel/den Himmelshöhen.

---

115 Vgl. Schäfer, Judenhaß (s. Anm. 100), 31–56 (zur Vertreibung aus Ägypten), zu Tacitus: a. a. O., 53; Keel, Warum (s. Anm. 72), 247.

4. Die Bildlosigkeit des Gottesglaubens: Sowohl bezogen auf den Jerusalemer Tempel als auch prinzipiell – dabei liegt der Fokus nicht auf dem Bilderverbot als solchem, sondern auf der bestehenden Praxis, etwa weil Mose keine Götterbilder gemacht hatte, „da er glaubte, daß Gott keine Menschengestalt hat"[116]. Die Bildlosigkeit erscheint auf diese Weise als ein starkes Abgrenzungsmerkmal von der Umwelt, auch im Sinne einer Bilderkritik an der Praxis der anderen Völker (belegt etwa bei Tacitus, s. o.).

Es ist nicht zu unterschätzen, dass die Ausführungen antiker Autoren, die auch auf literarischen Vorgängern aufbauen, eine Geltung der Tora voraussetzen, die wir so extern ab dem 3. Jh. v. Chr. bestätigt finden. Diese Geltung liegt für sie *im speziellen Gottesverständnis der Juden* begründet, für das, modern gesprochen, vor allem die Elemente des *Monotheismus*, der *Transzendenz* (eines mit dem Himmel verbundenen Schöpfergottes) und der *Bildlosigkeit* charakteristisch sind. Wie gesagt scheint letztere dabei für die antiken Autoren nicht durch ein – als solches auch nicht erwähntes – Bilder*verbot* „erzwungen" zu sein. Vielmehr wurde die Vermeidung eines Gottesbildes als eine auffällige *religiös-kulturelle Eigenart* angesehen, die aus dem besonderen Gottes*verständnis* nahtlos zu folgen scheint. Insofern wird sie gemäß der griechisch-römischen Beschreibungen von den Juden selbst auch als Kriterium zur Verurteilung anderer Religionen angeführt. Erneut modern formuliert: *Bildlosigkeit und Bilderverbot/Bilderkritik liegen in der Konsequenz des spezifischen jüdischen Monotheismus.*

Dieser Deutungslinie soll nun im Sinne einer Leitidee genauer nachgegangen werden. Denn auch in heutiger religionsgeschichtlicher Perspektive auf das Alte Testament und das

---

116 Hekataios, vgl. Schäfer, Judenhaß (s. Anm. 100), 33.

antike Judentum hat sie immer noch die größte Wahrscheinlichkeit (das sog. 2. Gebot erscheint als Konkretion und Folge des 1. Gebots)[117]. Den Ausgangspunkt bildet im Folgenden das relativ Sichere, die späten Befunde. Von ihnen bewegt sich die Darstellung zurück zu den viel umstritteneren Problemen der Entstehung des Bilderverbots.[118]

b) Die Bilderkritik in antiken jüdischen Zeugnissen und in Texten der nachexilischen Zeit (5.–3. Jh. v. Chr.): Der Blick von innen

b1) Antike jüdische Texte

Als spätestes Beispiel soll zuerst die sogenannte Apokalypse Abrahams betrachtet werden, ein antik-jüdischer Traktat aus der Zeit nach der Zerstörung des zweiten Tempels durch die Römer 70 n. Chr. (evtl. 2. Jh. n. Chr.).[119] Er ist nur in kirchens-

---

117 Dies ist weitgehender Konsens in der alttestamentlichen Exegese, vgl. dazu z. B. J. Jeremias, Theologie des Alten Testaments, GAT 6, Göttingen 2015, 371: „Mit dem Fremdgötterverbot in der Gottesrede engstens verbunden ist das Bilderverbot, die neben dem 1. Gebot sachlich gewichtigste und folgenreichste Bestimmung des Dekalogs […]"; J. Assmann, Exodus. Die Revolution der Alten Welt, München 2015, 265: „Das zweite Gebot, das Bilderverbot, ist als ein Kultbildverbot zu verstehen. In diesem Sinne hängt es mit dem Fremdgötterverbot zusammen."

118 Siehe auch die Abfolge der Darstellung bei Keel, Warum (s. Anm. 72).

119 Vgl. B. Philonenko-Sayar, M. Philonenko, Die Apokalypse Abrahams, JSHRZ V/5, Gütersloh 1982, 415–460; E. Schürer, G. Vermes u. a., The History of the Jewish People in the Age of Christ (175 B. C.-A. D. 135) III/1, Edinburgh 1986, 288–292; A. Pennington, The Apocalypse of Abraham, in: H. F. D. Sparks (Hrsg.), The Apocryphal Old Testament, Oxford 1984, 363–391, sowie die ältere Übersetzung von P. Rießler, Altjüdisches Schrifttum außerhalb der Bibel, Freiburg/Heidelberg 1928, 13–39; 1267–1269; zur Deutung vgl. B. Ego, Abraham im Judentum, in: C. Böttrich, B. Ego, F. Eißler, Abraham im Judentum, Christentum und Islam, Göttingen 2009, 11–61,

lavischer Übersetzung überliefert, der vermutlich ein Original in einer semitischen Sprache zugrunde lag. In ihm findet sich in Kapitel 1–8 eine Jugenderzählung des Erzvaters Abraham, in der wie schon zuvor im Buch der Jubiläen (1. Hälfte 2. Jh. v. Chr.) einschlägige Leerstellen der biblischen Abrahamgeschichten (Gen 11,27 ff. mit Jos 24,2) wie des Jubiläenbuches narrativ aufgefüllt wurden.[120] In einem fiktiven Selbstzeugnis schildert Abraham, wie er in Mesopotamien in einem Umfeld selbstverständlicher Bilderverehrung zur Erkenntnis des *einen* Schöpfergottes gelangte. Die Stufen seines diesbezüglichen Emanzipationsprozesses sind verbunden mit verschiedenen Aspekten der Götterbilderkritik/Götzenpolemik. Abraham lernte die Götterbilder direkt kennen, weil sein Vater Terach eine Werkstatt zu deren Herstellung besaß und er ihm im Familienbetrieb behilflich war:

> „Am Tag, wo ich an meines Vaters Therach Göttern hobelte und an den Göttern Nachors, seines Bruders, da forschte ich, wer denn der starke Gott in Wahrheit sei, ich, Abraham, zu jener Zeit, wo es mein Los gewesen, daß ich die Opferdienste meines Vaters Therach an seinen hölzernen und steinernen und goldenen und silbernen und ehernen und eisernen Göttern wohl verrichtete." (ApAbr 1,2–3)[121]

Verschiedene Situationen illustrieren die zunehmende Einsicht in die vergängliche Materialität und Unwirksamkeit der „Götter": Zuerst war der Kopf einer Götterfigur mit Namen Marumath im Tempel zu Boden gestürzt, so dass sein Körper

---

bes. 29–37 („Abraham und die Erkenntnis des einen Gottes"). – Aus systematisch-theologischer Perspektive s. u. III.4.2 zu einem ähnlichen Beispiel (Midrasch Rabba).

[120] Vgl. Ego, Abraham (s. Anm. 119), 30; Schürer, Vermes u. a., History III/1, (s. Anm. 119), 314 (zur Datierung der Jubiläenbuchs).

[121] Zitiert nach Rießler, Schrifttum (s. Anm. 119), 13.

von Terach und Abraham erneuert werden musste, damit der Kopf wieder Halt fand (ApAbr 1,4–12). Abraham brachte anschließend fünf Götterbilder aus der Werkstatt seines Vaters zum Verkauf auf die Straßen, von denen er aber drei, nachdem sie vom Esel gefallen und zerbrochen waren, in den Fluss warf, in dem sie einfach versanken (ApAbr 2–3). Abraham erkannte ihre Unfähigkeit, irgendetwas – und sei es zu ihrem eigenen Schutz – zu bewirken. Schließlich fiel „ein kleiner Gott", beschriftet mit dem Eigennamen Barisat, auf das Feuerholz der Werkstatt und wurde von Abraham versuchsweise mit der Bewachung des Herdfeuers beauftragt, doch er verbrannte einfach (ApAbr 5). Abraham berichtete dies seinem Vater, der jedoch die von seinem Sohn ironisch benannte Liebe Barisats in seinem Selbstopfer pries. Abraham wandte sich daraufhin von seinem Vater und den Bildern ab und erforschte die Kräfte der Schöpfung, die Elemente Feuer, Wasser und Erde sowie die Himmelskörper, Sonne, Mond und Sterne. Sie alle haben Macht übereinander, werden aber auch durch ihre Gegenstücke begrenzt (so löscht Wasser das Feuer aus und wird die Sonne durch die Nacht verdunkelt). In einem gedanklichen Überschritt sucht Abraham deshalb den Verursacher aller Schöpfungswerke und findet ihn durch die eingehende Betrachtung des *Himmels*:

> „Hör dies, mein Vater Therach, daß ich dir kundtue den Gott, der alles schuf, nicht die, die wir für Götter halten. Wo ist er denn? Was ist er doch? Wer rötete den Himmel, vergoldete die Sonne und machte hell den Mond und die Gestirne? Wer trocknete die Erde aus inmitten vieler Wasser? Wer setzte dich selbst in die Welt? Wer suchte mich in der Verwirrung meines Sinnes?" (ApAbr 7,9–11)[122]

[122] Rießler, Schrifttum (s. Anm. 119), 19.

Damit greift der Text eine Reihe von Argumenten auf, die auch von dem großen jüdischen Philosophen Philon von Alexandria (40 n. Chr. in Rom) und dem Historiker Flavius Josephus (ca. 37/38–100 n. Chr.) in Aufnahme stoischer Gedanken vorgebracht worden waren, um die biblisch begründete jüdische Gottesvorstellung rational auszuweisen.[123] Auch Tacitus in seinem oben genannten Exkurs aus den *Historien* (die Abraham-Apokalypse stammt aus derselben Zeit) würdigt offensichtlich vergleichbare Versuche. Die *Grundvoraussetzung der Bilderkritik*, welche die ApAbr als sehr spätes Zeugnis des einschlägigen jüdischen Religionsspotts mit ihren Vorgängern teilt, ist die alttestamentlich vorgegebene *Identifikation der Bilder mit den Göttern in der Sicht ihrer Verehrer.* Die jüdische Bilderkritik ist vor allem Fremdgötterkritik. Wenn man sich an die oben skizzierte differenzierte altorientalische „Theologie der Bilder" zurückerinnert (1.1b), wird die radikale Verkürzung deutlich, die hier vorgenommen wurde: Es greift die monotheistische Einsicht, dass nichts Innerweltliches, kein Element der Schöpfungswerke und auch nicht der Kosmos im Ganzen geeignet ist, den Schöpfergott, der von der Welt unterschieden ist, zu repräsentieren oder abzubilden. Vergleichbar argumentierten auch weitere frühjüdische Texte der hellenistisch-römischen Zeit (Bel et Draco, ein Zusatz zu Daniel [wohl 2. Jh. v. Chr.], Epistula Jeremiae [zw. 4. und 2. Jh. v. Chr.], Sapientia Salomonis 13–15 [zw. 2. Jh. v. Chr. und 1. Jh. n. Chr.]). Sie alle haben eine Bilder(= Götzen-)Kritik gemeinsam, die ihrerseits auf den entsprechenden alttestamentlichen Bilderpolemiken beruht, die ab Deuterojesaja (6.–5. Jh. v. Chr.) belegt sind.[124]

---

[123] Vgl. dazu Ego, Abraham (s. Anm. 119), 33 f.

[124] Zur Bilderpolemik/Bilderkritik dieser frühjüdischen Texte (und der Apo-

b2) Alttestamentliche Bilderkritik aus nachexilischer Zeit

Die Verurteilung der Bilderverehrung der Völker als ein falsches Vertrauen auf nichtige Größen und als Selbsttäuschung kennzeichnet die Religionskritik vieler alttestamentlicher Texte der nachexilischen Zeit (Dtjes, Jer, Ez, Psalter u. a.). Auch wenn die einschlägigen Argumente gegen die „Götzen" und „Nichtse" auf den ersten Blick stereotyp erscheinen, lohnt ein genauerer Blick auf ihre durchaus verschiedenen Zielrichtungen. Allein die Tatsache, dass weite Teile der alttestamentlichen Literatur solche Götter(bilder)polemiken aufweisen, kann eventuell auch als Anzeichen für *Uneindeutigkeiten in der Bilderfrage und für Konfliktlagen innerhalb der eigenen Religionsgemeinschaft* gewertet werden. Die Texte richten sich ja nicht primär an Adressaten außerhalb, sondern wollten zunächst innerhalb des sich konstituierenden Judentums wahrgenommen werden (anders als Christentum und Islam war das antike Judentum auch kaum aktiv missionierend).

Zunächst zum Psalter, der ab der ausgehenden Perserzeit seine endgültige Gestalt annahm. Eine wichtige kompositions- und redaktionsgeschichtliche „Querstrebe" seiner Architektur ist die Verzahnung des 4. und 5. Psalmenbuchs durch den m. E. frühestens spätperserzeitlichen Ps 135, der in V. 15–18 seinerseits die Bilderkritik aus Ps 115 (V. 4–8) zitiert.[125]

kalypse Abrahams) vgl. zusammenfassend immer noch H. D. Preuß, Verspottung fremder Religionen im Alten Testament, BWANT 92, Stuttgart u. a. 1971, 260–268.

125 Vgl. zur Götterbildkritik in Ps 115, 135 (und Hab 2,18 f.) Berlejung, Theologie (s. Anm. 24), 400–401; zu Ps 135 jetzt vor allem J. Gärtner, Die Geschichtspsalmen. Eine Studie zu den Psalmen 78, 105, 106, 135 und 136 als hermeneutische Schlüsseltexte im Psalter, FAT 84, Tübingen 2012, 318–372, bes. 335 f., 352–362 (für den Vergleich mit Ps 115); zur Götter(-bilder)polemik in der LXX-Fassung von Ps 115 vgl. E. Zenger, Götter- und Götterbildpolemik

Ps 135 wurde dafür bewusst vor Ps 136 platziert, den er ebenfalls wörtlich aufnimmt. Ich konzentriere mich hier auf die Vorlage Ps 115, die zeitlich kaum früher anzusetzen sein wird (vermutlich ebenfalls 4. Jh. v. Chr.). Dieser Psalm widmet sich ganz der „Apologetik": Er setzt mit der *Frage der Nichtjuden nach dem „Ort" Gottes* ein und macht so – modern gesprochen – eine interreligiöse Auseinandersetzung zum Ausgangspunkt. Die Völker scheinen dem bildlosen Gott zu misstrauen:

> „2 Warum sagen die Nationen: ‚Wo ist denn ihr Gott?' 3 Unser Gott ist doch im Himmel! Alles, was ihm gefällt, hat er getan."

Ganz im Sinn der genannten antiken Zeugnisse über das Judentum lautet die Antwort auf die Frage der Völker nach dem „Ort", der von den Psalmbetern verehrte Gott sei *im Himmel* und deshalb in seiner Wirkmacht *an keine irdischen Beschränkungen* gebunden (dogmatisch würde man von seiner „Allmacht" oder Souveränität sprechen). Dass es hierbei um einen Dialog über die *Bilder*frage geht, zeigt die Fortsetzung:

> „4 Ihre „Götzen(bilder)" sind Silber und Gold, (Mach-)Werk von Menschenhänden. 5 Einen Mund haben sie – aber können nicht reden. Augen haben sie – aber können nicht sehen. 6 Ohren haben Sie – aber können nicht hören. 7 Eine Nase haben sie – aber können nicht riechen. Ihre Hände – nicht können sie tasten. Ihre Füße – nicht können sie gehen. Nicht können sie murmeln/sprechen mit ihrer Kehle. 8 Wie sie werden ihre Erschaffer/Hersteller, jeder, der auf sie vertraut."

---

in Ps 112–113 LXX = Ps 113–115 MT, in: Ders. (Hrsg.), Der Septuaginta-Psalter. Sprachliche und theologische Aspekte, HBS 32, Freiburg u. a. 2001, 229–255, bes. 236–245 (zu Ps 115 MT); zum hebräischen Ps 115: F.-L. Hossfeld, E. Zenger, Psalmen 101–150, HThK.AT 27, Freiburg u. a. 2008, 275–291.

Ganz ähnlich wie in der viel späteren ApAbr wird hier der *Körper* der Götter, die mit ihren Bildern identisch gedacht werden, als im Ganzen „tot" und vergänglich herausgearbeitet, woran auch die wertvollen Materialien Silber und Gold (ein vermutlich alter Ansatzpunkt alttestamentlicher Bilderkritik, s. 2.4b1) nichts ändern. Vielmehr ist es gerade der Artefakt-Charakter der „Götter", der die mit ihnen verbundene Illusion sichtbar macht – vorausgesetzt man verfügt über die Einsicht in den einen universalen Schöpfergott (der Text scheint überdies genau zu wissen, wie man sich ein Kultbild im Alten Orient als eingebunden in einen Handlungs- und Kommunikationszusammenhang vorstellte [s. 1.1b]; das Zitat aus Ps 115,7 wird in Ps 135,17b übrigens noch erweitert: „es ist kein Lebensatem [*ru^{a}ḥ*] in ihrem Mund" [V. 17b][126]). Aufschlussreich ist schließlich eine Nuance in Ps 115,8: Nicht nur die „Hersteller" der Götter(bilder) werden deren Schicksal der Todesverfallenheit teilen, sondern „jeder, der auf sie vertraut". In diesem Nachsatz sind Angehörige der eigenen Glaubensgemeinschaft gerade nicht ausgeschlossen. Vielleicht liegt hier sogar neben der Auseinandersetzung mit den „Völkern", der Anstoß zur Argumentation des Psalms. V. 9–11 appellieren an das *Gottvertrauen* Israels, der aaronitischen Priesterschaft und der „JHWH-Fürchtigen" (also auch von Proselyten bzw. Einsichtigen unter den Na-

[126] Vgl. Gärtner, Geschichtspsalmen (s. Anm. 125), 360: „Durch die Zuspitzung auf den Lebensatem hebt Ps 135 hervor, dass wahrer Lebensatem ausschließlich von Jhwh, dem Schöpfer von Himmel und Erde, ausgehen kann." Siehe weiter F. Hartenstein, Exklusiver und inklusiver Monotheismus. Zum „Wesen" der Götter in Deuterojesaja und in den späten Psalmen, in: A. Grund, A. Krüger, F. Lippke (Hrsg.), Ich will dir danken unter den Völkern. Studien zur israelitischen und altorientalischen Gebetsliteratur, FS B. Janowski, Gütersloh 2013, 194–219: 213 f.

tionen). Sie alle haben nach V. 12 „Segen" (Verb *brk*) von JHWH zu erwarten,

> „12 JHWH hat unser gedacht, er möge segnen: Er möge segnen das Haus Israel. Er möge segnen das Haus Aaron. Er möge segnen die JHWH-Fürchtigen, die Kleinen und die Großen. 14 Es möge euch JHWH (immer mehr Segen) hinzufügen, euch und euren Söhnen. 15 Gesegnete seid ihr im Blick auf/von JHWH, dem Schöpfer von Himmel und Erde. 16 Die Himmel sind Himmel für JHWH (= gehören JHWH), die Erde aber hat er den Menschen gegeben."

Der monotheistische Gott des Himmels verbleibt nicht in der Transzendenz, sondern seine belebende Wirkmacht wird immanent durch seinen *Segen* manifest, der Fruchtbarkeit und Nachkommen schenkt (V. 14 f.; vgl. auch Ps 67, wo der Segen auf die Völkerwelt hin universalisiert ist)[127]. Auch dies kann so gelesen werden, dass es nicht nur um Abgrenzung (und einen Überlegenheitsgestus) nach außen geht, sondern ebenso um ein Ringen im Inneren angesichts einer „Plausibilitätslücke" der eigenen Religion, die *durch die Bildlosigkeit und den Mangel an Greifbarem* entsteht. Für Ps 115 ist der Segen die Lösung, eine Vermittlung zwischen Transzendenz und Immanenz. Andere Texte des Psalters und auch in Dtjes aktivieren in vergleichbarer Funktion weitere ältere Elemente der Kulttraditionen Jerusalems wie die personifizierten göttlichen Wirkkräfte *ḥæsæd* und *'æmæt* „Güte" und „Verlässlichkeit" oder auch „Recht" und „Gerechtigkeit" (vgl. etwa Ps 85,10–14; Jes 45,7 f.[128]).

---

[127] Vgl. zum Thema „Segen" im Psalter den Überblick bei M. Leuenberger, Segen und Segenstheologien im alten Israel. Untersuchungen zu ihren religions- und theologiegeschichtlichen Konstellationen und Transformationen, AThNT 90, Zürich 2008, 449 f.; zu Ps 67 vgl. F.-L. Hossfeld, E. Zenger, Psalmen 51–100, HThK.AT 26, Freiburg u. a. ³2015, 228–241; Hartenstein, Angesicht (s. Anm. 25), 196–198.

Im Deuterojesaja-Buch, auf das noch ausführlicher eingegangen werden muss, findet sich eine ganze Reihe von Götzenbilderpolemiken, die man lange Zeit als eine einheitliche Bearbeitungsschicht aufgefasst hat (vor allem Jes 40,[18]19–20; 41,[5]6–7; 44,9–20; 46,[5]6–7). Vermutlich sind diese Texte aber auf verschiedene Wachstumsstufen von Jes 40–55 verteilt.[129] Zu den spätesten Vertretern (hellenistisch?) zählt die *Götterbildtravestie von Jes 44,9–20*[130], eingeschoben unmittelbar vor das zentrale Kyroswort in 44,24–45,8, den Kernbereich der Grundschicht (um 539 v. Chr.). Der Götzenspott von Jes 44 diente vielen Nachfolgern, darunter deutlich auch der ApAbr (s. o.), als Vorbild. Er schildert, wie die Handwerker (*jōṣrē pæsæl* „Kultbilder-Macher" V. 9) unfähig zur Einsicht und Erkenntnis sind: Sie sind nur Menschen und meinen doch, Götter herstellen zu können. Sie überhören ihre leiblichen Bedürfnisse (Müdigkeit, Hunger), die sie an die Vergänglichkeit ihrer Existenz und ihrer Produkte erinnern müssten. Ihre Verblendung wird besonders an dem berühmten Holzklotz demonstriert, aus dessen einem Teil ein Gott gemacht wird,

128 Vgl. Hartenstein, Inklusiver Monotheismus (s. Anm. 126), 206 f.

129 Siehe zu diesen viel behandelten Texten Preuß, Verspottung (s. Anm. 124), 192–237; R. G. Kratz, Kyros im Deuterojesajabuch. Redaktionsgeschichtliche Untersuchungen zu Entstehung und Theologie von Jes 40–55, FAT 1, Tübingen 1991, 192–206; Berlejung, Theologie (s. Anm. 24), 369–391; M. B. Dick, Prophetic Parodies of Making the Cult Image, in: Ders. (Hrsg.), Making (s. Anm. 22), 1–53; J. Werlitz, Redaktion und Komposition. Zur Rückfrage hinter die Endgestalt von Jesaja 40–55, BBB 122, Berlin/Bodenheim 1999, 40–53; 221–237; S. Petry, Die Entgrenzung JHWHs. Monolatrie, Bilderverbot und Monotheismus im Deuteronomium, in Deuterojesaja und im Ezechielbuch, FAT II/27, Tübingen 2007, 105–240; C. Ehring, Rückkehr (s. Anm. 38), 262–267.

130 Vgl. zu Jes 44,9–20(21–23) über die in Anm. 129 genannte Literatur hinaus ausführlich U. Berges, Jesaja 40–48, HThK.AT 37, Freiburg u. a. 2008, 332–362.

während man den anderen verfeuert, um sich zu wärmen und um zu backen:

> „15 Und es (sc. das Holz) dient dem Menschen zum Feuermachen; und er (sc. der Meister) nimmt davon und wärmt sich, auch zündet er es an und bäckt Brot. Er macht auch einen Gott (*'ēl*) und wirft sich davor nieder (= erweist ihm die Proskynese), macht ein Kultbild (*pæsæl*) daraus und beugt sich vor ihm. 16 Eine Hälfte davon hat er im Feuer verbrannt, über seiner (anderen) Hälfte isst er Fleisch, brät einen Braten und sättigt sich, wärmt sich auch und sagt: ‚Ha, ich werde warm, ich sehe es lichterloh!' 17 Und seinen Rest macht er zum Gott (*'ēl*), zu seinem Kultbild (*pæsæl*) und beugt sich vor ihm und wirft sich nieder. Und er betet zu ihm und sagt: ‚Rette mich (*nṣl* Hif.)! Denn mein Gott (*'ēlī*) bist du!'"

Der Text setzt klar das dekalogische Bilderverbot voraus („Du darfst kein Kultbild [*pæsæl*] für dich [*l^e^ḵā*] machen! Ex 20,4 // Dtn 5,8 [s. u.]) und entwickelt daraus sein Argument, dass fehlende Einsicht in den eigenen Status als vergänglicher Mensch zur Verblendung im Blick auf die selbst gemachten „Götter" führt. Darin ist dieser Text der Bilderkritik des Xenophanes (s. o. 2.1; s. u. III 4.4) sehr nahe. Ein entscheidender Unterschied ist aber die im Gebetsruf an das Bild formulierte *Gottesdefinition*, die erstmalig Deuterojesaja (Grundschicht) immer wieder gegen die babylonischen Gottesvorstellungen ins Feld führte: „*Rette mich*, denn mein Gott bist du!" Es zeichnet den Gott JHWH aus, dass er als einziger fähig ist zu retten, sich also in der Geschichte (von Welt, Volk, Einzelnen) als wirkmächtig zu erweisen.[131] Der inhaltlich korrekte Gebetsruf richtet sich demnach an den falschen Adressaten, es

---

[131] Siehe F. Hartenstein, Personalität Gottes im Alten Testament, in: W. Härle, R. Preul (Hrsg.), Personalität Gottes, MJTh 19, Leipzig 2007, 19–46: 41 f.; ders., Inklusiver Monotheismus (s. Anm. 126), 205–207.

fehlt ihm die Einsicht in das „Wesen“ des Schöpfer- und Rettergottes Israels. Aufschlussreich ist, dass auch dieser Text *im Blick auf die Identität der „Götzenmacher“ uneindeutig bleibt.*

Es geht um allgemein Menschliches (V. 11.13.15: Stichwort *'ādām* „Mensch“). Im Kontext des Deuterojesajabuches denkt man am ehesten an Babylonier, aber auch hier gilt, dass die intendierten Leser die Mitglieder der eigenen Gemeinschaft sind, die angesichts des babylonischen Bilderreichtums in ihrer eigenen Identität verunsichert waren (das muss noch genauer betrachtet werden, weil hier der Entstehungskontext des expliziten Bilderverbots am deutlichsten verortet werden kann, s. u. 2.4a). Wie in Ps 115 richtet sich also die Bilderkritik / Bilderpolemik in Jes 44 *sowohl nach außen wie nach innen.* Und entsprechend dem „Segen“ in Ps 115 ist es nach Jes 44,17 die Erfahrung der „Errettung“ (*nṣl* Hif. bedeutet wörtlich „herausreißen“ [aus der Hand von Feinden / Bedrohungen]), die ohne das Medium eines Bildes die Gottesnähe zu vermitteln vermag.

Direkt gegen den Reiz der Bilderkulte für die in dieser Hinsicht „anfälligen“ Mitglieder des „Hauses Israel“ (die nachexilischen Adressaten des Jeremiabuches) spricht ausdrücklich Jer 10,1–16, das dritte hier zu nennende Beispiel, ebenfalls ein später Einschub in seinen Kontext, der deutlich bereits Dtjes voraussetzt:[132]

> „2 So hat JHWH gesprochen: ‚Was den Weg der Nationen betrifft: Lernt ihn nicht! Und vor den Zeichen des Himmels erschreckt nicht,

132 Vgl. zu Jer 10,1–16 Preuß, Verspottung (s. Anm. 124), 166–170; H. Weippert, Schöpfer des Himmels und der Erde. Ein Beitrag zur Theologie des Jeremiabuches, SBS 102, Stuttgart 1982, 34–37; Berlejung, Theologie (s. Anm. 24), 392–399; Dick, Prophetic Parodies (s. Anm. 129), 17–20; ausführlich G. Fischer, Jeremia 1–25, HThK.AT 38, Freiburg u. a. 2005, 373–399.

obwohl die Nationen vor ihnen erschrecken! 3 Denn die Bräuche (o: Satzungen) der Völker – Nichtigkeit ist es! Denn Holz ist es, aus dem Wald hat man es abgehauen. Es ist ein Werk der Hände eines Handwerkers mit der Axt. 4 Mit Silber und Gold schmückt er es, mit Nägeln und mit Hämmern macht man sie fest, damit es nicht wackelt. 5 Wie eine Vogelscheuche eines Gurkenfeldes sind sie: Nicht können sie reden; sie müssen getragen werden, denn nicht können sie schreiten. Fürchtet euch nicht vor ihnen, denn nicht können sie Böses/Übles tun, und auch Gutes tun können sie nicht!'"

Im Folgenden (Jer 10,6–16) wird die prophetische Stimme nicht müde, angesichts dessen den Adressaten die Unvergleichlichkeit und Größe des Weltenkönigs JHWH (V. 7 „König der Nationen") einzuschärfen, von dessen Einzigkeit zwar nicht direkt gesprochen wird, die aber durch seine machtvollen Taten in Schöpfung und Geschichte gegenüber den Völkern und ihren Götter(bilder)n profiliert wird. Die Bilderverehrer sind „dumm und töricht" (V. 8), JHWH aber „hat die Erde gemacht in seiner Kraft. Gefestigt den Erdkreis in seiner Weisheit, in seiner Einsicht ausgebreitet den Himmel" (V. 12). Hier bezeichnet wieder das Argument der Weltschöpfung, vor allem der des Himmels, die spezifische Differenz.[133] Das verdeutlicht besonders der noch spätere aramäische Einschub V. 11 (hellenistisch), der aktiv die Götter zum Verschwinden bringen möchte:[134]

„So sollt ihr zu ihnen (sc. den Völkern) sprechen: ‚Die Götter, die Himmel und Erde nicht gemacht haben (aram. *ʿabad*), sollen von der Erde und unter diesem Himmel verschwinden!'"

[133] Zu diesem monotheistischen „Kernargument" vgl. Hartenstein, JHWH, Erschaffer des Himmels (s. Anm. 105).

[134] Dazu siehe Weippert, Schöpfer (s. Anm. 132), 34 f.

Fazit: Die Intensität der Auseinandersetzung ist in den nachexilischen Götzenpolemiken unterschiedlich - deutlich ist aber, dass gerade das monotheistische, dem Anspruch seiner Leittexte nach bildlose Judentum in seiner Formationsphase lange *mit der Macht der (Götter-)Bilder zu kämpfen hat.* Auch religionsgeschichtlich interessante Befunde zu - allerdings nicht heiligtumsbezogenen - Terrakotta-Figurinen und zur Zeus-Ikonographie JHWHs auf Münzen der persischen Provinz Jehud (sowie Samarias)[135] verweisen auf einen *größeren Pluralismus der Religionsformen* (zwischen „offiziell" und „privat", städtisch - ländlich) als lange Zeit angenommen (dennoch gilt, dass in Jehud anthropomorphe Figurinen weniger häufig anzutreffen sind als z. B. in den benachbarten Küstenregionen der Levante [phönizisch]):

> „Jedenfalls ist aus dem materiellen Befund der Perserzeit das Handeln einer vom Zentrum in die Peripherie wirkenden, insgesamt intoleranten Orthodoxie *nicht* zu erheben. Entscheidend ist, dass das Gesamtbild der Formationsphase des frühen Judentums nicht mit dem biblisch gespiegelten und von der hierokratischen Elite in Jerusalem bestimmten Bild des frühnachexilischen Judentums (sc. den biblischen Texten) gleichgesetzt wird, sondern *auch* Elephantine (sc. jüdische Kolonie auf der Nilinsel in Ägypten) und das ägyptische Diasporajudentum, das südliche Juda bzw. Idumäa (sc. Edom/Nabatäer) und die westliche Schefela (sc. phönizisch geprägtes Küstenhinterland) in die Rekonstruktion einbezogen werden. Die Blicke auf Samaria und die mit Yehûd verschränkte Entwicklung weiten ebenfalls den Blick. Die Wertung (sc. in der Forschung) eines größeren Pluralismus als Heterodoxie entspringt hingegen dem Bild eines im Grundsatz ein-

135 Vgl. zu Zeusdarstellungen auf Münzen D. V. Edelman, Tracking Observance of the Aniconic Tradition through Numismatics, in: Dies. (Hrsg.), The Triumph of Elohim (s. Anm 59), 185–225; E. Blum, Der „Schiqquz Schomem" und die Jehud-Drachme BMC Palestine S. 181, Nr. 29, BN 90, 1997, 13–27.

heitlichen Yahwismus, das der Befund aber nicht gleichermaßen spiegelt."[136]

Die frühjüdischen monotheistischen Theologien eines einzigen und unsichtbar bleiben wollenden Gottes sind in der antiken Welt die große Ausnahme und müssen sich gegenüber der Normalität der Bilderverehrung und der Bilderkulte nach außen und innen beweisen *und* bewähren.

Welchen Sinn hat nun in diesem Licht das alttestamentliche Bilderverbot? Wie und wann wurde es formuliert? Welche religionsgeschichtlichen Kontexte und traditionsgeschichtlichen Voraussetzungen lassen sich dafür namhaft machen? Diese Fragen sind in der alttestamentlichen Forschung seit Langem umstritten.[137] Der folgende Abschnitt versucht in al-

---

[136] C. Frevel, Der Eine oder die Vielen? Monotheismus und materielle Kultur in der Perserzeit, in: C. Schwöbel (Hrsg.), Gott – Götter – Götzen. XIV. Europäischer Kongress für Theologie (11.–15. September 2011 in Zürich), VWGTh 38, Leipzig 2013, 238–265: 264 (Hervorhebung im Original; Erläuterungen in Klammern FH). Vgl. zu perserzeitlich/frühhellenistisch anzunehmenden Debatten um JHWH-Bilder auch C. Uehlinger, Exodus, Stierbild und biblisches Kultbildverbot. Religionsgeschichtliche Voraussetzungen eines biblisch-theologischen Spezifikums, in: C. Hardmeier, R. Kessler (Hrsg.), Freiheit und Recht, FS F. Crüsemann, Gütersloh 2003, 71–73.

[137] Zur ersten Orientierung über den Stand der Diskussion in der älteren und neueren Forschung vgl. etwa C. Dohmen, Bilderverbot (AT/NT), in: Ders., Studien zu Bilderverbot und Bildtheologie des Alten Testaments, SBA 51, Stuttgart 2012, 73–76 (= NBL 1, 1991, 296–298); W. H. Schmidt, Die Zehn Gebote im Rahmen alttestamentlicher Ethik, EdF 281, Darmstadt 1993, 59–77; M. Köckert, Die Zehn Gebote, C. H. Beck Wissen, München 2007, 55–65; F.-L. Hossfeld, Das Werden des alttestamentlichen Bilderverbotes im Kontext von Archäologie, Rechtsentwicklung und Prophetie. Thesen, in: B. Janowski, N. Zchomelidse (Hrsg.), Die Sichtbarkeit des Unsichtbaren. Zur Korrelation von Text und Bild im Wirkungskreis der Bibel, AGWB 3, Stuttgart 2003, 11–22.

ler Knappheit eine mögliche, wenn nicht wahrscheinliche Antwort zu geben: *Es gibt keine ausreichenden Indizien, die auf ein hohes Alter des Bilderverbots sowie auf seine Ausformulierung völlig unabhängig vom 1. Gebot (Fremdgötterverbot) verweisen.* Wichtig ist dabei die Unterscheidung von zwei Entstehungsphasen:

a) Die gut identifizierbare Phase ab dem *explizit formulierten Kultbilderverbot im Dekalog* und den Bilderverboten in anderen Rechtskontexten des Alten Testaments (alle nicht vor dem 6. Jh. v. Chr.). Diese ausformulierten Verbote bilden den Bezugspunkt der Darstellung in den folgenden Abschnitten (2.3–2.4). Das explizite Bilderverbot wird in den soeben behandelten späten bilderkritischen Texten durchweg vorausgesetzt (2.2b2), noch nicht jedoch in den Grundschichten von Dtjes und Ezechiel (s. u. 2.4a).

b) Zwei Stränge einer längeren *Vorgeschichte* in Form von *Bilderkritik* in vorexilischer staatlicher Zeit lassen sich im 8.–7. Jh. v. Chr. erheben (vgl. dazu 2.4b):
- Die Kritik am Stierbild von Bethel im Nordstaat Israel im Hoseabuch und in Ex 32.
- Der sehr wahrscheinlich ohne ein JHWH-Kultbild konzipierte Jerusalemer Tempel im Südstaat Juda, dessen Besonderheit in der sogenannten „Kultreform" Joschijas (und in Maßnahmen seines Vorgängers Hiskia) zum (zunächst: innerreligiösen) Abgrenzungskriterium wird.

Den Ausgangspunkt des Überblicks bildet zunächst das dekalogische Bilderverbot (2.3a) und im Anschluss daran seine Parallelformulierungen (2.3b).

2.3 Das Bilderverbot: Entstehung, Varianten, Begründung

a) Das dekalogische Bilderverbot

Spricht man vom alttestamentlichen Bilderverbot, so denkt man zuerst an den Dekalog, die „Zehn Worte" (Dtn 4,13) vom Sinai/Horeb. In der hebräischen Bibel ist der Dekalog bekanntlich zweimal, in Ex 20 (V. 2–17) und in Dtn 5 (V. 6–21), überliefert.[138] Die Ablehnung der Bilder steht in den Versen Ex 20,4–6 und Dtn 5,8–10. In der christlichen Zähltradition der Orthodoxen und Reformierten sowie der Anglikaner wird das Bilderverbot eigenständig gezählt (2. Gebot). Nach älterer jüdischer Tradition und der römisch-katholischen sowie lutherischen Zählweise werden jeweils das Fremdgötterverbot und das Bilderverbot zusammengenommen (jüdisch als 2. Gebot [das 1. ist hier die einleitende Selbstvorstellung Gottes], katholisch/lutherisch als 1. Gebot).[139] Strukturell erscheint das Bilderverbot im Dekalog als *Konkretisierung des Fremdgötterverbots.*[140] Beides wird durch einen deuteronomistisch (vgl. die Bezugnahme auf Ex 34,7 in Ex 20,5b // Dtn 5,9b) geprägten Rahmen umgriffen. Die Inclusio zeigt sich auch schön an der zweifachen Selbstvorstellungsformel „Ich bin JHWH, dein Gott" (Ex 20,2 und 6b // Dtn 5,6 und 9b) (A // A'). Die folgende Übersetzung gibt Ex 20,2–6 wieder:

---

[138] Zur Dekalogforschung vgl. jetzt den differenzierten Überblick bei E. Otto, Exkurs: Die Literatur-, Religions- und Rechtsgeschichte der Dekaloge, in: Ders., Deuteronomium 4,44–11,32, HThK.AT 8.2, Freiburg u. a. 2012, 684–715.

[139] Zu den Zähltraditionen vgl. z. B. M. Köckert, Zehn Gebote (s. Anm. 137), 26–35.

[140] So einst prägnant W. Zimmerli, Das zweite Gebot (1950), in: Ders., Gottes Offenbarung. Gesammelte Aufsätze, TB 19, München ²1969, 234–248: 236–238. Die Unterordnung des Bilder- unter das Fremdgötterverbot gilt in jedem Fall für Dtn 5, ist aber auch für Ex 20 wahrscheinlich – trotz der vor allem durch F.-L. Hossfeld begründeten Auffassung, dass die in Ex 20,4 im Vergleich mit Dtn 5,8 zusätzliche Konjunktion *waw* vor *tᵉmūnā* „Gestalt" nicht explikativ (also ohne Bedeutungsunterschied zu Dtn 5), sondern kopulativ zu verstehen sei (dann wäre das Bilderverbot in Ex 20,4, weil die Pl.-Suffixe aus V. 5a [„*sie* verehren // *ihnen* dienen"] nur noch bis zu „Kultbild *und* Gestalt" und nicht bis zu den „anderen Göttern" in V. 3 zurückreichen würden, gegenüber dem Fremdgötterverbot eigenständig markiert); vgl. dazu F.-L. Hossfeld, Der Dekalog. Seine späten Fassungen, die origina-

A: „2 *Ich bin JHWH, dein Gott,* der dich herausgeführt hat
aus dem Land Ägypten, aus dem Haus der Knechtschaft

B: 3 Nicht sollen für dich andere Götter vor meinem
Angesicht sein!

C: 4 Nicht sollst du dir ein Kultbild machen,

(nämlich[141]*) irgendeine Gestalt von dem,*
was im Himmel oben ist,
und was auf der Erde unten ist,
und was in den Wassern unter der Erde ist.

B': 5a Nicht sollst du ihnen Ehrerbietung erweisen,
und nicht sollst du ihnen dienen!

A': 5b Denn *ich bin JHWH, dein Gott,* ein eifernder Gott, der heimsucht Sünde von Vätern an Söhnen, an der dritten und vierten Generation derer, die mich hassen. 6 Aber Güte/Gnade wirkend an tausend Generationen derer, die mich lieben und meine Gebote bewahren." (Ex 20,2–6 // Dtn 5,6–10)

Das Fremdgötterverbot wird in dieser Satzstruktur über das Bilderverbot hinweg fortgesetzt (unterstrichen): V. 3 (B) untersagt die Anwesenheit „anderer Götter" (Plural) in der Gegenwart JHWHs; nach V. 5a (B') soll „ihnen" (Plural) weder Ehrerbietung noch Dienst gelten. Dazwischen steht das singularisch formulierte Verbot „Nicht sollst du dir *ein* Kultbild machen!" (V. 4 [C]). Liest man den Zusammenhang, der als *konzentrische* Figur bewusst gestaltet wurde (im Druckbild durch A–C angedeutet), so muss im Plural „ihnen" von V. 5

le Komposition und seine Vorstufen, OBO 45, Freiburg, Schweiz/Göttingen 1982, 21–26. Mit R. Smend in seiner Rezension (ThR 79, 1982, 458 f.: 459) sollte man dieser Differenz aber keine zu weitreichende Bedeutung zumessen, denn das zusätzliche *waw* in Ex 20,4 kann ohne Weiteres ebenfalls explikativ (entsprechend der Asyndese der Satzkonstruktion in Dtn 5,8) verstanden werden.

141 Vgl. zur Begründung für diese Wiedergabe des *waw* die vorherige Anm.

das Kultbild mitgedacht werden: Bei der Abwehr der Fremdgötterverehrung ist auch deren vorrangige kultische Repräsentation im Bild verboten. Die enge Verbindung der beiden den Dekalog eröffnenden Gebote liegt auf der Hand und wird durch die im Alten Testament auch ansonsten häufige *Identifikation von Bildern und Göttern* unterstützt (siehe dazu auch die im vorigen Abschnitt genannten Beispiele der nachexilischen Götzenpolemik).

Andererseits fällt zusätzlich zur Inkongruenz im Numerus (Götter [Plur.] – Bild [Sing.]) die *relative Eigenständigkeit der Bilderverbotsformulierung* in V. 4 auf: „Du sollst dir kein Kultbild machen!" Für sich gelesen ist es nicht eindeutig, *ob hier primär Fremdgötter- oder nicht auch JHWH-Bilder verboten werden.* Diese Ambiguität wird durch die Erläuterung zu *pæsæl* „Skulptur/Kultbild" in der zweiten Hälfte von V. 4 gestützt, nach der „keinerlei Gestalt (*t^e^mûnā*) von dem, „was im Himmel oben, auf der Erde unten und in den Wassern unter der Erde ist", gemacht werden soll. Eine direkte terminologische und sachliche Parallele zu dieser Erläuterung findet sich nur noch in der einzigen ausführlichen Begründung für das Bilderverbot, Dtn 4 (s. u. 3.2). Der nachexilische Text (einer der jüngsten im Dtn) setzt Deuterojesaja und die Priesterschrift bereits voraus.[142] Kompositorisch wurde er im äußeren Dtn-Rahmen dem Dekalog von Dtn 5 bewusst vorangestellt, so dass dieser in seinem Licht gelesen werden soll. Dtn 4 mahnt, die Theophanie am Sinai (im Dtn: Horeb) auch ja richtig zu verstehen:

[142] Siehe zu allen Aspekten von Dtn 4,1–40 jetzt ausführlich Otto, Deuteronomium 1,1–4,43 (vgl. Anm. 78), 508–592; zur Diskussion der literarischen Genese in der Forschung und zur nachexilischen Datierung siehe a. a. O., 532–538 (bes. 534 zur Rezeption der Priesterschrift).

„15 So hütet euch denn gut, um eures Lebens willen, denn nicht habt ihr irgendeine Gestalt (*t^e^mūnā*) gesehen am Tag, als JHWH zu euch redete am Horeb mitten aus dem Feuer, 16 dass ihr nicht Verderben schafft und euch ein Kultbild (*pæsæl*) in der Form irgendeines Kultobjekts macht, als Nachbildung von Männlichem oder Weiblichem, 17 als Nachbildung irgendeines Tieres, das *auf der Erde* ist, als Nachbildung irgendeines geflügelten Vogels, der *am/im Himmel* fliegt, 18 als Nachbildung irgendeines Kriechtieres auf dem Erdboden, als Nachbildung irgendeines Fisches, der *in den Wassern unter der Erde* ist!" (Dtn 4,15–18)

Darin ist zweierlei impliziert:[143]

a) Das uns schon aus den späteren Zeugnissen bekannte *schöpfungstheologische* Argument, wonach nichts Innerweltliches den (himmlisch-)transzendenten Gott zu repräsentieren vermag (vgl. Dtn 4,11. 36: JHWH ist im Himmelsinneren verborgen; Dtn 4,32: Gottes universale Menschenschöpfung unter dem ganzen Himmel; Dtn 4,39: Israel soll erkennen, „dass JHWH der einzige Gott ist, im Himmel droben und auf der Erde unten – keiner sonst").

b) Ein vermutlicher Bezug auf die kosmologischen Implikationen der *Kultbildherstellung in Mesopotamien* (s. o. 1.1b). Das Bild/der Gott wurde dort rituell und durch die verwendeten Materialien im Zentrum des „Achsenkreuzes" des dreistöckigen Weltbildes verortet: Himmel – Erde – unterirdischer Süßwasserozean (vgl. Dtn 4,18 die „Wasser unter der Erde", so auch in Ex 20,4 // Dtn 5,8, eine im AT sonst kaum belegte Aussage).

Die Argumentation von Dtn 4 ist dabei vorrangig *auf das Verbot einer Herstellung von JHWH-Bildern* konzentriert,

143 Vgl. zum Folgenden die religions- und theologiegeschichliche Begründung bei F. Hartenstein, Die unvergleichliche „Gestalt" JHWHs. Israels Geschichte mit den Bildern im Licht von Dtn 4,1–40, in: Janowski, Zchomelidse (Hrsg.), Sichtbarkeit (s. Anm. 137), 49–77.

weil am Horeb/Sinai keinerlei „Gestalt“ wahrgenommen wurde[144] (*t^e^mūnā* wie auch in der Erläuterung des Dekalogs in Ex 20,4 // Dtn 5,6).

Der Text liefert auf diese Weise die im Dekalog noch fehlende Begründung für das Bilderverbot nach, indem er auf dessen narrativen Kontext blickt: Aus der für Dtn 4 im *Gründungsgeschehen Israels am Sinai* verankerten Bildlosigkeit *folgt das Bilderverbot* für den einzigen Gott. Auffällig ist, wie der Text dann die *Fremdgötter* mit den Bildern verbindet. Wer vom Sinai herkommt, müsste eigentlich gegen die von ihnen ausgehende Faszination gefeit sein. Dennoch kündigt Dtn 4 an, Israel werde ihnen in der Verbannung „dienen“. Die Götterbilder werden dabei mit der uns schon bekannten Materialkritik (vgl. 2.2b: Ps 115 u. a.) als kommunikations- und handlungsunfähig herausgestellt:

---

144 Wenn M. Köckert aus dieser spät-dtr. Fokussierung auf die Herstellung von JHWH-Bildern in Dtn 4 als der „Ursünde“ Israels – und mit einer gewagten religionsgeschichtlichen Vergleichskonstruktion im Blick auf die sog. Sonnentafel von Sippar (s. o. 1.1b–c) – auf ein anthropomorphes Kultbild JHWHs im Jerusalemer Tempel bis zum Exil zurückschließt (s. o. 1.1e), so fehlt dieser These – trotz betonter Gewissheit – die überzeugende Grundlage (vgl. Köckert, Entstehung; ders., Kultbild [zu beidem s. Anm. 78]; ders., Zehn Gebote [s. Anm. 137], 57–60). Kritisch im Blick auf Köckert (und Niehr) ist auch Otto, Deuteronomium 1,1–4,43 (s. Anm. 78), 563: „Das aber bedeutet nun keineswegs, dass es sich hier um eine Polemik gegen ein Kultbild JHWHs im Tempel von Jerusalem handelt […]. Vielmehr wird in Dtn 4 die Verbindung von Fremdgötterverbot und Bilderverbot im deuteronomistischen Horebdekalog (sc. in Dtn 5,6–8 FH) vorausgesetzt und das Bilderverbot im Horizont nachexilischer Fortschreibung des Buches Deuteronomium monotheistisch interpretiert, wodurch das Bilderverbot in Verbindung mit dem Fremdgötterverbot angesichts der Voraussetzung der Nichtexistenz fremder Götter zu einem *Götzenverbot* wird. So greift die Alternative, dass es sich in Dtn 4,15–19 um die Herstellung eines JHWH-Bildes oder das fremder Götter handelt, für die nachexilische Fortschrei-

„28 Und ihr werdet dort (sc. im Exil) Göttern dienen, Machwerken von Menschenhänden. Holz und Stein, die nicht sehen können, nicht hören, nicht essen und nicht riechen. 29 Und ihr werdet von dort aus JHWH, deinen Gott, suchen, und du wirst ihn finden, wenn du ihn mit deinem ganzen Herzen und deiner ganzen Seele suchst!" (Dtn 4,28 f.)

Dtn 4 begründet also zum einen die Bildlosigkeit der Gottesverehrung Israels durch die Sinaitheophanie (zur bildhermeneutischen Relevanz der dortigen durchaus visuellen „Ersatz"-Erscheinungen s. u. 3.2a–b; III 7) und verweist zum anderen vorwegnehmend (faktisch natürlich retrospektiv) auf die Faszination, die Götterbilder in der Fremdheit des Exils auf die Israeliten ausüben werden (dabei ist sicher an Babylonien gedacht, vgl. V. 19 zur Gestirnverehrung [s. u.] und in V.16 das erwähnte dreiteilige Weltbild im Blick auf die Visualisierung JHWHs)[145].

In der neueren Forschung wird angenommen, dass das Bilderverbot des Dekalogs in Kenntnis von Dtn 4 durch die kosmologische Erläuterung zu Himmel – Erde – unterirdischen Wassern in Ex 20,4 // Dtn 5,8 später noch einmal redaktionell erweitert wurde[146] (oben *kursiviert*). Hebt man diese

---

bung in Dtn 4 zu kurz, geht es doch um *ein Verbot jeder Art von Gottesbildern.*" (Hervorhebung FH)

145 Der klare intertextuelle Bezug von Dtn 4,16–19a auf den priesterschriftlichen Schöpfungsbericht Gen 1,1–2,4a ist oft notiert und ausgewertet worden (s. dazu auch unten 3.2c); vgl. etwa M. Fishbane, Biblical Interpretation in Ancient Israel, Oxford 1985, 321 f.; Otto, Deuteronomium 1,1–4,43 (s. Anm. 78), 564–566.

146 Siehe dazu etwa C. Dohmen, Das Bilderverbot. Seine Entstehung und seine Entwicklung im Alten Testament, BBB 62, Frankfurt am Main ²1987, 223–230, mit der Zusammenfassung a. a. O., 229 f. (Hinzufügung der Relativsätze zu den drei kosmologischen Bereichen in die beiden Dekaloge *mit Rückgriff auf Dtn 4* durch einen/den späten „Pentateuchredaktor").

Zutat aus Ex 20,4aβ.b // Dtn 5,8aβ.b ab, so bleibt als Grundform des dekalogischen Bilderverbots übrig:

lō' ta'ᵃśæh lᵉkā pæsæl „Nicht sollst du für dich ein Kultbild machen!" (Ex 20,4 // Dtn 5,6)

Folgende Gesichtspunkte an diesem Satz sind hervorzuheben:

a) Mit dem Begriff *pæsæl*[147] wird ein plastisch gestaltetes (skulptiertes) Objekt verboten (vgl. das Verb *psl* Qal für die Steinbearbeitung in Ex 34,1.4; Dtn 10,1.3; 1 Kön 5,32; Hab 2,18). Das Wort ist aber für verschiedene Materialien offen (und auch Metall ist nicht ausgeschlossen). Der Fokus liegt von der Etymologie her zunächst auf der *bildgestalterischen Bearbeitung* und *ist nicht per se* auf Verehrung ausgerichtet. Andererseits kommt der Begriff *pæsæl* ansonsten fast nur in polemischen Kontexten vor (vgl. 2.2b.2) und hat dann die Konnotation „kultisch verehrtes" Bild, weshalb er auch in Ex 20,4 // Dtn 5,6 mit „Kultbild" übersetzt werden kann.

b) Auch das ganz allgemeine Verb für Herstellen/Anfertigen/Machen (*'śh*) ist nicht an bestimmten Herstellungsweisen interessiert, sondern verweist zunächst auf die Absicht, das *handwerkliche/schöpferische Tun* im Blick auf das Kultbild anzuprangern. Mit der Betonung auf dem „Machen" sind dann - modern gesprochen - *Autonomie und Selbsttäuschung* über den Status des „Gemachten" naheliegende Assoziationen (siehe dazu Wendungen wie „Machwerk [*ma'aśäh*] von Menschenhänden"[148] etc.).

---

147 Zu ihm siehe Hossfeld, Dekalog (s. Anm. 140), 272 f.; S. Schroer, In Israel gab es Bilder. Nachrichten von darstellender Kunst im Alten Testament, OBO 74, Freiburg, Schweiz/Göttingen 1987, 304–314; Dohmen, Bilderverbot (s. Anm. 146), 41–49; ders., Art. *psl*, ThWAT VI, 1989, 688–697 (= ders., Studien zum Bilderverbot [s. Anm. 137], 50–58); Ges[18], 1065 f.

148 Im polemischen Sinn (für Götterbilder o. ä.) z. B. Dtn 4,28; Jes 2,8; 17,8; 37,19; Jer 25,6 f.14; 32,20.

c) Zu betonen, da in der Forschung zu wenig beachtet, ist schließlich die Präposition *lamed* mit dem Suffix der 2. Person (*l^eḵā* „für dich“). Dieser Dativ/Reflexiv zeigt die Selbstbezüglichkeit einer Handlung an, auch die *Inbesitznahme* des Gemachten.[149] Er unterstreicht noch einmal deutlich das in a) und b) Notierte: Es soll kein „Bild“ *aus eigenem Antrieb und zur Befriedigung eigener Bedürfnisse* („für dich“) „gemacht“ werden. Einen vermutlichen Vorläufer hat dieser *dativus commodi* in der Bilderkritik des Hoseabuchs (Hos 8,4; vermutlich nachexilisch ist Hos 13,2 [s. u. 2.4b]).

Wie man sieht, passen alle Bestandteile der Formulierung des dekalogischen Bilderverbots in Ex 20,4 // Dtn 5,6 sehr gut *zu den Reflexionen über den ontologischen Status der Bilder, wie sie die spätalttestamentliche und antik-jüdische Bilderpolemik vor dem Hintergrund der monotheistischen Bildlosigkeit prägen* (s. o. 2.2b.1–2). Dem Gebot ist nichts zu entnehmen, was für eine frühe (vorexilische) Entstehung spricht. Es ist mit seiner „anthropologischen“ Ausrichtung (und der in der Grundform fehlenden Begründung) am ehesten ein Ausdruck der ab der Exilszeit deutlich hervortretenden schöp-

149 Häufig als *dativus commodi* bezeichnet (z. B. Hossfeld, Dekalog [s. Anm. 140], 272), ist es klärend mit der grundlegenden semantischen Untersuchung von E. Jenni auf folgende Aspekte des „Lamed dativum“ hinzuweisen, die für die Verwendung in den Bilderverbotsformulierungen zutreffen: a) „Herbeiführen einer Zugehörigkeit“, b) spezifiziert durch „Herstellung/Hervorbringung“ und schließlich c) „Referenzidentität zwischen Geber und Begabtem“ = reflexiv; die einschlägigen Stellen sind gelistet in Rubrik 322 (alle Belege mit dem Verb *'śh*), unter 3224, in: E. Jenni, Die hebräischen Präpositionen 3: Die Präposition Lamed, Stuttgart u. a. 2000, 90; zu den zuvor genannten Kriterien für die Einordnung siehe a. a. O., 84. – Vgl. als außerbiblischen Beleg für analogen Gebrauch von *'śh + l* Zeile 24f. der moabitischen Mesa-Inschrift aus dem 9. Jh. v. Chr. (KAI 181): *„Macht euch* ein jeder eine Zisterne in seinem Hause!“ (M. Weippert, Historisches Textbuch zum Alten Testament, GAT 10, Göttingen 2010, 247, Hervorhebung FH).

fungstheologischen Argumentation mit der Transzendenz und Unvergleichlichkeit JHWHs, die ein *selbstbezogenes Machen von Bildern verbietet.* Es geht dabei nicht um ein Verbot von „künstlerischer Kreativität“ an sich, sondern um das Problem einer Bilderproduktion, die der Gefahr der Selbsttäuschung ausgesetzt ist. Das hierfür verwendete allgemeine Verb für „herstellen“ *'aśāh* ist oft auch *terminus technicus* in schöpfungstheologischen Kontexten. Auch diese Begrifflichkeit ist kein Indiz für eine bestimmte Datierung. Angesichts der neueren Forschungen zum Dekalog, die für Ex 20 und Dtn 5 (mit wechselnder zeitlicher Priorisierung) übereinstimmend mit einer *frühestens exilischen* Entstehung und nachexilischen Erweiterungen rechnet (vor allem in den Begründungen des Sabbatgebots), legt sich eine zeitnahe Formulierung für das (unerweiterte) dekalogische Bilderverbot nahe.[150] Im Dekalog ist es klar als *Ergänzung zum Fremdgötterverbot* zu lesen, das dadurch an Eindeutigkeit gewinnt:

> Die „Götter“ des Fremdgötterverbots, ebenfalls mit der Formulierung „nicht sollen für dich sein“ (Ex 20,3 // Dtn 5,7; vgl. *l^{e}ḵā* in Ex 20,4 // Dtn 5,8), erscheinen nämlich *erst im Licht des Bilderverbots* als leblose Illusionen. Ohne das explizite Bilderverbot ist das Fremdgötterverbot unklarer hinsichtlich des Status der „Götter“: Nach Ex 20,3 // Dtn 5,7 sollen die Götter ja vor allem *lokal* ausgeschlossen werden (*'al panāj* „vor mir/meinem Angesicht“, also zunächst vermutlich im Heilig-

150 So der weitgehende Forschungskonsens zur Datierung; vgl. dazu neben den oben genannten Arbeiten von Hossfeld, Otto, Köckert auch C. Levin, Der Dekalog am Sinai, in: Ders., Fortschreibungen. Gesammelte Studien zum Alten Testament, BZAW 316, Berlin/New York 2003, 60–80, wonach das Bilderverbot dem „Urdekalog“ (für Levin in Ex 20*) noch nicht zugehörte (64, Anm. 11, im Blick auf Zimmerlis Strukturanalyse [s. o. Anm. 140], der nur „die naheliegende literarkritische Konsequenz“ einer Identifikation als „nachträglichen Einschub“ noch nicht gezogen habe).

tum). Damit wird einerseits ihre Existenz nicht völlig verneint, sondern JHWH von ihnen getrennt (ein Hinweis auf die Geschichte des 1. Gebots [s. u. 2.4b2]), und andererseits ist hier das *Bilder*problem bereits impliziert: Denn die Form der Anwesenheit von Göttern „vor JHWH" wäre wahrscheinlich die von kultischen „visible tokens" (vgl. V. 5: Proskynese und Dienst). Die m. E. auf den vorexilischen Tempelkult Jerusalems zurückverweisende Konstellation des Fremdgötterverbots (ausgeschlossen wird die Koexistenz JHWHs mit anderen Göttern, vgl. die joschijanische Reform [s. u. 2.4b2]) wird in der Komposition des Dekalogs durch das ausdrückliche Bilderverbot im Sinne des voll ausgebildeten Monotheismus vereindeutigt.

In Dtn 4 (noch perserzeitlich) *tritt das Bilderverbot dann vollends in den Vordergrund* (das sog. zweite Gebot dominiert hier das erste.). Genau in diese Richtung verschiebt sich der Sachzusammenhang auch in der späten Bilderpolemik des Alten Testaments, die wir schon betrachtet haben (s. o. 2.2b.2): Dem einzigen Himmelsgott steht die Vielzahl scheinbarer Götter entgegen, die lediglich „Artefakte", „Machwerke von Menschenhänden" sind und insofern weniger ein Problem der Theologie als vielmehr der Anthropologie darstellen (des menschlichen Bilderbegehrens [vgl. III 3]).

Ist damit ein höheres Alter des Bilderverbots in Israel ganz ausgeschlossen? Prinzipiell nicht, aber die Indizien sind schwach. Der Dekalog, ein „Brennspiegel" der alttestamentlichen Rechtsgeschichte (E. Otto[151]), bündelt zwar verschiedene ältere kult-, prozess- und sippen- bzw. familienrechtliche Bestimmungen, die zumeist in die Königszeit zurückreichen. Und auch eine entsprechend frühe, gar unerfindlich alte Ansetzung des Bilderverbots ist in der Forschung immer

151 E. Otto, Der Dekalog als Brennspiegel israelitischer Rechtsgeschichte, in: J. Hausmann, H.-J. Zobel (Hrsg.), Alttestamentlicher Glaube und biblische Theologie, FS H. D. Preuß, Stuttgart u. a. 1992, 59–68.

wieder (etwa noch von W. H. Schmidt) vertreten worden (bei ihm zuletzt nicht mehr der Formulierung, wohl aber „der Sache nach“[152]). Es kann sich dann aber nur um eine überlieferungsgeschichtliche Rückfrage nach nicht mehr ausdrücklich Vorhandenem handeln. Argumente dafür hat man durch den Vergleich mit den anderen alttestamentlichen Bilderverbotsformulierungen gewinnen wollen. Dem soll nun als nächstes etwas genauer nachgegangen werden.

b) Die weiteren expliziten Bilderverbote des Alten Testaments und ihr Verhältnis zum Dekalog

Neben dem Dekalog finden sich in allen wichtigen Rechtssammlungen des Alten Testaments weitere Bilderverbote (Ex 20,23; Ex 34,17; Lev 19,4 und 26,1; Dtn 27,15). Bei ihnen fällt auf, dass sie wie „Solitäre“ wirken und kaum in Gebotsreihen eingebunden, d. h. eher lose im Kontext verankert sind. Sie sollen in der literarhistorischen Abfolge der Rechtssammlungen, in denen sie stehen, durchgegangen und mit dem dekalogischen Bilderverbot verglichen werden. Die Rechtscorpora des AT sind nacheinander entstanden:[153]

Bundesbuch (Bb): Ex 20,22–23,33: ab *8./7. Jh. v. Chr.*;

Deuteronomium (Dtn): ab *7./6. Jh. v. Chr.*;

Heiligkeitsgesetz (H): Lev 17–26: im *6./5. Jh. v. Chr.*

---

152 W. H. Schmidt, Alttestamentlicher Glaube, Neukirchener Verlag ⁸1996, 78; vgl. ders., Zehn Gebote (s. Anm. 137), 63: „So wird man bei der zeitlichen Ansetzung des Bilderverbots Zurückhaltung wahren.“

153 Vgl. dazu z. B. H. J. Boecker, Recht und Gesetz im Alten Testament und im Alten Orient, Neukirchen-Vluyn ²1984, 116–165; F. Crüsemann, Die Tora. Theologie und Sozialgeschichte des alttestamentlichen Gesetzes, München 1992, 132–380; E. Otto, Recht im antiken Israel, in: U. Manthes (Hrsg.), Die Rechtskulturen der Antike. Vom Alten Orient bis zum Römischen Reich, München 2003, 151–190, bes. 160–169 (Überblick).

Zusatzbemerkung: Das sogenannte „Privilegrecht" JHWHs in Ex 34, 10–26 (auch sog. „kultischer Dekalog"), wurde lange als relativ alte, vordeuteronomische Rechtsüberlieferung verstanden.[154] Heute gilt es nicht selten im Kern als noch spätvorexilisch (und „vordekalogisch"), jedoch mit dtr. (nachexilischer) Bearbeitung. Dabei ist ein eher hohes Alter von Einzelgeboten (v. a. des Festkalenders V. 18–26*) nach wie vor nicht auszuschließen.[155] Aber auch Spätdatierungen werden mit guten Gründen vertreten.[156]

1) *Ex 20,23*: In der späteren Rahmung um das königszeitliche Bundesbuch findet sich nacheinander als „Präambel" zunächst ein Bilderverbot (20,22–23) und dann ein (vermutlich älteres) Altargesetz (20,24–26); beidem korrespondieren im hinteren Rahmen ein Fremdgötterverbot (23,13b) und ein (wiederum älterer) Festkalender (23,14–19). Das „profane" Bundesbuch wird durch den doppelten Rahmen sekundär theologisiert und zugleich in der Sinaierzählung des Exodusbuches verankert, in deren Abfolge es als Entfaltung des Dekalogs in Ex 20 erscheint. Dass es programmatisch mit dem Bilderverbot eröffnet wird, könnte zum einen bereits auf den Dekalog reagieren, zum anderen auch im Blick auf die Erzählung kontextbedingt sein (im Sinne von Dtn 4 läge das Bilder-

---

154 Vgl. klassisch J. Halbe, Das Privilegrecht Jahwes Ex 34,10–26. Gestalt und Wesen, Herkunft und Wirken in vordeuteronomischer Zeit, FRLANT 114, Göttingen 1975; ähnlich E. Otto, Theologische Ethik des Alten Testaments, ThW 3/2, Stuttgart u. a. 1994, 2f., 211, 213f., 232f.

155 Vgl. A. Grund, Die Entstehung des Sabbats. Seine Bedeutung für Israels Zeitkonzept und Erinnerungskultur, FAT 75, Tübingen 2011, 51–63.

156 Siehe S. Gesundheit, Three Times A Year. Studies on Festival Legislation in the Pentateuch, FAT 82, Tübingen 2012, 11–43, der Ex 34,18–26 als eine midraschartige Wiederaufnahme des Festkalenders aus Ex 23,14–19 ansieht und in Ex 34,11–26 sowohl dtn. wie priesterlichen Einfluss wahrnimmt (zu neueren redaktionsgeschichtlichen Hypothesen mit nachexilischer Ansetzung vgl. a. a. O., 42, Anm. 87).

verbot in der Konsequenz der Theophanie von Ex 19).[157] Die Formulierung legt das sehr nahe, wenn man Ex 20,22–23 literarisch als zusammengehörig annimmt:

> „22 Und JHWH sagte zu Mose: So sollst du zu den Israeliten sagen: Ihr habt gesehen, dass ich mit euch vom Himmel her geredet habe. 23 Nicht sollt ihr bei mir (*'itti*) silberne Götter (*'ᵆlōhē kæsæp̱*) machen (*'śh*), und goldene Götter (*'ᵆlōhē zāhāḇ*) sollt ihr für euch (*lāḵæm*) nicht machen!" (Ex 20,22–23)

Dass JHWHs Transzendenz in V. 22 mit seiner innerhimmlischen Verborgenheit bei der Sinaitheophanie markiert wird (bereits vor dem Hintergrund von Dtn 4? Im Kontext von Ex 19 hat dieser Zug lediglich indirekten Rückhalt), verleiht dem Bilderverbot von V. 23 grundsätzliches Gewicht. Für eine Reaktion auf den vorausgehenden Dekalog sprechen zwei Gesichtspunkte:

> a) Das schwierige *'itti* „bei mir" ist am ehesten im Sinne des *'al panāj* „vor mir" von Ex 20,7 zu verstehen, mit ihm wäre die Verknüpfung von Fremdgötter- und Bilderverbot gegeben, wie sie außerdem in der Identifikation von „Göttern" mit den Bildern zum Ausdruck kommt.

---

157 So einst schon treffend B. Baentsch, Exodus-Leviticus-Numeri, HK I/2, Göttingen 1903, 186, der von einem dtn. Bearbeiter ausgeht (noch mit älterer Vorlage in V. 23): „Die Thatsache, dass Jahve vom Himmel herab geredet, sich damit also als himmlischer, übersinnlicher Gott erwiesen hat, erscheint als Grundlage für das V. 23 gegebene Verbot der Abgötterei und des Bilderdienstes. Vgl. dazu das ausführliche theologische Raisonnement in Dtn 4,12.15 ff., aus dem V. 22b gewissermassen die Quintessenz bildet." Deutlicher noch E. Otto, Ethik (s. Anm. 154), 231, der die Eröffnung des Bundesbuches in Ex 20,22 f. als „an Ex 19,3b–8 und Dtn 4 anknüpfend, in den Horizont der Pentateuchredaktion" stellt und die Verse literargeschichtlich „unlösbar" mit dem Rahmen des Bundesbuchs zusammensieht.

b) Das „Machen (*'śh*) für euch (*lāk̠æm*)“, das direkt an die dekalogische Formulierung anklingt.

Einen anderen Akzent gegenüber dem Dekalog setzt die *Betonung der Edelmetalle* (im Kontext natürlich auch ein möglicher Vorverweis auf das goldene Kalb von Ex 32 [s. u. 2.4b]; dafür spricht auch, dass gerade „die *goldenen* Götter“direkt mit dem „Machen für euch“ verbunden sind). Im Ganzen ist es sehr unwahrscheinlich, dass es sich bei Ex 20,23 um eine vordekalogische Bilderverbotsformulierung handelt.[158]

2) *Ex 34,17*: Nach den einleitenden dtr. formulierten Fremdgötter- und Vermischungsverboten des sogenannten „kultischen Dekalogs“ Ex 34,10–26 steht in V. 17 unverbunden ein kurzes Bilderverbot (vgl. zuvor V. 13 die dtr. Aufforderung zur Zerstörung der Kultsymbole der Landesbewohner wie in Dtn 7,5). Auch mit dem folgenden älteren Festkalender Ex 34, 18–26* gibt es keinen direkten Konnex:

'ælōhē massēk̠ā lō' ta'aśæh lāk̠ „Gegossene Götter sollst du für dich nicht machen!“ (Ex 34,17)

Hier wird die dekalogische Formulierung „du sollst nicht für dich machen“ wörtlich aufgenommen und lediglich das Objekt durch *'ælōhē massēk̠ā* „gegossene(r) Gott/Götter“ er-

158 Anders dagegen der Versuch von Dohmen, Bilderverbot (s. Anm. 146), 176–180, aus Ex 20,23b noch eine alte Urform eines vordekalogischen Bilderverbots zu rekonstruieren (271), zugleich (mit V. 24) „die ursprüngliche kultrechtliche Einleitung des Bundesbuches“ (179), wobei er freilich hinter den Pluralformen in V. 23b ohne Anhalt in der Textüberlieferung einen anfänglich singularischen Prohibitiv postuliert (a. a. O., 162 f.). Mit Hossfeld, Dekalog (s. Anm. 140), 180, erscheint es aber viel wahrscheinlicher, dass in Ex 20,23 (zusammen mit V. 22) eine „wohl konstruierte Neuformulierung des Bilderverbotes“ vorliegt, die späterer Götterbildpolemik nahesteht.

setzt: Der Rückbezug auf das Jungstierbild von Ex 32,4 (*'ēgæl massēkā*) und dessen Identifikation mit „deinem Gott/deinen Göttern" (*'ᵆlōhǣkā*) im selben Vers ist deutlich (zu Ex 32 s. u. 2.4b1). Beim in Ex 34 erfolgenden erneuten Bundesschluss (allein mit Mose) nach dem Bundesbruch beim goldenen Kalb (Ex 32) ist Ex 34,17 vor allem kontextbezogen zu lesen und wird zur (dtr.) Bearbeitung gehören.[159] Auch hier handelt es sich nicht um eine vordekalogische Überlieferung.

3) *Lev 19,4 und 26,1*: Im spätpriesterlichen (deutlich nachexilischen) Heiligkeitsgesetz steht ein erstes Bilderverbot in Lev 19,4. Das Kapitel 19 erscheint in Anlehnung an den Dekalog gestaltet[160] (voraus gehen in V. 3 das Elterngebot und das Sabbatgebot). V. 4 bietet dann eine Kombination von Fremdgötter- und Bilderverbot:

> „Nicht sollt ihr euch wenden an Götzen/Nichtse (*'ælīlīm*), und gegossene Götter (*'ᵆlōhē massēkā*) sollt ihr euch nicht machen (*lō' taᶜᵃśū lākæm*)! Ich bin JHWH, euer Gott." (Lev 19,4)

Vermutlich werden hier nicht allein der Dekalog, sondern auch schon Ex 34,17 („gegossene Götter") aufgenommen. Es handelt sich wiederum nicht um ein altes Bilderverbot. Dasselbe gilt für das in prominenter Eröffnungsposition ste-

---

159 Vgl. schon die Analyse von Halbe, Privilegrecht (s. Anm. 154), 122–126, 215–219; siehe weiter Hossfeld, Dekalog (s. Anm. 140), 210, zur Anpassung des „Privilegrechts" an den Dekalog durch den dtr. Redaktor, dem er Ex 34,1.4aα.b.(9b).11b.17.27*.28 zuweist; vgl. a. a. O., 268, zu V. 17: „Geleitet vom Vorbild des Dekalogs schiebt ein dtr Redaktor den Prohibitiv hier hinein; er ist deswegen als isoliertes Verbot zu betrachten. Unter Verarbeitung von Ex 32,31 und Dtn 9,12 (vgl. Lev 19,4) wird die Herstellung gegossener Götterbilder verboten."

160 Vgl. etwa die Analyse von K. Elliger, Leviticus, HAT I/4, Tübingen 1966, 245; zu Lev 19 im Ganzen Otto, Ethik (s. Anm. 154), 243–248.

hende Bilderverbot von Lev 26,1, mit dem das große Segen- und Fluchkapitel eingeleitet wird, welches das Heiligkeitsgesetz beschließt:

> „Nicht sollt ihr euch machen (*lō' ta'ᵃśū lākæm*) Götze/Nichtse (*'ælīlīm*), und ein Kultbild (*pæsæl*) und ein Steinmal (*maṣṣēba*) sollt ihr nicht aufrichten für euch (*lākæm*), und einen Stein (mit) Bildwerk/Relief (*'æbæn maśkīt*) sollt ihr nicht setzen in eurem Land, um euch davor niederzuwerfen (ihm die Proskynese zu erweisen)! Denn ich bin JHWH, euer Gott." (Lev 26,1)

Diese Variante blickt nicht nur auf den Dekalog zurück, sondern weitet dessen allgemeine Formulierung nun auch noch auf die lange Zeit unproblematischen Mazzeben/Steinmale im JHWH-Kult (vgl. Jakob in Bet-El Gen 28,10–22 sowie darauf bezogen die Priesterschrift in Gen 35,14) sowie auf reliefierte Steine/Stelen aus (vgl. dazu Ez 8,12; Num 33,52). Damit werden spätdeuteronomistische ikonoklastische Aussagen wie in Dtn 7,5 aufgenommen und das bisherige Kultbilderverbot in Richtung eines umfassenderen Kultsymbolverbots ausgedehnt. Auch dieses in seiner Breite singuläre Bilderverbot ist spät (vermutlich das späteste der vorgestellten Varianten: 5./4. Jh. v. Chr.?).[161]

Auffallend in der späten Einleitung zu Lev 26 in V. 1–2 ist auch, dass dort das Bilderverbot erstmals direkt *mit dem Sabbatgebot zusammengestellt* wurde (V. 2: „Meine Sabbate sollt ihr bewahren und mein Heiligtum sollt ihr fürchten, ich bin JHWH!"). Deutlich dienen das ausgeweitete Bilder-

---

[161] Vgl. zur Analyse Elliger (s. Anm. 160), 363 f. (bewusster Bezug auf Lev 19,4 mit erneutem *'ælīlīm*) und Hossfeld, Dekalog (s. Anm. 140), 268: „In Lev 26,1 hat die Terminologie des Bilderverbots (vgl. Lev 19,4) das Fremdgötterverbot aufgesogen. Mit singulärer Differenzierung werden verschiedene Kultobjekte aufgeführt und perhorresziert. Jahwe steht den Nichtsen gegenüber. Das Verbot gehört in die späte Götzenpolemik."

verbot *und* der Ruhetag der rechten Ehrfurcht vor dem „Heiligtum" (doch wohl dem 2. Tempel in Jerusalem).[162] Insofern bestätigt sich von hier aus die Vermutung, dass neben der Beschneidung und dem Sabbat die Bildlosigkeit des Kultes (und das Bilderverbot) als das dritte entscheidende Unterscheidungskriterium des frühen Judentums von den „Völkern" immer wichtiger wurde (s. u. 2.4a).

4) *Dtn 27,15*: Kapitel 27 ist ganz oder teilweise ein später Einschub in das Dtn (kompositorisch steht es nach Abschluss des Gesetzeskorpus Dtn 12–26 und eröffnet den hinteren Rahmen des Dtn – damit entspricht Kap 27 Dtn 5 im vorderen Rahmen; es handelt sich um eine sekundäre Hinführung auf das Segen- und Fluchkapitel 28 [vgl. Lev 26]). Mose agiert in Dtn 27 zusammen mit den levitischen Priestern in einem Ritual, das einen Altarbau sowie die Errichtung eines beschrifteten Gedenksteins einschließt (27,1–8). Anschließend folgt ein *Segen* sowie in Dtn 27,14–26 ein Fluchritus für schlimme geheime Vergehen. Dieser sogenannte „sichemitische Dodekalog" in V. 15–26 „stellt eine archaisierende Liste schwerer Verbrechen dar. Sie wurde als programmatisches Gegenstück zum Dekalog 5,6–21 für den Abschluß des dtn Rechts komponiert und ratifiziert es gewissermaßen in einer Eideszeremonie."[163] Eröffnet wird die Reihe der Vergehen (erneute Kopfposition, vgl. Bundesbuch, Dekalog, Lev 26) wieder mit einem Bilderverbot:

> „Verflucht ist der Mann, der ein Kultbild, ein Gussbild, macht (*ja'ᵃśæh pæsæl umassēḵā*), ein Greuel für JHWH, ein Werk der Hände

---

162 Zur späten Theologie des Sabbats (im Heiligkeitsgesetz und anderen nachexilischen Texten) vgl. F. Hartenstein, Der Sabbat als Zeichen und heilige Zeit. Zur Theologie des Ruhetages im Alten Testament, in: M. Ebner u. a. (Hrsg.), Das Fest: Jenseits des Alltags, JBTh 18, Neukirchen-Vluyn 2004, 103–131: 126–131.

163 G. Braulik, Deuteronomium II: 16,18–34,12, NEB 28, Würzburg 1992, 202.

eines Handwerkers, und der es aufstellt im Verborgenen! Und das Volk soll antworten: Amen!" (Dtn 27,15)

Auch wenn es hier weniger um die Abwehr von Bildern im „offiziellen" Kult zu gehen scheint, sondern vielleicht an Hauskulte gedacht wird (vgl. das oben zur Perserzeit Gesagte und die wohl in ihrer Endgestalt hier anzusetzende Erzählung Ri 17–18[164]): Die Stellung in Parallele zum Dekalog von Dtn 5 sowie die Formulierungen („ein Kultbild machen" wie in Ex 20,4 // Dtn 5,7 und „Werk der Hände des Handwerkers") zeigen, dass es sich auch hier um eine nachdekalogische Formulierung handelt.[165]

Fazit: Keines der fünf weiteren Bilderverbote jenseits des Dekalogs kann literarisch vor dem Dekalog angesetzt werden. Vielmehr scheinen sie alle in unterschiedlicher Weise auf die dekalogische Grundformulierung „Du sollst für dich kein Kultbild machen" zu rekurrieren und diese für ihre Kontexte zu wiederholen und einzuschärfen.[166] Man bewegt sich mit Ex 20,22f.; 34,17; Lev 19,4; 26,1; Dtn 27,15 in einem Traditionsraum, in dem das sog. 2. Gebot eine dominierende Bedeutung

164 Siehe zu dieser Ansetzung die Analyse von W. Groß, Richter, HThK.AT 10, Freiburg u. a. 2009, 754–764.

165 Vgl. Hossfeld, Dekalog (s. Anm. 140), 268: „[...] Dtn 27,15, eine anerkannt sekundäre Rahmenformulierung [...]. Im Vergleich mit dem dekalogischen Bilderverbot fehlt der dativus commodi [...]. Der Fluchsatz wertet im Stil der Toeba-Gesetze und erläutert in Anlehnung an Hos 13,2. Eine junge, spät-dtr Formulierung des Bilderverbots liegt uns vor." Etwas anders fällt die ebenfalls nachexilische redaktionelle Zuweisung von Dohmen, Bilderverbot (s. Anm. 146), 231–235 aus: Dtn 27,15 sei „levitischer Provinienz" und liege „auf der gleichen Linie [...] wie die Redaktion von Lev 19,4; 26,1" (235).

166 So auch das Resümee von Hossfeld, Dekalog (s. Anm. 140), 269: „Die isolierten Vorkommen des Bilderverbotes setzen den dtr bearbeiteten Dekalog voraus."

angenommen hat: In der *nachexilischen (im Blick auf die Fixierung der Tora vermutlich persischen bis frühhellenistischen) Zeit (6.–4. Jh. v. Chr.).* Der Dekalog in Dtn 5 (und in Ex 20) geht dem bereits voraus.

Insofern stellt sich nun die Frage, *weshalb das offenbar älteste, dekalogische Bilderverbot entstanden ist.* Dass es neben dem Fremdgötterverbot auch relativ eigenständig erscheint, haben wir gesehen (s. o. 2a). Zugleich scheint aber nichts darauf hinzudeuten, dass es eine völlig unabhängige *(kult-)rechtliche* Vorgeschichte gehabt hat, wohl aber eine *prophetentheologische in der Bilderkritik des Hoseabuchs* (s. u. 2.4b). Es könnte – wie auch im vergleichbaren Fall des ausdrücklichen Sabbatgebots – kurz vor oder gar für den Zusammenhang des Dekalogs formuliert worden sein (im Rahmen der Grundfassung des Dekalogs, mit Hossfeld früh-dtr.,[167] eher letztes Drittel 6. Jh. v. Chr.; gemeinsam ist dem Bilderverbot wie dem Sabbatgebot auch die spätere Erweiterung [s. o.], die das Gewicht von beidem erhöht). Warum wurde es nötig? Eine solche weitreichende Regelung wird nicht einfach grundlos erfunden. Eine (spät-)exilische/frühnachexilische Ansetzung muss religions- und theologiegeschichtlich plausibilisiert werden. Entscheidend dafür ist die Frage, ob das Bilderverbot über das 1. Gebot hinaus einen eigenen *spezifischen Problemhintergrund* hat, der zur Zeit der Gebotsformulierung besonders virulent wurde.

Dazu soll die schrittweise vom Späteren zum Früheren zurückfragende Darstellung nun fortgesetzt und in einer kurzen Skizze für die exilisch-frühnachexilische Zeit (zweite Hälfte 6., erste Hälfte 5. Jh. v. Chr.) der Textbereich über das

---

167 Vgl. die Zusammenfassung zur Entstehungsgeschichte des Dekalogs bei Hossfeld, Dekalog (s. Anm. 140), 283.

Bilderverbot hinaus erweitert werden, um dessen Entstehungsbedingungen genauer in den Blick zu bekommen. Dies geschieht aus gleich zu erläuternden Gründen am Beispiel des *Deuterojesaja*. Was kann man Jes 40–55 im Blick auf das *Bilderproblem* entnehmen und welche älteren Voraussetzungen werden dabei für den Umgang mit der Problematik in Anspruch genommen?

2.4 Die Entstehungsvoraussetzungen des Bilderverbots

a) Der judäisch-babylonische Kulturkontakt und die Entstehung des Bilderverbots

Die meisten Untersuchungen sind sich immer noch darin einig, dass die Grundschicht des sogenannten Deuterojesaja im Zentrum des babylonischen Großreichs (vor und nach 539 v. Chr., bis in die Perserzeit) entstanden ist.[168] Es wäre dies eine Situation der Konfrontation zweier Traditionen gewesen, in der sich die deportierten Vertreter einer marginalen Kultur (aus der Peripherie besiegter levantinischer Kleinstaaten) mit der in jeder Hinsicht „reicheren" und überlegenen Großmacht und deren Selbstrepräsentation auseinandersetzen mussten (s. u. III 4). Für die literarische Produktivität der deportierten Jerusalemer Oberschicht (der Dtjes, Ezechiel sowie m. E. auch die frühesten Autoren der Priesterschrift zugehörten) bedeutete dies die Herausforderung, *ihre Identität fern der Heimat neu zu bestimmen und anhand der mitgebrachten Traditionen auszuformulieren.* Die Differenzen zur

[168] Als Einführung in die neuere Forschungslage zur Redaktions- und Kompositionskritik sowie zu Datierungsansätzen für die verschiedenen Schichtenzuweisungen in Dtjes (O. H. Steck, R. G. Kratz, J. van Oorschot u. a.) vgl. Werlitz, Redaktion (s. Anm. 129), 15–91, sowie K. Schmid, Literaturgeschichte des Alten Testaments. Eine Einführung, Darmstadt 2008, 132–137.

babylonischen Kultur und Religion konnten so aus dem Eindruck der Unterlegenheit in eine Haltung der Überlegenheit transformiert werden: So stellte die Priesterschrift die Einhaltung des wöchentlichen Sabbat (zeitgleich mit dem Dekalog?) sowie die Beschneidung als Differenzkriterien und Identitätsmarker heraus.[169] Deuterojesaja betonte noch zuvor vor allem die *universale Wirkmacht des einen (eigenen) Gottes* im Kontrast und in Konkurrenz zum Anspruch des babylonischen Hauptgottes Marduk, dessen staatspolitische Bedeutung um den Bilderkult der babylonischen Haupttempel kreiste (s. o. 1.1a). Angesichts der eindrucksvollen Inszenierungen der kosmotheologischen Zentrumssymbolik Babylons (vor allem im Festkult, s. o. 1.1b) erschien der eigene Gott manchen Exulanten offenbar als entmächtigt und irrelevant (Jes 40,27: „Warum sagst du, Jakob, und sprichst du, Israel: ‚Verborgen sind meine Wege vor JHWH und meinem Gott entgeht mein Recht'?"). Die Ausgangslage, aus der heraus sich der explizite Monotheismus und mit ihm verbunden auch die Bilderkritik (angesichts von JHWHs Unvergleichlichkeit) erhoben, war zunächst die Erfahrung der *Abwesenheit und Verborgenheit* Gottes in der Geschichte.

Wie Christina Ehring gezeigt hat, bildet deshalb die Rückkehr *JHWHs* ein programmatisches Thema Deuterojesajas, das sehr wahrscheinlich vor dem Hintergrund eines in Babylon lange etablierten geschichtstheologischen Deutemodells entwickelt wurde.[170] Aus der Sicht der Babylonier hat der Hauptgott Marduk seine Stadt in früherer Zeit mehrfach auf-

---

169 Zu diesen Identitätsmarkern des entstehenden Judentums vgl. K. Grünwaldt, Exil und Identität. Beschneidung, Passa und Sabbat in der Priesterschrift, BBB 85, Frankfurt am Main 1992.

170 Vgl. Ehring, Rückkehr (s. Anm. 38).

grund der Schuld ihrer Bewohner Feinden preisgegeben und ist in Gestalt seines Kultbildes in die Gefangenschaft gegangen (s. o. 1.1b). Aus dieser kehrte er jeweils nach Beendigung der Strafzeit triumphal zurück – auf der politischen Ebene war dies an realen Rückführungen des Kultbildes ablesbar. Dieses Schema nimmt offenbar der Prolog des Dtjes auf und lässt JHWH in Jes 40,3–5 in einem königlichen Triumphzug aus der Verborgenheit heraustreten und zu seinem Volk (und seinem Wohnort) zurückkehren, bevor dieses in einem „neuen Exodus" aus Babylonien ausziehen und in die Heimat zurückkehren soll. Für die Bilderfrage ist hier wichtig: Die neue Präsenz des Gottes wird mit einem *mentalen Bild* (tempeltheologischer Begriff *kābōd* „Herrlichkeit" Jes 40,5), *nicht aber durch ein Kultbild* markiert.[171] Vermutlich ist genau dies *Ausdruck des Bewusstseins einer spezifischen religiös-kulturellen Differenz im Blick auf die Bilder.*

Ein in dieser Hinsicht ganz vergleichbares Konzept vertreten nämlich auch die Texte des *Ezechielbuches* und der *Priesterschrift*, wenn sie JHWHs *Gegenwart* (am Heiligtum und in Bewegung außerhalb) ebenfalls als *kābōd* beschreiben:[172] Dieser ist sowohl lokal gebunden (am Ort des Gottesthrons) als auch dynamisch und beweglich (vgl. Ez 1,28; 8–11; 43,4 f.; Ex 40,34 f.). Damit nehmen diese Texte auf ein – bei allen Unterschieden – offenbar *vorgegebenes Präsenzkonzept mit visuellen lichthaften Aspekten* Bezug, das aus dem vorexilischen Jerusalemer Tempel stammt (vgl. *kābōd* in den anerkannt alten Jerusalemer Psalmen Ps 24,7–10 [beweglich, Aspekt des von außen kommenden JHWH: „König des *kābōd*"]; Ps 29,3 [Titel „Gott des *kābōd*"]; Ps 29,9: Reziprozität des *kābōd* im Palast JHWHs; ähnlich auch

---

[171] Siehe dazu Ehring, Rückkehr (s. Anm. 38), 156–163, bes. 159–161 (zum *kābōd* als dtjes. Kontrastparallele zur Rückkehr des Marduk-Kultbildes in den babylonischen Quellen).

[172] Zu *kābōd* in der Priesterschrift vgl. Wagner, Gottes Herrlichkeit (s. Anm. 77), 52–122; zur in etwa zeitgleichen Konzeption im Ezechielbuch siehe Ehring, Rückkehr (s. Anm. 38), 191–203; Wagner, a. a. O., 238–285.

in Jes 6,1–5 [V. 3b: „die Fülle der ganzen Erde ist sein *kābōd*" korrespondierend mit dem göttlichen Lichtgewand, das nach V. 1b den Tempelraum erfüllt]).[173] Mit dem Begriff *kābōd* ist dabei vor allem eine Glanzerscheinung JHWHs gemeint, die ebenso auf alte Elemente syrisch-mesopotamischer Gotteskonzepte zurückgehen wird („Schreckensglanz") wie sie eine „Solarisierung" JHWHs ab der Königszeit anzeigen dürfte;[174] ikonographisch kann dafür vermutlich auch auf die Flügelsonnen der offiziellen *lmlk*-Stempel Judas und auf die Darstellung eines leeren Throns mit Flügelsonne aus der älteren Königszeit aus Jerusalem verwiesen werden (s. o. Bild 8; 1.1e). Nicht ohne Grund hat die Septuaginta die einschlägigen Stellen zumeist mit *doxa* „Strahlglanz"/„Herrlichkeit" wiedergegeben.

Der Prolog des Deuterojesaja verwendet in Jes 40,1–5 wie gesagt das Glanzphänomen *kābōd* exakt in der Position des Kultbildes Marduks, das in babylonischen Geschichtsdeutungen nach seiner Wegführung aus der Verbannung zurückkehrt. Anstelle eines materiellen „visible token" imaginiert die *interpretatio israelitica* ein mentales Bild der Rückkehr des überaus realen und vitalen königlichen Glanzes Gottes. Das erscheint nur plausibel, wenn dies keine *ad hoc*-Erfindung gewesen ist, sondern aus der Erinnerung an die eigene Tempeltheologie in Jerusalem gewonnen wurde. Wie bei Sabbat und Beschneidung in der Priesterschrift greifen

---

173 Vgl. Ehring, Rückkehr (s. Anm. 38), 206: „Gemeinsam grenzen sich Ezechiel und Deuterojesaja gegenüber der babylonischen Praxis ab, die Rückkehr der Gottheit an ihren Wohnort als Rückkehr ihres Kultbildes darzustellen, indem sie von der sichtbaren Gestalt der Gottheit nur den Aspekt des von ihr ausgehenden Lichtglanzes (כבוד) beibehalten, der auch schon Bestandteil der vorexilischen Jerusalemer Vorstellung von JHWH als einem auf dem Zion thronenden König war."

174 Vgl. Hartenstein, Unzugänglichkeit (s. Anm. 7), *66–68* (zur Verbindung von Kleid Gottes und „Herrlichkeit"); *69–76* (zu den mesopotamischen Parallelen des „Schreckensglanzes"); 78–107 (zum Motiv des den Kosmos und den Tempel erfüllenden *kābōd* in der Jerusalemer Kulttradition, ausgehend von Jes *6*).

Dtjes (sowie Ez und „P") auf Bekanntes zurück, das man dem Fremden als überlegen entgegenhalten kann: Es handelt sich um eine visuelle Konzeption der Gottespräsenz, die außer Licht und Macht keine „Gestalt" zu „erkennen" gibt und sich auch wieder zu entziehen vermag: In der *Geschichte* (Ez 8–11 und 43: Auszug und Wiedereinzug aus dem Tempel, Jes 40, 3–5: Rückkehr aus der Verborgenheit) wie am ideal gedachten *Heiligtum* (Konzept der Priesterschrift mit der erstmaligen Einwohnung JHWHs am „Zelt der Begegnung" in seinem *kābōd* in Ex 40 in der Dialektik mit der „Wolke", vgl. Lev 9; zuvor interpretiert „P" in Ex 24,17 die visuellen Begleitumstände der Theophanie am Sinai, vor allem das Feuer, als *kābōd*; zum Sinai s. genauer unten 3.2a). Wie sieht angesichts dieser neu ins Bewusstsein getretenen „bildlosen" (vgl. zu ihr das oben 1.1e im Blick auf die vorexilische Jerusalemer Kultsymbolik Gesagte), jetzt aber bewusst „bilderkritischen Bildlichkeit" JHWHs der Blick auf die Bilder Babylons aus? Dazu soll zunächst aus der Grundschicht des Dtjes *Jes 46,1–4* betrachtet werden:[175]

> „1 Bēl (= Marduk) ist in die Knie gegangen, Nabû hat sich gekrümmt,
> ihre Kultbilder (*ʿazābīm*) sind den Tieren und Lasttieren zuteil geworden,
> eure Getragenen sind aufgeladen,
> eine Last für die erschöpften (Tiere).
> 2 Sie haben sich gekrümmt, sie sind zugleich in die Knie gegangen.
> Sie haben keine Last retten (*mlṭ* Piʿel) können,
> und/sondern sie selbst (*napšām*) sind in die Gefangenschaft gegangen."[176]

[175] Siehe zum Folgenden ausführlicher Ehring, Rückkehr (s. Anm. 38), 220–262; F. Hartenstein, Exklusiver und inklusiver Monotheismus (s. Anm. 126), 194–219: 201–203.

[176] Übersetzung (geändert) nach Ehring, Rückkehr (s. Anm. 38), 227.

Der Text malt eine Wegführung von Götterbildern vor Augen, wie wir sie aus neuassyrischen Darstellungen oder den genannten babylonischen Geschichtstexten kennen: Infolge einer Stadteroberung werden Gottheiten der Besiegten als Beute abtransportiert. Man hat für die Datierung des Textes darauf hingewiesen, dass Ähnliches für die persische Einnahme Babylons 539 v. Chr. gerade nicht belegt ist. Vielmehr ging der Mardukkult offenbar gestärkt aus ihr hervor. Insofern wurde Jes 46,1–2 entweder noch vor 539 v. Chr. oder aber erst deutlich später unter Darius I., eventuell auch Xerxes angesetzt.[177] All dies bleibt jedoch unsicher. Stattdessen ist es mit Ehring weiterführend, den Text primär als eine *symbolische* (aber historisch bedeutsame) Szene zu lesen, die die Adressaten zu einer grundsätzlichen Erkenntnis bringen will:

a) V. 1a *ruft zunächst durch die Namen die Gottheiten als solche ins Gedächtnis,* die anhand ihrer Bewegungen unwillkürlich körperlich vorgestellt werden – sie zeigen jedoch Schwäche und Immobilität.

b) Im weiteren Verlauf von V. 1 *verschiebt sich der Blick hin zu den (Kult-)Bildern,* die als schwere Objekte („Lasten") durch Menschen und Tiere getragen werden. Dabei erscheinen die „ihr" des Suffixes 2. Pers. Pl. („eure Getragenen") mehrdeutig: Sind Babylonier oder von V. 3–4 her Judäer angeredet? Beides ist hier möglich, wenn auch noch nicht mit der gleichen Klarheit realisiert wie in manchen nachexilischen Bilderpolemiken (s. o. 2.2b.2).

c) Der Beginn von V. 2 nimmt die Bewegungsverben „sich krümmen" und „in die Knie gehen" (auch: „sich unterwerfen") aus V. 1a auf und hebt auf *die Unwirksamkeit der Götter* ab, die weder Menschen noch

177 Nach Herodot, Historien I, 183, soll Xerxes 482 v. Chr. eine Strafaktion gegen den Mardukkult unternommen haben (vgl. Herodot, Das Geschichtswerk I, übersetzt von T. Braun, Bibliothek der Antike, Griechische Reihe, Berlin/Weimar ^{2}1985, 87 f.).

sich selbst (*napšām* „ihr Leben“) retten konnten, sondern in die Gefangschaft gingen (aktivische Formulierung!).

Man beachte, dass es für den Text *keine Trennung zwischen den Göttern und ihren Bildern gibt, sondern beides eng zusammengesehen wird.* Aus dieser – auch die meisten Bilderverbotstexte prägenden – Identifikation bezieht der Text sein Argument: Marduk und Nabû können nicht einmal sich selbst helfen, weil sie *als Traglasten erscheinen.* In direktem Kontrast dazu erinnert das „Ich“ JHWHs in den folgenden Versen Jes 46,3–4 Israel daran, dass es ein Leben lang *von ihm getragen wurde.* Dazu nimmt V. 4 bewusst das Verb *mlṭ* Pi'el „retten“ aus V. 2 wieder auf:

> „Auch bis ins Greisenalter – ich bin es, und bis zum Grauhaar – ich schleppe! Ich habe gewirkt und ich werde tragen und ich werde schleppen und werde befreien/retten (*mlṭ* Pi'el)!“ (Jes 46,4)

Es ergibt sich diese Gegenüberstellung der Götter und JHWHs:

Marduk und Nabû	**JHWH**
Eigennamen	„Ich“ (implizit: Eigenname)
Körperlich/Inaktivität: Gekrümmt/Gebeugt	Körperlich/Aktivität: Tragen/Schleppen
Kultbilder/Immobilität: Getragen	Kein Kultbild/Mobilität: Wirken/Tun
Unfähig zu retten (*mlṭ*)	Fähig zu retten (*mlṭ*)
Keine Kommunikation (stumm)	Kommunikation: Anrede

Umfassende Handlungsfähigkeit („Tragen/Retten“) und Unabhängigkeit von einer immobilen Orts- oder Objektbindung (*'ᵃzābīm* „Kultbilder“, vgl. schon Hos 8,4, s. genauer 2.4b1) unterscheidet JHWH von Marduk und Nabû. Dabei wird den Göttern nicht die „Existenz", sondern *die Wirkmacht* abgesprochen. Die aus politischer Propaganda stammende Szenerie der entmächtigten Götter(bilder) steht textübergreifend in einem *bewussten Gegensatz zur Rückkehr JHWHs ohne Kultbild* (aber in seinem *kābōd*) im Prolog der Grundschrift Jes 40,3–5.[178] Die frühere (an-)ikonische Kultsymbolik Jerusalems (ohne anthropomorphes Kultbild, s. 1.1e) und ihre Theologie (zu der das Konzept des *kābōd* gehörte) wäre somit im Kulturkontakt mit der babylonischen Religion als identitätsstiftendes Unterscheidungsmerkmal erkannt worden. Das hat Konsequenzen für die Beurteilung der weiteren „Götzenbilder"-Texte in Deuterojesaja (s. o. 2b.2, zu Jes 44,9–20), von denen manche wie die eben besprochenen Verse Jes 46,1–2 schon auf der Ebene der Grundschicht liegen dürften.[179] Die entsprechenden Passagen stehen primär und sekundär fast immer *im Zusammenhang mit der Götterpolemik im engeren Sinn* und sind wie diese auf die Kapitel Jes 40–48* beschränkt. Die Auseinandersetzung mit den Göttern scheint in Deuterojesaja von vornherein mit der Frage nach den Bildern verbunden gewesen zu sein. Vielleicht hat sie sich sogar an ihr entzündet.[180]

---

[178] Vgl. Ehring, Rückkehr (s. Anm. 38), 252–255; F. Hartenstein, „... dass erfüllt ist ihr Frondienst" (Jes 40,3). Die Geschichtshermeneutik Deuterojesajas im Licht der Rezeption von Jesaja 6 in Jesaja 40,1–11*, in: Ders., Das Archiv des verborgenen Gottes, BThSt 74, Neukirchen-Vluyn 2011, 97–125.

[179] Vgl. Werlitz, Redaktion (s. Anm. 129), 40–53, 221–237; Ehring, Rückkehr (s. Anm. 38), 262–267. Für den Versuch einer differenzierten Schichtenaufteilung der Götzenbild-Passagen vgl. auch Petry, Entgrenzung (s. Anm. 129), 105–240.

[180] So auch Werlitz, Redaktion (s. Anm. 129), 221–235, bes. 226 f.; wonach „die Götzenbilder-Texte sogar zum ältesten Gut von Jes 40–55 gehören" (235) und in Babylon entstanden seien: „Jahwes Eigenart, seine bildlose Verehrung garantierte das Andere und damit auch, mit dem Fremden und offen-

Zwischenfazit: Beim dekalogischen Bilderverbot (und den weiteren Bilderverboten) war aufgefallen, dass es so eng mit dem Fremdgötterverbot verbunden ist, dass es von ihm unterschieden, zuletzt aber nicht völlig getrennt werden kann. Offenbar war es genau *die Identifikation der großen Götter Babylons mit ihren (vor allem anthropomorphen) Kultbildern* (s. o. 1.1b), die zum Angriffspunkt der deuterojesajanischen Bilderkritik wurde (in Jes 46,1–2 noch ohne die charakteristische Terminologie des Bilderverbots). Es legt sich also nahe, hier die *Differenzerfahrung* zu verorten, die zeitgleich oder wenig später auch zum expliziten Bilderverbot geführt hat: Da die Jerusalemer Tempeltradition sehr wahrscheinlich einst kein menschengestaltiges Bild in ihrem Zentrum hatte, sondern vielleicht einen leeren Thron (mit Sonnenkonnotationen? s. o. 1.1e), konnte etwas im Rahmen des Alten Orients an sich nicht Außergewöhnliches in der Sicht der um ihre Identität ringenden Judäer zum *fundamentalen Unterscheidungskriterium werden – allerdings nur im Zusammenspiel mit dem Hervortreten der Unterscheidung von Gott und Welt*: Es war ja derselbe Deuterojesaja, bei dem im Ringen um die Deutungsmacht für die geschichtlichen Ereignisse, denen Israel unterworfen war, *das langzeitige Geschichtshandeln Gottes erstmals in den Rahmen seiner universalen Schöpferrolle gestellt wurde* (wieder in Auseinandersetzung mit der Marduktheologie, die diese Rolle dem babylonischen Hauptgott zuschrieb).[181] Auch hier spielte die Bilderkritik von Anfang an eine Rolle, denn es ging um JHWHs Unvergleichlichkeit.

---

sichtlich Überlegenen fertig zu werden. Der Gott, der sich nicht ins Bild pressen läßt, ist dem Gott, der ‚nur' Bild ist, haushoch überlegen" (235).

[181] Vgl. J. Jeremias, Theologie (s. Anm. 117), 271, wonach für Dtjes „der alleinwirksame Schöpfer ganz selbstverständlich auch alleiniger Herr der Geschichte ist". Vgl. auch Hartenstein, Frondienst (s. Anm. 178); ders., YHWH's

Erstmals lässt sich das im programmatischen Disputationswort *Jes 40,12–31* belegen, das in der neueren Forschung übereinstimmend der Grundschicht zugewiesen wird (am ehesten um 539 v. Chr.). In ihm findet sich die schöpfungstheologische Begründung der Heilsbotschaft der dtjes. Texte, die auf die Klage der Adressaten nach der Verborgenheit Gottes in V. 27 antwortet (s. o.). Schon der erste Vers eröffnet subtil die Auseinandersetzung mit den babylonischen Göttern:

> „Wer hat gemessen mit seiner hohlen Hand die Wasser und dem Himmel mit seiner [vgl. Q^a] Spanne das Maß bestimmt?" (Jes 40,12)

Auf die erste Frage könnte man etwa mit Blick auf Tf. V des Enuma elisch noch mit dem Namen Marduk antworten, der nach der Tötung der Tiamat die Kontrolle über die Wasser in seinen Händen behält. Aber schon die zweite Frage nach der *Entstehung des Himmels* lässt sich so nicht mehr lösen. Marduk vollendet den Himmel und stattet ihn aus, sein Anfang aber war mit seinem Großvater Anu verbunden. JHWH geht beiden als uranfänglicher Himmels-Baumeister zeitlich und räumlich voraus.[182] Zweimal betont der Text dann die *Unvergleichlichkeit JHWHs* („Wem wollt ihr Gott/mich vergleichen?" in V. 18 und 25). Das Sprachmuster stammt aus dem polytheistischen Kontext. Es wird nicht zufällig auf *zwei herausragende visuelle Erscheinungsformen* mesopotamischer Gottheiten angewendet:

a) In *V. 19–20 auf die Kultbilder* (die hier wie im Bilder-

Ways and New Creation in Deutero-Isaiah, in: E. Ben Zvi, C. Levin (Hrsg.), Remembering and Forgetting in Early Second Temple Judah, FAT 85, Tübingen 2012, 73–89.

[182] Siehe zu dieser Vorstellung in Jes 40,12–31 ausführlicher Hartenstein, JHWH, Erschaffer des Himmels (s. Anm. 105), 400–404.

verbot, aber noch ohne ansonsten auf es zu verweisen, *pæsæl* heißen). Anders als in Jes 46,1–2 kommen sie nun im Schöpfungskontext in ihrer *Herstellungsrelation* in den Blick (vgl. das „Nichtwanken" des Sockels in V. 20):

> „18 Wem wollt ihr Gott (*'ēl*) vergleichen, und welches Abbild/welchen Vergleich (*d^{e}mūt*) wollt ihr ihm zuordnen? 19 Das Kultbild (*pæsæl*) hat der Handwerker (Metallgießer) gegossen, und der Goldschmied – mit Gold überzieht er es, und Drähte von Silber inkrustiert er. 20 Das Sissoo-Holz als Sockel, ein Holz, das nicht fault, wählt er. Einen weisen Handwerker sucht man sich, um ein Kultbild zu errichten/aufzustellen, das nicht wankt." (Jes 40,18–20)[183]

Man soll die Bilder in klarem Kontrast zum schöpferischen Handwerker JHWH aus V. 12 ff. sehen, der alle Weltbereiche gemacht hat, weshalb *ihm* kein Bild angemessen ist (es geht bei dieser Aussage also nicht primär gegen die Götterbilder, sondern um JHWHs Einzigkeit). Sehr zu beachten ist, dass in Jes 40,19 f. – darin Jes 46,1–2 vergleichbar – *keine offen spöttische Polemik* vorliegt, die, wie die späteren Götzen(bilder-)texte in Dtjes (vgl. Jes 44,9–20 [s. o. 2.2b.2]), vor allem auf die vergängliche Materialität der Bilder abhebt. Vielmehr wird subtiler deren nach babylonischem Verständnis *übernatürlich verankerter Herstellungsprozess* (s. o. 1.1b) in den Blick genommen und mit JHWHs überlegenen schöpferischen Herstellungsfähigkeiten konfrontiert.[184]

b) In *V. 26* sind es *die Gestirne*, gewissermaßen natürliche „Bilder" am Firmament, zu deren Betrachtung die Adressaten aufgerufen werden:

---

183 Zur Übersetzung vgl. Berlejung, Theologie (s. Anm. 24), 370 f.

184 Siehe dazu ausführlich Berlejung, Theologie (s. Anm. 24), 80–171 (Herstellung mesopotamischer Kultbilder); 370–375 (zu Jes 40,18–20 vor dem von ihr dargelegten mesopotamischen Hintergrund).

> „25 Wem wollt ihr mich vergleichen, dass ich ihm ähnlich sei? – spricht der Heilige – 26 Erhebt zur Höhe eure Augen und seht: Wer hat jene geschaffen? Der herausführt nach der Zahl ihr Heer, insgesamt ruft er sie beim Namen! Aus der Menge (der) Kräftigen (Erstgeborenen), stark an Kraft, wird nicht einer vermisst!"

Die Lichter sind von JHWH, dem Himmelsherrn, geschaffen worden (unanschauliches Verb *bārā'*), tragen aber auch Namen und werden als „Kräftige" bezeichnet. Ihnen wird also *durchaus eine (abgeleitete) Mächtigkeit* zugesprochen (vgl. die ganz analoge Warnung in Dtn 4,19, wonach JHWH die Gestirne einst den Völkern, nicht aber Israel zur Verehrung zugewiesen habe, s. o. 2.3a). Auch hier dürfte – mit Matthias Albani – die unmittelbare Faszination durch die Gestirnverehrung im Rahmen der spätbabylonischen Religion eine Rolle spielen.[185] In ihr waren, wie dies auch Dtn 4,19 zeigt, die großen Himmelslichter als *ma(n)zzāzu* „Standorte" oder *tamšīlu*, „Ebenbild" und zugleich als Erscheinungsformen der astralen Trias (Šamaš, Sîn und Ištar) verstanden worden (s. o. 1.2b). In beiden Fällen handelt es sich in Jes 40,12 ff. aber auch um Umformungen älterer vorexilischer Jerusalemer Vorstellungen:

> a) Zum *Kultbild*, das vor dem Hintergrund des „leeren" Thrones (s. o. 1.1e) keine Vergleichgröße für JHWH darstellt: Die ältere noch implizite Schöpfungstheologie Jerusalems hatte nach Ps 93* vor allem die Versicherung der Stabilität der Welt zum Ziel, die von Gottesthron und Tempel abhing.[186] Diese Vorstellung nimmt dann Jes 40,22 im

---

[185] Siehe M. Albani, Der eine Gott und die himmlischen Heerscharen. Zur Begründung des Monotheismus bei Deuterojesaja im Horizont der Astralisierung des Gottesverständnisses im Alten Orient, ABG 1, Leipzig 2000, 124–156.

[186] Zur „impliziten Kosmologie" der älteren Jerusalemer Psalmen (Ps 93; 29; 46*, 48*; 24,7–10) vgl. Hartenstein, Unzugänglichkeit (s. Anm. 7), 42–62.

Kontrast zum *Kultbild* in 40,19 f. auf und weitet sie aus: *Die ganze Welt wird nun zum göttlichen Thronraum* unter dem Himmelsbaldachin („der thront über dem Erdkreis [...], der ausgespannt hat den Himmel wie einen Schleier").[187] Die Erdbewohner erscheinen „wie Heuschrecken" (V. 22). Das „Nicht-Wanken" des Kultbildes als Absicht der babylonischen Handwerker (Jes 40,19 f.) fügt sich insofern organisch ein (vgl. das „Nichtwanken" des Erdkreises [*tēbēl*] in Abhängigkeit vom Gottesthron in Ps 93,1 f. u. a.).

b) Zu den *Himmelslichtern*, denen neben JHWH keine eigenständige Macht zukommt: Die Gestirne als übermenschliche Erscheinungen am Firmament werden *vor dem Hintergrund der alten Königsmetapher vom Hofstaat JHWHs* gedeutet (vgl. „ihr Heer" Jes 40,26), der auch im alten Jerusalemer Kultnamen JHWH Zebaoth „Herr der Heerscharen" enthalten war.[188]

Jes 40,12–31 entmächtigt also die Götter in ihren wichtigsten Manifestationen vor dem Hintergrund des Weltschöpfungsgedankens, man befindet sich aber – anders als in den späteren Texten – noch in einem Wettbewerb um die Daseinsdeutung. *Das dekalogische Bilderverbot scheint mir in der Konsequenz dieser Situation zu liegen und sie begrifflich zu verdichten bzw. klären zu wollen*: unterschieden vom Fremdgötterverbot, aber zugleich auch unlöslich darauf bezogen.

Fazit: Im Bilderverbot manifestiert sich – wie bei Sabbat und Beschneidung – die Bewusstwerdung von etwas schon lange in den Traditionen Israels Angelegtem. Innovationen sind im Prozess der Religionsgeschichte zumeist Transformationen von schon Vorhandenem. Aus Implizitem wird Explizites. Dass dies auch für das Bilderverbot gilt, scheint mir sehr

---

187 Vgl. zu den kosmologischen und herrschaftssymbolischen Implikationen des Verses Hartenstein, Angesicht (s. Anm. 25), 164–170.

188 Siehe hierzu den Exkurs bei Albani, Der eine Gott (s. Anm. 185), 186–230 („Zur Bedeutung des Himmelsheeres in vorexilischer Zeit").

wahrscheinlich. In ihm wurden frühere Jerusalemer Kulttraditionen und die ältere Tempeltheologie neu bewertet und in einen umfassenden Bezugsrahmen (des Monotheismus mit seiner Gott-Welt-Unterscheidung) gestellt.[189]

In einem letzten Schritt der historischen Sondierung zur Entstehung des Bilderverbotes sollen nun wichtige ältere Voraussetzungen, die zum Bilderverbot geführt haben, etwas genauer beleuchtet werden: *Bilderkritik*, aber noch kein Bilderverbot, gab es nämlich schon lange vor der judäisch-babylonischen Kontaktsituation: Im Blick auf das Stierbild von Bethel im Nordreich Israel und bei Reformmaßnahmen in Jerusalem. Auch ohne diese langzeitigen Vorgaben wäre das Bilderverbot nicht in der geschilderten Weise entstanden.

b) Zwei ältere Voraussetzungen einer Bilderkritik in Israel und Juda

b1) Das Stierbild von Bethel im Nordreich Israel: Hoseabuch und Exodus 32 (8./7. Jh. v. Chr.)

Insbesondere am Stierbild von Bethel im Nordstaat Israel machte sich vor dem Hintergrund der Bedrohung durch die Westexpansion des Assyrischen Großreiches ab der Mitte des 8. Jh. v. Chr. prophetische Kritik fest.[190] Im Hoseabuch finden wir ihre erste deutliche Ausprägung (Hos 8,4–6; Hos 10,5–6; Hos 13,1–2). Das Alter dieser Texte ist allerdings in der gegenwärtigen Diskussion um den Charakter der vorexilischen

---

189 Vgl. dazu auch F. Hartenstein, Weltbild und Bilderverbot. Kosmologische Implikationen des biblischen Monotheismus, in: C. Markschies, J. Zachhuber (Hrsg.), Die Welt als Bild, AKG 107, Berlin/New York 2008, 15–37.

190 Die Ausführungen des Abschnitts folgen zum Teil F. Hartenstein, Vom Sehen und Schauen Gottes. Überlegungen zu einer theologischen Ästhetik aus der Sicht des Alten Testaments, in: E. Gräb-Schmidt, R. Preul (Hrsg.), Ästhetik, MJTh 22, Leipzig 2010, 16–37: 27–31.

Schriftprophetie höchst umstritten.[191] Wenn man – entgegen der Auffassung, dass der älteste Kern der Prophetenbücher noch keine Unheilsankündigungen gegen das eigene Land enthalten habe und dieses Profil erst im Zuge des Deuteronomismus geformt wurde – nach wie vor mit der *Gerichts*prophetie als Anfang der Prophetenbücher rechnet, gibt es keinen Grund, dem Hoseabuch diese Möglichkeit zu bestreiten. Seine ältesten Texte sind im Bereich der Kapitel 4–11 zu verorten.[192] In der Tat lassen auch die beiden bilderkritischen Abschnitte Hos 8,4–6 und 10,5–6 ein älteres Stratum aus dem 8. Jh. v. Chr. erkennen, wenn man davon spätere Übermalungen, am deutlichsten im Stil der nachexilischen Bilderpolemik abhebt (in Hos 13,2 ist die Erwähnung des Stierbildes möglicherweise ganz nachexilisch).[193] In den im Folgenden zitierten Textpassagen wird die jeweils erste Bearbeitung (aber nicht notwendig identische Redaktion) *kursiv* hervorgehoben, durch Unterstreichung die nachexilische bilderpolemische Übermalung, im Normaldruck steht die Grundschicht. Im auf Hosea zurückgehenden Grundbestand geht es zunächst nicht um die Kritik am Bild *als solches* oder allein um die Gefahr von *Fremdgötterverehrung*, so sehr der Stier sowohl JHWH-Symbol wie auch Attribut des (syrischen) Wet-

191 Für das Folgende ist zum einen wichtig J. Jeremias, Der Prophet Hosea, ATD 24/1, Göttingen 1983; ders., Theologie (s. Anm. 117), 136–146, zum anderen H. Pfeiffer, Das Heiligtum von Bethel im Spiegel des Hoseabuches, FRLANT 183, Göttingen 1999, auf dessen literarkritische und redaktionsgeschichtliche Analysen sich auch C. Uehlinger Exodus (s. Anm. 136), 58–63, bezieht (zu im Hoseabuch gespiegelten langzeitig andauernden Reflexionen über Gott und Bild).

192 Vgl. R. G. Kratz, Erkenntnis Gottes im Hoseabuch, ZThK 94, 1997, 1–24; Jeremias, Theologie (s. Anm. 117), 137.

193 Vgl. die Analysen der drei Stellen bei Pfeiffer, Heiligtum (s. Anm. 191), 101–171.

tergottes Ba'al gewesen ist (s. u.). An ihm macht die prophetische Kritik Hoseas zum einen eine auch sonst von ihr angeprangerte spezifische *Uneindeutigkeit der Gottesverehrung* fest. Zum anderen tadelt der Prophet im „Stierbild Samarias" vor allem die *Selbstrepräsentation des Staates* und die Anfertigung der Bilder ohne Anweisung JHWHs:[194]

> „4 Sie waren es, die Könige einsetzten, doch ohne mich, Beamte setzten sie ein, doch ohne dass ich es (an)erkannte. *(Aus) ihrem Silber und ihrem Gold fertigten sie für sich Gottesbilder* (*'ᵃzābīm*[195]) *– auf dass es zerstört wird.* 5 Er hat verworfen deinen Jungstier, Samaria: Entbrannt ist mein Zorn wider sie. Wie lange noch sind sie unfähig zur Reinheit? 6 Denn was hat Israel mit ihm zu schaffen? Ein Handwerker hat ihn gemacht, also ist er kein Gott. Fürwahr: Zu Splittern wird der Jungstier Samarias." (Hos 8,4–6)[196]

---

194 So mit H. Utzschneider, Hosea – Prophet vor dem Ende. Zum Verhältnis von Geschichte und Institution in der alttestamentlichen Prophetie, OBO 31, Freiburg, Schweiz/Göttingen 1980, 107. – Zu den folgenden Übersetzungen der textkritisch schwierigen Passagen vgl. J. Jeremias, Der Prophet Hosea (s. Anm. 191), 102, 127, 158 f., und H. Pfeiffer, Heiligtum (s. Anm. 191), 130 (Hos 8,4–6), 101 (Hos 10,5–6), 164 f. (Hos 13,1–2).

195 Dieser Bildbegriff, fast immer in pejorativer Verwendung („Götzenbild"), schillert aufgrund der Homophonie der zwei Verbalwurzeln von *'ṣb*: „bilden / binden" (*'ṣb* I), „betrüben/kränken" (*'ṣb* II), siehe Ges[18], 999. Zu ihm vgl. Schroer, Bilder (s. Anm. 147), 315–320; Berlejung, Theologie (s. Anm. 24), 305 f.

196 In Hos 8,4b rechne ich mit Pfeiffer, Heiligtum (s. Anm. 191), 158–164, mit einer ersten bilderkritischen Bearbeitung, die er einleuchtend noch vordtr. (164) ansetzt – sie könnte gut mit der Grundschicht von Ex 32 (s. u.) gegen Ende des 7. Jh.s v. Chr. zeitgleich sein – aufschlussreich ist der hier dann erstmals belegte Gebrauch des *dativus commodi* „machen für sich" noch vor dem Bilderverbot (s. o. 2.3a). Jeremias, Hosea (s. Anm. 191), 107, rechnet den Halbvers dem Propheten zu (Kritik am Götzendienst im Licht des 1. Gebots, was heute so kaum aufrecht erhalten werden kann). V. 6a ordnen Pfeiffer (164) und Jeremias (108) übereinstimmend nachexilischer Bilderpolemik zu (s. o. 2.2b).

„5 Beim Kalbszeug von Bet-Awen suchen die Einwohner Samarias Schutz. Ja, seinetwegen trauert sein (sc. des Kalbszeugs) Volk. Aber seine Fremdpriester (*kōmær*) vor ihm: über seine Pracht (*kābōd*) jubeln sie. Ja, in die Verbannung ist es (sc. das Volk/die Pracht?) gegangen – weg von ihm (sc. dem Kalbszeug). 6 Auch es (sc. das Kalbszeug) wird nach Assur gebracht als Tribut für den Großkönig. Schmach trägt Efraim davon und Israel wird zuschanden an seinem Plan." (Hos 10,5–6a)[197]

„1 Sooft Efraim redete, (entstand) Schrecken; ‚überragend' war er in Israel. Da verschuldete er sich mit dem Baal und starb. 2 *Nicht genug damit, sie fuhren fort zu sündigen: Sie fertigten für sich ein Gussbild* (*massēḵā*), *aus ihrem Silber* nach ihrer Kunstfertigkeit/Kenntnis (*tᵉbūnā*) *Götzenbilder* (*ʿᵃẓābīm*), durch und durch Handwerkerarbeit. ‚Ihnen', fordern sie auf, ‚opfert!' Menschen küssen Kälber!" (Hos 13,1–2)[198]

---

[197] Hos 8,5–6 gehört für Jeremias, Hosea (s. Anm. 191), 105–108, ganz, für Pfeiffer, Heiligtum (s. Anm. 191), 101–129, teilweise zum Grundbestand des Hoseabuches, wobei mit Uehlinger, Exodus (s. Anm. 136), 60, im Blick auf die Analyse Pfeiffers der „literarkritisch weniger aufwändigen Möglichkeit" einer integralen Lesung des Textes der Vorzug zu geben ist. Der Text würde vielleicht schon auf die Eroberung Samarias zurückblicken (nach 722/720 v. Chr.) und riefe mit dem Stichwort *kābōd* ein kultisches Konzept der Gottespräsenz ab, *das bereits vom Bild abgelöst wäre* (Uehlinger, 60, mit Anm. 71, vgl. die spätere Verwendung in Dtjes, „P" und Ez, s. o. 2.4a). Zum *kābōd* des Stierbildes in Hos 8,5 vgl. schon die ähnlichen Überlegungen von Utzschneider, Hosea (s. Anm. 194), 117 f., der den Begriff als „machtvolle und schützende Gegenwart" Gottes deutet, deren Entschwinden in Hos 8,5 durch das Volk betrauert wird.

[198] Nach Jeremias, Hosea (s. Anm. 191), 158–167, ist in Hos 13,1–2 nur V. 2bα sekundär (späte Bilderpolemik wie Hos 8,6a); für Pfeiffer, Heiligtum (s. Anm. 191), 164–171, verdankt sich V. 2 im Ganzen einer doppelten redaktionellen Bearbeitung: Zum einen verweist er für V. 2a auf die Wendung „sie machten *für sich* ein *Gussbild*" als Anspielung auf Dtn 9,12; 2 Kön 17,16; Ps 106,19 und auf Ex 32,4.8.; Dtn 9,16; Neh 9,18, unter Kenntnis des Bilderverbots (*dativus commodi*), zum anderen für „durch und durch Handwerkerarbeit" auf späte Bilderpolemik wie Ps 115,4; 135,15 (s. o. 2.2b2). Die direk-

Eine nach wie vor offene Frage zu diesen Texten ist, ob die später so typische Polemik gegen das *Material* für die Bilder hier bereits einen unerfindlichen Anhaltspunkt hat. Es fällt auf, dass in den Hosea-Stellen überwiegend nicht wie in den nachexilischen Bilderpolemiken auf den „unlebendigen", zu keinen Handlungen fähigen Stoff (als Teil der Schöpfungswelt) abgehoben wird, sondern vielmehr zunächst eine vehemente *Abwehr speziell der Edelmetalle Silber und Gold* leitend ist (Hos 8,4; 13,2); in Hos 8,6 und weniger eindeutig in 13,2 lässt sich davon jeweils die bekannte Kritik der „Handwerkerarbeit" abheben, wie sie für die späteste Bilderpolemik typisch ist (s. o. 2.2b2). Die Ablehnung gerade der Edelmetalle in den Bearbeitungsschichten erklärt sich vielleicht nicht allein aus rationaler Materialfeindschaft. Silber und Gold erscheinen vielmehr zunächst als Macht und Status repräsentierend. Sie galten der (tradenten-)prophetischen Kritik deshalb als verwerflich.

Gibt es – literarhistorisch für uns in Hos 8,4 erstmals sicher greifbar – einen wirkmächtigen Strang der Tradition, vor allem im Norden, in dem aufgrund einer Bilder- bzw. Mate-

---

ten Anspielungen auf Hos 8,4–6 (Silber und *ʿazābīm*, a. a. O., 170 f.) in Hos 13,2a wären Exegese innerhalb des Hos-Buchs, und *tᵉbūnā* „Kunstfertigkeit" verwiese schließlich schon für diese erste Bearbeitung auf die nachexilische Zeit, weil „die Herstellung der Götzenbilder auf *eigener* Kunstfertigkeit beruht" (171, Hervorhebung im Original). Mir erscheinen nur die oben unterstrichenen Textelemente sicher als nachexilische Weiterung, die zur zweiten Bearbeitung gehören können. Dennoch ist auch der Hinweis von Keel, Warum (s. Anm. 72), 276, zu beachten, dass kultisches Küssen wie in Hos 13,2bβ „kein gängiger Topos der Kultbilderpolemik" ist (ansonsten nur für Baal in 1 Kön 19,18 belegt; zu religionsgeschichtlichen Parallelen vgl. Berlejung, Kultische Küsse, s. Anm. 37). Die Sachlage zu Hos 13,2 ist komplex.

rialarmut der Kultur der Tradenten hier negative Emotionen laut wurden? O. Keel hat das so gesehen, wenn er „eine besondere Abneigung gegen Gottesbilder, die aus kostbaren Metallen gegossen wurden“[199] als in seinen Ursprüngen unerfindliches Spezifikum im Vorfeld des ausdrücklichen Bilderverbots herausstellt:

> „Es gehört zu den Besonderheiten Israels und Judas, dass periphere Traditionen und Stimmen weit in die Zeit der Staatsbildung hinein laut und lebendig geblieben sind (Elija aus Gilead, Amos aus Tekoa, Micha aus Moreschet Gat). Das ist eines der Charakteristika der israelitisch-judäischen Kultur, das sich in anderen syrisch-palästinensischen Kulturen so nicht nachweisen lässt. Auf dieses Charakteristikum dürfte auch die Abneigung gegen anthropomorphe Kultbilder, hauptsächlich solche aus Edelmetallen, zurückzuführen sein.“[200]

Speziell mit dem Nordreich Israel ist außerdem die – wiederum nicht als spätere Erfindung plausible – Problematik eines *theriomorphen (= tiergestaltigen) JHWH-Bilds, eben des Jungstiers, als Zentrum kultischer Verehrung* verbunden. Wie bereits aus der Bronzezeit in Syrien-Palästina belegt, waren Stierbilder vor allem Symbole des Wettergottes (Ba‘al oder Hadad, eventuell auf JHWH zu beziehen ist das früheisenzeitliche Stierbild aus der Gegend von Dotan/Samaria, Bild 10).[201]

---

199 Keel, Warum (s. Anm. 72), 255.

200 Keel, Warum (s. Anm. 72), 280.

201 Vgl. O. Keel, Das Recht der Bilder gesehen zu werden. Drei Fallstudien zur Methode der Interpretation altorientalischer Bilder, OBO 122, Freiburg, Schweiz/Göttingen 1992, 169–193 (zur Stiersymbolik in Syrien und der Levante); K. Koenen, Bethel. Geschichte, Kult und Theologie, OBO 192, Freiburg, Schweiz/Göttingen 2003, 95–132 (zum Stierbild von Bethel).

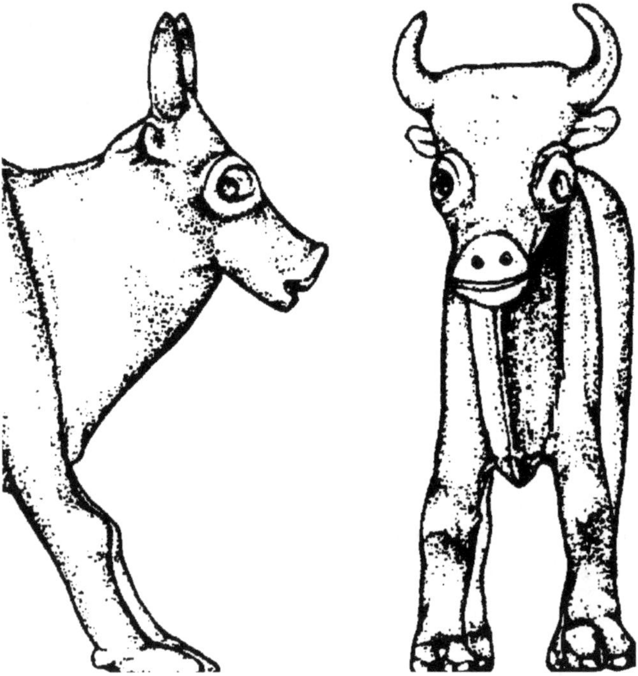

Bild 10: Bronzene Stierstatuette aus der Nähe von Dotan
Die in einem offenen Heiligtum auf einer Anhöhe des samarischen Berglands gefundene Bronzefigur aus der Eisenzeit I (12./11. Jh. v. Chr.) dürfte vor dem Hintergrund der bronzezeitlichen syrisch-levantinischen Stiersymbolik für Wettergottheiten das Kultbild eines Wettergottes (Ba'al, Hadad, JHWH?) darstellen.

Quelle: O. Keel, C. Uehlinger, Göttinnen, Götter und Gottessymbole. Neuere Erkenntnisse zur Religionsgeschichte Kanaans und Israels aufgrund bisher unerschlossener ikonographischer Quellen, QD 134, Freiburg u. a. [5]2001, 135, Abb. 142 (= A. Mazar, The „Bull Site" - An Iron Age I Open Cult Place, BASOR 247, 1982, 30, Fig. 2 A–B).

Wie es die im Kern aus Mittelpalästina stammende Literatur (Elija- und Elischazyklus, 2 Kön 9 f., Hoseabuch) zeigt, war Ba'al im 9./8. Jh. v. Chr. im Norden stärkster Konkurrent JHWHs.[202] Beide Gottheiten waren in Symbolik und Funktionen kaum zu unterscheiden. Bei der hoseanischen Kritik am „Kalbszeug Samarias", seiner Herstellung und Verehrung geht es auch deshalb noch nicht – wie in der späteren Bilderpolemik etwa von Dtn 4 – um die Ablehnung einer Repräsentation Gottes durch irgendetwas Geschöpfliches, sondern konkret um den Stier. Mit ihm war von Anfang an auch die Fremdgötterthematik verbunden, waren sich JHWH und Ba'al im Nordreich doch offenbar zum Verwechseln ähnlich (vgl. den Elija-Zyklus und wieder das Hoseabuch). Auch wenn die Texte durch Fortschreibung und Integration in größere Werke (deuteronomistisches Geschichtswerk) erweitert und überarbeitet wurden, scheint die in ihnen konservierte *religionsgeschichtliche Konfliktlage* authentisch zu sein: Mit dem Nordreich war eine Abgrenzung gegen JHWH-Stierbilder ebenso verbunden wie vielleicht auch schon die Ablehnung von wertvollem Metall als deren Material. Mit dem Stierbild verbanden sich nach Hos 8,4–6*; 10,5–6a positive Emotionen der Stadtbewohner und der Kultdiener. Es stand aus Sicht des Propheten *im Zentrum ihrer religiösen Aufmerksamkeit.* Die Selbsttäuschung, die in den Bildern Schutz und preiswürdige Schönheit ausmachte, sollte deshalb an den

---

202 Evtl. kann man hierfür mit Vorbehalt auch auf das außerbiblische Onomastikon verweisen, wo „zu einer bestimmten Zeit eine Häufung des Elementes *bă'ăl* im Umfeld von Samaria festzustellen ist" (F. Stolz, Einführung [s. Anm. 47], 127); J. H. Tigay, You Shall Have No Other Gods. Israelite Religion in the Light of Hebrew Inscriptions, HSS 31, Atlanta, Georgia 1986, 65 f. – dabei ist zu beachten, dass der Begriff auch als JHWH-Epitheton verwendet wurde.

Tag gebracht werden, indem das Bild als Beute durch die Assyrer verschleppt wurde (Hos 10,6a): Als sprechendes szenisches Motiv für das Ende Samarias, das sich gut zu entsprechender assyrischer Propaganda fügt (s. o. 1.1b und 2.4a).

Hundert Jahre danach, in spätvorexilischer Zeit (Ende 7. Jh. v. Chr.?), wurde diese Erinnerungsfigur an den Untergang des Nordreichs in der Erzählung vom goldenen Kalb am Sinai (Ex 32) verarbeitet, die im Folgenden mehrere Erweiterungsstufen durchlaufen hat.[203] Es ist dabei aufschlussreich, dass man in Juda in der kurzen Interimszeit nach dem Ende der Vorherrschaft der Assyrer und vor dem steigenden Druck durch die Babylonier in der Bemühung um eine Integration zwischen den Traditionen des Nordens und des Südens gerade die Stierbildproblematik als Paradigma für die „Urschuld“ *ganz Israels* an den Sinai/Horeb verlegte. Ohne Weiteres hätte man ja dafür etwa auch auf den einheimischen Manasse, den Erzfrevler der späteren Deuteronomisten, zurückgreifen können (vgl. 2 Kön 21). Dass man das nicht tat, verweist wohl auf die bereits bestehende Stabilität der älteren Erinnerungsfigur vom „goldenen Kalb“ als grundlegendem

---

203 Für die hier vorausgesetzte Analyse der Erzählung, deren Genese wiederum kontrovers diskutiert wird, vgl. E. Aurelius, Der Fürbitter Israels. Eine Studie zum Mosebild im Alten Testament, CB.OT 27, Stockholm 1988, 76 f. (7. Jh. v. Chr., „zwischen Samarias und Jerusalems Fall“ [77]), sowie die eingehende Untersuchung von M. Konkel, Sünde und Vergebung. Eine Rekonstruktion der Redaktionsgeschichte der hinteren Sinaiperikope (Exodus 32–34) vor dem Hintergrund der aktuellen Pentateuchmodelle, FAT 58, Tübingen 2008, wonach Ex 32* im Kern vordeuteronomistisch ist (die unterschiedlichen Schichtenzuweisungen Konkels zu Ex 32–34 sind am leichtesten in der Tabelle, a. a. O., 246–248 greifbar). Zur Diskussion der historischen Ansetzung der Grunderzählung von Ex 32 vgl. a. a. O., 279–282: 7. Jh. v. Chr. (nach 722 und 701 v. Chr.). Ähnlich Jeremias, Theologie (s. Anm. 117), 213–218.

Stein des Anstoßes für eine durch JHWH selbst inspirierte Bildkritik. In der wohl noch auf die späte Joschija-Zeit zurückgehenden Grunderzählung von Ex 32 zeigt sich eine beachtliche *narrative Reflexion über die Bilder als mehrdeutiges – modern gesprochen: hermeneutisches – Phänomen*:

> „1 Als das Volk sah, dass Mose verzögert hatte von dem Berg herabzusteigen, da versammelte sich das Volk vor/gegen Aaron und sie sprachen zu ihm: ‚Steh auf, mach uns Götter (einen Gott), die (der) vor uns (unserem Angesicht) einherziehen (einherzieht)! Denn der da, Mose, der Mann, der uns heraufgeführt hat aus dem Land Ägypten, nicht wissen wir, was ihm geschehen ist!'" (Ex 32,1)

Die Initiative zur Herstellung von *'elohim* (Gott/Götter) geht vom Volk aus und sie ist motiviert in der Angst vor der Gottverlassenheit, nachdem Mose vierzig Tage auf dem in Wolken gehüllten Berg verweilt, der von unten undurchdringlich erscheint (Ex 32,1 schließt an Ex 24,18 an, wonach Mose zu JHWH hinauf/hinein gegangen ist). Mose, der Anführer der Flucht aus Ägypten, ist verschwunden und die Ungewissheit des Gottesschweigens führt zu der Lösung, die Nähe Gottes selbst zu erzeugen: in Form von durch den Priester Aaron angefertigten *'elohim,* dessen/deren grammatische Form bewusst uneindeutig bleibt: Sie schillert zwischen Gott und Göttern, das Bild stellt eine potenzielle Vervielfältigung JHWHs dar, der so gerade unerkennbar wird. Jedoch geht die damit verbundene Gefahr noch weiter, wenn man das *Material* des künftigen Bildes in Augenschein nimmt:

> „2 Da sagte zu ihnen Aaron: ‚Reißt ab die goldenen Ringe, die an den Ohren eurer Frauen, Söhne und Töchter (sind), und bringt sie zu mir!' 3 Da rissen sich das ganze Volk die goldenen Ringe ab, die an ihren Ohren (waren), und brachten sie zu Aaron. 4 Und er nahm (sie) aus ihrer Hand und formte es mit einem Griffel (in einer Gussform?) und machte es als ein gegossenes Kalb. Da sprachen sie: ‚Jene (sind) deine

> Götter (dein Gott), Israel, die (der) dich heraufgeführt haben (hat) aus dem Land Ägypten!'" (Ex 32,2–4)[204]

Die an den Ohren getragenen goldenen Amulette sind im Alten Testament ansonsten mit der Konnotation von Fremdgöttern verbunden und hier – in kanonischer Lesefolge – vielleicht mit dem aus Ägypten mitgebrachten goldenen und silbernen Schmuck zu identifizieren (vgl. Ex 3,22; 12,35). Insofern hat für Ex 32,2–4 das Gussbild auch durch sein Material etwas Fremdes an sich (vgl. das oben zu den Stierbildern der Wettergötter und zur Polemik des Hoseabuches Gesagte). Wichtig ist weiter das Zusammenspiel Aarons mit dem Volk in der Herstellung und Weihung des Bildes: Es ist das Volk, das mit feierlicher Deklaration das „gegossene Kalb" zum Rettergott aus Ägypten erklärt. Es handelt sich also zweifellos um ein JHWH-Bild. Dies wird durch die folgende *kultische Inszenierung seiner Kommunikationsfähigkeit* vollends deutlich:

> „5 Als (das) Aaron sah, baute er einen Altar vor ihm (vor seinem Angesicht) und es rief Aaron und sagte: ‚Ein Fest für JHWH (ist) morgen!' 6 Und sie standen auf am folgenden Tag und ließen aufsteigen Brandopfer und brachten nahe (reichten dar) Heilsopfer (Schelamim). Und das Volk setzte sich, um zu essen und zu trinken. Und sie erhoben sich, um zu ‚scherzen'." (Ex 32,5–6)

Ist JHWH zusammen mit Mose in der Vertikalen des Gottesberges den Augen entrückt und unzugänglich, so inszeniert

204 Nach Konkel, Sünde (s. Anm. 203), 246, handelt es sich bei dem viel diskutierten, genauso auch in 1 Kön 12,28 belegten Akklamationsruf in Ex 32,4b–5a um eine spätere Hinzufügung mit Blick auf das DtrG („auf einer Stufe mit dem spätdeuteronomistischen Abschnitt 32,7–15a", der Fürbitte Moses). Zur Exposition der Grunderzählung gehören für ihn die oben ausgelegten Verse Ex 32,1–4a und 5b–6.

Aaron nun in der Horizontalen einen unmittelbaren Gotteskontakt, indem er einen Altar errichtet. Dieser ist (wie beim Jerusalemer Tempel) *in der Sehachse des Bildes* angeordnet („vor ihm") und dient dem Opferkult, also der geregelten Begegnung mit der Gottheit. Der neue Kult wird erstmals am folgenden Tag mit einem Fest begangen, bei dem Brandopfer aufsteigen und eine gemeinsame Mahlfeier im Angesicht des Gottes(bildes) gefeiert wird: Essen und Trinken sowie Freudentaumel (mit exzessiven Zügen? [vgl. die entsprechenden Konnotation des Verbs *ṣāḥaq* Pi'el „scherzen/sich belustigen"]) zeichnen die herausgehobene Gemeinschaft von Menschen und Gott(esbild) aus.[205] Deutlich ist das Bild erst dann funktionsfähig, wenn es in einer *sakralen Rauminszenierung* (einem Heiligtum) in Bezug zu anderen Symbolen steht (Altar als Kontaktstelle) und dadurch anrufbar und kommunikationsbereit gewusst wird (bereit für die Akzeptanz des Brandopfers). Das selbstgemachte Symbol wird im Vollzug des „Festes für JHWH" für die Teilnehmenden vollends zur Vergegenwärtigung Gottes, der „Bilderdienst" ist für sie Gottesdienst.

Anders als in der späteren Bilderpolemik und im Bilderverbot liegt auch hier der Akzent der so charakterisierten „Ursünde" Israels noch nicht auf der Verwechslung von Schöpfer und Geschöpf, sondern auf der *Feier des Sichtbaren*: Es steht dann – mit dem Philosophen Jean-Luc Marion[206] gespro-

---

205 Es handelt sich auf der Ebene der Gesamterzählung des Exodusbuches sehr wahrscheinlich um eine pervertierte Wiederaufnahme der kultischen Mahlzeiten, die Israel zuvor in Ex 18,12 und Ex 24,1.9–11 vor JHWH am Fuß des Berges und auf dem Berg gefeiert hatte.

206 J.-L. Marion, Idol und Bild, in: B. Casper (Hrsg.), Phänomenologie des Idols, Alber Broschur Philosophie, Freiburg/München 1981, 107–132. Siehe weiter auch P. Ricœur, Die Interpretation. Ein Versuch über Freud, stw 76, Frank-

chen – das *Begehren des Blickes*, der sich im Sichtbaren erschöpfen und die sich entziehende Dynamik Gottes festhalten möchte, im Mittelpunkt der Schilderung von Ex 32.[207] Die Gefahr des selbstgemachten Bildes (das JHWH nicht angeordnet hat) ist die „Fixierung der Intentionalität"[208], die das Bild von vornherein gar nichts anderes als Idol sein lässt. Es spiegelt das Begehren nach Unmittelbarkeit und macht dadurch das Bild selbst zum Spiegel.

Begibt man sich, angeregt durch die erstaunliche Vielschichtigkeit der biblischen Texte, vollends auf eine bildtheoretische und phänomenologische Reflexionsebene (vgl. III 5), so liegt es im Wesen des piktoralen Artefakts, *zwei Blickweisen zu evozieren*:

a) Ein Bild vermag zum *Medium eines transzendenten Sinnüberschusses* und damit zu einem „Fenster" zu werden, durch das hindurch „mehr"

---

furt am Main [4]1993, 542 f., zur „unvermeidlichen Zweideutigkeit" der „Zeichen des Heiligen": „Das Idol ist die Verdinglichung des Horizonts zur Sache, das Herabfallen des Zeichens zu einem übernatürlichen und suprakulturellen Objekt. [...]. [D]enn wenn das Absolut-Andere sich nähert, dann in den Zeichen des Heiligen; aber das Symbol schwenkt sehr bald zum Idol über, und dann zerbricht das Kulturobjekt in zwei Hälften, deren eine zur profanen, deren andere zur heiligen wird. [...] Aus diesem Grunde muß das Idol sterben, auf daß das Symbol lebe." Zum Problem der „Stillstellung" des Bildes/im Bild vgl. auch M. Moxter, All at once? Simultaneität, Bild, Repräsentation, in: P. Stoellger, T. Klie (Hrsg.), Präsenz im Entzug. Ambivalenzen des Bildes, HUTh 58, Tübingen 2011, 129–144.

207 Für den Fokus der hier vorgetragenen Interpretation von Ex 32 auf das Begehren spricht nicht zuletzt die singuläre Fortsetzung des Geschehens, bei der Mose im Zuge der göttlichen Sanktionierung das goldene Stierbild pulverisiert und diese Überreste dem Volk zu trinken gibt (Ex 32,20; als entfernte Analogie ist auf Num 5,11–31 zu verweisen). Die „Einverleibung" des Begehrten wird so als Herausstellung von dessen Nichtigkeit vollzogen.

208 Marion, Idol und Bild (s. Anm. 206), 114–116.

als Sichtbares angezeigt wird, ohne je vollständig zu erscheinen. Dann eignet dem Bild eine Appellstruktur, die das Sichtbare gerade *als Begrenztes* sehen lässt und so die Wahrnehmung angesichts des größeren Unsichtbaren vertieft und erweitert.

b) Ein Bild vermag aber auch – wie in der Erzählung vom goldenen Kalb – *den Blick einzufangen und gänzlich zu fokussieren,* so dass es sich in der unendlichen Vervielfältigung des Sichtbaren verliert – das Bild wird opak. Wie Marion gezeigt hat, liegt dieses doppelte Sehen des Bildes nicht allein im Bild selbst. Vielmehr ist es die *Intentionalität des Blickes,* die das Bild zum Spiegel oder zum Transparent werden lässt. Die phänomenologische Analyse vermag sowohl die Macht als auch die Illusion der Bilder zu erklären, die zwischen Sichtbarem und Unsichtbarem oszillieren, wenn das Auge des Betrachters sich auf sie bezieht. Die Kultbilder der orientalischen Antike bis hin in die mittelalterliche Kunst stellen ein besonders dankbares Untersuchungsobjekt für eine solche Hermeneutik des Bildes dar. Denn das Kultbild braucht, wie wir gesehen haben, den Kultraum und die heilige Zeit und Handlung, es braucht den *Interaktionszusammenhang,* um zur Vergegenwärtigung des Unsichtbaren zu werden.

Tatsächlich erscheint die Erzählung von Ex 32 viel differenzierter in der Phänomenwahrnehmung und anschlussfähiger an gegenwärtige (religions-)philosophische Debatten um die „Macht der Bilder“ (vgl. III 6) als die spätere monotheistisch-schöpfungstheologische Bilderkritik mit ihrer reduzierend rationalistischen Zielrichtung (s. u. III 4.3). Es ist aber festzuhalten, dass das ausdrückliche Bilderverbot des Alten Testaments (in allen seinen Varianten), vor dem Hintergrund der Traditionen des Stierbildes keineswegs nur Anteil an der späteren theologisch begründeten Ablehnung der Kultbilder hat, sondern auch auf eine anthropologische Tatsache abzielt (s. o. 2.3a):

Das fundamentale Bilderbegehren des Menschen, das im Alten Testament keineswegs in Abrede gestellt wird (vgl. in diesem Licht nochmals die durchweg in den Gebotsformulierungen und weiteren Texten betonte Gefahr der Selbstbezüglichkeit: „für dich/für euch“, s. o. 2.3a).

Dem Bilderbegehren als einem Grundbedürfnis des Menschen, das wir heute etwa in der Spannung des *Homo pictor* (Hans Jonas) und des *Homo symbolicus* (Mircea Eliade) beschreiben (vgl. III), tragen alttestamentliche Texte in vielfältiger Weise Rechnung. Dieser Faden soll in den abschließenden hermeneutischen Reflexionen aus exegetischer Sicht aufgenommen werden. Doch zuvor gilt es noch einen zweiten Strang der Vorgeschichte des expliziten Bilderverbots zu verfolgen: Er führt erneut (wie bei Ex 32) in den Südstaat Juda und in die Zeit nach dem Ende der Assyrerherrschaft. Es geht um die sogenannte Kultreform Joschijas und die mit ihr mutmaßlich verbundene Restitution der JHWH-Symbolik des Jerusalemer Tempels um 622 v. Chr. Mit ihr verbinden sich auch Maßnahmen, die bei aller Schwierigkeit der Rekonstruktion Rückschlüsse auf die Bildtraditionen JHWHs im Südreich bzw. auf das charakteristische Fehlen derselben zulassen.

b2) Die Reformmaßnahmen Joschijas von Juda (Ende 7. Jh. v. Chr.)

Seit dem 19. Jahrhundert (de Wette, 1806[209]) gilt der Bericht über die Maßnahmen des Königs Joschjia zur Restitution des Jerusalemer Tempelkultes in 2 Kön 22–23 als das „Achsenkreuz“ der alttestamentlichen Literaturgeschichte.[210] In die-

---

209 W. M. L. de Wette, Beiträge zur Einleitung in das Alte Testament, Halle 1806.

210 So O. Kaiser, Pentateuch und Deuteronomistisches Geschichtswerk, in: Ders., Studien zur Literaturgeschichte des Alten Testaments, fzb 90, Würzburg 2000, 127.

sem wichtigen Bestandteil der deuteronomistischen Geschichtsdarstellung am Ende der Königebücher werden entscheidende Weichenstellungen der Kultpolitik Judas im ausgehenden 7. Jh. v. Chr. gebündelt, deren engste Parallelen man seit de Wette im deuteronomischen Gesetz vor allem im Zentralisationsgesetz Dtn 12 gefunden hat: Es geht zum einen um die *Reinigung* des Jerusalemer Tempels von Missständen nach dem Ende der Assyrerherrschaft und zum anderen um die *Konzentration des Kultes* auf das Heiligtum der judäischen Hauptstadt. Die Kriterien für die Maßnahmen zur Kultreinigung gewinnt der König Joschija im Erzählkontext durch den Fund eines Schriftstücks am Tempel. Im Licht von dessen leider nicht ausdrücklich genannten Inhalten erscheinen der derzeitige Kultbetrieb und eine Reihe seiner Installationen als illegitim und verderbt. Die Forschung neigt seit dem Vorschlag von de Wette (s. o.) zur Identifikation jenes Schriftstücks mit dem ältesten Kerndeuteronomium, auch wenn das allenfalls indirekt erschlossen werden kann. Der überlieferte Text von 2 Kön 22 f. ist klar durch die gestaltenden Hände deuteronomistischer Redaktion geprägt. In ihm hat sich aber in 2 Kön 23,4–20 der sogenannte *Reformbericht* im engeren Sinn enthalten, dessen sprachliche und inhaltliche Besonderheiten ihn zumindest teilweise als ein mögliches Dokument aus der Joschija-Zeit erscheinen lassen (evtl. wird er auch schon aus einem freilich nicht allzu weiten zeitlichen Abstand heraus verfasst sein). Für unsere Fragestellung nach *bilderkritischen Vorläufern für die Entstehung des Bilderverbotes* ist es wiederum nicht nötig, genauer auf die kontroverse Debattenlage zum Text einzugehen. Zu den diskutierten literarhistorischen Alternativen[211] sei nur darauf

[211] Vgl. dazu den Forschungsüberblick von M. Pietsch, Steine – Bilder – Texte.

verwiesen, dass sich anstelle der beiden Extreme einer völligen Authentizität des Berichtes oder einer rein nachexilischen Fiktion[212] am ehesten ein Mittelweg anbietet: Auch wenn man kaum mehr einen belastbar alten Wortlaut rekonstruieren kann,[213] finden sich in 2 Kön 23,4–20 doch eine Reihe von unerfindlichen Einzelheiten, die eine Nähe zum Jerusalemer Kult der ausgehenden vorexilischen Zeit anzeigen könnten. Bemerkenswert ist hierzu auch die Übereinstimmung mancher geschilderten religiösen Praktiken/Installationen mit archäologischen und ikonographischen Befunden der Eisenzeit II C.[214] Das Folgende orientiert sich vor allem an

---

Überlegungen zum Verhältnis von Archäologie und biblischer Exegese für eine Rekonstruktion der Religionsgeschichte Israels am Beispiel der josianischen Reform, VF 53, 2008, 51–62.

212 Vgl. zu dieser Minimalposition C. Levin, Josia im Deuteronomistischen Geschichtswerk, in: Ders., Fortschreibungen (s. Anm. 150), 198–216, wonach sich der Text wie eine „Cloaca maxima" (203) aller durch die Deuteronomisten perhorreszierten kultischen Greuel lese und ihm keinerlei historische Aussagekraft über seinen spät-dtr. Entstehungszusammenhang hinaus zukomme.

213 Für einen solchen umsichtig vorgenommenen Versuch vgl. C. Hardmeier, König Joschjia in der Klimax des DtrG (2Reg 22 f.) und das vordtr Dokument einer Kultreform am Residenzort (23,4–15*). Quellenkritik, Vorstufenrekonstruktion und Geschichtstheologie in 2Reg 22 f., in: R. Lux (Hrsg.), Erzählte Geschichte. Beiträge zur narrativen Kultur im Alten Israel, BThSt 40, Neukirchen-Vluyn 2000, 81–145.

214 Vgl. die beiden gegensätzlichen Argumentationen von C. Uehlinger, Gab es eine joschijanische Kultreform? Plädoyer für ein begründetes Minimum, in: W. Groß (Hrsg.), Jeremia und die „deuteronomistische Bewegung", BBB 98, Weinheim 1995, 57–89, und H. Niehr, Die Reform des Joschija. Methodische, historische und religionsgeschichtliche Aspekte, a. a. O., 33–55. Nach Uehlinger, der sich darin recht genau mit der literarhistorischen Analyse von Hardmeier (s. Anm. 213) trifft, gibt es durchaus auf die archäologischen Befunde der Eisenzeit II C gestützte Gründe für die Annahme von

der umfassenden Monographie von Michael Pietsch zum Reformbericht, die für die weitere Forschung wegweisend sein dürfte.[215] Seine wichtigsten Ergebnisse sind folgende:

2 Kön 23,4–20* kann mit Umsicht als (religions-)historische Quelle für die spätvorexilische Zeit (das letzte Drittel des 7. Jh.s v. Chr.) ausgewertet werden. In ihm finden sich zwar Überarbeitungselemente aus späterer Zeit (V. 4b, 9, 13 f., 15*). Es sind jedoch weniger als oft angenommen. Der Grundbestand kann in die ausgehende Königszeit datiert werden. Aus ihm wird deutlich, dass die Maßnahmen Joschijas sowohl die *Kultneuordnung* als auch die *Kultzentralisierung* umfasst haben: Reinheit und Einheit des Kultes sind die Ziele. Dies aber *noch nicht im Sinn des späteren dtr. Denkens und des expliziten Fremdgötter- und Bilderverbots.* Vielmehr scheint es, dass die mit Joschija verknüpften Maßnahmen zwar die „offizielle Religion" betrafen, aber weniger programmatisch als vielmehr pragmatisch motiviert waren. Man bewegt sich religionsgeschichtlich zwischen „schon" (im Sinne eines „inklusiven" Monojahwismus) und „noch nicht" (im Sinne eines programmatischen und exklusiven Monotheismus der späteren Zeit).

Die Maßnahmen sind geprägt von einer Tendenz zur *innerreligiösen Vereinheitlichung eines vorhandenen Pluralismus der JHWH-Religion in Juda.* Außerdem ist die faktisch seit 701 v. Chr. (Sanheribs Belagerung der Stadt ohne Eroberung) verstärkt gegebene *Sonderstellung Jerusalems* zu beto-

---

(religiös motivierten) Reformmaßnahmen, während Niehr dies gerade ausschließt, weil er in den archäologischen „Primärquellen" keinerlei entsprechende Anhaltspunkte findet (allenfalls gesteht er eine zunehmende Konzentration der judäischen Staatsverwaltung auf Jerusalem im 7. Jh. v. Chr. zu).

215 M. Pietsch, Die Kultreform Josias, FAT 86, Tübingen 2013.

nen.[216] Es handelt sich um *Selbstunterscheidungsvorgänge* in der Binnenreflexion einer Religion, die als Abgrenzung nach außen interpretiert wurden.[217] Insofern erscheinen fast alle der nach 2 Kön 23,4–20 durch Joschija entfernten Kultinstallationen nicht einfach als „polytheistische" Restbestände. Vielmehr stellt Pietsch einleuchtend die Möglichkeit heraus, dass etwa die nach 2 Kön 23,6 beseitigte „Aschera" (s. u.) ein in Aussehen und Funktion nicht näher beschreibbares, eventuell phytomorphes (= pflanzengestaltiges) Kultsymbol neben dem Brandopferaltar im Hof gewesen ist (mit Dtn 16,21: „Du sollst für dich keine Aschera aus irgendeinem Holz aufpflanzen neben dem Altar JHWHs, deines Gottes!"[218]). Wohlgemerkt: Ein JHWH-Segens-Symbol, von dem man sich getrennt hätte, weil es im zweipoligen Aufbau des Heiligtums mit Cella und Hof zu sehr in den Vordergrund (auch des „Sichtbaren") getreten wäre.[219]

Pietsch schlägt auch hinsichtlich der weiteren Reformmaßnahmen eine Reihe von umsichtigen Neubewertungen vor:[220] So ist es keineswegs si-

216 Vgl. bereits Levin, Josia (s. Anm. 212), 198 f.

217 Vgl. die viel rezipierte religionsgeschichtliche These von M. Weippert, Synkretismus und Monotheismus. Religionsinterne Konfliktbewältigung im alten Israel, in: Ders., JHWH und die anderen Götter. Studien zur Religionsgeschichte des antiken Israel in ihrem syrisch-palästinischen Kontext, FAT 18, Tübingen 1997, 1–24.

218 Vgl. zu Dtn 16,21 C. Frevel, Aschera und der Ausschließlichkeitsanspruch YHWHs. Beiträge zu literarischen, religionsgeschichtlichen und ikonographischen Aspekten der Ascheradiskussion I, BBB 94/1, Weinheim 1995, 164–210, bes. 189 f.

219 Vgl. Pietsch, Kultreform (s. Anm. 215), 310–312, 322 f., 484.

220 Vgl. die detaillierten religions- und traditionsgeschichtlichen Untersuchungen zu den einzelnen Maßnahmen des Reformkatalogs in 2 Kön 23,4–20: Pietsch, a. a. O., 206–442.

cher, was eine *bāmā* (üblich „Höhenheiligtum") gewesen ist (2 Kön 23,5), und die „Kinderopfer" für Moläk/Mäläk im Hinnomtal (2 Kön 23,10) erweisen sich im Licht neuerer Forschungserkenntnisse eher als funeräre Riten (der JHWH-Religion?) bei der Bestattung früh verstorbener Kinder. Die durch H. Spieckermann[221] etablierte These von der Orakelfunktion der Pferde der Sonne/des Sonnengottes (2 Kön 23,11) vor assyrischem Hintergrund ist angesichts einer inzwischen möglichen lückenloseren Textrekonstruktion des entsprechenden akkadischen Ritualtexts unwahrscheinlich geworden. Überhaupt stellt es eine wichtige Korrektur gängiger Annahmen dar, wenn Pietsch (im Gefolge des Assyriologen S. W. Holloway[222]) darauf hinweist, dass die Assyrer keinen religiösen Druck auf die Vasallen ausgeübt haben und insofern der assyrische Einfluss eher gering ausfällt. Das gilt, wie er anhand einer Durchsicht des ikonographischen Materials aus der Glyptik der EZ II C zeigen kann, auch für die im Gefolge von Keel/Uehlinger[223] verbreitete Annahme einer besonderen Bedeutung des lunaren Aspekts der Astralisierung des Gottesverständnisses.

Im Ganzen ergibt sich ein Bild des Reformberichts, das dessen Maßnahmen weniger als punktuelles Ereignis denn als möglicherweise einen längeren Zeitraum abdeckende Veränderungen im Kultbetrieb Jerusalems erscheinen lässt. Die *Konzentration auf den einen Kultort* wäre auf diese Weise eine logische Konsequenz des auf 701 v. Chr. folgenden Bedeutungszuwachses der Zionstheologie. Im Blick auf die *Restitution des Tempelkultes* scheint im Konnex damit eine Tendenz zur Alleinverehrung JHWHs von Jerusalem („Monojahwismus" nach innen und „Monolatrie" nach außen) eine Rolle

221 H. Spieckermann, Juda unter Assur in der Sargonidenzeit, FRLANT 129, Göttingen 1982, 245–256.

222 S. W. Holloway, Aššur is King!, Aššur is King!, Religion in the Exercise of Power in the Neo-Assyrian Empire, CHANE 10, Leiden u. a. 2002.

223 Vgl. O. Keel, C. Uehlinger, Göttinnen, Götter und Gottessymbole. Neuere Erkenntnisse zur Religionsgeschichte Kanaans und Israels aufgrund bisher unerschlossener ikonographischer Quellen, QD 134, Freiburg u. a. [5]2001, 322–429.

gespielt zu haben. Hierzu ist dann auch auf die in der neueren religionsgeschichtlichen Forschung betonte doppelte Lesbarkeit des *Schᵉma Jisrael* „Höre, Israel!" in Dtn 6,4 („JHWH, unser Gott, JHWH ist *einer* [= ein JHWH] oder „JHWH, unser Gott, JHWH ist *einzig* [der einzige Gott]"[224]) zu verweisen, das aus derselben Phase der spätvorexilischen Zeit stammt. Auch im ersten Gebot des Dekalogs wird das Verbot der Fremdgötterverehrung so formuliert, dass „keine anderen Götter vor mir" (*'al panāj*) sein sollen (Ex 20,3 // Dtn 5,7) – die Exklusion ist also zuerst eine ortsbezogene,[225] keine prinzipielle wie im späteren exklusiven Monotheismus (vgl. oben 2.3a). Offenbar erfolgten die Maßnahmen Joschijas nach 2 Kön 23,4–20 im Sinne der lokalen Lesart des späteren 1. Gebots: Entfernung von Elementen aramäisch/assyrisch beeinflusster religiöser Praktiken und Symbole aus dem JHWH-Tempel einerseits und – davon nicht wirklich abgrenzbar – Entfernung von Elementen der eigenen kultisch-religiösen Praxis des JHWH-Kults wie der Aschera andererseits.

JHWHs Aschera (inschriftlich zumeist mit dem Possessiv-Suffix) war, wie es die religionsgeschichtliche Forschung seit den Textfunden von Kuntillet 'Ajrud und Chirbet el-Qom herausgearbeitet hat, eine mit JHWH verbundene Segensgröße, die eigenartig zwischen einer Göttin und einem personifizierten Symbol schillert, wobei jeweils eine klare Zu- und Unterordnung im Blick auf JHWH vorliegt (ähnlich wie bei seinem „Hofstaat" mit namenlosen Göttersöhnen oder bei den personifizierten Wirkkräften wie *ḥæsæd* und *'æmæt*).[226]

---

224 Vgl. dazu z. B. Stolz, Einführung (s. Anm. 47), 175–177; Jeremias, Theologie (s. Anm. 117), 197 f.

225 Vgl. unten Anm. 231.

226 Zu dieser umfangreich diskutierten Problematik aufgrund der Inschrif-

Mit Aschera (2 Kön 23,6), die aus dem Tempel entfernt und zerstört wurde, hatten die Deuteronomisten in 2 Kön 21,7 ein Kultbild (*pæsæl*) assoziiert, dessen Herstellung man Manasse zuschrieb – kanonisch gelesen erscheint die von Joschija entfernte Aschera aus 2 Kön 23 also vermutlich – vor dem Hintergrund des Dekalogs – als anthropomorphe Statue.[227] Der Reformbericht in 2 Kön legt dies nicht zwingend nahe (es sei denn, man möchte die in 2 Kön 23,7 genannten Textilien, die von den Frauen „für Aschera" gewoben werden, als Kleidung für eine Statue deuten[228]). In jedem Fall ist aber mit Aschera auch hier ein „visible token" gemeint, das vor dem Hintergrund von Dtn 16,21 eher beim Brandopferaltar im Hof des Tempels als in dessen Innenraum gestanden haben wird:

> „Der Reformbericht bezeugt hingegen in Übereinstimmung mit der polemischen Notiz in Dtn 16,21, *dass* es in spätvorexilischer Zeit im

---

tenfunde und der Ikonographie siehe z. B. Keel, Uehlinger, Göttinnen (s. Anm. 223), 237–282; Frevel, Aschera (s. Anm. 218) II, 854–880; J. Jeremias, F. Hartenstein, „JHWH und seine Aschera". „Offizielle Religion" und „Volksreligion" zur Zeit der klassischen Propheten, in: B. Janowski, M. Köckert (Hrsg.), Religionsgeschichte Israels. Formale und materiale Aspekte, VWGTh 15, Gütersloh 1999, 79–138; Z. Meshel, Kuntillet ʻAjrud (Ḥorvat Teman). An Iron Age II Religious Site on the Judah-Sinai Border, Jerusalem 2012 (358–364: Bibliographie von N. Naveh). – Kritisch im Blick auf die Aschera-Deutung der Befunde von Kuntillet ʻAjrud sind z. B. A. Lemaire, The Birth of Monotheism. The Rise and Disappearence of Yahwism, Washington 2007; B. Sass, On Epigraphic Hebrew ʼŠR and *ʼŠRH, and on Biblical Asherah, Transeuphratène 46, 2014, 47–66; 189 f.

227 Vgl. Frevel, Aschera (s. Anm. 218) I, 538–545 und II, 927 f.; Pietsch, Kultreform (s. Anm. 215), 322 f., die beide im Blick auf den anzunehmenden „ursprünglichen" Charakter des in 2 Kön 21,7 gemeinten Kultobjekts zu Recht zurückhaltend sind.

228 Vgl. zur kritischen Bewertung dieser These Frevel, Aschera II (s. Anm. 218), 690–694.

> Jerusalemer Tempel ein Ascherasymbol gegeben hat, das Josia beseitigte. Die Glaubwürdigkeit dieser Angaben muss nicht bezweifelt werden: Weder sind sie verdächtig, das Produkt dtr Kultgeschichtsschreibung zu sein, noch widersprechen sie dem sonstigen religionsgeschichtlichen Befund in der Spätzeit des judäischen Königtums. In der nachexilischen Zeit ist eine Ascheraverehrung für den offiziellen Kultbetrieb des Jerusalemer Tempels dagegen nicht mehr belegt."[229]

Gab es dann zusammen mit der Tendenz zum Monojahwismus/zur Monolatrie auch eine speziell *bilderkritisch wirksame Eigenart der visuellen Repräsentation JHWHs* in Jerusalem? Weshalb hat man ihn gerade von den Bildern/Symbolen anderer numinoser Größen/Gottheiten abgesetzt, indem man sie aus dem Heiligtum ausschloss? Ich erinnere noch einmal an die *enge Verbindung von Fremdgötter- und Bilderverbot* (s. o. 2.3). Zur Beantwortung der Frage bietet sich zum einen das angesichts der großen Zahl an ikonographischen Funden gut bezeugte *Fehlen einer erkennbaren JHWH-Ikonographie* an – kein geringes Argument angesichts der überregional und regional verankerten Ikonographien von Gottheiten im Palästina der Bronze- und Eisenzeit. Zum anderen ist erneut auf die oben erwähnte *Bildlosigkeit* des Gottes in der Cella des Jerusalemer Tempels zu verweisen (vgl. 1.1d und 1.1e; 2.4a), jedenfalls soweit es um eine anthropomorphe Statue geht. Das zentrale Kultsymbol JHWHs war zum einen sehr wahrscheinlich ein „leerer" Thron (mit Sonnenkonnotationen) und zum anderen die Lade, ein Kasten, vielleicht mit einer (oder zwei) Mazzebe(n)/Steine(n).[230] Das zunächst schlicht mit der Geschichte speziell dieses Kultes zusammenhän-

---

229 Pietsch, Kultreform (s. Anm. 215), 323 (Hervorhebung im Original).

230 Vgl. dazu nochmals Keel, Warum (s. o. Anm. 72), 262–267, 280; ders., Geschichte Jerusalems 1 (s. Anm. 72), 264–332.

gende Spezifikum einer *(an-)ikonischen (nichtanthropomorphen) JHWH-Symbolik*, die später sowohl für die Behandlung der Bilderfrage in den monotheistischen Texten ab der späten Exilszeit (Dtjes, „P" und Ez, s. o. 2.4a) wie für das explizite Bilderverbot eine wesentliche Bezugsgröße war, könnte die Maßnahmen Joschijas mitbestimmt haben:

> „Im Prozess der Selbstreflexion des Jahweglaubens, der der Kultreform Josias zugrunde lag, hat die Abwehr solcher Tendenzen [sc. der eventuell zu großen Aufwertung von per se zugänglicheren visuellen JHWH-Symbolen wie der Aschera] zu einer Ausgrenzung der Ascherasymbolik (und anderer Symbolisierungen Jahwes?) aus dem Jahwekult geführt, die wiederum an das erste Gebot erinnert, in dem die Raumkonzeption des Jerusalemer Tempelbezirks anklingt, wenn es heißt: ‚Du sollst keine anderen Götter *vor mir* (עַל־פָּנַי) haben' (Ex 20,3 // Dtn 5,7). Jahwe thront unsichtbar im Allerheiligsten; alle anderen bildlichen Repräsentationen seiner Gegenwart werden als nicht mit ihm identisch von der kultischen Verehrung ausgeschlossen."[231]

Abschließend ist daran zu erinnern, dass das dtr. Geschichtswerk auch von Hiskija von Juda (Ende 8. Jh. v. Chr.) eine frühere „Kultreform" berichtet (2 Kön 18).[232] Zumindest die Entfernung eines *einzelnen Schlangenbildes* aus Metall (für bronzezeitliche Heiligtümer Palästinas[233] und auch noch für den samaritanischen Tempel auf den Garizim belegt[234]) er-

---

231 Pietsch, Kultreform (s. Anm. 215), 484 (Hervorhebung im Original, eckige Klammern FH).

232 Vgl. zu dieser „Kultreform", mit einem prinzipiellen Zutrauen in deren Historizität, jedenfalls im Blick auf das Schlangenbild Keel, Warum (s. Anm. 72), 273 f.

233 Siehe dazu Keel, Recht der Bilder (s. Anm. 201), 195–266 („Polyvalenz der Schlange").

234 Vgl. Y. Magen. Mount Gerizim Excavations II. A Temple City, JSP 8, Jerusalem 2008, 157, Fig. 283 (einzelne Kupferschlange aus dem hellenistischen Heiligtumsbezirk JHWHs auf dem Mt. Gerizim).

scheint historisch nicht unmöglich (vgl. 2 Kön 18,4 mit Num 21,9 und die Seraphim in der Thronumgebung JHWHs in Jes 6,1–11). Leider wird außer der stereotypen Bewertung des königlichen Handelns durch die Deuteronomisten („er tat, was JHWH wohlgefiel" 2 Kön 18,3) nicht deutlich, welche Motivation Hiskija zur Entfernung des als „Nechuschtan" bezeichneten Schlangensymbols geführt hat (im Namen ist das hebräische Wort für die Metalle Kupfer bzw. Bronze *neḥōšæt* enthalten). Man wird nicht fehlgehen, auch für dieses Schlangenidol schon eine ähnliche Konkurrenzsituation innerhalb der JHWH-Symbolik am Jerusalemer Tempel anzunehmen, wie im Fall der späteren Maßnahmen Joschijas. Entscheidend ist dabei die offenbar *hohe Stabilität der „(an-)ikonischen" Thronsymbolik JHWHs in der Cella* und das mit ihr verbundene Fehlen einer anthropomorphen Kultstatue. Indirekt bestätigt dies ja auch der oben (1.1e) bereits erwähnte kleine Festungstempel von Arad, in dem nur ein Steinmal den Jerusalemer Staatsgott repräsentierte.[235]

Fazit: Einmal mehr erscheint eine spezifische „Bilderarmut" im Zentrum des Kultes als zunächst unscheinbare Tatsache – dann jedoch mit historisch weitreichenden Folgen. Sobald das Selbstverständliche in neuen historischen Konstellationen nicht mehr selbstverständlich war, erkannte man es als *identitätsbildendes Unterscheidungsmerkmal* des entstehenden Judentums nach innen und außen.

---

235 Vgl. oben Bild 5. Nicht ganz deutlich ist, ob in Arad immer nur eine einzige Mazzebe als zentrales Kultsymbol gedient hat; zumindest zeitweise sind zwei Stelen für das Sanktuarium belegt, wobei nach Auskunft von J. Kamlah, Tübingen (per E-Mail), vermutlich immer nur eine davon in kultischer Benutzung aufgestellt war, während die andere vielleicht hinter einer Abdeckung aufbewahrt wurde (als heiliges Objekt, das nicht mehr im Gebrauch, aber weiterhin am heiligen Ort gelagert wurde?).

Damit ist das Ende des skizzenhaften religionshistorischen Querschnitts erreicht. Er versuchte anhand einer Rückfrage vom sicher erschließbaren Späteren zum immer undeutlicheren Früheren die Eckpunkte der Entstehung des alttestamentlich-jüdischen Bilderverbots, vor allem aber die damit verbundene Unsicherheit, vor Augen zu führen. Im Folgenden gilt es nun in gebotener Kürze, *hermeneutische Konsequenzen* für das Gespräch mit der Religionsphilosophie und einschlägig interessierten Kulturwissenschaften sowie mit den anderen theologischen Disziplinen, vor allem der Systematischen Theologie, zu formulieren.

3. Folgerungen für eine Hermeneutik des Bilderverbots aus exegetischer Perspektive

Welche hermeneutischen Konsequenzen sind aus der Skizze zum Bilderverbot, dessen Entstehungskontext und seiner Vorgeschichte zu ziehen? Wichtig ist zunächst die Tatsache, dass Bilderkritik und Bilderverbot im Alten Testament völlig auf das *Problem kultisch verehrter Bilder* beschränkt sind; es geht in der hebräischen Bibel weder um ein allgemeines Bilder- noch gar um ein Kunstverbot (das ist auch im Blick auf manche Auswüchse in der langen Wirkungsgeschichte festzuhalten). Im biblischen Bilderverbot wird eine anthropologische Konstante (mit) thematisiert (vgl. auch III, bes. III 3): Das *Bilderbegehren* und die mit ihm immer gegebenen latenten *Gefahren des Sichtbaren.* Im Drang zum Bilder*machen* ist – in der Perspektive des Bilderverbots – sowohl *Eigen*mächtigkeit wie *Fremd*besetzung durch die Faszination des Bildes im Spiel. Die *Verehrung* des Gemachten liegt nahe, weil es als Ort von Epiphanien und machtvoller Präsenz erfahren wird.

Deshalb gehören Bilderverbot und Fremdgötterverbot von Anfang an nicht nur historisch, sondern auch sachlich eng zusammen. Bereits die Bilderkritik im Nordreich Israel (Stierbild von Bethel, Selbstrepräsentation des Staates und schillerndes Symbol zwischen JHWH und Ba'al), aber auch die Ausgrenzung von monojahwistisch problematischen „visible tokens" im judäischen Süden (Aschera als Segenssymbol JHWHs) verweisen auf das im späteren Bilderverbot des Dekalogs gegebene *Ineinander von Alleinverehrung und Abwehr der Bilder.* Zentrale alttestamentliche Texte zum Thema kreisen dabei zuletzt immer auch um die Unmöglichkeit, sich von dem besonderen, später dann einzigen Gott JHWH ein „Bild" zu machen. Die *Grenzlinien des Sichtbaren* werden hier – nimmt man das bisher Erarbeitete hermeneutisch zusammen – erstaunlich differenziert abgeschritten:

1) An JHWH-Bildern bzw. Symbolen aus seinem Umkreis wird eine *Unterscheidung* wirksam zwischen dem vor allem *in seinem Handeln* (allem voran seinen Rettungstaten) erfahrenen Gott und der möglichen *Stillstellung seiner dynamischen Präsenz (und seines Entzugs) im Bild.* Das Bild kann zu einer Fixierung und Verengung der Gottesvorstellung führen, die das Gottesverhältnis elementar tangiert, sobald sie ganz der Präsenz des Sichtbaren verfällt. Einschlägig für die Schilderung dieses Problems ist vor allem die Erzählung vom „goldenen Kalb" (Ex 32).

2) Sowohl mit JHWH-Bildern wie mit Bildern anderer („fremder") Gottheiten verbindet sich weiterhin das Problem der *Ab-Lenkung*, der verminderten *Aufmerksamkeit* auf den einen Gott, der sich in seinem Erscheinen sofort wieder verbirgt (vgl. etwa Ex 3; 19; 33,18–23).[236] Die im Zentrum der Got-

[236] Vgl. zur „Aufmerksamkeit" als einem bewussten und unbewussten Modus

teskonzeptionen des Alten Testaments vorliegende *Armut an visuellen Artefakten/materiellen Repräsentationen* erscheint für die Texte einerseits als Stärke (Differenzmarker alttestamentlich-jüdischer Identität ab der Exilszeit, vor allem im Kulturkontakt mit den Babyloniern). Andererseits markiert die Intensität der Behandlung des Bilderproblems in späten Texten des Alten Testaments (und im frühjüdischen Schrifttum) auch unterschwellig ein Bewusstsein für eine wahrgenommene *Schwäche* der eigenen Religion: Die Abwehr der Bilder erscheint keineswegs nur nach außen gerichtet, sondern *immer auch nach innen* – eben aufgrund der in den Texten erkannten anthropologischen Dimension des Bilderbegehrens. Vermutlich stehen dahinter in persischer und hellenistischer Zeit auch Bilderpraktiken in Jehud/Judäa (bzw. in Samaria), die aus Sicht der Texte heterodox waren.[237] Gerade unter dem Anspruch eines Bilderverbots erschien der *erfahrene Mangel an Sichtbarem* sowohl als Quelle von *Überlegenheitsgesten* wie von (indirekter) *Selbstkritik* der entstehenden jüdischen Religion. Hierin könnten sich die religionsgeschichtlich bereits in prophetischer Bilderkritik und der Reform Joschijas manifesten Selbstunterscheidungsprozesse nach der Formulierung des expliziten Bilderverbots fortgesetzt haben.

3) *Explizites Bilderverbot* und *monotheistisches Gotteskonzept* hängen elementar zusammen (vgl. III, bes. III 4). Die unter 1.–2. genannten Gesichtspunkte werden in der späten aufgeklärten Theologie der fortgeschrittenen Prophetenbü-

---

leiblicher Wahrnehmung zwischen Auffallen und Aufmerken B. Waldenfels, Phänomenologie der Aufmerksamkeit, stw 1734, Frankfurt am Main 2004.

237 Vgl. oben 2.2b mit Anm. 135 f.

cher, der Psalmen und der kritischen Weisheitsschriften monotheistisch fortentwickelt. Die durchaus *rationale Theologie* eines der *Welt gegenüberstehenden Schöpfers*, der zugleich in ihr präsent ist und überall in ihr wirksam zu werden vermag, spielt das Problem der Anwesenheit Gottes nicht zuletzt auch als *Bilderkritik* durch: Nichts Geschöpfliches (= Vergängliches) vermag den unsichtbar transzendenten und ewigen Gott JHWH angemessen zu repräsentieren (Dtn 4 u. a.). *Wie* er vorzustellen und anzureden ist, legt er nach den normativen Texten v. a. der Perserzeit allein selbst fest (in der Tora: den Sinaitexten und den Kultordnungen). Sein heiliger *Name* und literarisch gegebene (auditive und visuelle) *Präsenzanzeiger* (Feuer, Wolken, Donner etc.), die zugleich opak und transparent sowie zeitlich begrenzt sind, antworten auf den bleibenden Bilderwunsch (s. u. 3.2a). Der *schriftliche* Gotteswille (die Tora vom Sinai, z. B. auch in Form des Motivs der beiden Steintafeln [Ex 24; 32–34]) kann so als *„skulptiertes" Wort* erscheinen. Eine andere Manifestation ist die Erfahrung der Macht des *Segens* für Israel und die Welt, die den Hiatus zwischen dem fernen Gott, den Seinen und den Völkern überbrückt (vgl. Ps 67 u. a.).[238] Schließlich ist auch auf den Menschen als *Imago Dei* „(Eben-)Bild Gottes" (Gen 1,26–28) hinzuweisen (s. u. 3.2c; III 5.3). Aber auch *poetische Sprachbilder* und die mit ihnen verbundene kollektive und individuelle Imagination JHWHs sind hier zu nennen. Eine *Poetik der Transzendenz*, die zuletzt narrativ rückgebunden ist, also in erzählter Geschichte gründet (vor allem von der Rettung des Volkes und des Einzelnen), unterliegt weder im Alten Testa-

---

[238] Vgl. M. Leuenberger, Segen (s. Anm. 127); als Überblick: Ders., Segen im Alten Testament, in: Ders., (Hrsg.), Segen, Themen der Theologie 10, Tübingen 2015, 49–75.

ment noch im frühjüdischen Schrifttum der Einschränkung durch das Bilderverbot.

3.1 Das Bilderverbot und sprachlich vermittelte Gottesbilder

a) Biblische Metaphorik als Grenzbegrifflichkeit

Es ist gerade die *metaphorische Sprache* der Bibel, mittels derer nicht nur Reflexionsprozesse vorangetrieben werden, sondern die in ihrer Unhintergehbarkeit für die Gottesfrage und -vorstellung eine *spezifische Bildlichkeit* erzeugt (vgl. auch III 7): Das Alte Testament ist in dieser Hinsicht ein *Buch der Bilder,* allerdings in der Dialektik einer visuellen Grenzsymbolik Gottes zwischen Präsenz und Entzug. Die auch für eine literarische und philosophische Ästhetik fruchtbare „Ikonik" biblischer Texte (allen voran der Psalmen, s. u. 3.1b) wurzelt in einer langzeitigen konventionellen Symbolwelt. Aus ihr gehen sprachschöpferisch immer neue Variationen traditionsgebundener Sprachbilder hervor. Der angemessene Begriff zur Beschreibung biblischer Metaphorik ist dann nicht allein wie in weiten Teilen der modernen (literaturwissenschaftlichen und theologischen) Metapherndiskussion die „lebendige Metapher"[239], sondern eher eine ständige *symbolische Variation.* Dabei verstehe ich mit P. Ricœur unter *Symbolen* gebundene Metaphern, d. h. kosmisch und sozial im Außersprachlichen verankerte mehrdeutige Zeichen.[240] Sie prägen

---

239 Siehe P. Ricœur, Die lebendige Metapher, Übergänge 12, München 1986 (frz. 1975); G. Lakoff, M. Johnson, Metaphors We Live By, Chicago, London 2003 (1980). Wichtige Einführungen zur Metapherntheorie: A. Haverkamp (Hrsg.), Theorie der Metapher. Studienausgabe, Darmstadt 1996; G. Kurz, Metapher, Allegorie, Symbol, KVR 1486, Göttingen [5]2004 (1982).

240 Zur Verwandtschaft und Differenzierung zwischen Metapher und Symbol als zwei Zeichenarten auf *einer* Achse von Semantiken des „Doppelsinns", wobei sich das Symbol durch seine unaufhebbare Verankerung im Konkre-

die alttestamentlichen Texte. Die hebräische Bibel als religiöses Ausdrucksuniversum ist imprägniert vom Zeicheninventar der Kulturen (und Kulturkontakte), aus denen ihre Texte stammen.[241] Im *Gebrauch* der sprachlichen Symbole und ihrer damit einhergehenden ständigen *Umwandlung* geschieht die Innovation des Sinns, wie sie metaphorisches Verstehen auszeichnet.[242] Es handelt sich um eine Dynamik unaufhebbarer, aber nicht beliebiger Mehrdeutigkeit.[243] Biblische Sprachbilder eröffnen und verschieben Horizonte der Wahrnehmung eines dynamisch erfahrenen Gottes. Sie sind

---

ten auszeichnet, siehe P. Ricœur, Poetik und Symbolik, in: H. P. Duerr (Hrsg.), Die Mitte der Welt. Aufsätze zu Mircea Eliade, st 981, Frankfurt am Main 1984, 11–34 (= Poetik und Symbolik - Erfahrung, die zur Sprache kommt, in: F. Jaeger, B. Liebsch [Hrsg.], Handbuch der Kulturwissenschaften I. Grundlagen und Schlüsselbegriffe, Stuttgart 2004, 93–106). Vgl. ferner P. Ricœur, Metaphor and Symbol, in: Ders., Interpretation Theory. Discourse and the Surplus of Meaning, Fort Worth 1976, 45–69.

241 Vgl. dazu die bekannte kulturwissenschaftlich viel rezipierte Definition zur religiösen Symbolik als formativ für die „Weltwahrnehmung" einer Gesellschaft von C. Geertz, Religion As a Cultural System, in: Ders., The Interpretation of Cultures. Selected Essays, London 1993 (1973), 90. Danach ist Religion „(1) a system of symbols (2) which acts to establish powerful, pervasive, and long-lasting moods in men (3) by formulating conceptions of a general order of existence and (4) clothing those conceptions with such an aura of factuality that (5) the moods and motivations seem uniquely realistic." (vgl. die Übersetzung: C. Geertz, Religion als kulturelles System, in: Ders., Dichte Beschreibung. Beiträge zum Verstehen kultureller Systeme, stw 696, Frankfurt am Main [2]1991, 44–95: 44 [Definition]).

242 Für die Psalmen habe ich das kürzlich zu zeigen versucht: F. Hartenstein, Iconicity of the Psalms (erscheint 2016 in HEBAI), siehe besonders die Grundlegung („Linguistic and Non-Linguistic Symbols").

243 Vgl. F. Hartenstein, Präzise Mehrdeutigkeit. Zur Multiperspektivität von Text und Auslegung am Beispiel von Ps 23, in: C. Richter (Hrsg.), Anknüpfung und Aufbruch. Hermeneutische, ästhetische und politische Perspektiven der Theologie, MThSt 110, Leipzig 2011, 13–24.

metaphorisch realisierte *Grenzbegriffe* der Deutung religiöser Erfahrungen.

Dafür ist beispielsweise auf den konkreten *Horizont*charakter der kosmischen Metaphorik des *Himmels* hinzuweisen, der im biblischen Monotheismus eine große Rolle spielt. Die Anschauung des alles überspannenden „Zeltes" am Tag und der Myriaden von Sternen in der Nacht („des Himmelsheers") wurden alttestamentlich zum Bezugspunkt einer metaphorischen „Vermessung" des Menschen (vgl. etwa die Aussagen zur Anthropologie vor dem Himmelshorizont in Ps 8,4 f.; 139,8–10[244]; 147,2–5, vgl. Gen 15,1–6). Wie ist diese *Bewegung an den Grenzen des Sichtbaren mit Bildlichkeit* verknüpft? Wurde die kosmo-theologische Horizonterfahrung im Bild selbst thematisch oder erschien in ihrem Licht jede begrenzte Bilderfahrung als unzulässige Stillstellung? Beide Möglichkeiten werden in den biblischen Texten realisiert. Auch ihre Verfasser konnten – wie diejenigen der Zeugnisse fast aller Religionen – nicht damit aufhören, „den Himmel zu sagen"[245], wenn sie sich damit abmühten, den fernen und nahen JHWH für die Imagination erstehen zu lassen. Vor allem an den Rändern der Erfahrung, räumlichen wie zeitlichen, wurde JHWH manifest,[246] in paradigmatischen Erzählungen und poetischen Verdichtungen.

b) Ikonik der Psalmen

Hat man die Warnungen biblischer Bilderkritik und den Appell des Bilderverbots vernommen und fasst man beides als Grenzbestimmung zum anthropologischen Bilderbegehren

244 Vgl. F. Hartenstein, Gott als Horizont des Menschen. Nachprophetische Anthropologie in Psalm 51 und 139, in: R. Lux, E.-J. Waschke (Hrsg.), Die unwiderstehliche Wahrheit, FS Arndt Meinhold, ABG 23, Leipzig 2006, 491–512.

245 P. Ricœur, Symbolik des Bösen. Phänomenologie der Schuld II, Freiburg/München ²1988 (frz. 1960), 18: „man ist niemals zu Ende gekommen, den Himmel zu *sagen*" (Hervorhebung im Original).

246 Vgl. Hartenstein, Personalität Gottes (s. Anm. 131), 39–46, bes. 44–46 zu den entsprechenden biblischen Aussagen als „Grenzausdrücke" bzw. Grenzbegrifflichkeit, d. h. als im Sinne des (späteren) Analogiegedankens gestaltete Sprachfindung an der Grenze zum Unsagbaren.

auf, so erscheinen im Alten Testament gerade das „Sehen" und „Schauen" Gottes als vorrangiges Zentrum religiöser Erfahrung, die so auch als ästhetische Erfahrung zu bestimmen ist.[247] Vor allem in den Psalmen begehrt man Gott, sein Angesicht, seine Gestalt, zu sehen (*rā'āh*) und zu schauen (*ḥāzāh*) (vgl. Ps 16,11; 17;15; 27,4.13; 42,3; 63,3f u. ö.). Das ist verbunden mit einer synästhetischen Fülle an Sinneserfahrungen: Licht, Sättigung, Bewegung, Geborgenheit bei/vor dem königlichen Gott.[248] Auf der anderen Seite bedeutet das *Nicht-Sehen des Angesichts Gottes* in diesem Bezugssystem das Ausgeliefertsein an Finsternis, Hunger, ersterbende Leiblichkeit und die Auflösung aller sozialen Bindungen (vgl. etwa Ps 13; 88).[249] Das *Bild*hafte der durch die Psalmen gelenkten Imagination der Glaubenden ist gerade die Stärke dieser sinnlichen und genau deshalb auch sinn*vollen* Texte. Sie sind Medien einer geteilten Vorstellungswelt, in der die Interaktion mit dem personalen Gott vor allem visuell dominiert ist. In der Bildsprache der Psalmen überblenden sich Imaginäres/Inneres und Reales/Äußeres sowie Kosmisches und Soziales („mutuelle Modellierung"[250]). Der Tempel erscheint im Rahmen ihrer Symbolwelt als Inbegriff von Leben (vgl. nur Ps 36; 63). Die Wahrheit der Erfahrung intensivierten Lebens oder auch von

---

247 Vgl. zum Folgenden v. a. Hartenstein, Vom Sehen und Schauen Gottes (s. Anm. 190).

248 Vgl. genauer die Analyse dieser symbolischen Begriffswelt der Psalmen nach dem Modell einer Audienz vor dem Königsgott anhand von Ps 27 in Hartenstein, Angesicht (s. Anm. 25).

249 Zur Todessymbolik der Psalmen vgl. B. Janowski, Konfliktgespräche mit Gott. Eine Anthropologie der Psalmen, Neukirchen-Vluyn [4]2013, 225–263 (anhand von Ps 88).

250 Vgl. dazu eingehend Janowski, Konfliktgespräche (s. Anm. 248), 13–35 („Die Sprache des Menschen"); zum Begriff „mutuelle Modellierung": Ders.,

dessen Bedrohung und Verlust ist für die Psalmbeter unaufhebbar konkret.

Eine heutige religiöse Interpretationsgemeinschaft, die biblische Texte benutzt, ist daher bereits auf vorkritischer Ebene imprägniert von dieser Konkretheit und teilt so – wenn auch verändert durch ihre eigenen Perspektiven – in der poetischen Erfahrung immer noch Elemente antiker Wahrnehmungsweisen. Solche Teilhabe bestimmt die Wahrnehmung von Glaubenden heute noch mit und fordert zu kritischer Distanz ebenso wie zur Einstimmung heraus.[251] Dass Bibelrezeption in theologischer Verantwortung bei uns durch die Zugänge einer historisch-kritischen Hermeneutik erfolgt, muss die Wirkung biblischer Wahrnehmungsangebote nicht hindern. Vielmehr vermag sie diese unter den Bedingungen eines historischen Bewusstseins auch neu zu erschließen: Als Herausstellung der Fremdheit am Vertrauten oder des Vertrauten am Fremden. Der Blick in den fernen Spiegel der Psalmen zeigt uns (mit Martin Luther, vgl. dessen Vorrede zum Psalter von 1528[252]) *uns selbst* in unseren Ängsten, unserem Begehren und unserer Trostbedürftigkeit, ebenso wie Fluchtpunkte für unsere Heimatlosigkeit (zu Luthers Bildverständnis s. u. III 5.2). Das Alte Testament hat keinen Metaphern*begriff* ausgebildet wie die griechische Philosophie (vgl. die

---

„Dem Löwen gleich, gierig nach Raub" (Ps 17,12). Zum Feindbild in den Psalmen (Anhang: Reflexionen über den Feind), in: Ders., Die rettende Gerechtigkeit (s. Anm. 76), 49–77, hier: 63, Anm. 56.

251 Vgl. zu diesen grundsätzlichen hermeneutischen Perspektiven auf die Bedeutung der Bibel in der Gegenwart F. Hartenstein, Personalität Gottes (s. Anm. 131), 19–25.

252 M. Luther: Vorrede zum Psalter 1528 (WA DB 10,1, 98), in: K. Aland (Hrsg.), Martin Luther: Die Schriftauslegung, Luther Deutsch Band 5, Stuttgart/Göttingen ²1963, 32–37.

Poetik des Aristoteles). Reflexion vollzieht sich in alttestamentlichen Texten daher *in* Bildern, Erzählungen und Bekenntnissen. Gerade weil sie vielfältig sind („multiplicity of approaches"[253]), ist in ihnen ein Bewusstsein für *Grenz*begrifflichkeit enthalten und manchmal sogar leitend.

3.2 Modelle einer kritischen Bildhermeneutik im Alten Testament

Die unbefangene und intensive Weise, in der die Psalmen dem Wunsch Ausdruck verleihen, Gott sehend zu begegnen (vgl. 3.1b), erfährt ihre Relativierung in solchen alttestamentlichen Aussagen, die von der Schwierigkeit, Gefährlichkeit oder gar Unmöglichkeit sprechen, Gott zu sehen. Als bekanntester Text dafür ist Ex 33,18–23 zu nennen:

> „18 Da sagte er (sc. Mose, am Sinai nach dem goldenen Kalb): ‚Lass mich doch deine Herrlichkeit sehen!' 19 *Und er sagte: ‚Ich will vorüberziehen lassen all mein Gutes vor deinem Angesicht und ich will den Namen JHWHs ausrufen vor deinem Angesicht: Ich bin gnädig, wem ich gnädig sein will, und ich erbarme mich, wessen ich mich erbarmen will'* 20 Und er sagte: ‚Nicht kannst du mein Angesicht sehen, denn nicht sieht mich ein Mensch und bleibt am Leben!' 21 Und JHWH sagte: ‚Siehe, (da ist) ein Ort bei mir: So stelle dich aufrecht auf/vor den Felsen! 22 Und es wird sein: Beim Vorüberziehen meiner Herrlichkeit da will ich dich in die Felsspalte stellen, und will meine Handfläche absperrend/schützend über dich halten während meines Vorüberziehens. 23 Dann will ich meine Handfläche wegwenden und du kannst meine Rückseite sehen. Mein Angesicht aber kann/darf man nicht sehen!'"

Auch dieser Abschnitt ist literarhistorisch mehrschichtig, und man sollte ihn in der vermutlichen Reihenfolge seiner Entstehung als Weiterdenken von Epiphanie im Licht „kriti-

253 Zu diesem viel zitierten Diktum des Ägyptologen H. Frankfort s. o. Anm. 48.

scher Bildlichkeit“ lesen (Ex 33,18–23 kennt dabei bereits das Bilderverbot, ohne es ausdrücklich zu thematisieren):[254]

1) *V. 18* und *21–23* (unmarkiert): Die älteste Fassung der Theophaniebitte bittet um die ansonsten mit dem Jerusalemer Tempel verbundene „Schau“ der königlichen „Herrlichkeit“ Gottes (*kābōd*, vgl. Ps 63,3 f. und Jes 6,3). Sie blickt bereits auf die anschließend in Ex 34,5 f. geschilderte Theophanie voraus, in der JHWH gerade nicht „von Angesicht zu Angesicht“ erscheint, sondern nur „vorüberzieht“ (*'ābar*). Diese Abweichung von der in den Psalmen erbetenen und ersehnten Gottesschau bildet den Anknüpfungspunkt für die Interpretationen in Ex 33,18 ff. Das „Vorüberziehen“ JHWHs hat ansonsten im Alten Testament sowohl die Konnotation der Verschonung (vgl. Am 7,8; 8,2) wie des Unheils (vgl. Ex 12,22 f.; Hi 9,11 f.). Offenbar hat Ex 33,18.21–23 beides im Blick und lässt Mose bewusst durch JHWH vor dessen (kontextbedingt auch zorniger) Nähe schützen (durch seine „Hand“ und die Felsspalte): *Selbst Mose darf nur die Rückseite JHWHs, nicht aber sein Angesicht sehen.* Der Text betont eine Dialektik von Nähe und Ferne, von Enthüllung und Verbergung JHWHs: Nur *in der Spannung* zwischen Gottesschau und Verschonung kann Mose JHWH in dieser Situation begegnen. Damit wird der in den Psalmen so klar formulierte Heilscharakter des Sehens des „Angesichts“ Gottes unter einen von Menschen nicht aufhebbaren Vorbehalt gestellt.

---

[254] Zur Analyse von Ex 33,18–23 vgl. Hartenstein, Angesicht (s. Anm. 25), 277–283; zur Interpretation von V. 20 vgl. C. Dohmen, „Nicht sieht mich der Mensch und lebt!“ (Ex 33,20). Aspekte der Gottesschau im Alten Testament, in: Baldermann u. a. (Hrsg.), Die Macht der Bilder (s. Anm. 41), 31–51; Jeremias, Theologie (s. Anm. 117), 106, 219; zur lit.-historischen Einordnung in der Forschung vgl. Aurelius, Fürbitter (s. Anm. 203), 103 f.; Konkel, Sünde (s. Anm. 203), 177.

2) Die beiden Fortschreibungen in V. 19 f. beleuchten diese Spannung noch einmal je anders:

a) Die späteste Aussage in V. 20 (unterstrichen) wendet (wohl aus V. 23b inspiriert) die – situativ bedingte – Problematik, Gottes „Angesicht" zu sehen, ins Grundsätzliche (*wer Gott sieht, muss sterben*) – ein Spitzensatz, der hermeneutisch präzise den Charakter des „Angesichts" Gottes als den eines *Grenzausdrucks* hervorhebt.

b) Dagegen setzt V. 19 (*kursiv*) zwei andere Manifestationen an die Stelle der erbetenen „Herrlichkeit" und des „Angesichts": Das etwa aus Ps 27,13 bekannte *„Gute"* (*ṭūb*) *JHWHs* (ein Sammelbegriff für seine lebensförderlichen Gaben) und – als weiteres nachexilisch immer wichtigeres Modell der Sicherung der Gottesnähe – den im Folgetext Ex 34,6 f. prominent als Wesenserschließung (sog. Gnadenformel) interpretierten Gottesnamen, das Tetragramm JHWH.

Sehr bewusst die Sichtbarkeit Gottes reflektierende Texte wie Ex 33,18–23, von denen es im Alten Testament nur wenige gibt, die aber eine große Wirkung entfaltet haben (vgl. III), sind vor dem Hintergrund der am Beispiel von Ex 32 (2.4b1) geschilderten Wahrnehmung der *latenten Gefahr des Sichtbaren* zu verstehen, der das (Kult-)Bilderverbot gilt. Weil religionsgeschichtlich der Gott JHWH keine eigene Ikonographie hatte und in Jerusalem sehr wahrscheinlich nur über das königliche Symbol eines „leeren" Thrones im Tempel präsent war (s. o. 1.1e), erweist sich die Kultbildlosigkeit ab der exilischen Zeit mit ihrem Monotheismus als religiöses Unterscheidungsmerkmal im Verhältnis zur „Völkerwelt" (retrospektiv auch zur eigenen Vergangenheit: „Kanaanäer"). Verschiedene Stränge führen zur Herausbildung einer Identität Israels, die fern von Jerusalem und vom Tempel gepflegt werden kann. Neben der Beschneidung (vgl. Gen 17, Grundschicht der Priesterschrift) und der Einhaltung des Sabbat (Gen 1–2,4a; Ex 16; Ex 31 [Sekundäre Schicht der Priesterschrift]) erscheint die *Bildlosigkeit* des JHWH-Kultes als zuvor nicht in dieser Weise als Differenzkriterium verwendetes Merkmal seiner Einzigartigkeit (s. o. 2.4a). Daher verwundert es nicht, wenn in den die Identität Israels neu begründenden Texten der *Sinaiperikope* (Ex 19–24 und Ex 32–34 // Dtn 9 f. und darauf reagierend Dtn 4), die ihre literarische Gestalt vor allem ab dem Exil erhalten hat, nicht nur im Gefolge der Erzählung vom „goldenen Kalb", sondern auch in der „vorderen Sinaperikope", mit der Theophanie JHWHs am Gottesberg und der Kundgabe der Lebensordnungen *nicht-bildhafte Präsenzsymbole* für JHWH in den Vordergrund treten. Sie erscheinen wie eine *sprachbildliche („ikonische") Realisierung* für die in der *Rettungstat des Exodusgeschehens* manifest gewordene Präsenz Gottes für die Seinen: *vorübergehend* und der kollektiven Imagination und Erinnerung übereignet (s. u. 3.2a–b).

a) Die Sinaitheophanie: Transitorische Bildlichkeit und das Bild im Wort

In ausdrücklicher Weiterung des Bilderverbots beleuchtet der oben bereits betrachtete große Traktat Dtn 4 (s. o. 2.3a) die spezielle indirekte Bildlichkeit der Sinaierfahrung und ihren Medienwechsel hin zum „skulptierten Wort" (s. dazu grundsätzlicher III 4.7; 7). Es handelt sich bei Dtn 4 um einen nachexilisch vor den Dekalog in Dtn 5 eingefügten Grundsatztext:[255]

[255] Zum Folgenden vgl. Hartenstein, „Gestalt" (s. Anm. 143); ders., Vom Sehen und Schauen Gottes (s. Anm. 190), 33–36; siehe auch ders., „Der vom Sinai" – Atopie und Topologie der Theophanie JHWHs als bildhermeneutische Herausforderung (Vortrag am 9.11.2012 im Rahmen der Tagung „Entzogene Bilder. Die Sinaitheophanie zwischen Bilderverbot und Bilderstiftung [Ex 19–24 und Ex 32–34]"; der Text erscheint in einem Tagungungsband des DFG-Projekts „Bild und Zeit. Exegetische, hermeneutische und systema-

„9 Nur, hüte dich und bewahre dein Leben gut, *damit du nicht vergisst die Dinge, die gesehen haben deine Augen!* Und damit sie nicht weichen aus deinem Herzen alle Tage deines Lebens und du sie bekannt machst deinen Kindern und deinen Enkeln: 10 (nämlich den) Tag, an dem du standest vor JHWH, deinem Gott, am Horeb, während JHWH zu mir sagte: „Versammle mir das Volk, *dass ich sie hören lasse meine Worte, die sie lernen sollen, um mich zu fürchten alle Tage,* die sie leben auf dem Erdboden, und (auch) ihre Kinder sollen sie (sie) lehren!" (Dtn 4,9–10)

Die Mahnrede Moses an das Volk zielt darauf, dass es die Gottesbegegnung am Sinai/Horeb nicht vergessen soll. Denn dort hat sich JHWH nicht nur einmalig so gezeigt, wie er verehrt werden möchte, sondern er hat auch seinen Willen so kundgetan, dass das ganze Leben Israels künftig daran auszurichten ist. Betont wird, dass gerade das „Gesehene" entscheidend ist. Jedoch wird am Gottesberg die Gottesschau nun charakteristisch indirekt:

„11 Und ihr tratet näher und stelltet euch unten an den Berg, wobei der Berg *im Feuer brannte bis ins Herz des Himmels (unter) Finsternis, Wolken und Wolkendunkel,* 12 und JHWH sprach zu euch *mitten aus dem Feuer. Einen Klang von Worten hörtet ihr, aber eine Gestalt habt ihr nicht gesehen! Nur eine Stimme/einen Klang!* 13 Da machte er euch bekannt seinen Bund, den er euch befohlen hatte zu tun, die zehn Worte, und schrieb sie auf zwei steinerne Tafeln." (Dtn 4,11– 13)

Insbesondere auf Dtn 4,11–12 berufen sich gängige Einschätzungen, wonach im Alten Testament das Hören über dem Sehen stehe (s. u. III 7).[256] Jedoch zeigt schon die Einschärfung in

tisch-theologische Untersuchungen zur Bildlichkeit religiöser Repräsentationsformen"; hrsg. v. F. Hartenstein).

[256] Vgl. stellvertretend H.-J. Kraus, Hören und Sehen in der althebräischen Tradition, in: Ders., Biblisch-theologische Aufsätze, Neukirchen-Vluyn 1972, 84–101.

V. 9 (alles „Gesehene" nicht zu vergessen), dass diese Deutung voreilig wäre. Dass eine „Gestalt" (*t^e^mûnā*) JHWHs nicht sichtbar wurde, aber dessen Stimme zu vernehmen war, bedeutet nicht, wie oft zu lesen ist, dass man sich deshalb den Gott Israels gestaltlos vorzustellen hätte (vgl. die Konsequenzen unter III 5). Vielmehr – das zeigt der traditionsgeschichtliche Vergleich – setzt Dtn 4 eine königliche Gestalt Gottes im „Inneren des Himmels" selbstverständlich voraus.[257] Sie bleibt jedoch verhüllt und verborgen. Auf ihre angesichts der Frage nach den Kultbildern transzendente Existenz verweisen dialektisch die kosmischen Symbole *Feuer, Wolken, Finsternis und Wolkendunkel.*

Sie knüpfen an die alte Tradition der (verdeckten) Erscheinungsweise von Wettergottheiten an, die früh mit JHWH verbunden war (vgl. Ps 18; 1 Kön 8,12f. [MT] u. a.).[258] Keineswegs geizt die Sinaitheophanie mit Sichtbarem. Genau daran soll man sich erinnern. Jedoch ist es so gestaltet, dass es der Gefährdung durch die Stillstellung des Blickes und damit der Bilderverehrung vorbeugt: Es ist ein Bildfeld, das gegenteilig zum Stierbild von Ex 32 *nur als Ikone zu funktionieren vermag und gegen das Umschlagen ins Idol gefeit ist*: Feuer, Finsternis, Wolken und Wolkendunkel sollen gesehen werden, sie zeigen aber eine räumlich entzogene Präsenz, sichtbar *und* undurchschaubar. Sie vergegenwärtigen das Unsichtbare und lassen dadurch *das Sehen als solches* in den Blick kommen: seine Unhintergehbarkeit und seine Grenzen.[259] Dazu kommt

[257] Vgl. Hartenstein, „Gestalt" (s. Anm. 143), 59–67.

[258] Vgl. dazu Hartenstein, Wolkendunkel (s. Anm. 15); R. Müller, Jahwe als Wettergott. Studien zur althebräischen Kultlyrik anhand ausgewählter Psalmen, BZAW 387, Berlin/New York 2008.

[259] Siehe dazu weiterführend aus phänomenologischer Perspektive B. Waldenfels, Das Unsichtbare dieser Welt oder: Was sich dem Blick entzieht, in:

die zeitliche Dimension: Feuer, Finsternis und Wolken sind per se „vorübergehend". Sie machen deutlich: Es geschieht etwas, das alle Aufmerksamkeit erfordert, weil es aufhören wird und sich anschließend nur in der Erinnerung (dem Text) darbietet. Die Sinaierzählung beugt der Idolisierung von Gottesbildern vor, indem sie einen bildhaften Wahrnehmungsprozess manifester Entzogenheit generiert, der zutiefst durch das *Vergehen in der Zeit* gezeichnet ist. Sie lässt machtvolle Zeichen von Anwesenheit hinter dichter Abschrankung erscheinen – zuletzt aber werden sie auch als Figuren von verlöschendem Feuer, verwehendem Rauch, verfliegenden Wolken und verstummendem Klang erkannt. Einzig ihre bleibenden „Spuren" (vor allem die Tora selbst) sind von nun an dem Verstehen aufgegeben; sie sollen gelesen und lebensorientierend ausgelegt werden. Diese sich *ihrer Gebrochenheit bewusste Bildlichkeit* der Sinaierzählung ließe sich aus meiner Sicht fruchtbar mit modernen Bildtheorien und Bildhermeneutiken ins Gespräch bringen; vor allem mit solchen, die nicht allein auf Kunstwerke im engeren Sinn zielen, sondern auch die Frage nach der (z. B. erzählerisch initiierten) *Imagination* sowie – damit verbunden – des Widerfahrnisses vor dem „Bild", der *Passivität* der Bilderfahrung hervorheben.[260]

Vergleichbar ist schließlich die Schilderung der Sinaitheophanie in Ex 20,18. In ihr wird die Wahrnehmung aller Begleiterscheinungen der Gottespräsenz synästhetisch im Begriff des „Sehens" gebündelt:[261]

R. Bernet, A. Kapust (Hrsg.), Die Sichtbarkeit des Unsichtbaren, München 2009, 11–26.

260 Zu nennen wären etwa G. Didi-Huberman und Maurice Blanchot; vgl. G. Didi-Huberman, Vor einem Bild, München 2000 (frz. 1990); K. Ebeling, Maurice Blanchot, in: K. Busch, I. Därmann (Hrsg.), Bildtheorien aus Frankreich. Ein Handbuch, eikones, München 2011, 73–84.

> „Und das ganze Volk *sah* (*rā'āh*) *den Klang/Donnerhall und die Blitze und den Schofarklang und den rauchenden Berg*. Und das Volk fürchtete sich [mit LXX, Sam. u. a.] und erbebte und stellte sich hin von ferne.“ (Ex 20,18)

„Sehen“ steht hier zusammenfassend für die Wahrnehmung der Gotteserscheinung. Weder geht sie im Sichtbaren auf (so werden vor allem die Klangerscheinungen und der undurchdringliche Rauch betont), noch vermag der Blick sie zu fixieren: Gesehen wird eine *lebendige Dynamik Gottes* ohne jede Fixierung. Darauf reagiert das Volk mit Furcht, wie auch schon zuvor in Ex 19,16 (wo sein „Beben“ vor der Theophanie JHWHs terminologisch auffallend dem kosmischen „Beben“ des Berges im Moment des Herabkommens JHWHs korrespondiert [Ex 19,18, jeweils das Verb *ḥārad*]).

Es ist *dieselbe Furcht*, die auch andere Belege für die Vorstellung eines Zuviel an Gottesnähe kennzeichnet (Jes 6; Ri 6; Ri 13; Gen 32,22–32; Ex 4,24–26 u. a.). Hinzu kommt, dass es sich in solchen Fällen zumeist um *unvermittelte*, nicht nach (kultischen) Regeln ablaufende Gottesbegegnungen handelt. Ihre berühmteste Ausprägung hat diese Aussagenlinie („wer Gott sieht, muss – eigentlich – sterben/vergehen)“ in dem oben erwähnten Text Ex 33,18–23 gefunden: Selbst Mose, der ja als einziger JHWH unverstellt nahe ist (Ex 33,7–11; Num 12,1 ff.; Dtn 34,10 u. a.), *vermag dem allein im „Vorübergehen“ manifest werdenden Gott nur hinterher zu sehen.* Alles andere müsste auch für ihn tödlich ausgehen – es wäre ein Akt der Grenzüberschreitung, den der späte Vers Ex 33,20 ganz ins Grundsätzliche zieht: „Denn nicht sieht mich ein Mensch, und lebt“ (s. o.).[262]

---

261 Ex 20,18 (traditionell: „elohistisch“) gehört literarisch innerhalb der Sinaitheophanie ebenfalls zu einer späten Überarbeitungsschicht.

262 Zu Ex 33,20 als spätestem Zusatz in Ex 33,18 ff. vgl. Hartenstein, Angesicht (s. Anm. 25), 281–283.

Diese (literarisch späten) Texte sind Reflex der Auseinandersetzung mit der Bilderproblematik: Sie sichern die Vorstellung von JHWH durch literarische Leserlenkung vor der Idolisierung. Sie entwerfen eine metaphorische „mentale" Ikonographie einer Gottesvorstellung unter dem Gegenteil: Gerade der sich entziehende Gott ist auch präsent, gerade der sich verbergende Gott vermag zu retten (vgl. Gen 22[263]). Doch darf bei aller Wichtigkeit – auch für christliche Theologie – diese Linie nicht verabsolutiert werden. Das nicht in gleicher Weise bildtheologisch relativierte Sehen und Schauen Gottes der Psalmen behält sein eigenes Recht. Aber die gegenläufigen Aussagen über das Nicht-Sehen-Können bzw. Nicht-Sehen-Dürfen JHWHs leiten zu ihrem bewussten Gebrauch an.

b) Das „bleibende Vergehen" der Theophanie als Erinnerungs-„Figur"

Als bildhermeneutischer Bezugspunkt eines weiterreichenden, religionsphilosophischen Verstehens bietet sich an dieser Stelle eine Verbindung mit der neueren bildwissenschaftlichen Diskussion zur „figura" an, die ihrerseits auf ältere theologisch-hermeneutische Voraussetzungen zurückverweist.[264] Dabei ist auf die Doppelheit der „Figur" als visuelles und kognitives Phänomen der *memoria* zu achten: Für die kulturelle Erinnerung muss die Figur in einer paradigmati-

263 Vgl. in diesem Sinn zu Gen 22 F. Hartenstein, Die Verborgenheit des rettenden Gottes. Exegetische und theologische Bemerkungen zu Genesis 22, in: J. A. Steiger, U. Heinen (Hrsg.), Isaaks Opferung (Gen 22) in den Konfessionen und Medien der frühen Neuzeit, AKG 101, Berlin/New York 2006, 1–22; Jeremias, Theologie (s. Anm. 17), 78 f.

264 Siehe dazu die Beiträge in G. Boehm, G. Brandstetter, A. von Müller (Hrsg.), Figur und Figuration. Studien zu Wahrnehmung und Wissen, Bild und Text, München 2007.

schen *narratio,* hier: der „Mose-Exodus-Erzählung" von der Rettung aus Ägypten und der Führung durch die Wüste, verankert sein, um ihren Sinn zu entfalten. Die Erzählung bildet den notwendigen Hintergrund für das „Erscheinen der Figur" JHWHs im Text.

„Gestalt" und „Figur" zeichnen sich als Bildphänomene dadurch aus, dass sie zum einen durch den Betrachter unwillkürlich wahrgenommen werden (vgl. das berühmte Umschlagen im Vexierbild), zum anderen, dass sie in pointierter Form die *untrennbare Verbindung von Bild und Zeit* anzeigen. Wie vor allem Gottfried Boehm immer wieder herausgestellt hat, folgen materielle und konkrete Bilder demselben *visuellen Grundkontrast* zwischen dem Sichtbaren und dem (noch oder bleibend) Unsichtbaren wie das sprachliche Bild (etwa die Metapher). Boehm spricht hier von *ikonischer Differenz.*[265] Dass es sich dabei nicht um etwas Statisches, sondern eine die Bildrezeption zutiefst prägende *Bewegung in der Zeit* handelt, hat Boehm speziell am Phänomen der Figur untersucht: Figuren heben sich von ihrem Hinter- bzw. Untergrund ab. Dadurch entsteht eine räumliche Schichtung im Bild, die es nicht von vornherein „hat", sondern die sich je und je einstellt, wenn die Figur „erscheint".[266] Figur und Fi-

---

[265] Siehe dazu G. Boehm, Die Wiederkehr der Bilder, in: Ders. (Hrsg.), Was ist ein Bild?, Bild und Text, München ²1995, 11–38, und im Blick auf das Alte Testament F. Hartenstein, Angesicht (s. Anm. 25), 34–39. Hinsichtlich der Figur und ihrer Wahrnehmung als Figuration siehe G. Boehm, Die ikonische Figuration, in: Ders. u. a. (Hrsg.), Figur und Figuration (s. Anm. 264), 33–52, bes. 51–52.

[266] Siehe G. Boehm, Ikonische Figuration (s. Anm. 265), 36–37, zur *Erscheinung der Figur*: „Eine Bewegung denkwürdiger Art, die Abwesenheit in Präsenz übertreten lässt. Wo gar nichts war, konfigurieren sich visuelle Spuren zur Sichtbarkeit. [...] Die Figuration teilt mit dem Bild (mit jeglicher Darstel-

guration als deren Wahrnehmung stehen im gleichen Verhältnis zueinander wie Bild und Kinästhetik als einer besonderen Weise der Imagination. Und dieses Verhältnis ist ein fundamental *zeitliches*. So folgert Boehm, „dass die ikonische Differenz einen temporalen Sinn hat. [...] Zeit ist keine partikulare Eigenschaft neben anderen, sondern dasjenige, das zu sehen gibt, dem Betrachter die Augen öffnet."[267] Geht man von dieser Arbeitshypothese aus, stellen sich die Fragen von Bild, Bilderverbot und „mentalen Bildern" im Alten Testament als *elementar aufeinander bezogen* dar. Zugänge, die lediglich einen Aspekt herauslösen, sind nicht zielführend. Der – neben den Vorsokratikern – auch noch für unsere Gegenwartskultur wesentliche Ursprung der Bilderkritik im Alten Testament bedarf einer Betrachtung, die *Gesichtspunkte der Bildhermeneutik mit solchen einer literaturhermeneutischen (produktions- wie rezeptionsästhetischen) Poetik* verbindet. So könnte ein fruchtbares Gespräch zwischen Exegese und Systematischer Theologie vorangetrieben werden.

---

lung) die Kühnheit eines Aktes, der den Hiatus zwischen Unsichtbarkeit und Sichtbarkeit zum Ort einer Genese, des Erscheinens von Etwas macht. Dieser Abgrund kann nicht prinzipiell überbrückt werden, sondern nur in einem jeweiligen Gestaltungsakt. Immer nur für einmal, denn Bilder existieren nicht an und für sich, sondern sie konkretisieren sich, sie bedürfen einer Genese, das heißt der Zeit, die sie zu dem macht und als das erscheinen lässt, was sie jeweils sind. [...] Spricht man von Figuration und dem Sinn, den sie generiert, dann heißt dies, dass etwas Absentes, etwas, das aussteht, übertritt in eine visuelle Gegenwart. Für die theologische Figuralinterpretation war dies die figurale Einlösung einer Verheißung gewesen." (Hervorhebung im Original). – Faszinierend erscheint die Möglichkeit, diese grundsätzlichen Überlegungen, die an künstlerischen Akten und solchen der Bildrezeption gewonnen wurden, auf die Frage nach sprachlicher Bildlichkeit im Alten Testament angesichts von Bilderkritik zu übertragen.

[267] G. Boehm, Ikonische Figuration (s. Anm. 265), 52.

Zieht man diese Linien weiter aus, darf man über die „Gestalt*werdung*“ und den „Gestalt*wandel*“ Gottes im Alten Testament Folgendes vermuten: Im „Vorübergehen“ (Ex 33,18–23), und das heißt vor allem in der „Geschichte“, die retrospektiv und prospektiv „gelesen“ und imaginiert wird, manifestiert sich der *handelnde* Gott. Dabei werden anthropomorphe Gottesvorstellungen und die Annahme einer göttlichen „Gestalt“ nicht prinzipiell zurückgewiesen. Vielmehr vermag das Bildphänomen der *figura* fruchtbar zu zeigen, wie sich Unverfügbarkeit und Entzogenheit mit *unpräziser Anschaulichkeit* verbinden. Nicht der gestaltlose, unsichtbare und leiblose Gott, sondern die Dialektik seiner Präsenz und seines Entzugs in der Zeit bildet das Leitmotiv (vgl. auch III 6, bes. 6.5). Die paradigmatische Erinnerung an die Rettung beim Exodus ist mit den bilderkritischen Begleitumständen des Sinaigeschehens verwoben: Beide verweisen auf Singuläres, sich so niemals Wiederholendes. Vor allem die Tora, das je und je neu zu vergegenwärtigende Wort vom Sinai wird zur entscheidenden Vermittlungsinstanz einer Erinnerung, ohne die Bild und Wort in eine falsche Alternative geraten würden (vgl. nochmals Dtn 4). Die Aneignung von Dekalog und Tora bleibt zurückgebunden an die Grunderzählung von ihrer Mitteilung am Gottesberg, die ihrerseits durch das Exodus-Ereignis eingeleitet und legitimiert wird (vgl. Ex 20,2). Die „Epiphanien“ von Exodus und Sinai sind narrative Symbole, „ikonische“ Erzählkerne und gründende „Erinnerungs-Figuren“, *die eine Imagination des „bleibenden Vergehens“ der Gottespräsenz evozieren und steuern.* Dafür steht neben den visuellen Aspekten zugleich auch immer der singuläre *Eigenname* Gottes, das Tetragramm JHWH. Seine im frühen Judentum zunehmende Heiligkeit und Tabuisierung – durchaus auch als bilderkritische Dimension der Gottesvorstellung lesbar –

kann hier nicht weiter verfolgt werden. Stattdessen soll abschließend noch ein letzter wirkungsgeschichtlich besonders wichtiger Strang einer „bilderkritischen Bildlichkeit" des Alten Testaments zur Sprache kommen, die *Imago Dei* des Menschen in der Priesterschrift.

c) Gottebenbildlichkeit des Menschen in der Priesterschrift und ihre bildhermeneutische Relevanz

Eine letzte, hermeneutisch bis in Fragen der Begründung der Menschenwürde hinein wichtige Weichenstellung der alttestamentlichen Texte im Blick auf eine kritische Bildlichkeit angesichts des Bilderverbots kommt mit der Imago Dei-Thematik in den Blick. In ihrer Bedeutung für die jüdisch-christliche Sinngeschichte und ihr säkulares Nachleben ist sie vermutlich von genauso großer Relevanz wie das Bilderverbot selbst (s. u. III 2.1; 3.6; 5.3).[268] Auch wenn schon antike Auslegungstraditionen die Verbindung zwischen dem Verbot der Gottesbilder und dem Menschen als dem Bild Gottes hergestellt haben, mahnt der exegetisch-sprachliche Befund zunächst zur Zurückhaltung. Die in Gen 1,26–28 – dem priesterschriftlichen Bericht über die Erschaffung des Menschen aus babylonisch-frühpersischer Zeit[269] – stehenden Bildbegriffe sind gerade nicht diejenigen des Traditionskomplexes von Bilderkritik, Bilderpolemik und Bilderverboten:

> „26 Und Gott sprach: Wir wollen Menschen machen als unser (Repräsentations-)Bild (*b^e + ṣælæm*), gemäß unserer Ähnlichkeit/unserer

[268] Vgl. F. W. Graf, Missbrauchte Götter. Zum Menschenbilderstreit in der Moderne, München 2009, 83–132 („Ebenbilder").

[269] Vgl. zu ihm immer noch O. H. Steck, Der Schöpfungsbericht der Priesterschrift. Studien zur literarkritischen und überlieferungsgeschichtlichen Problematik von Genesis 1,1–2,4a, FRLANT 115, Göttingen ²1981.

Entsprechung (*k^e + d^emūt*). Die sollen herrschen über die Fische des Meeres, und über die Vögel des Himmels, und über das Vieh und über die ganze Erde und über alles Kriechgetier, das auf der Erde kriecht. 27 Da schuf Gott den Menschen als sein (Repräsentations-)Bild (*b^e + ṣælæm*), als das (Repräsentations-)Bild (*b^e + ṣælæm*) Gottes hat er ihn erschaffen, männlich und weiblich hat er sie erschaffen." (Gen 1,26 f.)

Zu diesen Bildbegriffen hat es in den vergangenen Jahrzehnten eine lebhafte Diskussion gegeben, als deren Ergebnis der altorientalische Hintergrund der Konzeption festzuhalten ist.[270] Das akkadische Wort *ṣalmu*, dem hebräischem *ṣælæm* wurzelverwandt, ist in babylonischen und assyrischen Texten der allgemeinste und häufigste Bildbegriff, der ein Bild als eigene Entität unabhängig von einem konkreten Bildmedium oder Bildträger meint, andererseits aber auch den Bildträger (ein Felsrelief etc.) mit dem Bild zusammensehen kann.[271] Mit dem Bild ist das in ihm Repräsentierte, besser: Verkörperte, machtvoll und vollgültig anwesend. Dabei ist es unerheblich, ob es sich um eine ikonische (z. B. anthropomorphe) oder eine symbolische Darstellung handelt:

„Ein *ṣalmu* im Alten Orient war sowohl aktiv als auch passiv in einen Handlungsrahmen eingebunden. Es besaß eine Lebensqualität, ein

[270] Vgl. als ausgezeichnete Beschreibung der Problemlage W. Groß, Gen 1,26. 27; 9,6: Statue oder Ebenbild Gottes? Aufgabe und Würde des Menschen nach dem hebräischen und griechischen Wortlaut, in: I. Baldermann u. a. (Hrsg.), Menschenwürde, JBTh 15, Neukirchen-Vluyn 2001, 11–38; siehe im Weiteren K. Koch, Imago Dei – Die Würde des Menschen im biblischen Text, Berichte aus den Sitzungen der Joachim Jungius-Gesellschaft der Wissenschaften 18/4, Hamburg 2000.

[271] Vgl. dazu D. Bonatz, Was ist ein Bild im Alten Orient? Aspekte bildlicher Darstellung aus altorientalischer Sicht, in: M. Heintz, D. Bonatz (Hrsg.), Bild – Macht – Geschichte. Visuelle Kommunikation im Alten Orient, Berlin 2002, 9–20.

> Wesen zum Kommunizieren, weshalb es beseelt, gepflegt und beschützt, umgekehrt aber auch misshandelt und getötet wurde. *Ṣalmu* galt demnach als Bezeichnung für ein Objekt, das geschaffen war, um eine Stellvertreterfunktion einzunehmen. Gemäß dieser Funktion ist *ṣalmu* streng genommen kein geeigneter Begriff für Bild, sondern für Repräsentant; dementsprechend steht ihm kein Betrachter, sondern ein Benutzer gegenüber, für den der denotative Bezug zum repräsentierten Gegenstand mehr zählt als der Aspekt der Ähnlichkeit."[272]

Diese nicht ausdrücklich auf Gen 1,26 f. abzielenden semantischen Beobachtungen zum akkadischen Äquivalent für den Hauptbegriff für „Ebenbildlichkeit" aus Gen 1 enthalten eine Reihe wichtiger Gesichtspunkte für die angemessene Interpretation der Imago Dei-Aussagen der Priesterschrift: Lebendiges Bild, funktional als Stellvertreter zu verstehen, ohne vorrangigen Bezug zur Ähnlichkeit in der Erscheinung, wohl aber als machtvolle Entsprechung im Handeln und Wirken.[273] Die alttestamentliche Forschung hat denn auch schon lange sowohl vor dem Hintergrund mesopotamischer wie vor allem altägyptischer Quellen auf eine gängige Konkretion eines solchen Bildverständnisses im Blick auf die Entsprechung von Mensch und Gottheiten hingewiesen: Die Herrschaftsaussagen der *altorientalischen Königsideologie*:

> „Trotz offener Fragen hinsichtlich des Überlieferungswegs dürfte die alttestamentliche Imago Dei-Vorstellung ihren Ursprung in der altorientalischen Königsideologie haben. Sie ist aber kaum das Ergebnis einer innerisraelitischen ‚Demokratisierung' des Königsbildes, sondern – nach dem Ende des judäischen Königtums – vielmehr das Re-

272 Bonatz, Bild (s. Anm. 271), 13.

273 Vgl. zu diesen Gesichtspunkten genauer B. Janowski, Die lebendige Statue Gottes. Zur Anthropologie der priesterlichen Urgeschichte, in: Ders., Die Welt als Schöpfung. Beiträge zur Theologie des Alten Testaments 4, Neukirchen-Vluyn 2008, 140–171.

> sultat einer *Universalisierung der Herrschaftsvorstellung*, in die durch die Priesterschrift offenbar absichtsvoll königsideologische Metaphern eingebaut wurden (‚Royalisierung' des Menschenbildes, vgl. Ps 8,6 f.)."[274]

Der von Gott in Gen 1 geschaffene Mensch (mit dem unanschaulichen Verb *bārā'* konstruiert, das keine Assoziationen konkreter Handlungen wie das Formen eines Töpfers zulässt) ist ein *königlicher Mensch* (als „Mann und Frau", d. h. in dieser Bestimmung jenseits der Geschlechterdifferenz). Seine königliche Rolle zeigen auch die beiden im sogenannten *Dominium terrae* in Gen 1,28 dem Menschen zugesprochenen Handlungsverben *rādāh* und *kābaš*, „niedertreten" und „(Land) in Besitz nehmen".[275] Auch für sie gibt es in mesopotamischen Königsaussagen direkte Wurzeläquivalente mit vergleichbarer Semantik. Die ideologiekritische Frage im Blick auf das damit ausgedrückte Herrschaftskonzept kann hier nicht verfolgt werden, es sei nur der Hinweis auf die durchaus neben den (legitimierten) Gewaltaspekten in ihm angelegte positive Dimension von Hege/Bewahrung angebracht.[276] Vor allem hat das Konzept des Menschen (*aller*

---

[274] Janowski, Statue (s. Anm. 273), 150 (Hervorhebung im Original).

[275] Vgl. zu Semantik, Traditionsgeschichte und theologischen Aspekten von *rādāh* B. Janowski, Herrschaft über die Tiere. Gen 1,26–28 und die Semantik von רדה, in: Ders., Die rettende Gerechtigkeit (s. Anm. 76), 33–48; ausführlich: U. Neumann-Gorsolke, Herrschen in den Grenzen der Schöpfung. Ein Beitrag zur alttestamentlichen Anthropologie am Beispiel von Psalm 8, Genesis 1 und verwandten Texten, WMANT 101, Neukirchen-Vluyn 2004, 207–223; zu *kābaš* a. a. O., 274–300.

[276] Vgl. dazu Neumann-Gorsolke, Herrschen (s. Anm. 275), 300–315, bes. 315: „Zur Schöpfung gehört dieses anthropologische Leitbild: der gottebenbildliche Mensch, der als verantwortungsvoller König in der Schöpfung herrscht und die lebensfördernden Strukturen bewahrt – allerdings in den

Menschen für die Priesterschrift) *seine Grenze im Gegenüber Gottes, den er repräsentiert*[277] – und zwar als angeschaffene Wesenseigenschaft, unabhängig von seinem konkreten Handeln. Hierfür ist auf die Bewahrung der Gottebenbildlichkeit nach der Sintflut zu verweisen, welche die Priesterschrift in Gen 9,6 ausdrücklich festhält:

> „Wer das Blut des Menschen vergießt – durch Menschen soll sein Blut vergossen werden, denn *als das (Repräsentations-)Bild Gottes* [*b*ᵉ + *ṣælæm*] hat er den Menschen gemacht."

Der Mensch als „lebendige Statue Gottes" nimmt in der Konzeption der exilisch-frühnachexilischen Priesterschrift offenbar *die räumliche Position* eines Kultbildes in der Mitte der geschaffenen Welt ein. Nach dem kosmologischen Konzept von „P" ist das in Gen 1 etablierte Weltgebäude mit dem Menschen im Zentrum von Anfang an – einem altorientalischen Muster der Spiegelung von Tempel und Kosmos folgend – auf die Entsprechung mit dem späteren Wüstenheiligtum (dem am Sinai angefertigten transportablen Tempel) angelegt. Die terminologischen Parallelen zwischen dem Abschluss des Sechstagewerks der Schöpfung in Gen 1,1–2,4a und dem Abschluss des Heiligtumsbaus in Ex 39–40 sind oft vermerkt worden.[278]

Grenzen, die die Integrität des Weltganzen mit allen Geschöpfen wie auch die Stigmatisierung von Gewalttat (Gen 6!) ihm setzen."

277 Vgl. dazu auch die kritisch weiterführenden Untersuchungen und Interpretationen von A. Schellenberg, Der Mensch, das Bild Gottes? Zum Gedanken der Sonderstellung des Menschen im Alten Testament und in weiteren altorientalischen Quellen, AThNT 101, Zürich 2011; siehe auch die Rezension von B. Janowski: JAOS 136, 2016, 189–192.

278 Vgl. dazu z. B. B. Janowski, Sühne als Heilsgeschehen. Studien zur Sühnetheologie der Priesterschrift und zur Wurzel KPR im Alten Orient und im

Der „Leere" des Allerheiligsten im Tempelkonzept von „P", jedenfalls im Blick auf ein menschengestaltiges Kultbild (vgl. Ex 25 mit dem „Kasten" der Lade und deren Deckel als Ort der Epiphanie Gottes), entspricht auf der anderen Seite die „Gestalt" im Zentrum des Weltgebäudes: der *royalisierte Mensch*. Das damit einhergehende Relationsverhältnis zwischen Gott und Mensch umschreibt Bernd Janowski folgendermaßen, indem er auch den zweiten Bildbegriff aus Gen 1,26 mit einbezieht (*d^emūt*), der eine Ähnlichkeitsbeziehung/Entsprechung bezeichnet:

> „Während *ṣælæm* den funktionalen Aspekt der Gottebenbildlichkeit im Sinn des *Repräsentationsgedankens* betont, präzisiert die um *k^e* erweiterte *d^emūt*-Aussage – um eine Identität von Bild (Mensch) und Abgebildetem (Gott) zu vermeiden – diesen Aspekt im Sinn einer *Entsprechung* des Menschen zu Gott, nicht aber im Sinn einer theomorphen Qualität des gottebenbildlichen Menschen. Beide Bestimmungen – die der *Repräsentanz* und die der *Entsprechung* – bringen das exklusive Verhältnis des Geschöpfs zu seinem Schöpfer (Gottesbezug) zum Ausdruck, das dann durch den doppelten Herrschaftsauftrag (Weltbezug) expliziert und konkretisiert wird."[279]

In einem instruktiven Aufsatz hat schließlich Rüdiger Lux[280] mit guten Gründen nochmals daran erinnert, dass es zumindest *eine* sehr zentrale Textstelle für das Bilderverbot im Alten Testament gibt, in der deutlich auf die Imago-Dei-Konzeption als ein kritisches Pendant zu den verbotenen Kultbildern

---

Alten Testament, WMANT 55, Neukirchen-Vluyn 1982, 309–312 (Exkurs VI: Tempel und Schöpfung in der Priesterschrift).

279 Janowski, Statue (s. Anm. 273), 153 (Hervorhebung im Original; hebräische Begriffe wurden im Zitat in Umschrift umgewandelt FH).

280 R. Lux, Das Bild Gottes und die Götterbilder im Alten Testament, ZThK 110, 2013, 133–157.

JHWHs Bezug genommen wird. Es handelt sich erneut nicht zufällig um den großen Bilderverbotstext Dtn 4, der terminologisch und sachlich nicht nur ein Vertreter spät-dtr. Theologie ist, sondern ausdrücklich auch auf Deuterojesaja und die Priesterschrift anspielt. In der oben zum Dekalog bereits besprochenen Passage Dtn 4,15–18 (vgl. 2.3a), die auch die Matrix für die spätere Erweiterung des Dekalogs darstellt (s. o.), heißt es über die Schöpfungswelt (im Zitat *kursiviert*):

> „15 So hütet euch denn gut, um eures Lebens willen, denn nicht habt ihr irgendeine Gestalt (*t^emūnā*) gesehen am Tag, als JHWH zu euch redete am Horeb mitten aus dem Feuer, 16 dass ihr nicht Verderben schafft und euch ein Kultbild (*pæsæl*) in der Form irgendeines Kultobjekts macht, als Nachbildung *von Männlichem oder Weiblichem,* 17 als Nachbildung *irgendeines Tieres,* das auf der Erde ist, als Nachbildung *irgendeines geflügelten Vogels, der am/im Himmel fliegt,* 18 als Nachbildung *irgendeines Kriechtieres auf dem Erdboden,* als Nachbildung *irgendeines Fisches, der in den Wassern unter der Erde ist!*" (Dtn 4,15–18)

Lux führt Folgendes zum hier sichtbaren bewussten Bezug von Dtn 4 auf Gen 1 sowie auf das dekalogische Bilderverbot von Ex 20 // Dtn 5 aus:

> „Dieser Text ist ein regelrechter Mischtext aus den Bilderverboten in Ex 20,4 f., Dtn 5,8 f. und der Erschaffung des Menschen in Gen 1,26–28. Die Abbildung des Menschen als ‚Mann oder Frau' sowie die Herstellung von Götterbildern in Gestalt der ‚Tiere auf der Erde', der ‚Vögel im Himmel' der ‚Fische im Wasser' sowie der ‚Kriechtiere', von denen hier die Rede ist, macht als letztes Glied in unserer Argumentationskette deutlich, dass sich die These kaum aufrechterhalten lässt, dass die Bilderverbotstexte mit den Imago Dei-Texten nichts zu tun hätten. Vielmehr trat in der Debatte über die Bildtheologie zwischen den nachexilischen Deuteronomisten und priesterlichen Kreisen der lebendige Mensch als Bild Gottes in den Fokus und damit an die Stelle der verbotenen Götterbilder."[281]

Mit dieser Einsicht schließen die vorliegenden Überlegungen zur Hermeneutik des Bilderverbots aus exegetischer Sicht ab. Sie zeigt abschließend noch einmal mit großer Klarheit die ebenso konstruktive wie kritische Bedeutung des alttestamentlichen Bilderverbots. Das gilt für die weitere antike jüdische Tradition[282] ebenso wie – unter veränderten Vorzeichen – für christologische Transformationen der alttestamentlichen Bildthematik in den Schriften des Neuen Testaments. So stehen nach 2 Kor 3,18 alle Menschen in einem eschatologischen Repräsentationsverhältnis zur *vera icon*, Jesus Christus:

> „Wir alle aber, die wir mit unverhülltem Angesicht die Herrlichkeit (*doxa*) des Herrn widerspiegeln, werden dadurch in sein Ebenbild (*eikon*) umgestaltet von Herrlichkeit zu Herrlichkeit, wie das vom Herrn des Geistes geschieht." (2 Kor 3,18)

Auch in der Perspektive einer Theologie der *einen*, zweiteiligen christlichen Bibel, in der Altes und Neues Testament in einem korrelativen und kontrastiven Verhältnis zueinander stehen,[283] muss auf die komplexen Relationen zwischen Bilderverbot, Bildlosigkeit und Gottebenbildlichkeit geachtet werden. Auch vor diesem Hintergrund zeichnet sich eine *kri-*

---

281 Lux, Bild Gottes (s. Anm. 280), 154.

282 Vgl. etwa G. Bodendorfer, Menschenrechte und Menschenwürde in der rabbinischen Literatur, in: Baldermann u. a. (Hrsg.), Menschenwürde (s. Anm. 270), 67–92.

283 Vgl. dazu B. Janowski, Der eine Gott der beiden Testamente. Grundfragen einer Biblischen Theologie, in: Ders., Die rettende Gerechtigkeit (s. Anm. 76), 249–284; ders., Die kontrastive Einheit der Schrift. Zur Hermeneutik des biblischen Kanons, in: Ders. (Hrsg.), Kanonhermeneutik. Vom Lesen und Verstehen der christlichen Bibel, Theologie interdisziplinär 1, Neukirchen-Vluyn 2007, 27–46.

tische Theologie des (lebendigen) Bildes ab. Sie wird durch eine *Hermeneutik des Bilderverbots* ermöglicht und begleitet (vgl. III, bes. III 10). Denn ohne die Spannung zwischen dem Bilderbegehren und seiner erfüllten Unerfüllbarkeit lässt sich über menschliche Kreativität ebenso wenig sprechen wie über Wahrnehmung von Bildern als Inseln von Präsenz, entzogen im Fluss der Zeit. Dazu noch einmal Gottfried Boehm:

> „Der Bildprozess, der zur Präsenz führt, hat eine paradoxe Struktur. Deswegen lässt sich ein Anfang und ein Ende *in* der Zeit nicht benennen. Eine Wissenschaft, die sich mit der inneren Verknüpfung von Repräsentation, Präsentation und Präsenz befasst, ist deshalb notwendiger Weise eine Wissenschaft des Vollzugs und der Erfahrung. Ihr Impuls besteht darin, alles was sich historisch oder analytisch verfestigt hat, in die Aktualität der Wahrnehmung und des Nachdenkens als einer kritischen Instanz zurück zu übertragen. Ihr Diskurs dient der Einsicht, dass Bilder ebenso sehr Körper sind, die sich historischen Determinanten unterwerfen, wie Wirkungen und Kräfte, die sie generieren und die Geltung beanspruchen können. Wenn Repräsentationen vor allem Präsenzen begründen wollen, dann erfüllt sich der Sinn der Bilder im Akt der Wahrnehmung, dann, wenn sie dem Betrachter eine Mitpräsenz ermöglichen, wenn, was wir ansehen, auch uns ansieht, der Blick dem Blick begegnet."[284]

---

[284] G. Boehm, Repräsentation – Präsentation – Präsenz. Auf den Spuren des homo pictor, in: Ders. (Hrsg.), Homo Pictor (s. Anm. 46), München/Leipzig 2001, 3–13: 13 (Hervorhebung im Original).

III Systematische Perspektiven

1. Kontexte

Verbote ziehen Grenzen. Sie schließen ein Handeln aus und bestimmen es dadurch gemäß einer Regel, die die Möglichkeiten der Handelnden begrenzt. Beispielsweise ist das Verbot, in einen einfahrenden Zug einzusteigen, durch die Erwartung gerahmt, dass Menschen auf einem Bahnsteig normalerweise genau das beabsichtigen, und ihnen diese Handlung auch gewährt wird. Nur kommt dieser Zug jetzt nicht infrage. Freilich gibt es auch Verbote, die ein Handeln schlechterdings ausschließen, aus dem Bereich des Normalen und Üblichen also nicht nur einen Ausschnitt aussortieren, sondern eine Handlungssphäre als ganze ohne Ansehung spezifischer Situationen und Umstände verwerfen. Neben den unbedingten Verboten des Rechts ist das Tabu dafür ein prägnantes Beispiel. Wo in archaischen Kulturen ein Ort für unnahbar, ein Gegenstand für unberührbar erklärt oder wo heute im gesellschaftlichen Diskurs ein Thema tabuisiert wird, geht es nicht allein um den Ausschluss einer Handlung aus dem Haushalt der Möglichkeiten, vielmehr um eine Grenze, an der nicht nur eine andere Ordnung der Dinge,[1] sondern das Andere der Ordnung abgewehrt wird. Man kann

1 Vgl. J.-L. Nancy, The Ground of the Image (frz. *Au fond des images*, Paris 2003], übers. v. J. Fort, New York 2005 (Perspectives in Continental Philosophy; 51), 2. Die Fußnoten dieses Buches werden in den Hauptteilen jeweils neu gezählt und Rückverweisung auf schon zitierte Literatur erfolgt auch nur innerhalb der Hauptteile.

dann nicht mehr entscheiden, was man über ein solches Thema sagen möchte, oder auswählen, wie man mit einem Gegenstand umgeht. Denn die Grenze scheidet nicht länger ein mögliches Verhalten von einem anderen. Vielmehr rückt sie etwas gänzlich außer Reichweite, entzieht es der Kommunikation und dem Zugriff des Handelnden.

Das Bilderverbot ist kein Verbot innerhalb der Ordnung, die manches erlaubt und anderes ausschließt, sondern repräsentiert den Konstitutionsgrund der Ordnung. Es lässt sich deshalb nur verstehen, wenn man die spezifischen Grenzen in den Blick nimmt, die mit ihm jeweils markiert werden. Gerade darum ist es aber bemerkenswert, ja faszinierend, wie vielfältig und heterogen das Bilderverbot in seiner langen Auslegungs- und Rezeptionsgeschichte interpretiert wurde und zwar in Abhängigkeit von ganz unterschiedlichen Oppositionen, auf die sich die Ausschlussregel: „nicht dieses, sondern jenes" beziehen lässt und auf die sich eine Ordnung gründet. Ob das biblische Bilderverbot nur ein Bild *Gottes* oder alle Bilder überhaupt verbietet, ob es nur die Skulptur in ihrer dreidimensionalen Gegenständlichkeit oder auch Gemälde ausschließt, ob allein die Bilder auf dem Altar oder auch Wandbilder und Fußbodenmosaiken verboten sind, ob die Anbetung oder auch jede andere Verehrung negiert wird, setzt je bereichsspezifische Grenzverläufe kultureller Ordnungen. Diese differenzieren sich weiter aus, je nachdem, ob der Gegensatz von Geist und Leib, von Vernunft und Sinnlichkeit, von Unsichtbarem und Sichtbarem oder von Hören und Sehen formierend wirkt. Resultiert das Bildverbot gar aus der kategorialen Differenz zwischen Unendlichem und Endlichem bzw. (theologisch gesprochen) zwischen Schöpfer und Geschöpf, so vertieft sich die Kluft. Die ausgeschlossene andere Seite wird zum ‚ganz Anderen', das nur noch durch die

Art und Weise der Grenzziehung bezeichnet werden kann. Das Bilderverbot operiert auf der Schwelle zwischen alltäglichen Ordnungen und dem Außerordentlichen.[2]

Vor diesem Hintergrund ergibt sich die Aufgabenbeschreibung für eine Hermeneutik des Bilderverbotes und also auch für eine historische Verständigungsbemühung um die Art und Weise, wie es die religiöse Praxis und die ästhetischen Traditionen unterschiedlicher Kulturen prägte, sich an den Grenzen zu orientieren, die mit ihm jeweils gesetzt sind.

Im Blick zu behalten ist nämlich, dass es sich nicht um irgendein Verbot handelt, das der göttliche Gesetzgeber neben anderen Geboten und Verboten auch noch erlassen hat. Die theologische Virulenz des Bilderverbotes liegt vielmehr darin, dass es in ihm um die Gottheit Gottes selbst geht, um Gottes Transzendenz und Freiheit, um die Ausschließlichkeit, die sich im ersten Gebot als Selbstvorstellung JHWHs manifestiert („Ich bin der Herr, Dein Gott, der ich Dich aus Ägyptenland, aus der Knechtschaft geführt habe. Du sollst keine anderen Götter haben neben mir" [Ex 20,2 f.]), und die in der Opposition zum Bild („Du sollst Dir kein Bildnis, noch irgendein Gleichnis machen …" [Ex 20,4]) offenbar ihren präzisen Ausdruck (vgl. II 2) erhält. Der einzige Gott, der für den durch ihn Angeredeten infrage kommt, erweist sich im Ausschluss der Bilder als er selbst und zwar als schlechterdings transzendent. Allerdings lässt sich dieser *theologische* Sinn des Bilderverbotes *anthropologisch* motivieren: Der negative Kontrast zwischen Gott und Bild, wie auch immer er im

2 Diese Einschätzung schließt sich an Theoriebildungen von Luhmann und Waldenfels an. Vgl. nur N. Luhmann, Die Religion der Gesellschaft, hrsg. v. A. Kieserling, Frankfurt am Main, 2000, 31 f.; 30 ff. sowie: B. Waldenfels, Hyperphänomene. Modi hyperbolischer Erfahrung, Berlin 2012, 358.

Horizont der oben genannten Differenzen verdeutlicht werden mag, muss ja nur deshalb betont und die Abständigkeit zwischen Gott und Abgott nur deshalb eingeschärft werden, weil der Adressat der göttlichen Selbstpräsentation dazu neigt, beide zu verwechseln. Was *sub specie Dei* als schlechterdings verschieden gilt, kann *sub specie hominis* so selbstverständlich offenbar nicht auseinandergehalten werden. Sonst bedürfte es keines Verbotes. Es ist folglich damit zu rechnen, dass die durch das Verbot gesetzten Grenzen genau deshalb gezogen werden, weil die variantenreich ausgegrenzte andere Seite für den Menschen etwas Verlockendes, Faszinierendes oder jedenfalls unmittelbar Plausibles hat. Solche Attraktivität des Bildes muss erklärt, es muss verständlich gemacht werden, worin die Lust des Menschen zur Grenzüberschreitung gründet, um die Massivität und Rigorosität des Verbotes zu verstehen. Das Maß seiner Einschärfung markiert, wie unwahrscheinlich es ist, dass der Mensch innerhalb der Grenzen der errichteten Ordnung verbleibt. Was also zeichnet das Bild aus, dass der Mensch es gern mit Gott vertauscht? Was bietet das Bild, so dass es verboten wird?

Eine Hermeneutik des Bilderverbotes muss daher das Phänomen der Bildlichkeit anthropologisch aufklären, will sie die Unbedingtheit des Verbotes theologisch nicht als eine Art Überreiztheit Gottes gegenüber ikonischer Konkurrenz erscheinen lassen. Die Reflexion auf die Grenzen und das jeweils durch sie Ausgeschlossene verbinden sich deshalb vor dem Hintergrund der religionsgeschichtlichen Aufklärung und der aktuellen exegetischen Forschung mit der Frage, warum der humane Umgang mit Bildern zum Paradigma für Grenzüberschreitung wird. Die Blickrichtung dieser Frage lässt sich freilich auch umkehren: Warum greift der Mensch als der notorische Grenzgänger, der er ist, warum greift das

Wesen, das zu einem Transzendenzbewusstsein fähig ist, gerade nach den Bildern oder nach dem einen Bild? Soll das biblische Bilderverbot die Differenz zwischen Gott und Mensch wahren, so ergibt sich seine Einschlägigkeit angesichts einer Grenzüberschreitung, die im Transzendieren das Transzendente verfehlen oder entstellen kann. Deutungen des Bilderverbotes lassen sich folglich auch unter dem Gesichtspunkt voneinander abheben, was ihnen als Gefahr der Verwechslung jeweils ins Auge springt: Gründet sie in der Qualität des Bildlichen selbst, so fällt vom Verbot einer ikonischen Repräsentation Gottes ein Schatten auch auf alle anderen Bilder. Beruht sie dagegen ausschließlich auf einer menschlichen Schwäche und markiert ein Fehlverhalten im Umgang mit den Bildern, so ist nicht das Bild selbst, sondern unter Umständen allererst die menschliche Imagination die Quelle der Probleme. Doch vielleicht nicht einmal diese. Denkbar wäre auch, dass eine spezifische Art des Bildgebrauchs die imaginative Kraft des Menschen in die falsche Richtung lockt und lenkt, so dass weder die Bilder noch das Vermögen der Einbildungskraft, sondern allein eine fehlgeleitete Bild*praxis* erklärt, warum gerade an dieser Stelle die Grenze zum Außerordentlichen gezogen wird.

Eine Hermeneutik des Bilderverbotes hat also neben den exegetischen und religionsgeschichtlichen Fragen, die im ersten Teil bearbeitet wurden, und neben den bildwissenschaftlichen und anthropologischen Fragestellungen, die in beiden Hauptteilen präsent sind, auch systematisch-theologische Dimensionen, denen wir uns im Folgenden zuwenden. Natürlich sind diese unter sich wie auch mit den anderen Perspektiven verbunden, können und müssen aber in ihrer jeweiligen Fokussierung nacheinander betrachtet werden. In den folgenden systematischen Überlegungen wird sich zeigen, dass Auslegungen des Bilderverbotes mit Deutungen der Bilder, ihrem Repertoire an Repräsentationsformen und dem Bewusstsein für ihre Grenzen zusammenhängen, so dass sich die Hermeneutik des Bilderverbotes als Spezialfall einer Bildhermeneutik erweist.

2. Bilder der Macht

Das Bilderverbot wäre missverstanden, wenn man es für eine Angelegenheit allein der Religion, der Sonderwelt ihrer Rituale oder des Binnenraums von Tempeln und Kirchen hielte. Kultfragen sind vielmehr Machtfragen. An ihnen zeigt sich, wem Herrschaft und Freiheit gebührt, vor wem die Knie sich beugen, wer als Inhaber höchster Macht anzuerkennen ist und wie der Mensch dem zu entsprechen vermag, dem er das letzte Wort zutraut. Man unterschätzt das Phänomen der Liturgie und des gottesdienstlichen Handelns, wenn man ihren inneren Zusammenhang mit der Repräsentation von Herrschaft und also den Grundproblemen Politischer Theologie nicht in den Blick nimmt. Gehört zur Hermeneutik des Bilderverbotes ein Verständnis der Macht der Bilder, so verdeutlichen wir uns diese zunächst an den Bildern der Macht, in denen sich politische Herrschaft darstellt.

2.1 Herrschaftsrepräsentation

Kaum etwas verbindet die altorientalische Religionsgeschichte, in der das biblische Bilderverbot artikuliert wird, den römischen Kult der Kaiserideologie, dem sich die frühen Christinnen und Christen verweigerten, der aber später in die Bilderwelt der christlichen Kirche transformiert wurde, so sehr mit neuzeitlichen Souveränitätskonzeptionen wie die Angewiesenheit der Macht auf ihre Darstellung in Bildern, Skulpturen, Symbolen und anderen Medien. Die Statue des Kaisers, das Bild des Herrschers oder das Photo des Regenten manifestieren eine Ordnungsmacht, deren Präsenz an Sichtbarkeit, an die ikonische Repräsentation des Machthabers gekoppelt ist. In seiner Gestalt verkörpert sich der Anspruch letzter Souveränität, und dies in antiker und mittelalterlicher Königsideologie nicht weniger als in den Formen präsidialer Bildpolitik, wie wir sie in unseren Tagen bei Putin exemplarisch beobachten können. Macht ist auf Repräsentation angewiesen und findet ihr erstes Bild im Körper des Machthabers. Der Personenkult der Diktatoren pflegt das nur auf die Spitze zu treiben.

Schon der biblische Begriff *ṣælæm*, der die Auszeichnung des Menschen zum Bilde Gottes in Gen 1, 26 begründet, führt aufgrund seiner sprachlichen Verwandtschaft mit dem akkadischen Lexem *ṣalmu* auf die Funktion solcher Standbilder zurück, in denen sich Herrschaft im politischen Raum repräsentiert (s. o. II 3.2c)[3]. Das Bild dient als Medium der Macht, das diese vergegenwärtigt und darstellt, wenn der Machthaber selbst nicht anwesend ist und vor allem: nicht sein kann. Es besteht eine Affinität zwischen Bildern und Körpern (s. u. III 3), die es erlaubt, die Präsenz des Herrschers und seiner Ordnungsmacht zu verdeutlichen und glaubwürdig zu machen, also im Blickfeld der Handelnden auf das eigentliche Zentrum der Macht zu verweisen. Souverän ist, wer den Überblick behält und letztinstanzlich alles beobachtet, und eben

3 Vgl. K. Koch, Imago Dei. Die Würde des Menschen im biblischen Text (vorgelegt in der Sitzung vom 7. Juli 2000), Göttingen 2000 (Berichte aus den Sitzungen der Joachim-Jungius-Gesellschaft der Wissenschaften e. V., Hamburg; 18,4), 17 f.

dies soll im ganzen Herrschaftsbereich gesehen werden („Big Brother is watching you“[4]). Macht kontinuiert sich über die Bilder, in denen sie sich zeigt und die sie zugleich vertreten. Darum symbolisiert sich der Machtwechsel im Austausch der Bilder und der Sieg der Gegenmacht im Angriff auf die Darstellungsformen der Unterlegenen.

In den mesopotamischen, ägyptischen und römischen Herrschaftsordnungen gründete diese Erwartung an die Bilder in der Vorstellung, dass der Herrscher selbst ein lebendiges Bild des herrschenden Götterkönigs ist, den er vertritt.[5] Die Legitimität des Herrschers resultierte also nicht aus sekundärer äußerlicher Beauftragung – sozusagen einer ‚Privatperson‘ zur Amtsausübung–, sondern aus der Präsenz der im königlichen Leib einwohnenden oder von ihm Besitz ergreifenden Gottheit. Es war vor allem die Funktion der Gesetzgebung, an der sich das verdeutlichte: Wie der Gott die Wohlordnung der Welt, den *kosmos* (κόσμος), durch seine Herrschaft begründet und erschafft, so bewahrt, konkretisiert und veralltäglicht er diese in der Befehlsgewalt und im Machtspruch seines Repräsentanten. Dass der politische Herrscher Bild des königlichen Gottes ist, strahlt dann auf die Bilder aus, die von ihm gefertigt werden. Ihre Produktion oder zumindest deren Aufstellung ist selbst ein sakraler Akt.

Wenn der Kaiser im Römischen Reich (bei Gaius, Domitian und Aurelian) den Titel *dominus et deus* trägt, steht dies im inneren Zusammenhang mit dem Bilderkultus, durch den er als *divinus* verehrt wird. Die imperiale Macht ist selbst kultische Wirklichkeit, von deren öffentlicher Durchsetzung nur eine *religio licita* wie das Judentum ausgenommen ist.

4 Vgl. G. Orwell, Nineteen Eighty-Four, London 1949.

5 Vgl. Koch, Imago Dei (s. Anm. 3), 19 ff.

Im Blick auf sie wird toleriert, was sonst bei Todesstrafe abgewehrt werden muss: dass die der Herrschaft Unterworfenen in der Person des Herrschers nicht die Präsenz göttlicher Ordnungsmacht wahrnehmen und also seinem Bilde ihre Referenz erweisen. Bildverehrung ist Anerkennung des obersten Herrschers. Weil im Herrscher selbst Heiliges präsent ist, gehört dessen Bild in die Tempel und zu den Altären, in und an denen der Mensch seinem Gott dient. Vor seinem Bild wird dem Kaiser (so bei Augustus) das Opfer gebracht und die Proskynese erwiesen. ‚Sohn Gottes' ist der Hoheitstitel, der dem Herrscher zukommt und dessen Legitimität verbürgt. Dieser Titel war gewiss kein naturalistisch zu interpretierendes Wort, das physische Abstammung implizieren müsste, sondern ein religiös-politisches Symbol, das an der lebendigen Verkörperung des göttlichen Gesetzes und des höchsten Machtwillens orientiert war. Trotz zahlreicher Unterschiede zwischen griechischem Osten und lateinischem Westen gewinnt die politische Theologie in Gestalt der Zivilreligion des Kaisertums ihre signifikante kultische Ausprägung im Bild des Herrschers. In ihm ist jene Macht präsent, der sich der Herrscher selbst verdankt.

Als das Christentum unter Konstantin zur Staatsreligion wurde, verlor die Vielfalt polytheistischer Göttergestalten, -statuen und -bilder ihre öffentliche Bedeutung und Signifikanz. Ein Bild aber blieb trotz aller Anpassung der Religionskultur an den biblischen Gott so stark, dass es sowohl die Darstellung Jesu fortan prägen wie auch dem christlichen Kaiser den Titel *divus* erhalten konnte: das des Imperators als Weltherrscher, in dem sich die höchste Macht inkorporiert[6] oder gar inkarniert (vgl. dazu Bild 1 *Christus Pantokrator,* S. 321).

---

6 Vgl. A. Besançon, The Forbidden Image. An Intellectual History of Icono-

2.2 *Königskörper und Königsbild*

Von dieser Vorstellungswelt bleibt auch die Politische Theologie des Mittelalters geprägt. Im König war – wie Kantorowicz gezeigt hat[7] – die alle Ordnung begründende *dignitas* in der Weise verkörpert, dass ihr transzendenter göttlicher Charakter sogar die Sterblichkeit des Königs absorbieren konnte. Bei dessen Tod wurde ein Bild des Königs eingesetzt, das während des Interregnum als Träger der Herrschaft betrachtet wurde und so die Kontinuität des Königtums (‚Der König ist tot. Lange lebe der König') verbürgte. Im Tod tauschen Leib und Bild ihre symbolische Prägnanz: Das Bild vertritt (während der Leib des Herrschers zerfällt) die lebendige Macht des Königtums, bis ein neuer Herrschaftsträger eingesetzt war (der bezeichnenderweise dem Bild nicht begegnen durfte, das im Rahmen seiner Inthronisierungszeremonie denn auch verbrannt wurde)[8]. Dem Herrscher kam auch in seiner bildlichen Darstellung (*in effigie*) rituelle Verehrung zu, so dass die getreue Darstellung des königlichen Körpers, etwa auf dem Sarg des Verstorbenen, die Vergänglichkeit des indivuduellen Körpers verdeckt. Das Bild manifestiert die Präsenz wahrer Herrschaft, indem es den Blick auf das Todesschicksal des Divinitas-Trägers verstellt. Es entzieht gleichsam das immerwährende Königtum der Zeit, die über die Physis des Königs rücksichtslos herrscht.[9] Das Bild vertritt den unverweslichen,

clasm (frz. *L'image interdite. Une histoire intellectuelle de l'iconoclasme*, Paris 1994), Chicago 2000, 2; 57 ff.: 61.

7 Vgl. E. H. Kantorowicz, The King's Two Bodies. A Study in Mediaeval Political Theology (dt. Übers. v. W. Theimer), Princeton 1957, 314 ff., 407 ff.

8 A. a. O., 419 ff., 428 ff.

9 Zum Zusammenhang der von Kantorowicz beschriebenen Praxis und eines qualifizierten Begriffs der Repräsentation vgl. H. Bredekamp, Tho-

unsterblichen, weil göttlichen Gegenhalt der Ordnung, der das Schicksal des jeweiligen Herrschers überdauert und von diesem nicht mitbetroffen ist. So ist der Körper des Königs auf doppelte Weise präsent: als Bild und als Leichnam (*body*). Aber genau diese Doppelung repräsentiert die göttliche Majestät als eine, die im Machthaber wohnt.[10] Für die kurze Zwischenzeit des Machtwechsels tritt so auseinander, was im Leben des Königs zusammenfällt: die Einheit von göttlicher Macht und menschlich-irdischer Existenz. Macht manifestiert und behauptet sich im Sichtbaren, indem das Bild im Kult (in der normalen Referenz wie im Tod) an die Stelle der Person tritt. Denn gerade im Bild wird anschaulich, dass der König nicht als individuelle Durchsetzungsgewalt, nicht als ein von seinen Privatinteressen gesteuerter Willkürherrscher, sondern als Repräsentant göttlicher *dignitas* agiert hat. So trotzt das Königtum im Medium des Bildes dem Tod, der den Körper des Königs nicht als ohnmächtig erweisen kann. Die Gestalt des Königs bleibt transparent für die Herrschaft, die dieser ausübt. In ihm manifestiert sich Göttliches, das wesentlich, also per definitionem, unsterblich ist und sich dem Tod kraft des Bildes entzieht.[11]

Die unserem neuzeitlichen Verständnis eingeschriebene Differenz zwischen Bild und Sache, zwischen dem bildlichen und dem realen Körper des Königs, vermag die Eigenart des mittelalterlichen Königtums so wenig zu erfassen wie Differenzen zwischen *figura*, bloßem Zeichen, und wahrem Leib des Herrn die traditionelle Auslegung der sakramentalen

---

mas Hobbes. Der Leviathan. Das Urbild des modernen Staates und seine Gegenbilder. 1651–2001, Berlin 2006, 100, 106.

10 Vgl. Kantorowicz, Bodies (s. Anm. 7), 424 f.

11 Vgl. a. a. O., 419 f.

Wirklichkeit im Abendmahl. Weder die Königsideologie noch die Abendmahlstheologie, weder der königliche Ritus des Bildgebrauchs noch die Einsetzung des Sakramentes lassen sich nach Maßgabe einer nominalistischen Deutung der Bilder und Zeichen begreifen. Der Zusammenhang beider Themenfelder ist dabei alles andere als zufällig. Es geht übrigens hier wie dort um eine *Realität*, die ganz und gar in Repräsentation besteht, und um Konsequenzen aus einem Inkarnationsgedanken, der in beiden Bereichen – in unterschiedlicher Akzentuierung aber nicht ohne innere Beziehung – im Hintergrund steht. So ist denn auch der ‚Leib Christi' genauso sehr zugleich das Brot des Altars wie die Einheit der dieses Brot empfangenden Kirche (*corpus mysticum*) und der ‚Politische Körper' genauso sehr der Leib des Königs wie Einheit der seiner Herrschaft unterstellten Glieder (*corpus politicum*).[12]

Dass sich also der römische Kaiser als „deus in terris" bzw. als „deus praesens"[13] verstehen konnte und vor allem verstanden wissen wollte, gewinnt im Zusammenhang seiner bildlichen Repräsentation allererst Prägnanz. Insofern ging es im Investiturstreit nicht allein um Machtfragen zwischen Papst und Kaiser um den Vorrang im Reich, sondern zugleich um konkurrierende Theologien der Repräsentation Gottes. Ob Gott im Bild des Herrschers oder in der priesterlich-sakramentalen Macht am ursprünglichsten zur Darstellung kommt, war eine entscheidende Frage im Streit zwischen geistlicher und weltlicher Ordnung. Der innere Zusammenhang beider Repräsentationsformen wird von Thomas von

12 Zum Zusammenhang zwischen der theologischen Diskussion um die Realpräsenz des Leibes Christi im Abendmahl und der Veränderungen in der Prägnanz politischer Repräsentationsverhältnisse vgl. a. a. O., 88 ff., 101 ff., 194 ff.

13 Vgl. a. a. O., 92.

Aquin ausdrücklich hervorgehoben, wenn er behauptet: „Et ideo quando ipse Christus in propria specie a discipulis discessurus erat, in sacramentali specie seipsum eis reliquit; sicut in absentia imperatoris exhibetur veneranda ejus imago. / Und als nämlich Christus selbst in seiner eigenen Gestalt von den Jüngern zu scheiden im Begriff war, hinterließ er sich ihnen selbst in sakramentaler Gestalt; wie in Abwesenheit des Kaisers geboten wurde, dessen Bild zu verehren."[14] Auf diese Beziehung zwischen Bild und Sakrament ist noch zurückzukommen (s. u. III 6.7).

Das Bild des Kaisers vergegenwärtigt den abwesenden Herrscher, es partizipiert an jener göttlichen Macht, die ihn selbst erfüllt. Die Macht des Bildes, die Proskynese bzw. Verehrung und Opfergaben begründet, ist abkünftig von Verkörperungs- und Inkarnationsvorstellungen, die im Herrscher anheben und auf sein Bild ausstrahlen und so in der Kontinuität einer einzigen Kraftsphäre Repräsentation und Repräsentiertes verbinden (vgl. ganz analog zu den Kultbildern des Alte Orients II 1.1b).

2.3 Bilderverbot als Machtkritik

Kam es in der mittelalterlichen Politischen Theologie auf die Harmonie zwischen der politischen Repräsentation des Weltregenten als Schöpfer und Gesetzgeber und der sakramentalen Repräsentation Christi (des Sohnes, dem alle Macht übergeben wird) an, so bestand zwischen frühem Christentum und imperialem Kult Roms die Konkurrenz des Entwe-

---

14 T. von Aquin, Summa theologiae III q. 73, art. 5. Vgl. J. Imorde, Präsenz und Repräsentanz. Oder: die Kunst, den Leib Christi auszustellen (Das vierzigstündige Gebet von den Anfängen bis in das Pontifikat Innocenz X.), Emsdetten (u. a.) 1997, 17 f.

der/Oder von Kaiseranbetung oder Christusbekenntnis. Als das junge Christentum den Schutz einer messianischen Bewegung innerhalb der jüdischen *religio licita* verlor, fand es sich in einer Situation vor, an der erkennbar wird, dass und warum der „Sinn des Bilderverbotes [...] im [...] Kern politisch"[15] ist. Das Bilderverbot wehrt im Kontext der Herrschaftsrepräsentation nicht dem Anschaulichen und Sinnlichen, sondern der Macht, die sich im Bild und durch es als unsterbliche Größe, als ein Letztes und Höchstes vergegenwärtigt und sich so zu behaupten sucht. Es wird daher als kritische Zurückweisung der (Selbst-)Inszenierung politischer Macht zu denken sein, wenn es in der Mischna zur folgenden Explikation des Bilderverbotes kommt: „Alle Bilder sind verboten, weil sie einmal im Jahr verehrt werden – Worte Rabbi Me´irs. Und die anderen Gelehrten sagen: es ist nur jedes Bild verboten, in dessen Hand ein Stab, ein Vogel oder eine Kugel ist. Rabban Schim´on ben Gamli´el sagt: Jedes Bild, in dessen Hand irgendeine Sache ist, ist verboten."[16]

Das Geflecht der Argumentation führt von den Bildern als solchen zu den Insignien der ägyptischen, hellenistischen und römischen Herrscher (die beispielsweise einen Hirtenstab in der Hand halten) zu einer allgemeinen Kritik aller Formen machtvollen Zugriffs und ihrer Verherrlichung. Das Bilderverbot wird also auch hier vor dem Hintergrund

---

15 J. Assmann, Mosaische Unterscheidung oder der Preis des Monotheismus, München (u. a.) 2003, 60; vgl. K. Müller, ‚Bilderverbot' oder: wie ein theologisches Missverständnis zum philosophischen Mythos wird, in: Die Zehn Gebote: Ein widersprüchliches Erbe?, hrsg. v. H. Joas, Köln (u. a.) 2006 (Schriften des Deutschen Hygiene-Museums Dresden, 5), 33–46: 36.

16 A. Deuber-Mankowsky, Repräsentationskritik und Bilderverbot, in: Babylon: Beiträge zur jüdischen Gegenwart, Bd. 22, Frankfurt am Main 2007, 109–117: 115.

des antiken Herrscherkultes gelesen und auf den Zusammenhang von Macht und Repräsentation bezogen. Wo immer dieser Zusammenhang nachwirkt oder sich fortschreibt, kann sich die Rezeption des Bilderverbotes als ikonoklastische Machtkritik konkretisieren.

3. Bild und Leiblichkeit

Wer das Bilderverbot begründet, der rechtfertigt oder erklärt es oft mit charakteristischen Eigenschaften der Bilder, die normative Grenzziehungen verständlich erscheinen lassen sollen. Unter diesen Eigenschaften spielt Leiblichkeit, also eine besondere Affinität von Bild und Körper, eine zentrale Rolle. Bilderfeindschaft und Bildersturm erscheinen darum als Ausdruck einer spezifischen Leibfeindlichkeit bestimmter Religionen, wie Nietzsche im Blick auf Juden- und Christentum diagnostizierte. Als „Platonismus für's ‚Volk'"[17] etabliere das Christentum einen metaphysischen Dualismus zwischen Geistig-Seelischem und Leiblich-Sinnlichem (*mundus intelligibilis, mundus sensibilis*) und damit eine Zwei-Welten-Theorie, die auf Abwertung und Verachtung des Leibes gestimmt sei. Ihren positiven Ausdruck bzw. ihre systematische Begründung finde solche Religion darin, dass sie ihren eigenen höchsten Gegenstand bildlos denke und entsprechend verehre. Kurz: Gott muss bildlos verehrt werden, weil er körperlos zu denken ist. Entsprechend heißt es bei Hans Belting, einem der eindrücklichsten Bildwissenschaftler: „Daß die Juden sich weigerten, ihren Gott im Bild anzuschauen, bedeu-

[17] F. Nietzsche, Jenseits von Gut und Böse. Vorrede (1885), KSA, Bd. 5, hrsg. v. G. Colli u. M. Montinari, 12.

tete, daß sie ihm, der keinen Körper besaß, auch keinen Körper machen wollten."[18]

Die oben vorgetragenen exegetischen Überlegungen und Beobachtungen haben den Schluss auf die Leiblosigkeit JHWHs bestritten (s. o. II 3.2.a), und die systematischen Überlegungen zu dieser Frage sind nun darzustellen.

3.1 Leiblosigkeit Gottes?

Die gerade zitierte Behauptung Beltings ist jedenfalls insofern zutreffend, als die christliche Bilderkritik dieses Motiv in der Tat häufig zur Geltung bringt. So provoziert und rechtfertigt Andreas Bodenstein von Karlstadt (1486–1541) den Wittenberger Bildersturm 1522 in seiner Schrift ‚Von Abthuung der Bilder' mit der doppelten Begründung, alle Bilder seien auf das Fleisch bezogen und dieses sei gemäß biblischem Urteil bzw. in Übereinstimmung mit dem Herrenwort, „nichts nütze"[19] (unter Verweis auf Joh 6,63, einem Text, der ja auch in der Abendmahlsdebatte zwischen Zwingli und Luther zentral wurde). Das kult- und tempelkritische Wort desselben Evangeliums, Gott sei „im Geist und in der Wahrheit anzubeten" (Joh 4,24), wird mit der Kluft zwischen Geist und Fleisch begründet und als Front gegen die Äußerlichkeit und Werkgerechtigkeit der zeitgenössischen Papstkirche in Stellung gebracht. Die Reformation, die vom äußeren Tun auf den (inneren) Glauben, vom verdienstlichen Werk – und insbeson-

18 H. Belting, Bild-Anthropologie. Entwürfe für eine Bildwissenschaft, Paderborn 2011, 176.

19 A. Bodenstein von Karlstadt, Von Abthuung der Bilder und dass kein Bedtler unter den Christen sein soll (1522), in: Flugschriften der frühen Reformationsbewegung (1518–1524), Bd. 1, hrsg. v. A. Laube (u. a.), Vaduz 1983, 105–127: 111 f.

dere der Messopferfrömmigkeit – auf das Wort und die reine Lehre umstellt, konkretisiere sich daher in der Entfernung bzw. der Verbannung der Bilder aus dem Raum, in dem sich der wahre Gottesdienst vollzieht und darstellt.[20] Dem ‚Abtun' des Fleisches, also der ‚Abtötung' des alten Adam, entspreche die Abschaffung des Bilder- und Götzendienstes und insofern die Erfüllung des alttestamentlichen Bilderverbotes durch eine Kirche, der es darum geht, das Gotteswort in seiner Reinheit wieder zur Geltung zu bringen.

Auch Calvin (1509–1564), der das Bilderverbot (anders als Luther) als zweites Gebot dem ersten Gebot zur Seite stellt, deutet es als wesentliches Merkmal einer Verehrung Gottes, die der Selbstvorstellung JHWHs („Ich bin der Herr, Dein Gott, [...] Du sollst keine anderen Götter haben neben mir", Ex 20,2 f.) von der Sache her entspricht. Das Bild sei verboten, weil Gott Geist ist, und also nicht im Fleisch angebetet werden könne und dürfe: Gott ist die höchste Majestät, weil und indem er der „Leiblose"[21] ist. Auf dieser Linie erklärt der Genfer Katechismus es zur Gotteslästerung, das Geistliche, Ewige, im Bild und damit in der Sphäre des Leiblichen fassen zu wollen. Die Entfernung der Bilder aus dem Gottesdienstraum wird in der Konsequenz dieser Äußerungen zum Merkmal reformierter Kirchen.[22]

---

20 Weil es Karlstadt allein um Bilder im Gottesdienst geht, ist es kein Selbstwiderspruch, dass ein Bild das Titelblatt „Von Abthuung der Bilder" ziert.

21 J. Calvin, Inst I/11,2: „[...] dass Gottes Majestät in ungeziemender und schändlicher Einbildung in den Schmutz gezogen wird, wenn er, der Leiblose, in körperlichem Stoff [...] dargestellt wird".

22 Vgl. I. Dingel, „Dass wir Gott in keiner Weise verbilden". Die Bilderfrage zwischen Calvinismus und Luthertum, in: Gott im Wort – Gott im Bild. Bilderlosigkeit als Bedingung des Monotheismus?, hrsg. v. A. Wagner (u. a.), Neukirchen 2005.

Die Linie der Argumentation wird bereits im spätantiken Christentum gespurt, wenn Eusebius von Caesarea (gest. 339) im beginnenden Streit um die Legitimität einer bildlichen Darstellung Jesu nicht nur abstrakt mit der Geltung des Bilderverbotes und dann konkret mit der Wesenseinheit von Vater und Sohn argumentiert, sondern das Verbot insbesondere mit der Behauptung begründet, seit dem Ostermorgen habe der Auferstandene alles Sterbliche überwunden und alles Körperliche abgestreift. Es bleibe daher nichts zu malen übrig.[23] Das Votum zeigt, dass Körperlichkeit als immanente Bestimmtheit von Bildlichkeit gedacht wird und zwar sowohl hinsichtlich der Materialität des Bildes, das aus Farben und Formen besteht, als auch hinsichtlich der Gegenstände, die es abbildet: Alles, aber auch nur das, was Körper ist, kann Bild werden. Es besteht insofern Koextensivität zwischen Bildlichkeit und Leiblichkeit. Das bildtheoretische Gefälle dieser Argumentation lautet: „[A]lle Bilder gleichen einander darin, daß sie Körpern gleichen."[24]

In der Folge erweitert sich das Bilderverbot über eine strikt monotheistische Fassung hinaus: Nicht nur Gott selbst, sondern auch das himmlische Personal, also die Engel und heiligen Mächte, dürfe nicht bildlich dargestellt werden, ja auch sie könnten ihrem Wesen nach nicht im Bild repräsentiert werden, weil sie als körperlos zu gelten haben. Das behauptet jedenfalls Epiphanios von Salamis (gest. 403), der an einer Kirchentür einen Vorhang mit einer bildlichen Darstellung abgerissen hatte und solche Sachbeschädigung mit Darlegungen rechtfertigte, die einen Rückfall ins Heidentum, einen Widerspruch zur Schrift und einen Verstoß „contra reli-

23 Vgl. Eusebius von Caesarea, Brief an Constantia (MPG 20, 1545–1549).

24 Belting, Bild-Anthropologie (s. Anm. 18), 177.

gionem nostram"[25] diagnostizierten. In seinen Darlegungen besteht das zentrale Argument im Verweis auf die Unfassbarkeit Gottes – der *akatáleptos* (ἀκατάληπτος) genannt wird – im Unterschied zu allem, was Körper und also in dem Maße ausgedehnt ist, in dem es wesentlich von Grenzen umschlossen bleibt.[26] Gott kann in Grenzen und Begrenzungen nicht gefasst, vom Endlichen nicht eingeschlossen werden und ist darum körperlos und folglich jedem Bilde überlegen. Ähnlich spricht sich auch Gregor von Nazianz (gest. 390) gegen *Christus*bilder mit der Begründung aus, der inkarnierte Logos sei der göttlichen Unvergänglichkeit teilhaftig.[27] Dem Gegenargument, dass der ins Fleisch gekommene Logos jene Menschlichkeit und Körperlichkeit angenommen habe, die der Gegenstand der Maler sei, entgegnet Asterios von Amasea (gest. um 410), es sei dem Logos genug zugemutet worden mit der einen *kenosis* (κένωσις), mit der er sich uns gleich machte – da solle man ihn nicht noch einmal und noch weiter erniedrigen, indem man ihn malend ins Sinnlich-Leibliche herabziehe.[28]

3.2 Negative Bewertung der Leiblichkeit

Obwohl sich andeutet, dass Sinnlichkeit als Schmach, Leiblichkeit als Schmutz und eine sinnlich-bestimmte Existenz als in jeder Hinsicht theologisch defizitär gedacht ist, sollte –

---

25 Epiphanios von Salamis, Brief an Johannes von Jerusalem (= Hieronymus, CSEL 54, 411). Meine Darstellung folgt K. Wessel, Dogma und Lehre in der Orthodoxen Kirche, in: HDThG, Bd. 1, hrsg. v. C. Andresen, Göttingen 1982, 284–405: 289.

26 Epiphanios von Salamis, Fragmente 12, 14 u. 22 (Die Schriften des Epiphanios gegen die Bilderverehrung, hrsg. v. K. Holl, in: Ders., Gesammelte Aufsätze, Bd. 2, Tübingen 1928, 351–387: 359, 361. Vgl. K. Wessel, ebd.

27 Gregor von Nazianz, Oratio in Pascha II, zit. n. K. Wessel, (s. Anm. 25), 290.

28 MPG 40, 167B; ich folge K. Wessel.

sozusagen gegen den heute selbstverständlichen Zeitgeist – das systematische Motiv im Blick behalten werden, das die Äußerungen fundiert. Es zielt (vor allem im Horizont der reformierten Theologie) auf den Kontrast zwischen der Unendlichkeit Gottes und der Begrenztheit alles Endlichen ab. Was leiblich-körperlich ist, besteht als solches innerhalb der Grenzen einer abgeschlossenen Gestalt und gilt insofern als unfähig, das Unendliche zu erfassen (*finitum per se ipsum non capax infinitum*). Endlichkeit ist nicht erst eine zeitliche Bestimmung des vergänglichen Körpers, sondern bereits ein Merkmal seiner Räumlichkeit, die in Grenzen besteht und als solche dem Unendlichen (ἄπειρον [*apeiron*]) unangemessen ist. Solange dieses Motiv zentral bleibt, wird man solcher Wahrnehmung des Körperlichen nicht direkt und unmittelbar Leib*feindlichkeit* nachsagen können. Anders verhält es sich jedoch, sobald mit ‚Leiblichkeit' eine bestimmte Art der Sinnlichkeit assoziiert wird, nämlich beispielsweise das Vermögen der Einbildungskraft bzw. der Phantasie, das zwar für Kreativität steht, aber als durch keine Regel gebändigt der Sphäre des Anomischen und Chaotischen zum Verwechseln ähnlich sieht. Solche Affinität zur Zügellosigkeit erregt Verdacht und färbt die Wahrnehmung der Einbildungskraft und des Körperlichen ein. Die Bilder werden dann nicht kritisiert, weil sie etwas abbilden, was man nicht abbilden kann oder darf, sondern weil die bildliche Darstellung als solche Kräfte freisetzt, die ein diszipliniertes, vernunftgesteuertes wie geistlich regiertes Leben ausschließen. Die Einbildungskraft steht nicht nur dem Sinnlich-Materiellen nahe, ihr Anspruch auf neue Schöpfungen beschwört die Vorstellung der Wiederkehr der Chaosmächte hervor. Dass die Maler aus ihrer eigenen Vorstellungskraft, der eine dies, der andere etwas anderes herausgreifen und so die Gestalt der Heiligen bilden (ἐξ ἰδιας αὐτῶν ἐννοίας μορφὰς τῶν αγίων ἄλλως καὶ ἄλλως ἀνατυποῦντες), ist darum bei Epiphanios von Salamis der Stein des Anstoßes, der den Vorwurf eines Rückfalls ins Heidentum und den Ruf nach einem Verzicht auf Bilder begründet.[29] Es sei die Einbildungskraft, die der Willkür Tor und Tür öffnet – wie sich ja auch die Phantasterei des Mythischen der Herrschaft des Logos entzieht.

3.3 Philosophische Bilderkritik (Platon)

An der Differenz von Mythos und Logos, von Phantasterei und rationaler Ordnung zeigt sich die Nachbarschaft der platonischen Bilderkritik. Bilder sind bei Platon (ca. 428–348 v. Chr.) gegenüber den gegebenen Dingen wie erst recht gegenüber dem in Wahrheit Seienden, also den Ideen, in der Hierarchie der Seinsordnung von niederstem Rang. Sie sind Abbildungen von Abbildungen, die nicht nur ab- und rückständig gegenüber der normativen Ordnung der Ideen sind, sondern von ihr als einer geistigen Ordnung auch definitiv getrennt bleiben. Gewiss sind die Ideen keine bloßen Gedankenkonstruktionen, sondern ihrerseits Gestalten, die die Seele einst ‚geschaut' hat,[30] aber der Zugang zu dieser Schau wird verstellt, wenn die Betrachtung sich in die Welt der Schatten und Bilder verstrickt. So verwirklicht der Demiurg durch Blick auf die Ideen die eine rationale Ordnung der Welt, während der Tischler in der Vielfalt der ihm gegebenen Materialien und in bemühter Orientierung an dem vorbildlichen Modell – so gut er kann und so gut es das Material erlaubt – die Idee eines Bettgestells realisiert. Der Maler dage-

29 Vgl. Epiphanios von Salamis, Schriften des Epiphanios gegen die Bilderverehrung, hrsg. v. K. Holl, fr. 24, 26; vgl. K. Wessel, 289 f.

30 Phaidros 250b.

gen steht am unteren Ende dieser Hierarchie der Macher, denn er produziert nur noch sinnliche Nachahmungen der Nachahmung.[31] Wie die Abbildungen erster Ordnung beim Handwerker gegenüber der Einheit der Idee als Vielzahl der vom Original abweichenden Erscheinungen auftreten, so sind die Abbildungen zweiter Ordnung, also die Bilder, nur noch schwankende Täuschungen, weshalb der Unwissende leicht auf sie hereinfällt und Augenwischerei bzw. *trompe l'oeil* nicht erkennt. Ganz an das Spiel der Schatten gebunden zu sein und statt der Wahrheit bloße Mutmaßungen über Wahrscheinlichkeiten austauschen zu müssen, ist das Schicksal der Gefangenen in Platons Höhlengleichnis – dem Inbegriff einer Situation totaler Simulation, gegenüber der nur noch Befreiung und Erkenntnis bzw. Befreiung durch Erkenntnis zu helfen vermag. Bemerkenswerterweise gehören zu den Gegenständen, die in Platons mythischen Erzählungen hinter den Gefesselten herumgetragen und deren Schatten auf die Wand projiziert werden, nicht nur Vasen und Gefäße aller Art, sondern vor allem auch: *andriantes* (ἀνδϱιάντες),[32] also Bildsäulen. Sie erzeugen die Schatten, deren Spektakel den Zugang zur wahren Wirklichkeit nach Platon geradezu blockiert. Denn die Bilder gaukeln eine Welt nur vor, deren wirklicher Bestand von ganz anderer Art ist.

Wenn Platon in Gorgias 463d die Rhetorik als *eidolon* (εἴδωλον) eines unverzichtbaren Teils der Staatskunst bezeichnet, dann attackiert er mit dieser Kennzeichnung die Sophisten, die an die Stelle der Erkenntnis des wahren Seienden sozusagen nur ‚Bildwissenschaft' setzen und ein Scheinwissen produzieren, das die Staatskunst nachäfft, in Wirk-

31 Vgl. Pol V, 597a.

32 Pol VII, 514c.

lichkeit aber die Polis verwüstet. Die Sophisten erzeugen Bilder (εἴδωλα [*eidola*]), indem sie Projektionsmechanismen konstruieren, während die wahre Erkenntnis vom Bild (εἰκών [*eikon*]) zur Realität führt und von der Höhle zur realen Welt aufsteigt.[33] Die Fesselung der in der Höhle Gefangenen verunmöglicht die Wendung des Kopfes als des obersten Organs der Vernunft und verhindert damit den Einblick in die wahren Verhältnisse und die wirklichen Ursachen. Insofern sind die Höhleninsassen *zugleich* an ihre Leiblichkeit *und* an die Qualität des Sensibel-Sensitiven gebunden. Beides bleiben ontologisch inferior gegenüber der ursprünglichen Bestimmtheit des Logos und also des Menschseins.[34]

Dieser negativen Einschätzung des Bildes widerspricht die im Dialog Timaios gegebene Deutung des Kosmos als eines vollkommenen *Abbildes des Urbildes* oder der Zeit als eines bewegten *Bildes* der Ewigkeit keineswegs. Denn nicht das Bild (εἰκών), sondern das Abbild eines Abbildes (also das εἴδωλον) ist der Bezugspunkt der platonischen Kritik.[35] Insofern kann der Gesichtspunkt der Manifestation, des Sichtbarwerden-Könnens, den Bildbegriff positiv bestimmen, weshalb der (mittlere) Platonismus und spätere Neuplatonismus den Bildbegriff zunehmend entsinnlichen und als Relationsbegriff fassen und würdigen können[36] (s. o. III 4.4). Dann eröffnen sich Bewertungen des Bildes und der bildenden Kunst, die den Gestus der Verwerfung hinter sich lassen können. Zu-

33 Vgl. H. Blumenberg, Theorie der Lebenswelt, hrsg. v. M. Sommer, Berlin 2010, 166; vgl. ders., Höhlenausgänge, Frankfurt am Main 1989, 113, 116.

34 Vgl. W. Hogrebe, Art. Bild, in: HWPh, Bd. 1, 913–919; vgl. auch Besançon, Image (s. Anm. 6), 29.

35 Vgl. H. Blumenberg, Ästhetische und metaphorologische Schriften, hrsg. v. A. Haverkamp, Frankfurt am Main 2001, 57.

36 Vgl. Hogrebe, Bild (s. Anm. 34), 913.

nächst jedoch bleiben Bild, Sinnlichkeit und Leiblichkeit der Sache nach verbunden und werden in Platons Philosophie genauso perhorresziert wie Mythen, Hirngespinste und Sophistik. Nie könnte Platon sagen, dass sich der Geist in seinen Bildern selbst voraus ist[37] oder dass eine Idee das Bild einer anderen Idee ermöglicht.[38]

3.4 Philosophische Kritik der Imagination (Descartes)

Dass die Erkenntnis genauso weit reicht, wie unsere Ideen klar und deutlich sind, und wie die Sinnlichkeit das menschliche Bewusstsein nicht mit Täuschungen und Irrtümern überschwemmt, bildet auch eine der zentralen Überzeugungen René Descartes (1596–1650). Seine *Meditationen über die Erste Philosophie*[39] zeigen, dass und wie der neuzeitliche Rationalismus die Reinheit des Denkens gegenüber der Sphäre der (Körper affinen) Einbildungskraft abzudichten sucht. In der zweiten Meditation vollzieht Descartes eine programmatische Ausschaltung der *imaginatio*, weil diese das Bewusstsein in Bilderwelten und damit in den Bereich der Körperlichkeit verstricke. Die Konstitution des *ego cogito* als *cogito me cogitare* setzt voraus, dass das Denken von allem abgezo-

---

37 Wie Blumenberg formuliert; vgl. H. Blumenberg, Paradigmen zu einer Metaphorologie (= Archiv für Begriffsgeschichte, Bd. 6 [1960], neu hrsg. u. komm. von A. Haverkamp, Frankfurt am Main 2013, 17). Eine freundlichere Platondeutung (die freilich Platon von Augustinus aus liest) bietet Kreuzer, der den logischen Ort des Bildes als eine materielle Erscheinung bestimmt, die Erkenntnis dessen gewähre, wovon sie Bild ist (ders., Was heißt es, sich als Bild zu verstehen?, in: Denken mit dem Bild, hrsg. v. J. Grave u. A. Schubbach, München 2010, 75–98: 79).

38 Vgl. Besançon, Image (s. Anm. 6), 29.

39 Vgl. R. Descartes, Meditationes de prima philosophia (1641). Lateinisch – Deutsch, hrsg. u. übers. v. C. Wohlers, Hamburg 2008, 47–68.

gen wird, was als Quelle möglicher Irrtümer das Subjekt in Zweifel stürzen könnte. Zu solchen Quellen zählen neben den Vorurteilen eines der Tradition nur angeschmiegten Denkens vor allem die vor Sinnestäuschung niemals gefeite sinnliche Wahrnehmung. Die ontologische Differenz zwischen *res cogitans* und *res extensa*, zwischen *mens* und *corpus*, zwischen Denken und Ausdehnung hängt mit dem Anspruch auf letzte Gewissheit und Wahrheit, auf ein unerschütterliches Fundament der Erkenntnis untrennbar zusammen, begründet Descartes doch mit seinem Argument für die Priorität des Bewusstseins dessen reale Unabhängigkeit vom Körper. Für das methodische Verfahren rationaler Letztbegründung folgt aus der wechselseitigen Unabhängigkeit von Denken und Körper, dass die *facultas imaginandi* bzw. die *vis imaginativa*[40] vollständig ausgeschaltet werden muss. Diese ist nach der sechsten Meditation *nihil aliud quam applicatio facultatis cognoscitivae ad corpus praesens* (VI/72), also nichts anderes als eine Anwendung des Erkenntnisvermögens auf die Körperlichkeit, die das Bewusstsein mit Bildern überschwemmt und es zum vorschnellen und also nicht durch Regeln kontrollierten Urteilen verführt (Med IV/55 ff. und V/68 f.). Die Einbildungskraft gehört nicht wesentlich zum Bewusstsein, also nicht zu ‚mir' als dem *ego cogito* (Med VI/73): *quae in me est, prout differt a vi intelligendi, ad mei ipsius, hoc est ad mentis meum, essentiam non requiri.* Sie *findet* sich nur in mir, bleibt aber abhängig von dem, was prinzipiell von mir verschieden ist: der Sphäre der ausgedehnten Dinge. Obwohl für das Bewusstsein, solange es sich in der denkenden Meditation hält, nichts unhintergehbarer ist als die unendliche Idee Gottes

---

40 Schon T. von Aquin definiert sie als eine, die sich *aliquod idolum rei absentis* formen kann (Summa theologiae Ia, q. 85,2; vgl. ders., De veritate I, a. 11).

(und obwohl nichts leichter und ursprünglicher als diese erkannt werden könne), tauscht das Bewusstsein beständig die Wahrheit des Unendlichen gegen den irrtumsanfälligen Bilderdienst der sinnlichen Wahrnehmung. In dieser Konstellation besteht die cartesianische Variante des Bilderverbotes. Wer dieses einhält, betritt den Weg einer auf den Gottesgedanken führenden meditativen Denkarbeit, die überhaupt erst eine methodisch operierende Wissenschaft freisetzt. Letztere kann sich dem Bereich der körperlichen Existenz zuwenden, insofern sie diesen mathematisch berechnet, also in rein rationalen Zahlverhältnissen erschließt. Eine solche Wissenschaft wird den menschlichen Leib als Maschine rekonstruieren, sich also mit den Körpern befassen, ohne dabei dem Bilderzauber und dem unmittelbaren Sinneseindruck zu verfallen.

Wenn Sinnlichkeit für das Erkenntnissubjekt vor allem die Gefahr der Täuschung heraufbeschwört, so liegt das auch daran, dass die endliche Vernunft des Menschen zu einer voreiligen Bereitschaft zu urteilen verführt wird. Letztere resultiert aus einem Willen, der die Sinne nur als Reiz und Anreiz kennt und im Spiel der Attraktionen nichts verpassen möchte. Es ist die Disproportionalität[41] von endlicher Vernunft und unendlichem Willen, die bei Descartes zur Quelle von Irrtum und Verfehlung des Menschen wird. Die Sinnlichkeit, den Willen oder den menschlichen Leib direkt zum Sitz und Ursprung des Negativen zu machen, also sozusagen eine gnostische Antwort auf die Frage nach dem Ursprung des Bösen zu geben, ist für den Begründer des neuzeitlichen Rationalismus

---

41 Vgl. P. Ricoeur, Die Fehlbarkeit des Menschen (Phänomenologie der Schuld I [= frz. *Philosophie de la volonté 1. L'homme faillible*], Paris 1960), Freiburg i. Br. 1971, 58, 95; 122f., 140.

genauso ausgeschlossen wie für Augustinus, der die Sünde ebenfalls nicht der sinnlichen Welt, sondern einem falschen Gebrauch, einer Unordnung zwischen dem, was der Mensch gebrauchen (*uti*) und dem, was er genießen (*frui*) kann, zuordnete.[42]

3.5 Verdrängung des Sinnlichen

Trotz solcher Vorsichtsmaßnahmen dürfte ein grundlegender Verdacht gegenüber allem Sinnlichen die protestantische Religionskultur stärker geprägt haben als die auf kategoriale Differenzen aufmerksame, die Kunst der Unterscheidung pflegende systematische Theologie es wahrhaben wollte. Bild, Leib und Sinnlichkeit im Zwielicht des Verbotenen miteinander assoziiert zu haben, prägt jedenfalls die kulturelle Wahrnehmung der Reformation, wo immer diese wesentlich als Wiederherstellung der ursprünglichen Reinheit der Kirche definiert wird. Das orientierende Muster ist eines der nach Gottes Wort reformierten Gemeinde, die um des Heiligen Geistes willen (und in Allianz mit Rationalismus und Spiritualismus) auf Distanz zur Sinnlichkeit der Bilder geht. Das Bilderverbot erscheint dann als Anweisung zu einem *vernünftigen* Gottesdienst, dessen prägende Kraft sich gerade darin beglaubigt, die ablenkende und verführerische Macht der Bilder zu neutralisieren. Reinigung und Abstraktion, Reformation der Kirche und Heiligung des Einzelnen lassen den Protestantismus ‚puritanisch' erscheinen. Ausrichtung auf das Wort als Abkehr von der Sinnlichkeit und als Erneuerung von Rationalität, stiftet ein Markenzeichen, das Schiller in ‚Maria Stuart' charakterisiert, wenn er Mortimer der festgesetzten Königin von seinem Bildungs- und Konversionserleb-

42 Vgl. Aurelius Augustinus, De Doctrina christiana I, 4, 4.

nis auf römischem Boden berichten lässt: „Ich hatte nie der Künste Macht gefühlt: / Es haßt die Kirche, die mich auferzog, / Der Sinne Reiz, kein Abbild duldet sie, / Allein das körperlose Wort verehrend. / Wie wurde mir, als ich ins Innre nun / Der Kirchen trat und die Musik der Himmel / Herunterstieg und der Gestalten Fülle / Verschwenderisch aus Wand und Decke quoll, / Das Herrlichste und Höchste, gegenwärtig, / Vor den entzückten Sinnen sich bewegte."[43,44]

Die Wirkungsgeschichte des Bilderverbotes wird bei Schiller als Verdrängung des Sinnlichen interpretiert. Die Rückkehr des Verdrängten treibt Mortimer zur Konversion, zur Verabschiedung eines Protestantismus, der ‚Reinheit der Lehre' sagt, aber ‚Entkörperung', ‚Körperlosigkeit' und Bilderfeindschaft meint. Insofern es in Schillers Szene zugleich um Marienbilder und also um die Schönheit der Jungfrau geht, ist der Zusammenhang auch sexuell konnotiert: Im Antagonismus von sinnlichem Bild, körperlosem Wort und Geist steht der weibliche Körper für das Begehren, das – nebst der blasphemischen Anbetung eines Götterbildes – zum charakteristischen Ausdruck von Sünde wird.[45] Dass durch Bilder

43 F. Schiller, Maria Stuart (1800/01), in: Ders., Sämtliche Werke in 5 Bänden, Bd. 2, hrsg. v. P.-A. Alt, München 2004, 549–606: 565.

44 G. Seibt hat anlässlich der Debatte, was Kandidaten des Hessischen Kulturpreises bei der Betrachtung Renis denken und vor allem schreiben dürfen – in Sonderheit, ob sie Kreuzesdarstellungen als „Gotteslästerung und Bilderdienst" bezeichnen dürfen – auf diesen Text aufmerksam gemacht (Art. „Ich könnte an ein Kreuz glauben", Süddeutsche Zeitung, 17. Mai 2010). – Was sich damals in einzelnen Zeitungsartikeln und öffentlichen Debatten bemerkbar machte und mir später beim Schreiben dieses Manuskripts vor Augen stand, hat inzwischen ein anderes Format gewonnen: vgl. jetzt: N. Kermani, Ungläubiges Staunen. Über das Christentum, München 2015, 63 ff. (in veränderter Fassung gegenüber dem Stein des Anstoßes).

45 Paulus argumentiert mit dem Bilderverbot, woran die spätere Unterschei-

erregte sexuelle Nebengedanken die Andacht und also die Konzentration auf die Lehre stören könnten, bereitete beispielsweise Zwingli besondere Sorgen: „Hie stat ein Magdalena so huerisch gemaalet, das ouch alle pfaffen ye und ye gesprochen habend: Wie könd einer hie andächtig sin, mäß ze haben? Ja, die ewig, rein, unversert magt und muoter Jesu Christi, die muoß ihre brüßt harfürzogen [...] Dört stat ein Sebastian [...] so junkerisch, kriegerisch, kuplig, dass die wyber davon habend ze bychten ghebt."[46]

3.6 Leib als Imago Dei?

Solche Abwehr des Sinnlichen als Interpretament des Bilderverbotes erzeugt Resonanzen in der Auslegung des biblischen Begriffs der Gottebenbildlichkeit (s. o. II 3.2c), insofern es ihr fraglich werden kann, in welcher Hinsicht der Mensch *imago Dei* zu heißen verdient. Wird Gott wesentlich als Geist gedacht, so scheint Anteilhabe am Geist (bzw. an der Sprache, der Vernunft, der Fähigkeit, alle Dinge beim rechten Namen zu nennen etc.) dasjenige zu sein, was den Menschen zum Bilde Gottes macht – nicht aber sein Körper und auch nicht

dung von Grundsünde (*peccatum originale*) und Tatsünde (*peccatum actuale*) anknüpfen könnte, wenn er schreibt: „Während sie sich für weise hielten, sind sie zu Narren geworden und haben die Herrlichkeit des unvergänglichen Gottes ausgetauscht gegen die Bilder von vergänglichen Menschen und Vögeln und vierfüßigen und kriechenden Tieren. Darum hat Gott sie auch [...] der Unreinheit preisgegeben, so dass sie aneinander ihre eigenen Leiber schänden" (Röm 1,22 f.).

46 Zit. n. P. Jezler (u. a.), Warum ein Bilderstreit? Der Kampf gegen die ‚Götzen' in Zürich als Beispiel, in: Bilderstreit. Kulturwandel in Zwinglis Reformation, hrsg. v. H.-D. Altendorf u. P. Jezler, Zürich 1984, 83–102: 88. Das biblische Gegenstück für solche Sorgen findet sich in der allegorischen Gestalt Oholibu, deren sexuelle Lust auf Chaldäer mit Turbanen und gegürteten Lenden nach Ez 23 durch Wandgemälde (in roter Farbe!) ausgelöst wurde.

die Leiblichkeit seines aufrechten Ganges, der freilich in der Antike als konstitutives anthropologisches Merkmal des Menschen galt. Die Frage, ob die *imago Dei* ihren sachgemäßen Ort allein in der Seele des Menschen oder (auch) in seinem Körper erhält, wurde deshalb in einer langen Auslegungstradition zugunsten des Primats der Geistseele beantwortet. Erst der Alttestamentler Ludwig Köhler (1880–1956) korrigierte diese Tradition im Anschluss an Paul Humbert (ähnlich auch schon in rabbinischer Auslegung) und erweiterte die Deutung mit dem Hinweis auf die „aufrechte Gestalt des Menschen“[47]. Die traditionelle Privilegierung von Geist und Vernunft wurde so selbstverständlich, dass die lutherische Orthodoxie selbst dort, wo sie andere Wege vor Augen hatte, rasch auf den üblichen Pfad zurückkehrte. So lässt Quenstedt die *imago Dei* durchaus „in corpore primi hominis“ hervorleuchten, aber dies gerade nur insofern, als dieser Körper des ersten Menschen vor dem Fall als ein nicht leidensfähiger und insofern auch leidenschaftsloser Körper erscheint. Es ist *impassibilitas*, kraft derer dieser Leib das Bild des unsterblichen Gottes sein darf.[48]

3.7 Leiblichkeit und Christologie

Nun lassen sich die Duale von Geist und Materie, Logos und Sarx, Rationalem und Sinnlichem, Ewigem und Zeitlichem, Gott und Welt, die sich in die Begründung des Bilderverbotes

47 Vgl. C. Westermann, Exkurs. Zur Auslegungsgeschichte von Gen 1,26–27, in: Genesis 1–11 (BKAT I/1, Neukirchen-Vluyn 1974), 203–214: 207; zur neueren Forschung (mit Lit.-Hinweisen) s. o. II.3.2c.

48 J. A. Quenstedt, Theologia didactiopolemica, Wittenberg 1685 (1691) II/7; zit. n. H. Schmid, Die Dogmatik der evangelisch-lutherischen Kirche. Dargestellt und aus den Quellen belegt, neu hrsg. v. H. G. Pöhlmann, Gütersloh ^{9}1979, 156.

einlagern, auch noch unter einem anderen Gesichtspunkt betrachten. Dieser erlaubt es, die bisher betrachteten Begründungsformen des Bilderverbotes und die Möglichkeiten seiner Rezeption neu und gegenläufig zu bewerten und eine, sozusagen genuin christliche, Theologie des Bildes zu eröffnen. Wie schon oben angedeutet, stellte die Christologie, in Sonderheit in ihrer Zuspitzung als Inkarnationstheologie, die stärksten Gründe bereit, um den Glauben an den zur Welt kommenden Gott, den Mensch gewordenen Logos, den das Neue Testament als „Bild des unsichtbaren Gottes" (εἰκὼν τοῦ θεοῦ τοῦ ἀοράτου, Kol 1,15) identifiziert, als einen Glauben zu denken, der diese Dualismen und folglich auch dem durch sie motivierten Bilderverbot die systematische Grundlage entzog.

Besteht die Erlösung darin, dass der Logos die menschliche Natur in allen ihren Dimensionen annimmt, dann scheint ‚Leiblichkeit' als Ende aller Wege Gottes[49] in einer Weise theologisch ausgezeichnet zu sein, dass jede prinzipielle Verächtlichmachung des Körpers nur noch als gnostische Irrlehre denkbar erscheint.[50] Insofern ist es sachgemäß, dass die theologische Rechtfertigung einer kirchlichen Bildpraxis auf die Christologie als Lehre von der Inkarnation des Logos zurückgriff, wann immer sie bildtheologische Grundsatzfragen berührte. Wer die Bilder aufgrund ihrer Sinnlichkeit und Korporalität ablehnte, sah sich dann dem Vorwurf ausgesetzt, eine doketische Christologie zu vertreten, also den Leib Jesu

49 In Entsprechung zur vielzitierten Bemerkung Oetingers vgl. J. C. Oetinger, Biblisches und Emblematisches Wörterbuch, Hildesheim 1776, 407.

50 Ich formuliere vorsichtig (‚scheint'), weil dieses Potenzial gerade an den Stellen nicht ausgeschöpft wird, auf die es ankommt. ‚Sinn für Leiblichkeit' begegnet in der Christologie und in der Abendmahlslehre, strahlt aber nicht auf die Anthropologie aus.

als bloßen Scheinleib anzusehen. Da eine solche Irrlehre Christus in einer Weise bestimmt, in der er weder als wahrer Mensch noch als Erlöser gedacht werden kann, verfehlt sie den Grundbegriff und das Selbstverständnis des Christentums.[51]

Jede Ermäßigung der Menschwerdung oder des Kreuzestodes zugunsten eines auf Distanz zur Leiblichkeit gestimmten ‚Geistgeschehens' ist daher abzulehnen. Was auch immer gegen die Zwei-Naturen-Lehre selbst eingewendet werden mag – in ihrer Ausrichtung auf das Bemühen, die Menschlichkeit Jesu ohne Abstriche zur Geltung bringen zu wollen, markiert sie einen unverzichtbaren Aspekt des christlichen Glaubens.

Jedoch wäre die Unterstellung voreilig, dieser in den Texten des Neuen Testamentes und der dogmatischen Entscheidungen der frühen Kirche zentrale Antidoketismus wirke sich alles in allem in einem ‚Sinn für die Sinnlichkeit', in einer Hochschätzung des Leibes und darin auch in einem Sinn für Bild und Bilder aus. Warum dem nicht so ist, muss gefragt werden. Eine naheliegende Antwort lautet, dass der christliche Antidoketismus sich im Heilsrealismus erschöpft und keine Rückkopplungen mit der Bewertung des Leibes freisetzt. Als systematische Sperre habe beispielsweise der Umstand gewirkt, dass die ausweislich der Vielzahl ihrer Stadien und Statuen körperbetonte hellenistische Kultur mit ihrem oft homosexuellen Gepräge aus der Perspektive alttestamentlich-jüdisch-christlicher Frömmigkeit als polytheistischer

51 Vgl. F. D. E. Schleiermachers Argument im Blick auf Doketismus und Ebionitismus als den beiden natürlichen, auf die Eigenart des Erlösers bezogenen Häresien des Christentums: Ders., Der christliche Glaube nach den Grundsätzen der evangelischen Kirche im Zusammenhange dargestellt (^{2}1830/31), § 25, KGA I.13,1, hrsg. v. R. Schäfer, Berlin/New York 2003, 169–172.

Sittenverfall erscheine, gegenüber dem das Bilderverbot als Identitätsmarker wirke. Auch bedeute Leiblichkeit in der Antike vor allem Vergänglichkeit und Sterblichkeit, wovon man befreit zu werden erhofft habe. Die christologische Hervorhebung des Leibes sei deshalb die Auszeichnung einer Ausnahme gewesen, deren Einzigkeit auf der Präsenz Gottes in Christo gründet, so dass ein produktiver Effekt für den menschlichen Körper als solchen oder im Allgemeinen nicht in den Blick komme. Zum oben schon notierten Vorwurf einer Liaison mit dem Platonismus (s. o. III 3) kann schließlich der Eindruck treten, das Abendmahl absorbiere die konstitutive Bedeutung des Leibes Christi, wodurch die rituelle und priesterliche Repräsentation ins Zentrum der Frömmigkeit gerate und ein Interesse am Leib und am Bild nachrangig bleibe.

3.8 Christentum als Körperkrise?

Dass die frühe Christologie ‚Somatologie' war, insofern sie für die Realität des Körpers Jesu und seines Leidens stritt, betont die ‚Bild-Anthropologie' Hans Beltings[52]. Sie interpretiert die Zusammenhänge zwischen Christologie und Bildtheologie im Lichte ihrer These einer grundlegenden Affinität von Bild und Leib. Kulturhistorisch lässt sich diese mit dem Hinweis auf den bemalten Körper und auf archaische Bestattungsformen begründen. Die Färbung des Körpers diente nicht nur Schutz-, Tarn- oder Abschreckungsgründen, sondern machte den Leib etwa durch die Symbolisierung des Blutes, sei es des Jagdtieres oder des Feindes, zum Bildträger und zur Darstellungsform. Die Bestattung der Toten vollzog sich als bildliche Inszenierung des Leichnams oder nahm mit Totenschädel

52 Vgl. Belting, Bild-Anthropologie (s. Anm. 18), 95.

und Totenmaske Bilder in Gebrauch, die Körper sind, bzw. Körper, die zu Körperbildern werden.[53] Die Einbettung aller Handlungen in Formen des Ritus verstärkt diese Bildlichkeit und verleiht der Visualisierung Performance-Charakter. Die Macht des Bildes, Abwesendes (in erster Linie die Verstorbenen) zu repräsentieren, die Scheu vor dem Bild als Scheu vor dieser Gegenwart der Ahnen, erst recht die im engeren Sinne magischen Bildpraktiken, beruhen auf solcher Affinität zwischen Bild und Leib. Die Macht über den Anderen ist Macht über sein Bild. Belting zufolge löste die jüdisch-christliche Religion innerhalb der antiken Kultur eine Krise des Körperbildes aus, von der er meint, sie verschärfe sich gegenwärtig im Übergang von der traditionellen Photographie zur beliebigen Manipulierbarkeit digitalisierter Bilder.[54] Zwar lassen sich die Pose, die vor der Kamera eingenommen wird, oder die Vielfalt der Formen, in denen Körper im Porträt transfiguriert werden,[55] als Belege einer basalen Beziehung zwischen Ikonizität und Leiblichkeit, zwischen Geste und Körper anführen, aber die Veränderung oder gar der Verlust der ursprünglichen Beziehung zwischen Bildlichkeit und Leiblichkeit, sei kulturell signifikant.

Die christologische Begründung der christlichen Ikone habe an diesem Prozess einen wesentlichen Anteil, denn sie mache Entkörperlichung geradezu zum Sinn ihrer Darstellungen.[56] Der ursprüngliche Zusammenhang von Bild und

53 Vgl. a. a. O., 34.

54 Vgl. a. a. O., 94, 108.

55 Ich nenne als ein aufschlussreiches Beispiel die Arbeiten von J. Coplans, wie sie in seinem Buch A Body, New York 2002, gesammelt sind. Bei Coplans kann die Pose zur Posse werden, der Körper wird im Bild beschnitten und sein Gesicht unterliegt einem Photographieverbot.

56 Vgl. Belting, Bild-Anthropologie (s. Anm. 18), 95 ff.

Leib werde „vom Widerspruch des Christentums gegen den Anthropozentrismus der antiken Welt" gelockert und zugunsten „des einen und körperlosen Gottes der jüdischen Tradition"[57] entschieden. Die besondere Auszeichnung des Körpers Jesu verschärfe die dualistischen Tendenzen, weil allein derjenige Körper das Recht der Bilder begründe, der nichts anderes als Bild des unsichtbaren Gottes ist.[58]

3.9 Zwischenfazit

Das Bilderverbot ist nicht nur in die historischen Kontexte der altorientalischen Religionsgeschichte einzuzeichnen, sondern auch im Zusammenhang seiner Auslegungsgeschichte und der in ihr sedimentierten Einstellungen zu betrachten. Dann zeigt sich, dass es als Formativ wirkt, das die Glaubensvorstellungen insgesamt organisiert. Seine prägende Kraft zeigt sich nicht am ursprünglichen Sinn, der in unterschiedlichen Textschichten präpariert werden kann, sondern an den Konstellationen, auf die es trifft und den Resonanzen, die es auslöst. Das zeigt sich am Phänomen der Leiblichkeit mit besonderer Schärfe. Die Bedeutung des Bilderverbotes ist noch nicht hinreichend verstanden, wenn man es allein im Horizont der Gotteslehre zu begreifen sucht und dabei die anthropologischen Konsequenzen, die es zeitigt, vernachlässigt (zur engen Verbindung von Theologie und Anthropologie bereits im alttestamentlichen Bilderverbot s. o. II 2.3–4).

---

57 Ebd.

58 A. a. O., 96.

4. Bilderverbot, Monotheismus und negative Theologie

Letztendlich vollzieht sich der Übergang zum Monotheismus in der Religionsgeschichte Israels nicht als allmähliche Erweiterung und Entgrenzung des Partikularismus zugunsten eines Universalismus am Leitfaden der einen Vernunft, sondern in der Krise des babylonischen Exils (s. o. II 2.4a). In ihr sieht ein um seine Hoffnungen gebrachtes Volk seinen Gott gleichwohl nicht von anderen Göttern besiegt, sondern *sub contrario* handeln.[59] Indem die eigene Lage als Konsequenz von Gericht und Zorn Gottes betrachtet wird, erweist sich Gott als Souverän, der allein über die Ereignisse bestimmt. Erst mit dem Verlust des Tempels und des Königtums gewinnt der Glaube an den einzigen Gott, dem gegenüber alle anderen Götter sich als nichtig erweisen, vollends seine prägnante Gestalt. Tempel gab es im Kontext Babyloniens viele, und sie konnten unterschiedlichen Göttern gewidmet sein. Mit der Zerstörung des Jerusalemer Tempels und dem Abbruch der Verheißung erweist sich die Monolatrie als paradox. Sie konnte nur durchgehalten werden, indem sie sich in einer Art Achsendrehung in einen spezifischen Monotheismus transformierte. In dieser Situation wurden die Trümmer des Tempels im Horizont des Umstands so neu interpretiert,

---

59 So jedenfalls die Perspektive bei M. Noth, Geschichte Israels, Göttingen [8]1976, 229–232, und G. von Rad, Theologie des Alten Testaments [= ThAT], Bd. 2: Die Theologie der prophetischen Überlieferungen Israels, München [7]1980, 122–129. Auch wo die Rede von einem deuteronomistischen Geschichtswerk (das durch diese Ex-post-Deutung konstituiert sei) problematisiert wird und die vorexilischen Gerichtsansagen der Propheten im Kern für historisch gehalten werden, wird die formierende Kraft des Exils für die alttestamentliche Textsammlung nicht geleugnet.

dass in ihm das nicht zu finden war, was für den Kult der anderen Völker charakteristisch ist, nämlich ein Götterbild (s. o. II 1.1e mit II 2.4a). Das Verbot des Gottesbildes macht aus der Not eine Tugend und setzt, *spes contra spem,* die Gabe der Tora als Residuum, an dem man sich genügen lassen kann. Gott ist gerade darin einzig, dass er sich nicht in der Weise der Machtdemonstration anderer Götter zeigt, die in ihren Kultstätten und Bildern verehrt werden, weil sie sich siegreich erwiesen haben. Monotheismus und Bilderverbot gehören insofern sozusagen ‚zuhaufe'. Erst mit der schöpfungstheologischen Begründung des Monotheismus tritt zum Glauben an Bund und Erwählung der Spott einer quasi-rationalen Aufklärung hinzu, die sich über das Treiben anderer Völker mokiert, die ihr Herz an Abgötter und Götzen hängen, die niemandem zu helfen vermögen (s. o. II 2.2b).

4.1 *Hermeneutik des Bilderverbots als Hermeneutik der Gewalt*

Kann diese Vorstellung mit der Beobachtung gerechtfertigt werden, dass der Zusammenhang von Monotheismus und Bilderverbot erst nachexilisch zum prägnanten Kennzeichen alttestamentlich-jüdischer Religion wird, so erscheinen Ursprung und Eigenart des Bilderverbotes in einem anderen Licht, als wenn man beide aus einer Kultreform im Zeichen von Zentralisierung, Ordnungsvereinheitlichung und Machtkonzentration herleitet.[60] Nach Jan Assmann gewinnt das

60 Letzteres ist der Weg, den M. Brumlik, Schrift, Wort und Ikone. Wege aus dem Bilderverbot, Hamburg ²2006, 37 ff., in der Auslegung von 2 Chr 34 bzw. 2 Kön 22 f. unterstellt. Brumlik geht von dem Eindruck aus, die kritische Forschung habe diese biblischen Texte als historisch zuverlässig erwiesen (vgl. a. a. O., 38, 40). Vgl. zu den komplexen Verhältnissen II.2.4b2

Bilderverbot seine Funktion im Aufkommen sogenannter sekundärer Religionen, also von Stifterreligionen, die sich wesentlich als Affront gegen das konstituieren, was sie an (primären) Religionen vorfinden. Solche Gegenreligionen operieren revolutionär und berufen sich auf Offenbarung eines Gottes, die sie als gänzlichen Neuanfang begreifen. Nach Assmann gründet ein strenger Monotheismus nicht in der Differenz von Einheit und Vielheit, von Universalismus und Partikularität, sondern in der Leitunterscheidung von wahr und falsch.[61] Letztere verlangt, die vor oder unabhängig von der Offenbarung bestehenden Verhältnisse schlechterdings preiszugeben. Man könnte von einem ‚Monopolotheismus' sprechen, der die gegebene Vielfalt von Göttern der Botmäßigkeit des Einen unterstellt – markanter aber ist, dass er sich negativ (also abschließend) gegen die anderen Götter und also auch gegen deren Götterbilder verhält. Das Bilderverbot wird damit faktisch als Aufruf zur Kultreform interpretiert: ‚Du sollst die Bilder aller anderen Kulte zerstören'[62]. Die monotheistische Revolution etabliere eine Entscheidungsreligion des Entweder/Oder, die wesentlich Abkehr ist und sich darum gegen die anderen Götter und darin gegen deren Bilderkult richtet, hernach aber auch deren Anhänger verfolgt und schließlich renitente Bilderverehrer tötet. Die biblischen Urszenen eines solchen Monotheismus der Gewalt bilden das Massaker an den Baalspriestern (1 Kön 18) und die Zwangsscheidung von Ehen mit den Angehörigen sogenannter Götzendiener (vgl. Esra 9,1–4; 10,1–17).[63]

und M. Pietsch, Die Kultreform Josias. Studien zur Religionsgeschichte Israels in der späten Königszeit, Tübingen 2013.

61 Assmann, Unterscheidung (s. Anm. 15), 12 ff.

62 A. a. O., 87.

63 Dass Ex 22, 19 („Wer anderen Göttern opfert, der muß vom Leben zum Tode

Dass Mose Ägypter war (in der Weisheit der Ägypter erzogen, wie Apg 7,22 betont) und dass er den Monotheismus Israels stiftete, dessen präziser Ausdruck wiederum das Bilderverbot sei, wird schon von Freud in Zusammenhang gebracht mit der von Amenophis (später Echnaton genannt) ausgelösten Revolution der Armanazeit (Amenophis war Pharao von ca. 1370–1352).[64] Vorsichtiger als Freud unterstellt Assmann keine unmittelbare und direkte historische Beziehung zwischen dem in Ägypten alsbald totgeschwiegenen Pharao und der Tätigkeit des Moses in der Geschichte Iraels. Er sieht aber die Tiefenwirkung eines Traumas,[65] das ins kollektive Unterbewusstsein verdrängt wurde, bei Moses in aller Härte aufbrechen. Echnaton (dessen Sonnengesang erst 1884 wiederentdeckt wurde) hatte alle Bilder verbannt und alle Götternamen außer dem des einen Gottes Aton getilgt, also die erste,

gebracht werden") die älteste Fassung des ersten Gebotes sei, meinte G. von Rad (Theologie des Alten Testaments [= ThAT], Bd. 1: Die Theologie der geschichtlichen Überlieferungen Israels, München 1957, 216). Ein solcher Koeffizient schneidender Intoleranz sei dem JHWH-Kult von Anfang an eigen (ebd.) und summiere sich in der Rede vom eifernden Gott (Ex 20,5; 34,4 und Dtn 6,14). „Dieser intolerante Ausschließlichkeitsanspruch ist religionsgeschichtlich ein Unikum, denn die antiken Kulte waren gegeneinander duldsam und ließen den Kultteilnehmern freie Hand, sich zugleich auch noch bei anderen Gottheiten einer Segnung zu versichern" (a. a. O., 221). Zu Bedenken gegen eine Herleitung der „monotheistischen" Intoleranz aus uralten Wurzeln (s. o. II) vgl. auch F. Hartenstein, Monotheismus und Intoleranz. Überlegungen aus alttestamentlicher Sicht, in: Glaube und Lernen 26, 2011, 13–25.

64 S. Freud, Der Mann Moses und die monotheistische Religion. Drei Abhandlungen (1934–38), in: Ders., Kulturtheoretische Schriften, Frankfurt am Main 1974, 455–584: 475 ff.

65 Vgl. J. Assmann, Monotheismus und die Sprache der Gewalt, in: Das Gewaltpotential des Monotheismus und der dreieinige Gott (QD 216), hrsg. v. P. Walter, Freiburg i. Br. (u. a.) 2005, 18–38.

uns bekannte radikal ikonoklastische Kultreform durchgeführt. Ihr entspreche das alttestamentliche Bilderverbot als Ausdruck eines negativen Verhältnisses zur Welt, das die Ausrichtung an dem einen Gott (eventuell auch: an der diesen Gott repräsentierenden Priesterschaft) als Abkehr von aller Weltverstrickung versteht und vor allem umsetzt. Die Alternative zum Monotheismus sei daher nicht – so die ursprüngliche These – der Polytheismus oder die Rückkehr der Götter in ihrer pluralen Verfasstheit, sondern der Kosmotheismus (womit Assmann – kaum zufällig – einen von Jacobi geprägten Begriff des Pantheismusstreits des 18. Jahrhunderts aufnimmt)[66]. Der Glaube an den einzigen Gott sei Glaube an das Andere der Welt, an das jenseitige Eine, dem man sich nur um den Preis existenzieller Weltfremdheit[67] zugehörig fühlen könne. Solcher Bruch mit dem Gegebenen und anschaulich Vertrautem ist ein Gewaltakt gegenüber sich selbst, der sich in Gewalt gegenüber den Fremden, also gegen die Vertreter anderer Religionen, entlädt.

Die Deutung des Bilderverbotes, die der Ägyptologe Assmann durchaus mit Blick auf aktuelle religionskulturelle Krisenherde vollzieht, aktualisiert ein klassisches Interpretationsmuster, das Hegel in der *Phänomenologie des Geistes* eingeführt hat. ‚Der Kampf der Aufklärung mit dem Aberglauben' kehrt sich notwendigerweise in den ‚Schrecken' und in einen Terror der ‚absoluten Freiheit'.[68] Da die Aufklärung

---

66 Vgl. J. Assmann, Monotheismus und Kosmotheismus. Ägyptische Formen eines „Denkens des Einen" und ihre europäische Rezeptionsgeschichte (Sitzungsberichte der Heidelberger Akademie der Wissenschaften, Philosophisch-Historische Klasse, 1993,2), Heidelberg 1993.

67 Vgl. Assmann, Unterscheidung (s. Anm. 15), 137.

68 Vgl. G. W. F. Hegel, Phänomenologie des Geistes, Theorie-Werkausgabe, Bd. 3, Frankfurt am Main 1979, 400 ff., 431 ff.

alle Erscheinungsformen des Lebens an dem einen Maßstab des ihr selbst Verbindlichen auszurichten verlangt, die Diversität der Verhältnisse solchen Rigorismus aber nicht zulässt, mache sie mit allem Widerstrebenden kurzen Prozess: Die radikale Aufklärung vollende sich im Zeichen der Guillotine.[69] Entsprechend sei die monotheistische Aufklärung zugunsten der Herrschaft des Einen stets Gewalt gegen Andere. Gewalt und Ikonoklasmus[70] bilden die Rückseite des Monotheismus – und zwar unabhängig davon, welchen konkreten Namen der jeweils als einzig ausgerufene Gott trägt.

Es ergibt sich eine Hermeneutik des Bilderverbotes, in der es nicht länger um Leibfeindlichkeit geht, sondern gewissermaßen um Feindschaft als Leib, als Verkörperung der Wahrheit und ihrer Ansprüche. Von Haus aus eine gewaltförmige Struktur sei der Monotheismus wesentlich Angriff auf andere Kulturen und also nur als Bilderverbot ‚durchsetzbar'.[71]

Diese Interpretationslinie fortgesetzt müsste es heißen: Alles ist Bild, was sich der Herrschaft des Einen widersetzt. Das Interpretationsmodell ist so angelegt, dass es Differenzierungen zwischen Bilderverbot und Ikonoklasmus nicht zulassen kann. Darin liegt seine Grenze und wohl auch seine Schwäche.

---

69 Nach Assmann scheitert Echnaton als Aufklärer, aber dies nur deshalb, weil er wie die Französische Revolution auch noch die Herrschaft der Vernunft als Religionsstiftung zu inszenieren suchte; vgl. Assmann, Sprache (s. Anm. 65), 34.

70 Von εἰκών und κλάειν (*klaein*: zerbrechen).

71 Vgl. auch J. Hörisch, Der Sinn und die Sinne. Eine Geschichte der Medien, Frankfurt am Main 2001, 49.

4.2 *Hermeneutik des Bilderverbots als rationalistische Apologetik*

So kritisch postmoderne Autoren die diversen Spielarten eines Identitäts-, Totalitäts- oder Universalitätsdenkens betrachten, so emphatisch betonen Theoretiker der Moderne den achsenzeitlichen Zusammenklang von philosophischer Rationalität und jüdischer Religion, von griechischem und hebräischem Monotheismus. Der Glaube an den *einen* Gott erschien der Moderne als Bedingung, unter der allererst von ‚Vernunft (in) der Religion' gesprochen werden kann, und das Bilderverbot als Ausdruck eines Sinns für den Logos, für das Prinzipielle, Unendliche und Unbedingte. Dass der Polytheismus zwar Götter verehrt, aber aus der Vielfalt der Namen und Adressen den Begriff Gottes nicht gewinnt, also auch Gott nicht als Gegenstand des Denkens erkennt, zeige, dass sich solche Gottesverehrung noch auf einer niederen Stufe der Sinnlichkeit bewege, auf der die Verwechslung Gottes mit einem Gegenstand der Natur oder mit einer ihrer machtvollen Erscheinungsformen an der Tagesordnung ist. Der Polytheismus nistet in einem Wirrwarr letztlich unverbindlicher Kulte, das Bilderverbot ist dagegen Ausdruck eines sich ausformenden Selbstbewusstseins der Vernunft am Ort der Religion.

Die Einzigkeit Gottes, die nur denkend erfasst, nicht aber in einem endlichen und sinnlichen Gegenstand angeschaut werden kann, markiert die Grenzlinie zwischen Verworrenheit und Klarheit, zwischen Sinnlichkeit und Verstand. Das Bilderverbot ist insofern das Indiz einer ‚Religion der Vernunft aus den Quellen des Judentums'[72]. Zu letzterer gehört

[72] Man darf H. Cohen einen herausragenden Vertreter einer entsprechenden Deutung des Zusammenhangs von Monotheismus und Bilderverbot nen-

wesentlich der deuterojesajanische Spott über die Torheit der Götzenbildner, der die polytheistische Religionskultur im Namen von Tora und kritischer Aufklärung für überwunden erklärt (s. o. II 2.2b2). Das Bilderverbot mutiert zum Zeichen rationaler Kult- und Religionskritik im Namen des einen und wahren Gottes.

Beispielhaft für eine solche jüdische Aufklärung sei der Midrash Rabbah zitiert, der eine im Spannungsfeld von prophetischer Zeichenhandlung, Streitgespräch und maieutischer Befragung stehende Abraham-Anekdote überliefert. Sie präsentiert Abrahams Hinwendung zu dem wahren und einen Gott (die ja auch das muslimische Abrahambild bestimmt) nicht so sehr als Zerstörer von Götzenbildern, sondern vor allem als Vertreter einer List der Vernunft, die Chancen zur rechten Einsicht bietet und einem rationalen Leben auf die Sprünge hilft: „Rabbi Hiya, der Sohn von Rabbi Ada sagte, dass Terach [sc. der Vater Abrahams] ein Götzenanbeter (und Händler) war. Eines Tages musste er seinen Laden verlassen. Er vertraute ihn Abraham an. Ein Mann kam und wollte ein Idol kaufen. Abraham fragte ihn nach seinem Alter. Und dieser antwortete: ‚Fünfzig, vielleicht auch sechzig Jahre alt'. Daraufhin sagte Abraham: ‚Bemitleidenswert ist der Mann, der sechzig ist und Idole verehrt, die nur einen Tag alt sind'. Der Mann verließ verlegen den Laden. Dann kam eine Frau mit einer Opfergabe und forderte Abraham auf, sie den Idolen darzubringen. Abraham stand auf, nahm einen Stock, zerschlug die Idole und legte den Stock dem größten unter ihnen in die Hände. Als sein Vater kam und wissen wollte, was geschehen war, berichtet Abraham, er habe den Idolen die

---

nen; vgl. ders., Religion der Vernunft aus den Quellen des Judentums, Köln ²1959.

Gabe der Frau gebracht, aber jeder habe geschrien, er wolle als erster essen. Schließlich sei der größte aufgestanden, habe den Stock genommen und alle zerschlagen. Da sagte Terach: ‚Warum verspottest du mich? Können die Idole etwa sprechen und sich bewegen?' Abraham erwiderte: ‚Hören deine Ohren nicht, was dein Mund sagt?'"[73] Der Vater Isaaks wird hier zum feinsinnigen Aufklärer, der mit sokratischer Ironie kritische Fragen stellt und andere zur Reflexion zwingt (vgl. ähnlich auch schon die oben, II 2.2b1, zitierte Apokalypse Abrahams).

Eckhard Nordhofen hat vergleichbare Rezeptionsformen des Bilderverbotes „jüdische Aufklärung" genannt[74] und als Religionskritik *avant la lettre* beschrieben: „Die jüdische Aufklärung kritisiert das Selbermachen von Göttern und verdichtet diese Kritik" im Bilderverbot. Sie durchschaue das Götterbild „als Produkt menschlicher Vorstellungen, Bedürfnisse und Wünsche, modern gesprochen als Projektion"[75]. Im Grunde seien die Projektionstheorie Feuerbachs, die Religionskritiken Marx' und Freuds nur Varianten des „Grundgedanken[s] der jüdischen Aufklärung des Alten Testaments", und aufgrund dieser Affinität nenne Freud das Bilderverbot denn auch zurecht „einen Triumph der Geistigkeit über die Sinnlichkeit"[76]. Es sei folglich ein kurioses Selbstmissver-

73 Noah, 38/13; zit. n. B. Latour, Iconoclash (on the Occasion of the Exhibition "Iconoclash – Beyond the Image Wars in Science, Religion, and Art", ZKM Karlsruhe, 4. Mai – 4. August 2002), Karlsruhe 2002, 38.

74 Vgl. E. Nordhofen, Bilderverbot und jüdische Aufklärung, in: Zeitschrift für Didaktik der Philosophie (ZDP), 1/1993, 44–54.

75 Bilderverbot. Die Sichtbarkeit des Unsichtbaren, hrsg. v. E. Nordhofen, Paderborn (u. a.) 2001, 16 f.

76 S. Freud, Der Mann Moses und die monotheistische Religion, in: Ders., Kulturtheoretische Schriften (s. Anm. 64), 455–584: 559.

ständnis, wenn sich heutige Religionskritik auch gegen die jüdisch-christliche Tradition richte.[77] Unter dieser Perspektivierung ergibt sich ein Schulterschluss zwischen Theologie und Vernunft in Sachen Monotheismus bzw. eine Art Korrelation zwischen prophetischer Kult- und philosophischer Religionskritik. Das Bilderverbot verschafft der christlichen Apologetik einen Aufklärungsgestus, der markant zum Vorschein kommt, wenn Nordhofen an anderer Stelle über die ihr ‚Goldenes Kalb' produzierenden besinnungslosen Tänzer ausruft: „Wie dumm, wie verblendet müssen sie doch sein, wenn sie sagen: das sind deine Götter, die dich aus Ägypten geführt haben"[78] (zur exegetischen Sicht auf Ex 32 s. o. II 2.4b1).

Das Bilderverbot wird in dieser Interpretation zum Kennzeichen einer avancierten, fortschrittlichen und (selbst-)kritischen Religion, die die Atavismen primitiver Religionskulturen hinter sich gelassen hat. Erschien es oben unter dem Leitgegensatz ‚Geist versus Sinnlichkeit', so gerät es hier unter die Devise ‚Rationalität oder Schabernack'. Das delikate Grundproblem dieser Deutung darf man mit der Frage zusammenfassen, ob dieser Auslegungsvorschlag die Sache, die er zu interpretieren versucht, nicht hinterrücks aus der Welt schafft. Wenn nämlich das Bild so unverkennbar anachronistisch und der Bilderdienst, fortschrittsgeschichtlich gemessen, so vollständig überholt ist, dass man ‚dumm und verblendet' sein muss, um sich auf Bilder einzulassen, dann fragt man sich, warum es der Härte einer unnachlasslichen Konkurrenz, eines Kampfes um Gott oder Abgott, überhaupt bedurfte. So-

77 Vgl. Nordhofen, (s. Anm. 75), 10.

78 E. Nordhofen, Die Konkurrenz der Gottesmedien, in: Christusbild. Icon und Ikone. Wege zu Theorie und Theologie des Bildes, hrsg. v. P. Hofmann u. A. Matena, Paderborn (u. a.) 2010, 15–30: 17.

lange man das alttestamentliche Bilderverbot im Zusammenhang altorientalischer Religionsgeschichte zu verstehen sucht, sollte man das überlegene Lächeln des modernen aufgeklärten Zeitgenossen besser unterlassen und sich verdeutlichen, dass schon die biblische Polemik gegen Magie und Zauberei *nicht* aus der Überzeugung stammt, ein vernünftiger Mensch lasse so etwas bleiben, weil solcher Humbug ja doch nichts bewirke. Das mag zwar so sein, hat aber mit der hermeneutischen Aufgabe, ein *interpretandum* zu rekonstruieren, wenig zu tun. Bemüht man sich darum, dann muss geklärt werden, welche Angst Israel dazu verleitete, den Tod des Zauberers zu fordern – statt ihn einfach lächerlich zu machen.[79]

Das Paradigma einer solch rationalistischen Interpretation schlägt aus dem Bilderverbot zwar manchen Geistesfunken (und richtet sich gegen Mythos und Magie, Bilderglauben und Idole, Fetische und Amulette, gegen die Verehrung der Sterne wie der Stars), es vermag aber zur historischen Aufklärung so gut wie nichts beizutragen. Solche Auslegung produziert Deutungstypen, die ganz an die gegenwärtigen Diskurse adressiert sind. Wenn nämlich die Moderne ihren normativen Gehalt nur ausweisen kann, indem sie sich ihres Vernunftbegriffs versichert, so ist die Präparierung eines rationalen Kerns der jüdischen Prophetie (früher sprach man von deren sittlichem Ernst) vor allem ein apologetischer Erfolg. Mag der Fortschritt so rasant vorantreiben, wie er will – stets erwartet ihn das ‚Ick bün all hier' einer rationalen Religion.

---

79 Das Problem wird schon bei K.-H. Bernhardt, Gott und Bild. Ein Beitrag zur Begründung und Deutung des Bilderverbotes im Alten Testament, Berlin 1956, 109, präzise beschrieben.

4.3 Hermeneutik des Bilderverbots als Phänomenologie der Alterität

Ob das Bilderverbot für die Gewalt und Intoleranz der monotheistischen Religionen, für eine antizipierte Aufklärung oder gar im Schnittfeld beider für die Tyrannei des Universalismus steht, stets erscheint es als ein wesentliches Merkmal. Es ergänzt den Monotheismus nicht mit zusätzlichen Kennzeichen, sondern bringt seine Eigentümlichkeit auf den Punkt (so darf man die Gesamttendenz von Abs. II zusammenfassen). In diesem Sinne nennt Lévinas das Bilderverbot – in Forcierung der ersten mosaischen Tafel – „wahrhaftig das höchste Gebot des Monotheismus“[80]. Das kann gesagt werden, insofern das Verbot der Bilder als Fremdgötterverbot verstanden wird (s. o. II 2.3), ist aber bei Lévinas noch prinzipieller gemeint. Denn für Lévinas unterbricht es die Ordnung der Natur und des Schicksals, konfrontiert es die Macht der Ontologie und ihres Identitätsdenkens zugunsten der Ankündigung von Andersheit und Differenz. Lévinas führt eine jüdische Tora-Frömmigkeit, eine Kritik von Totalitätsfiguren und eine Dekonstruktion des Vorrangs der Ontologie mit einer neuplatonisch gedachten Idee des Guten zusammen. Das Bilderverbot wird deshalb zur Repräsentation derjenigen Wahrheit und Güte, die ἐπέκεινα τῆς οὐσίας (*epekeina tes ousias*) („Jenseits des Seins oder anders als Sein geschieht“[81]) bleibt, also alles Seiende und jedes Seinsdenken schlechterdings transzendiert und so an Stelle der Ontologie die Ethik

80 E. Lévinas, La réalité et son ombre (1948), wieder veröffentlicht in: Ders., Les imprévus de l'histoire, Montpellier 1994, 123–148: 143 f.

81 E. Lévinas, Jenseits des Seins oder anders als Sein geschieht (frz. Autrement qu'être ou audelà de l'essence, Paris 1974), übers. v. T. Wiemer, Freiburg i. Br./München ³2001.

zur Ersten Philosophie ausruft. In den Kontexten der Phänomenologie des zwanzigsten Jahrhunderts wird auf diese Weise der innere Zusammenhang zwischen Bilderverbot und negativer Theologie erneuert, der die christliche wie die jüdische Theologie entscheidend prägte (s. u. Abs III 4.5).

Während auf einer ersten anschaulichen Ebene das sogenannte ‚Goldene Kalb' als Stierbild für die Ordnung der Natur, für Stärke und Fruchtbarkeit, und das Verbot dieses Kultbildes für den Glauben an den einen Gott steht, gewinnt das Bilderverbot auf einer zweiten, grundsätzlicheren Ebene den Charakter einer Erinnerung an die Freiheit und Souveränität Gottes auch gegenüber allen Prädikationen und Beschreibungen, unter denen die Gotteserkenntnis ihn identifiziert. Das Bilderverbot manifestiert das Anderssein Gottes nicht nur gegenüber den unaufgeklärten, natürlich-sinnhaften Wünschen der aus Ägypten Geflohenen, sondern auch gegenüber jener typisch menschlichen Idolatrie, die der Gottesverehrung und -erkenntnis selbst immanent ist: dem Wunsch, Gottes Identität und Wesen verfügbar zu machen und also unter die Botmäßigkeit des menschlichen Begriffs zu bringen (s. auch II 3). Es legt sich folglich eine Hermeneutik des Bilderverbots nahe, die dieses erst dort in Kraft gesetzt und erfüllt sieht, wo sich die Rede von Gott als negative Theologie entfaltet.

4.4 Negative Theologie – vorsokratisch

Schon in der Vorsokratik wird mit der Kritik an den vielfältigen Anthropomorphismen der mythisch-poetischen und religiös-kulturellen Gottesvorstellungen ein Motiv negativer Theologie zur Geltung gebracht (vgl. II 2.1). Wenn Xenophanes im 6. Jahrhundert konstatiert, „schwarz und stumpfnasig" sei Gott „bei den Äthiopen, blauäugig und rothaarig dagegen bei den Thrakern" und hätten die Ochsen oder Pferde Hände, so würde sie ihre Götter mit Schweif und Schwanz ausstatten, so statuiert er zugleich die systematische Gegenthese: „Ein Gott ist der größte unter Göttern und Menschen / in keiner Weise wie Sterbliche in körperlicher Form oder in Gedanken."[82] Besançon nennt dies „the very first formulation in history of negative theology"[83].

In der Tat bekräftigt Xenophanes den Kontrast zwischen dem einen Gott und den vielen Göttern, indem er letztere auf die Vielfalt menschlicher Gottes*vorstellungen* und *-bilder* zurückführt, während der wahre Gott, ohne deshalb formlos zu sein, mit diesen menschlichen Formen nicht erfasst wird. Der Hiat zwischen der Götterdarstellung (in den Kultbildern) und dem Dasein des einen Gottes, den allein das Denken erfasst, wird hier freilich nicht als Thema eines Verbotes, sondern als Ausdruck einer sachlichen Unangemessenheit identifiziert. Es handelt sich um eine Hermeneutik des Missverständnisses, die eine Ahnungslosigkeit oder einen deskriptiven Missgriff aufdecken will. Von Blasphemie ist keine Rede, auch ein Ikonoklasmus gehört nicht zu den Nebenwirkungen der Kritik.[84]

Mit der Überführung der vorsokratischen Naturphilosophie in eine allgemeine Seinslehre (Ontologie) wird bei Parmenides das in Wahrheit Seiende im Gegensatz zum Schein

82 Ἑἰς θεός, ἔν τε θεοῖσι καί ἀνθρώποισι μέγιστος/ούτι δέμας θνητοῖσιν ὅμοιος οὐδέ νόημα (Xenophanes von Kolophon, fr. 15 f. u. fr. 23 [= Diels/Kranz, Fragmente der Vorsokratiker, Bd. 1, Zürich/Hildesheim, 61951, 132, 135]).

83 Besançon, Image (s. Anm. 6), 19 f.

84 Gegen Besançon, der die dogmatischen Perspektiven der Kirchenväter in seine Xenophanesdarstellung einfließen lässt (vgl. a. a. O., 20).

als das Eine im Gegensatz zum Vielen bestimmt. Darin liegt heute, dass es auch gegenüber der Vielheit möglicher Prädikationen kategorial abgesetzt bleibt und also nur *via negationis* beschrieben werden kann. Ausgeschlossen sind in solcher Rede von Gott als dem in Wahrheit Einen nicht allein einzelne Prädikate, die – wie im Fall von ‚sterblich' – einen Mangel eintragen, sondern auch Disjunktionen, die eine ganze Bestimmtheitssphäre ausschöpfen, wie beispielsweise die Differenz ‚Entstehen/Vergehen' oder ‚vergangen/zukünftig'.[85] Zu den Wahnvorstellungen der Menschen gehört nach Parmenides alles, was aus der Sphäre sinnlicher Wahrnehmung stammt. Insofern ist das in Wahrheit Seiende das rein Gedachte (s. o. II 2.1 und II 2.2).

4.5 Transzendenz als Negativität und Andersheit

Dass diese Strategie nicht nur irgendwelche sinnlichen Qualitäten betrifft, wie sie ein naiver Anthropomorphismus implementiert, sondern gerade auch diejenigen Eigenschaften Gottes, die als Wesenseigenschaften im Gottesbegriff liegen, ist der Gesichtspunkt, unter dem die klassischen Vordenker negativer Theologie diese philosophische Pointe aufnehmen. Ps.-Dionysius Areopagita, der den Begriff *theologia negativa* überhaupt erst prägt, verbindet in seiner Abhandlung *Von den Namen Gottes* den Weg des Ausschlusses von Eigenschaften mit der neuplatonischen Zentralstellung des Einen (τὸ ἕν – *to hen*): „So ist undenkbar für alles Denken das über dem Denken stehende Eine, und ist unaussprechlich für jederlei Wort das über alle Worte erhabene Gute [...], der unaussprechbare Geist, das unaussprechbare Wort, das Unsagbare, Undenkbare, Unnennbare, das nicht so ist wie irgendein We-

85 Vgl. Parmenides, Lehrgedicht, fr. 8 (= Diels/Kranz [s. Anm. 82], 235 f.).

sen, und doch allen Wesen Grund ihrer Wesenheit ist, selbst nichts seiend, weil es jenseits alles Seienden ist, wie es selbst sich wohl am zutreffendsten und am verständlichsten bezeichnen würde."[86] Die Momente der Unähnlichkeit und Nichtentsprechung wenigstens mit zu thematisieren ist die Bedingung, unter der Bilder, Namen und Begriffe überhaupt nur gebraucht werden können. Negative Theologie ist darin zunächst ein Verfahren, ‚inmitten noch so großer Ähnlichkeit die immer noch größere Unähnlichkeit'[87] präsent zu halten, also (in Anlehnung an Paulus formuliert) so zu sprechen ‚als spräche man nicht' (vgl. 1 Kor 7,29 ff.). Ein Bewusstsein dieses permanenten (und doch nie auf Dauer zu stellenden) Vorbehalts muss alle Rede von Gott begleiten können, wenn anders nicht nur die Wahl zwischen einem beliebigen (nichtssagenden) Verstummen und dem Missbrauch des Gottesnamens bleiben soll. In diesem Sinne erklärt Nikolaus von Kues (1401–1464), die negative Theologie sei für die affirmative Rede von Gott so unentbehrlich, dass ohne sie nicht der unendliche Gott, sondern eines seiner Geschöpfe verehrt werde. Ausdrücklich weist Cusanus darauf hin, dass jede Rede von Gott, die dies theoretisch oder praktisch nicht ernst nimmt, zum Götzendienst gerate, der „dem Bilde gibt, was nur der Wahr-

---

86 Corpus Dionysiacum, Bd. 1: De divinis nominibus, hrsg. v. B. R. Suchla, Berlin/New York 1990 (= Patristische Studien und Texte; 33). Dt. Übers. v. B. R. Suchla, in: Dionysius Areopagita, Die Namen Gottes (= Bibliothek der griechischen Literatur, Bd. 26), Stuttgart 1988. Vgl. W. Oelmüller, Das Bilderverbot aus einer philosophischen Perspektive der negativen Theologie heute, in: Nordhofen, Bilderverbot (s. Anm. 75), 149–172: 151.

87 In Anlehnung an das IV. Laterankonzil (can. 2) formuliert; vgl. dazu: E. Jüngel, Gott als Geheimnis der Welt. Zur Begründung der Theologie des Gekreuzigten im Streit zwischen Theismus und Atheismus, Tübingen [8]2010, 393.

heit gebührt"[88]. Ganz entsprechend betont Maimonides aus der Perspektive des Judentums, dass nur eine negative Theologie die Idolatrie ganz und gar vermeiden könne.[89]

Die neuplatonische Pointierung negativer Theologie ergibt sich aus der Möglichkeit, das Eine nicht länger im Kontrast zum Vielen zu verstehen. Denn Letzteres ist aus einem und einem anderen sowie einem dritten durch Addition erzeugt und enthält daher zwar ‚eines und noch eines', aber gerade nicht das (wahre) Eine, das als das ganz Andere des Vielen zu denken ist. Die Logik dieser Feststellung hat noch eine andere Seite. Wenn das höchste Seiende ein in Wahrheit transzendentes Eines ist, dann muss erklärt werden, warum es überhaupt zum Vielen kommt. Vorstellungen wie die eines Überflusses oder einer Emanation sind immer dann problematisch, wenn sie eine Veränderung in das Eine eintragen, dieses also in Differenz zu sich setzen. Um dies zu vermeiden, ist der Abbildungsbegriff überaus nützlich. Denn Abbildung ist ein Vorgang, der das Sein dessen nicht mindert und alteriert, das abgebildet wird. Unterscheidet man also das Eine und sein Abbild, so kann man Präsenz *wie* Transzendenz gleichermaßen denken. Das nicht-aussagbare, nicht-sichtbare, unvordenkliche Eine geht im Bild in Sichtbares, Beschreibbares und kategorial Bestimmbares über, ohne sich selbst sozusagen untreu zu werden und ohne dass seine Jenseitigkeit mit einem solchen Gedanken dementiert würde.[90]

---

88 N. von Kues, De docta ignorantia I, cap. 26, in: Ders., Philosophisch-theologische Werke. Lateinisch-Deutsch, hrsg. v. E. Hoffmann (u. a.), Bd. 1, 86 (Lizenzausgabe Darmstadt 2002, Bd. 1, 111).

89 Vgl. M. Maimonides, Führer der Unschlüssigen (12. Jh.), übers. u. komm. v. A. Weiss, Hamburg ²1995, 60.

90 Für eine knappe Darstellung vgl. C. Asmuth, Bilder über Bilder – Bilder ohne Bilder. Eine neue Theorie der Bildlichkeit, Darmstadt, 2011, 58 ff.

Wo das Denken unter dem neuplatonischen Primat des Einen mit der Vorstellung vom Ausgang des Vielen aus dem Einen und der Rückkehr zu ihm (*egressus* und *regressus*) auch heilsgeschichtliche Perspektiven der Bibel aufzunehmen versucht, kann sich die Vorstellung von der Bildwerdung und kontrastiv zu ihr der allmählichen Entbild(lich)ung ergeben: Die letzte Zukunft der Bilder ist dann die Rückkehr in die differenzlose Selbstdurchsichtigkeit des Einen, von der sie ihren Ursprung nahm.[91]

Es lässt sich also beobachten, dass die innere Beziehung zwischen Monotheismus und Bilderverbot in der Zuspitzung der Gottesrede auf eine negative Theologie eine weitere zentrale Bedeutung erhält. Sie löst das Bilderverbot von seinem ursprünglichen Sitz im Leben, also aus dem Kontext des Kultus, und vergrundsätzlicht es zur allgemeinen Regel für die Rede von Gott als solche. Dabei steht das Gebot, den Namen Gottes nicht unnützlich zu gebrauchen bzw. (im Sinne derjenigen Verschärfung, die um die Tora noch einmal einen Zaun zieht) das Aussprechen des Gottesnamens überhaupt zu unterlassen, der Gleichordnung von Bild und Wort vermittelnd zur Seite.

Das Bilderverbot, so könnte man sagen, kommt in der absoluten Transzendenz des Einen gleichsam zu sich selbst. Dabei löst es sich aus seinem historischen Zusammenhang mit anderen Verboten, die unter der religionsgeschichtlichen Kategorie des Tabus zu subsumieren sind (vom Verbot der Berührung, des Eindringens und Betretens des Allerheiligsten

91 Vgl. J. Kreuzer, Was heißt es, sich als Bild zu verstehen? Von Augustinus zu Eckhart, in: Denken mit dem Bild. Philosophische Einsätze des Bildbegriffs von Platon bis Hegel, hrsg. v. J. Grave u. A. Schubbach, Paderborn/München 2010, 75–98: 85.

oder der Inbesitznahme)[92] und verbindet sich mit philosophischen Strategien der Transzendenzsteigerung. Das Bilderverbot wird zum Paradigma einer negativen Theo-logik.

Eine solche Rezeption des Bilderverbots verschafft gerade in der Nachbarschaft zum (Neu-)Platonismus auch einer Ethik Raum. Das ist bei Lévinas überdeutlich, auf den an dieser Stelle also noch einmal zurückzukommen ist (s. o. III 4.3). Lévinas sieht die ‚Spur des Anderen', also die Präsenz einer sich der Totalität widersetzenden Alterität im menschlichen Gesicht repräsentiert. Das Verbot, den Anderen auf ein Bild des von uns identifizierten Soseins festzulegen, ist Verbot eines Übergriffs und der aus ihm resultierenden Gewalt. Insofern sei das in der neuzeitlichen Philosophie als Souverän konzipierte Subjekt dem Anderen und seinem unbedingten Gebot „Du sollst nicht töten!" unterworfen (und in solcher Passivität: *sub-iectum*).[93]

Doch fehlt es auch nicht an anderen Vorschlägen, wie sich das Bilderverbot als Basis einer materialen Ethik interpretieren lasse. W. Oelmüller beispielsweise zieht eine direkte Linie von den Verboten der Fremdgötterverehrung, der Anfertigung von Götzenbildern und des Namenmissbrauchs zur Forderung nach einem Verzicht auf jede religiöse Rechtfertigung von Gewalt, die Errichtung eines Gottesstaates, die Sakralisierung politischer Herrschaft sowie exklusivistischer Wahrheitsansprüche. Auch folgert er aus dem Bilderverbot die Unantastbarkeit des Menschen als Bild Gottes.[94] Der theo-

---

92 Sie alle spielen auch in der Bibel eine Rolle: Dornbuschszene, Garten Gethsemane, Apostelgeschichte, Lade etc.

93 Vgl. E. Lévinas, Die Spur des Anderen. Untersuchungen zur Phänomenologie und Sozialphilosophie, hrsg. u. übers. v. W. N. Krewani, Freiburg i. Br. (u. a.) ^{2}1987, 223 f., 312 ff.

94 Vgl. W. Oelmüller, Das Bilderverbot aus philosophischer Perspektive, in:

logischen Vergrundsätzlichung entspricht eine ethische Entgrenzung.

Eine solche Hermeneutik des Bilderverbots sieht alle Gebote der zweiten Tafel im Hauptverbot der ersten Tafel impliziert, bleibt aber eine Erklärung schuldig, warum das Bilderverbot in den historischen Kontexten, in denen es ernstgenommen wurde, solche normativen Konsequenzen gerade nicht gezeitigt hat. Die Rezeption, man wird sie eindrücklich nennen dürfen, setzt auf einen systematischen Überschuss, auf einen tieferen Bedeutungsgehalt, der dem ursprünglichen Text auch in säkularen Kontexten Relevanz gibt. Insofern zeigt sich die Hermeneutik des Bilderverbots als Paradigma eines Rezeptionsprozesses, der Prägnanzen allererst stiftet.

4.6 Darstellung des Undarstellbaren: Kants Rezeption des Bilderverbots

In ihrer systematischen Bedeutung kaum überbewertbar ist die Art und Weise, wie Kant im Zentrum seiner kritischen Philosophie das Bilderverbot rezipiert. Der Umstand, dass der Begriff der menschlichen Freiheit nicht ausgewiesen werden kann, wenn man sich ausschließlich an den Perspektiven empirischer Wissenschaften orientierte, unter dieser Bedingung musste vielmehr der durchgängige Kausaldeterminismus gelten, war der Ausgangspunkt der kritischen Operation Kants, alle Gegenstände überhaupt in *phaenomena* und *noumena* zu

---

Bilderverbot. Die Sichtbarkeit des Unsichtbaren, hrsg. v. E. Nordhofen, Paderborn (u. a.) 2001, 149–172: 154ff. Zum Zusammenhang von Gottebenbildlichkeit und Bildbegriff: vgl. auch M. Moxter, Der Mensch als Darstellung Gottes, in: Theologie zwischen Pragmatismus und Existenzdenken. FS H. Deuser (MThSt 90), hrsg. v. G. Linde, Marburg 2006, 271–284.

unterscheiden. Freiheit erschien aufgrund dieser Unterscheidung immerhin als denkbar (als eine nicht selbstwidersprüchliche Annahme, unter der Voraussetzung, dass die Erkenntnis am Leitfaden kausaler Naturgesetze auf bloße Erscheinungen begrenzt war). Einen positiven theoretischen Erkenntnisgrund, um sich der Freiheit zu versichern, gab es nicht. Aber über diese Verlegenheit half die unhintergehbare, kategorische Forderung des praktischen Imperativs hinweg. Ihr praktischer Beweis durch das Faktum des Sittengesetzes machte die Freiheit zum Schlussstein der Philosophie Kants. Für die theoretische Erkenntnis freilich blieb Freiheit eine Leerstelle, die sich empirisch nicht füllen lässt. In gewissem Sinne hängt deshalb die kritische Pointe der Philosophie Kants an der Überzeugung, dass einer Vernunftidee „kein kongruierender Gegenstand in den Sinnen gegeben" werden und in der Erfahrung „niemals ein Gegenstand vorkommen kann, der der transzendentalen Idee adäquat wäre". Das heißt in Kants Sprache auch: dass „wir dergleichen niemals im Bilde entwerfen"[95], also niemals einer Idee eine Darstellung in der Sinnenwelt verschaffen können.

Schon in der ‚Grundlegung zur Metaphysik der Sitten' bemüht Kant vor diesem Hintergrund eine Leitkategorie negativer Theologie, wenn er im Blick auf den kategorischen Imperativ erklärt, wir begriffen zwar nicht seine „praktische unbedingte Notwendigkeit [...], aber doch seine *Unbegreiflichkeit*"[96]. Diese begriffene Unbegreiflichkeit, zu der die Einsicht in die Unmöglichkeit einer positiven Darstellung der Freiheit als der höchsten Idee wesentlich gehört, nimmt Kant schließlich in der ‚Kritik der Urteilskraft' wieder auf. Das in

95 I. Kant, KdrV A 327 f. (= AA IV, 207 f.).

96 I. Kant, GMS BA 128 (= AA IV, 463); Hervorhebung M. M..

ihrem ersten Teil verhandelte ästhetische Urteil bleibt vom theoretischen Urteil wie vom Imperativ der praktischen Vernunft streng unterschieden. Denn weder das Schöne noch das Erhabene sind Gegenstände theoretischer Naturerkenntnis. Von beidem kann nur mit Bezug auf das subjektive Urteil des Betrachters gesprochen werden. Etwas ‚erhaben' zu nennen bzw. es so zu erleben, resultiert daher noch nicht aus der Anschauung der Natur in ihrer Unermesslichkeit (etwa des Sternenhimmels, der Wüste oder des Meeres), sondern allererst aus dem Kontrast zwischen einer das Auffassungsvermögen unserer Sinne überfordernden Grenzenlosigkeit und der jeder Naturanschauung unendlich überlegenen Idee der Freiheit bzw. der Würde des Menschen. Ideen lassen sich nicht direkt anschauen, und sie sind in der Erfahrung nicht exemplifizierbar. Aber gerade die Disproportionalität zwischen der den Menschen *prima facie* überwältigenden Anschauung grenzenloser Weite und der sich gegen jede Übermacht der Natur behauptenden Idee der Freiheit prägt die Eigenart eines Gefühls des Erhabenen. Die höchste Idee, die das menschliche Gemüt Kant zufolge kennt, ist also weder begreiflich noch darstellbar. Aber die Unerreichbarkeit einer letzten Grenze innerhalb der Naturanschauung kann als Darstellung der undarstellbaren Idee der Freiheit erlebt bzw. im Gefühl des Erhabenen empfunden werden.[97] Es handelt sich dann um eine Darstellung *via negationis*, um eine Differenzerfahrung, die das Gemüt erweitert[98] (ohne freilich dem Haushalt der Erkenntnis etwas hinzuzufügen). Die für Kants Philosophie unverzichtbare Frage nach einem Ort der Freiheitsidee im subjektiven Bewusstsein wird also im Horizont

97 Vgl. I. Kant, KdU A 114 (= AA V, 267).

98 Vgl. Kant, KdU A 123 f. (= AA V, 273 f.).

einer negativen Theologie beantwortet. Freiheit ist undarstellbar, aber sie kann gerade in ihrer Undarstellbarkeit gehaltvoll erlebt werden, solange nur dafür gesorgt ist, dass man nichts anderes dem Menschen nahebringt als die unhintergehbare Forderung des Sittengesetzes. Vor diesem Hintergrund hält Kant fest: „Vielleicht gibt es keine erhabenere Stelle im Gesetzbuche der Juden, als das Gebot: Du sollst dir kein Bildnis machen, noch irgend ein Gleichnis.“[99]

Die Kontamination von Negativität und Unbedingtheit, das Festhalten an einer höchsten Idee im Verbund mit kritischer Selbstbeschränkung der Vernunft, macht das Verbot zum Medium einer Darstellung, die sich unmittelbar und direkt nicht geben ließe. Insofern reflektieren sich Kants kritische Philosophie und seine Auslegung des Bilderverbots ineinander. Der Zusammenhang von Ästhetik, Ethik und Negativität, den diese Rezeption des Bilderverbotes stiftet, weist voraus auf Beziehungen, die zwischen der philosophischen Reflexion ästhetischer Erfahrung, der Entwicklung der bildenden Kunst und der Transformation von Bildlichkeit und Ikonoklasmus in ästhetische Strategien[100] bestehen (s. u. III 9).

4.7 Bilderverbot und Medienrevolution

Eine negative Theologie, die nicht nur – wie oben vorausgesetzt – als kritisches Selbstbewusstsein die Rede von Gott begleitet, sondern die in abstrakter Steigerung ihrer Negativität die einzig mögliche Form solchen Redens bleiben wollte,

---

99 Kant, KdU A 123 (= AA V, 273). Aus diesem Kontext ist das Phänomen des jüdischen Kantianismus (wie er bei Cohen beispielhaft vorliegt) erklärlich.

100 Vgl. G. Boehm, Die Bilderfrage, in: Was ist ein Bild?, hrsg. v. ders., München 1994, 325–343: 340 ff.

müsste sämtliche Vermittlungsfiguren und alle Medien ablehnen. Eine solche Konstellation aus negativer Theologie, Monotheismus und Bilderverbot wäre dann mit der Bemerkung zusammenfassbar, die Ausschließlichkeit des Einen kulminiere in der Einzigkeit des Negativen und müsse als Verbot aller Medien letztlich zum mystischen Schweigen führen. Der Umschlag einer solchen Negativität in eine Ethik als praktische Vermittlung und Kompensation dessen, was theoretisch nicht positiv dargestellt werden kann, ist uns schon oben begegnet (III 4.5).

Als Überbietung alles Logischen und Ästhetischen durch die Zentralstellung des Begriffs der Nachfolge Jesu, artikuliert sie sich auch bei Kierkegaard (in für die Dialektische Theologie und für Bonhoeffer prägender Weise): „Nur der ‚Nachfolger' ist der wahre Christ. Der ‚Bewunderer' nimmt eigentlich ein heidnisches Verhältnis zum Christentum ein, und daher gebar auch die Bewunderung mitten in der Christenheit ein neues Heidentum: die christliche Kunst [...] Könnte ich mich dazu überreden, dazu bewogen zu werden, den Pinsel einzutauchen, den Meißel zu erheben, um Christus in Farben darzustellen, oder um seine Gestalt auszuhauen? [...] es wäre mir unbedingt eine Unmöglichkeit [...] [Wie es unbegreiflich ist, dass einer ein Messer schleift, um zu morden] ist mir auch unbegreiflich, woher ein Künstler die Ruhe bekam, oder die Ruhe ist mir unbegreiflich, mit der ein Künstler jahraus jahrein fleißig bei der Arbeit Christus zu malen gesessen hat ohne dass es ihm eingefallen ist, ob doch Christus sich gemalt wünschte, sein Porträt wünschte wie idealisiert es auch, durch seinen Meisterpinsel dargestellt, wurde. Ich begreife nicht, wie der Künstler seine Ruhe bewahrte, dass er Christi Unwillen nicht merkte, plötzlich alles über den Haufen warf, Pinsel und Farben, wie Judas die dreißig Silberlinge, weit, weit weg, weil er plötzlich verstand, dass Christus nur ‚Nachfolger' gefordert hat [...] Ich begreife das nicht: mir wäre der Pinsel in derselben Sekunde, wo ich beginnen wollte, aus der Hand gefallen."[101] Das Bilderverbot ist hier ein Verbot ästhetischer Einstellungen zugunsten der praktischen Bewährung des Glaubens. Alles andere gilt als Heidentum.

Dieses Gefälle muss man im Blick behalten, wenn man die Beobachtung diskutiert, mit der Durchsetzung des Monotheismus sei eine Medienrevolution verbunden.[102] Das Bilderverbot erscheint dann als ein früher Fall eines Wandels des Leitmediums einer Kultur. Eine Revolution vollzog sich zunächst im Übergang vom Kultbild zum Schrifttext wie er in der Konkurrenz von Goldenem Kalb und den Tafeln des Gesetzes prägnant zutage tritt: Der einzige Gott unterscheidet sich darin von der Vielzahl bloß vermeintlicher Götter, die im Bild verehrt werden, dass er Geber der Tora ist (vgl. II 3.2a–b). Mit ihr tritt an die Stelle heidnischen Aberglaubens der vernünftige Gottesdienst im Alltag der sittlichen Welt. Der Ritus mit seinem Gefälle zu bloß äußerem Tun wandelt sich in Praxis, die sich am moralischen Gebot, an der vernünftigen Einsicht der Handelnden oder an der Nachahmung Christi orientiert.

Formal beruht die Verbindlichkeit des Gesetzes zunächst darauf, dass es aufgeschrieben wurde und also überall zur Kenntnis genommen werden konnte. Während das Bild der eigenen Anschauung und des gegenwärtigen Kultus bedarf,

---

101 Zit. n. Th. W. Adorno, Die Konstruktion des Ästhetischen bei Kierkegaard, Tübingen, 1933, 192f.

102 Vgl. Hörisch, Sinn (s. Anm. 71); Assmann, Unterscheidung (s. Anm. 15), 145.

ist der Text (der Tora) transportabel.[103] Vor allem aber fordert er die Überprüfung von Abschriften, die verstehende Anwendung und schließlich die methodische Auslegung, so dass er andere Affinitäten zur Rationalität freisetzt als das Götterbild. Wahre Gesetzestreue zeigt sich einerseits darin, dass sie den Buchstaben des Gesetzes nicht eigenmächtig ändert, andererseits aber darin, dass sie dem ewig geltenden Gesetz in der Praxis gehorsam entspricht. An die Stelle der Bilderverehrung der Völker tritt deshalb eine allein auf das Wort und allein auf die Schrift bezogene Torafrömmigkeit jüdischer Provenienz, die freilich im praktischen Handeln ihre Erfüllung findet. Man darf sagen: Hier wird das Tun des Guten zum einzigen Medium der Wirklichkeit Gottes. Sie bereitet so die achsenzeitliche Emergenz des Universalismus vor – und zwar in seiner ethischen Gestalt. Dagegen liegt das Erbe der griechischen Philosophie im Universalismus der neuzeitlichen Wissenschaft.

Der oben angesprochene Hinweis von Jan Assmann, dass sekundäre Religionen in ihrer Abhängigkeit von einem Stifter stets auch Offenbarungsreligionen seien (s. o. III 4.1), wird vor diesem Hintergrund zum Hinweis auf die Einschlägigkeit der Medientheorie in Sachen Religionsgeschichte. Diese wird zu einer kulturellen „Fortschrittsgeschichte" der siegreichen „Erledigung" von Bildern zugespitzt, wenn man den Medienwandel unter den Gesichtspunkt stellt, die von Menschen selbst gemachten Bilder würden durch das allein von Gott gegebene Wort ersetzt. Wort und Schrift werden dann zum wahren und einzigen Offenbarungsmedium, während das Bild der problematischen Sphäre des Cheiropoetischen zuge-

103 H. Heine sprach von einem „portativen Vaterland" der jüdischen Existenz (ders., Sämtliche Werke, Bd. 13, hrsg. v. H. Kaufmann, München 1964, 128).

wiesen wird. So liest man bei Nordhofen: „Wenn ein selbstgemachter Gott durch die Einsicht in die Bedingungen seiner Herstellung und die Nichtigkeit seiner Existenz erledigt ist, dann ist das einzig denkbare Gegenmodell zu den selbst gemachten Göttern, der Gott, der sich offenbart.“[104]

Unter der Führung des Offenbarungsbegriffs kann allerdings stets nur vom Medien*wechsel* die Rede sein, nicht von prinzipieller Zurückweisung aller Vermittlung wie in der mystischen Zuspitzung negativer Theologie. Denn zur Offenbarung gehören konstitutiv Offenbarungs*medien*.[105] Die monotheistische Revolution wird deshalb als Ersetzung eines Mediums (Bild) durch ein anderes (Wort/Schrift) begriffen, während die radikalere negativ-theologische Lesart das Bilderverbot als Einweisung in ein Denken versteht, das über alle Medien hinausführt. Nachbarschaft zueinander können beide Varianten behalten, wenn sie sich dem ethischen Paradigma anschließen und als einzig gültige Darstellung Gottes den Dienst der Nächstenliebe auszeichnen.

Die Hermeneutik des Bilderverbots steht mithin medientheoretisch vor der Alternative von kataphatischer und apophatischer Grundüberzeugung. Diese Alternative tritt auch innerhalb der christlichen Bildtheologie auf und zwar in der Differenz von inkarnations- und kreuzestheologischen Begründungen: Wer vom weihnachtlichen Kommen des Sohnes in die Welt aus denkt, kann die Legitimität bildlicher Darstellungen aus dem Offenbarwerden des Logos unter uns herleiten und deshalb das Bilderverbot durch die Inkarnation aufgehoben sehen. Wer dagegen den Tod Jesu als Ende aller Tren-

---

104 Nordhofen, Konkurrenz (s. Anm. 78), 25.

105 Vgl. zu diesem Zusammenhang P. Tillich, Systematische Theologie, Bd. 1, Stuttgart [2]1956, 142 ff.

nung, als Symbol für die Nichtigkeit aller Symbole, als Riss in der Verborgenes und Offenbares separierenden Kultordnung versteht, kann umgekehrt auf Ausweitung der in der Auslegung des Bilderverbotes begründeten Negativität setzen: Kein Wort, kein Symbol und auch kein Bild vermögen von selbst und gleichsam ‚natürlich' die Präsenz Gottes zu vermitteln, aber die kenotische Selbsthingabe des Gottessohnes bzw. die Selbstnegation Gottes, wie sie sich im Kreuzestod Jesu vollzieht,[106] ermöglicht Darstellungen, zu denen das Moment der Negativität wesentlich gehört. Allein im Modus der Selbstnegation werden die Symbole gehaltvoll. In einem gewissen Sinne wird für diese Position die Darstellung Gottes durch ihre Begrenzung, gerade durch den Verlust all dessen, was sich darstellen ließe, ermöglicht. Das Kreuz repräsentiert nichts, was ästhetisch ‚gefallen' könnte und entzaubert insofern alle Bilder als solche des schönen Scheins.

Wenn in der Apsis der Hagia Irene das Zeichen des Kreuzes die entfernten Bilder vertritt,[107] so ist dieses kontingente Resultat eines bilderstürmerischen Machtkampfes zugleich eine Erinnerung an die produktive Kraft von Negativität (vgl. Bild 2, *Istanbul*, S. 322).

---

[106] So geht für den reformierten Theologen J. Moltmann „vom Kreuz Christi ein permanenter Bildersturm" aus: „Kreuzestheologie ist eine Art Ikonoklasmus in den christologischen Bildern [...]. Sie ist ein Ikonoklasmus um Jesu willen und findet in der Erinnerung an sein Kreuz ihr Recht und ihr Maß" (ders., Der gekreuzigte Gott. Das Kreuz Christi als Grund und Kritik christlicher Theologie, München 1972, 83).

[107] Für eine kritische Bewertung („Triumph eines Zeichens über die Bilder") vgl. H. Belting, Das echte Bild. Bildfragen als Glaubensfragen, München 2006, 143.

5. Unsichtbarkeit oder Verborgenheit Gottes?

Bisher war vom Zusammenhang zwischen Bildlichkeit und Leiblichkeit sowie von der in der Auslegung des Bilderverbots manifesten Distanz zur Sinnlichkeit die Rede, aber noch nicht von demjenigen Oberbegriff, der alle drei Bestimmungen umfasst: dem der Sichtbarkeit. Die Affinitäten zwischen Bild und Leib sind solche der Sichtbarkeit und also Sache des visuellen Sinns. Eine Bilddefinition, die – wie in der Tradition üblich – ‚Abbildung aufgrund von Ähnlichkeit' zu ihrer entscheidenden Bestimmung wählt,[108] setzt voraus, dass die Wahrnehmung solcher Ähnlichkeit Sache des Auges als eines leiblichen Organs ist. Körperlich ist nicht nur, was gesehen wird, sondern auch die Weise der Wahrnehmung. Prinzipielle Sichtbarkeit der Bilder schließt freilich nicht aus, dass es auf dem Dach hoher Kirchen oder in abgelegenen Tälern Bilder geben kann, die offenbar nicht zu dem Zweck gemacht wur-

---

108 Paradigmatisch ist diesbezüglich Augustinus' Auskunft „omnis imago est similis ei, cuius imago est", die auf einer Verhältnisbestimmung der drei Begriffe imago, aequalitas und similitudo beruht (De gen. ad lit. lib. imperf. c. 16; CSEL 28/1, 497 f.). Bildlichkeit hält sich zwischen unverzichtbarer Ähnlichkeit und unerreichbarer Gleichheit – ein Argument, das schon Platon artikuliert, wenn er auf den Widerspruch verweist, dass ein vollkommen gedachtes Bild des Kratylos gerade kein Bild, sondern ein zweiter Kratylos, ein Zwilling wäre. Die augustinische Definition hat die Tradition immer wieder aufgenommen. So kehrt sie bei David Hollaz wieder, der das Moment der Ähnlichkeit mit Gott unter der Logik „quia imaginis est, repraesentare rem cujus est imago. Hoc autem sine similitudine fieri nequit" bestimmt und also Konvenienz mit dem Prototyp zum entscheidenden Sinn der imago macht (Examen theologiae acroamaticae [1701], 462; zit. n. Schmid, Dogmatik [s. Anm. 48], 152). Dieser Hintergrund prägt noch W. Pannenbergs Bildbegriff in: Ders., Systematische Theologie, Bd. 2, Göttingen 1991, 233.

den, von Menschen gesehen zu werden.[109] Solche Bilder mögen u. a. apotropäischen Zwecken gedient haben. Der Dämon, der sie sah, sollte am Zutritt zum Gebäude gehindert werden, auch wenn sich solches Bildgeschehen oberhalb oder unterhalb des für uns Sichtbaren vollzog. Aber der Verweis auf die Sonderfunktion ungesehener Bilder ändert nichts am allgemeinen Sachverhalt. Denn: ‚Nicht-gesehen-Werden' und selbst ‚Nicht-gesehen-werden-Können' implizieren nicht: Unsichtbarkeit.

Dass trotz der grundlegenden Bedeutung dieser Kategorie in den bisherigen Ausführungen Sichtbarkeit nicht thematisiert wurde, hängt mit der systematischen Leitthese zusammen, die hier in groben Strichen entwickelt und erarbeitet wird. Diese hat eine doppelte Pointe: Hinsichtlich des Bildbegriffs bestreitet sie, dass ‚Abbildung aufgrund von Ähnlichkeit' eine notwendige Bedingung von Bildlichkeit oder ikonischen Prozessen ist. Hinsichtlich des Bilderverbots rechnet sie damit, dass dieses nicht eine prinzipielle Unsichtbarkeit Gottes, sondern die Verborgenheit JHWHs wahren sollte. Um diese Leitthese systematisch zu entfalten (ihre exegetische

109 Vgl. R. E. G. Schymiczek, Höllenbrut und Himmelswächter. Mittelalterliche Wasserspeier an Kirchen und Kathedralen, Regensburg 2006 (den Hinweis danke ich V. Leppin). Auch an die unterirdisch vergrabenen Löwen und Schlangendrachen am Ischtar-Tor aus Babylon (Zeit Nebukadnezars II.) ist hier zu erinnern. – Zu den Königsbildern und -inschriften im Alten Orient, die die Präsenz des Herrschers markierten, gehört ein Relief mit dem Bild des babylonischen Königs Nabonid (555–538 v. Chr.), das im jordanischen Sela' (Gebiet des antiken Edom) vor einigen Jahren entdeckt wurde, und das weit oben an einer weglosen Felswand angebracht war (vgl. O. Keel, Die Geschichte Jerusalems und die Entstehung des Monotheismus, OLB IV/1.2, Göttingen 2007, 848 f.). Die Hinweise danke ich F. Hartenstein.

Begründung präsentiert der Abschnitt II), legt sich eine separate Behandlung dieses Themas nahe, so sehr das Folgende mit dem bisher zu Leib und Sinnlichkeit Ausgeführten zusammenhängt.

5.1 *Unsichtbarkeit Gottes*

Bestritten wird also eine *communis opinio,* die G. Boehm in der Formel zusammenfasst: „Jahwe ist ein unsichtbarer Gott [...]. Was Moses vom Sinai herunterträgt ist kein Äquivalent der göttlichen Gestalt [...], sondern eine *bildlose* Botschaft in *bildferner* Form."[110] Ihr gemäß begründet die göttliche Unsichtbarkeit das Bilderverbot, und dieses leite zugleich von dem, was nicht gesehen werden kann, zu dem hin, was gehört werden muss.[111] Das Gesetz als Forderung sei das Andere des Bildes („bildlos" und „bildfern"), der Gestalt, wohl auch der Sphäre des Empirischen (wie das Sollen das Andere des Seins ist) und entspreche darin dem Gott Israels. In ähnlicher Weise notierte Calvin, das Bilderverbot richte sich gegen den „rohen Unsinn, daß man eine sichtbare Gestalt Gottes haben will"[112].

---

[110] Boehm, Bilderfrage (s. Anm. 100), 328. Bildfern nennt Boehm die Gesetzestafeln auch, weil er ihnen eine „abstrakte Sprödigkeit" attestiert, die „alle Verführungskunst und Identifikationslust des Auges" betäube, weil es sich um „allerschwächste Bildnerei" handele (a. a. O., 330). Boehm äußert die Vermutung: „Wäre das goldene Kalb ein bloßes Figürchen gewesen, dem alle Macht der Verähnlichung gefehlt hätte [...], selbst Mose hätte es nicht verbieten können" (ebd.).

[111] Dass man den jüdischen Gott hören, aber nicht sehen kann, betont auch H. Arendt in ihrer Interpretation des Bilderverbots: „Die Unsichtbarkeit der Wahrheit ist in der jüdischen Religion ebenso Axiom wie ihre Unaussprechlichkeit in der griechischen Philosophie" (H. Arendt, Vom Leben des Geistes I: Das Denken, München 1979, 123 f.).

[112] J. Calvin, Institutio christianae religionis I/11.

Es dürfte unnötig sein, die Verbreitung dieser Überzeugung durch weitere Nachweise zu belegen. Erinnert sei aber daran, dass sie bereits bei Gerhard von Rad zurückgewiesen wird: „Ausgehend von einer ganz allgemeinen und ganz unalttestamentlichen Entgegensetzung von Sichtbarem und Unsichtbarem, von Dinglichem und Geistigem glaubte man das zweite Gebot als den Ausdruck einer besonderen Geistigkeit des Gottesdienstes verstehen zu müssen, als die beispielhaft wichtige Überwindung eines geistigen und kultischen Primitivismus, also als das Erreichen einer entscheidenden Erkenntnisstufe in der Erziehung des Menschengeschlechts."[113] Diese Bedenken gegen eine sich des Status des Selbstverständlichen erfreuenden These sollen hier verstärkt werden.

Das Interpretationsmuster hat allerdings die neutestamentliche Christusprädikation in Kol 1,15 *hos estin eikon tou theou tou aoratou* (ὅς ἐστιν εἰκὼν τοῦ θεοῦ τοῦ ἀοράτου – welcher das Ebenbild des unsichtbaren Gottes ist) auf seiner Seite. Der Begriff der Unsichtbarkeit konnte so zentral für die Gotteslehre werden, dass die deuteropaulinische Stelle nicht im Horizont von Gen 1, sondern unter der allgemeinen Frage ausgelegt wurde, ob und wie ein *Bild* des *unsichtbaren* Gottes überhaupt denkbar sei. Dem *logos asarkos* [λόγος ἄσαρκος], als dem vom Vater gezeugten Sohn, konnte man im Sinne der Wesenseinheit von Vater und Sohn auch Bildähnlichkeit mit dem Vater zusprechen, nicht aber dem *logos ensarkos* [λόγος ἔνσαρκος], der aufgrund seiner Einigung mit der menschlichen Natur eine Anschaulichkeit gewinnt, im Blick auf die das Wort vom Bild Gottes wieder problematisiert werden konnte. In welchem Sinne kann der ewige Sohn Bild des Vaters sein? Schließt nicht jede Antwort auf diese Frage eine ent-

[113] Von Rad, Theologie des Alten Testaments I (s. Anm. 63), 226.

sprechende Erklärung für den inkarnierten Logos aus? Bemerkenswert ist die Konsequenz, mit der beispielsweise Origenes Kol 1,15 auf der Linie der immanenten Wesensrelation auslegte und also behauptete, der Logos sei „das unsichtbare [!] Bild des unsichtbaren Gottes“[114]. Wenn Ähnlichkeit den Bildbegriff konstituiert und dieser unter der trinitätstheologischen Bedingung der Wesensgleichheit von Vater und Sohn verwendet werden soll, dann kann der Begriff der Unsichtbarkeit Gottes nicht nur das alttestamentliche Bilderverbot begründen, sondern auch die Auslegung der neutestamentlichen Rede von Christus als Bild Gottes dominieren (näherhin: neutralisieren). Das Bild darf nicht sichtbar sein, wenn anders die Rede vom *Bild* Gottes nicht selbstwidersprüchlich geraten soll – bzw. in anderer Blickrichtung: jene Sichtbarkeit, die dem inkarnierten Logos eigentümlich ist, muss überblendet werden, damit er Bild *Gottes* genannt werden darf. Klarer könnten die Zentralstellung der Kategorie der Unsichtbarkeit in der theologischen Rezeption des Bildbegriffs (wie die Probleme, die sie erzeugt) wohl kaum ausgesprochen werden.

Doch tut man wirklich gut daran, die johanneische Auskunft: „Niemand hat Gott je gesehen. Der eingeborene Sohn, der hat ihn uns verkündigt“ (Joh 1,18) im Sinne des platonischen Chorismos zwischen sichtbarer und intelligibler Welt auszulegen? Und also zu sagen: Es konnte ihn niemand sehen, weil er ja unsichtbar ist. Und wie ließe sich dann die biblische Erzählung Ex 33,18–23 (vgl. II 3.2) verständlich machen, Gott lasse sich nur *a tergo* schauen; von Angesicht zu Angesicht sei solches Schauenwollen (diesseits dessen, was Paulus eschatologisch verheißt) ein tödliches Begehren? Diese

---

114 Vgl. H. Crouzel, Art. Bild Gottes II. Alte Kirche, in: TRE VI, hrsg. v. G. Müller (u. a.), Berlin (u. a.) 1980, 499–502: 499.

Fragen werden hier nicht gestellt, um vom philosophisch-theologischen Begriff der Unsichtbarkeit Gottes auf den seiner biblisch bezeugten Sichtbarkeit umzustellen. Das wäre eine zu einfache Strategie. Vorgeschlagen zur Prüfung wird vielmehr die Frage, ob eine theologische Begründung bzw. eine Hermeneutik des Bilderverbots dieses nicht genauso gut als ‚Präzisierung' der Verborgenheit Gottes[115] präsentieren könnte. Vielleicht ist das ontologische Paradigma der Abbildung aufgrund von Ähnlichkeit und darum die Unmöglichkeit, den unsichtbaren Gott sichtbar zu machen, für ein Verständnis des Bilderverbotes zu eng gefasst. Um das zu plausibilisieren, sei zunächst die Unterscheidung zwischen Unsichtbarkeit und Verborgenheit näher erläutert und nach ihrer Bedeutung für Bildlichkeit und Bilderverbot gefragt.[116]

5.2 Dimensionen des Bildverständnisses in Luthers Theologie

Luther hat seine früh in Heidelberg vorgetragene These: „Non ille digne Theologus dicitur, qui invisibilia Dei per ea, quae factu sunt, intellecta conspicit [...] Sed qui visibilia et posteriora Dei per passiones et crucem conspecta intelligit / Nicht der wird zurecht Theologe genannt, der das Unsichtbare Gottes durch die Werke, die gemacht wurden, denkend betrachtet [...], sondern der das Sichtbare und Rückseitige

---

115 Vgl. E. Jüngel, Quae supra nos, nihil ad nos. Eine Kurzformel der Lehre vom verborgenen Gott. Im Anschluss an Luther interpretiert (1972), in: Ders., Entsprechungen: Gott, Wahrheit, Mensch, Tübingen 2002, 202–251: 248.; vgl. auch ders., Gott (s. Anm. 87).

116 Vgl. zum Zusammenhang: M. Moxter, Die verborgene Kirche und das Unsichtbare der Gemeinschaft, in: Grenzgänge der Gemeinschaft. Eine interdisziplinäre Begegnung zwischen sozial-politischer und theologisch-religiöser Perspektive, hrsg. v. E. Gräb-Schmidt u. F. G. Menga (Hrsg.), Tübingen 2016 (erscheint demnächst).

Gottes, wie es in Leiden und Kreuz erblickt wird, versteht"[117] später u. a. mit der Auffassung weiterentwickelt, die Rede von der unsichtbaren Kirche (*ecclesia invisibilis*) werde im Begriff der ‚verborgenen Kirche' theologisch angemessener zur Geltung gebracht. Diese Verlagerung des systematischen Gewichts von der Unsichtbarkeit zur Verborgenheit verrät nicht nur Reserven gegenüber platonischen Dualisierungen der Wirklichkeit, sondern ist mit der rechtfertigungs- und kreuzestheologischen Perspektive Luthers so eng verknüpft, dass auch eine evangelische Theologie des Bildes sie nicht außer Acht lassen sollte.

Nicht das Unsichtbare, auf das denkend geschlossen werden muss, weil es selbst keinen Gegenstand der Wahrnehmung bildet, ist das sachgemäße Relat theologischer Erkenntnis. Ein solches Verfahren ist vielmehr charakteristisch für die Frömmigkeit der guten Werke, denen es wesentlich ist, schön und gut zu erscheinen. Zur Erkenntnis der Gnade Gottes komme es erst, wenn im Widerspruch zur spekulativen Weisheit die Torheit des Kreuzes ernstgenommen werde. In markanter Anspielung auf Ex 33,23 qualifiziert Luther die geforderte Erkenntnis als eine, die sich *a posteriori,* in Nachsicht und Verspätung, und *sub contrario,* unter dem Gegenteil des Leides und des Kreuzes, vollzieht. Die soteriologisch-ekklesiologische Konsequenz wird lauten, dass die Kirche nicht darum die Gemeinschaft der Heiligen ist, weil an ihr das neue Leben sinnenfällig würde, sondern weil sie gegen den Augenschein zu glauben lernt. Die Kirche ist gerade deshalb keine *civitas platonica,* keine allein durch das Denken zu erfassende Idee, auch kein Ideal, gegenüber dem man die fak-

[117] M. Luther, Heidelberger Disputation [1518], These XIX f., in: WA 1, 350–374: 354.

tische Wirklichkeit als abweichend und notleidend bestimmten könnte. Gerade diese Kopplung mit der Differenz von Ideal und Wirklichkeit dürfte einer der Gründe sein, warum die Abhebung des Unsichtbaren vom Sichtbaren der rechtfertigungstheologischen Grundeinsicht Luthers nicht länger genügen konnte. Die *sanctorum communio* ist *congregatio fidelium,* weil die Heiligen verborgen sind (vor einander genauso wie vor sich selbst). Sie ist deshalb ein gegen den offensichtlichen Tatbestand geglaubte Gemeinschaft.

Diese Inversion sollte beachtet werden, wenn man Luthers oft zitierte Einlassung zur Konkurrenz von Bild und Wort zu interpretieren versucht: „Sihe, das ist der echte gottis dienst, datzu man keyner glocken, keiner kirchen [...], keyniß gemelds noch bildiß [...] bedarff. Denn das sind alliß menschen fundle und auffsetz, die gott nit acht, und den rechten gottisdienst mit yhrem gleyssen vordunckeln."[118] In diesem Zitat wird die reformatorische Grunddifferenz zwischen den Werken des Menschen (hier: dem, was er in gottesdienstlichen Handlungen vollzieht und in kirchlichen Räumen selbst gestaltet) und der Gerechtigkeit, die vor Gott gilt, unter einem bildtheoretisch gehaltvollen Gesichtspunkt zur Geltung gebracht. Wie die Heiligkeit des inneren Menschen nicht durch das äußere Anlegen heiliger Gewänder konstituiert wird, so vollzieht sich der rechte Gottesdienst im Glauben. Bilder sind wie Kirchenglocken dafür nicht notwendig. Es bleibt folglich Sache menschlicher Entscheidung, ob und wie diese eingesetzt werden. Das ist das eine, dem Protestantismus der Innerlichkeit vertraute Motiv. Das andere scheint mir zu sein, die Ambivalenz zu beachten, die darin besteht,

---

118 M. Luther, Epistel zu der Messe in der Christnacht. Tit 2,11–15, in: WA 10. I.1, 18–58: 39.

dass Bilder als Medien der Sichtbarkeit gerade durch das, was sie zeigen, anderes verdecken und verdunkeln können. Gerade weil sie Sichtbarkeitsverstärker sind, muss man sie auf spezifische Weise gebrauchen, nämlich so, dass sie das nicht länger verdecken, was sich auf verborgene Weise vollzieht. Interpretiert man den Text in diesem Sinne, so ist dennoch nicht in Abrede gestellt, dass man Luthers Bemerkung auch auf der Linie des wirkungsgeschichtlich zentral gewordenen Gegensatzes zwischen dem gleißenden Schein sinnlicher Bilderwelten einerseits und der Nüchternheit des geistgewirkten Wortes andererseits lesen kann. Aber eben nicht muss. Denn Luther hat bekanntlich nicht nur gegen die von Karlstadt angeführten Wittenberger Bilderstürmer mit seinen Invokavit-Predigten interveniert und das Recht der Glaubenden zum Bildergebrauch verteidigt, sondern vor allem das Verhältnis von Wort und Bild weder antagonistisch noch im Sinne einer dualistischen Abwertung des Ikonischen bestimmt.

So richtet sich der *Sermon von der Betrachtung des heiligen Leidens Christi* zwar gegen eine Passionsfrömmigkeit, die sich um „die rechte frucht des leydens Christi“ bringt, indem sie die Bildbetrachtung als ein seligmachendes Werk begreift und sich „mit bildelein“ gegen Gefahren aller Art zu wappnen sucht.[119] Solche magienahen Formen des Bildgebrauchs sind Fehlgriffe, weil sie mit der Betrachtung der Leiden Jesu die Freiheit vom Leid bewirken wollen und dabei einem Gottesdienstverständnis entsprechen, das die Messe als *ex opere operato* wirksames Ritual begreift. Der Protest gegen diese Art der Frömmigkeit schließt aber gerade nicht Bildbetrachtungen als solche aus.

119 M. Luther, Ein Sermon von der Betrachtung des heiligen Leidens Christi (1519), in: WA 2, 136–142: 136, Z. 11–20.

Der reformatorische Glaube zielt bei der Betrachtung der Passion auf den Zusammenhang von Christuserkenntnis und Selbsterkenntnis, nämlich darauf, „das du dir tieff eyn bildest und gar nicht zweyffelst, du seyest der, der Christum alßo marteret"[120]. Zugleich aber partizipiert der Glaubende an der Auferstehung Jesu, indem er sich Gottes Gerechtigkeit zusprechen und anrechnen lässt. So müsse der Mensch „dem Bild und leyden Christi [...] gleychformig werden, es geschehe yn dem leben adder yn der hellenn"[121]. Luther argumentiert also nicht gegen den Gebrauch von Passionsbildern, sondern für eine spezifische Betrachtungsart, durch die der Glaubende seine Auferweckung zu einem neuen Leben erfährt, während der im Unglauben Verharrende sich das betrachtete Leiden selbst zuzieht. Luthers abschließende Bemerkung lautet: „Aber diße betrachtung ist auß der weyße kummen und seltzam worden, der doch die Epistolen S. Paul und Petrus voll seynd. Wir haben das weßen yn eynen scheyn vorwandelt und das leyden Christi bedencken alleyn [...] an die wend gemalet."[122] Nicht das Passionsbild selbst ist Gegenstand der Kritik, sondern eine kirchliche Tradition, die ihre Bilder nicht evangelisch zu gebrauchen weiß.

Deshalb konnte Luther die paulinische Beschreibung der Gemeinde als einer Versammlung derer, denen „Christus als der Gekreuzigte vor Augen gemalt wurde" (Gal 3,1), im Horizont einer Bildhermeneutik verstehen, die zwar auf das *innere* Bild zielt, das den Menschen zum Bilde Gottes verwandelt (ihn ‚bildet'), aber mit dieser Ausrichtung die äußeren Bilder dennoch nicht ablehnt: „ich woll, odder wolle nicht, wenn ich

---

[120] A. a. O., 137, Z. 22 f.

[121] A. a. O., 138, Z. 35 f.

[122] A. a. O., 142, Z. 5 ff.

Christum hore, so entwirfft sich ynn meym herzten eyn mans bilde, das am creutze henget, gleich als sich meyn andlitz naturlich entwirfft yns wasser, wenn ich dreyn sehe"[123]. Denn so natürlich die Spiegelung im Wasser ist, so unhintergehbar ist die Anschauung für alles menschliche Begreifen. Dass wir „nichts on bilde dencken noch verstehen koennen"[124], ist die hermeneutische Voraussetzung von Luthers Bildtheologie. Sie trägt der Überzeugung Rechnung, dass der Mensch kein reines Vernunftwesen ist, sondern ein „animal rationale, habens cor fingens"[125]. Die Ambivalenzen, in die der Mensch gerät und in denen sich der Sünder selbst verfehlt, aber auch der Trost, durch den das angefochtene Gewissen Widersprüche ertragen kann, sind mit der Spannung zwischen Vernunft und Einbildungskraft eng verbunden. Wenn nämlich das Herz solche Bilder fingiert, die Ausdruck menschlicher Gefangenschaft in der Sünde sind, dann nimmt es sie zum Anlass für äußeren Götzendienst und Werkgerechtigkeit, womit zugleich das „gross liecht" der Vernunft[126] in eine instrumentelle Rationalität umschlägt. Sie verdunkelt das Heil, indem sie es selbst verdienen will und wird darüber zur „Hure". Luthers Semantik zielt auf den Vorwurf der Selbstpreisgabe der Vernunft zugunsten beliebiger Zwecke. Aber solcher Missbrauch der Vernunft ist Ausdruck einer Paralysierung der Imagination durch falschen Bildergebrauch und hebt die

123 M. Luther, Wider die himmlischen Propheten (1525), in: WA 18, 62–125: 83, Z. 6 ff.

124 M. Luther, Die Dritte Predigt, auff den Ostertag (1533), in: WA 37, 62–72: 63, Z. 26.

125 M. Luther, Genesisvorlesung (1535–45). Caput Octavum Genesis, in: WA 42, 335–353: 348, Z. 38. Die Nachbarschaft von *pingere* und *fingere* bleibt im Ohr.

126 M. Luther, Der Prophet Jona ausgelegt (1526), in: WA 19, 185–251: 206, Z. 13.

konstitutive Beziehung zwischen Vernunft und Imagination nicht auf.[127] Die Rechtfertigung des Gottlosen ändert daher auch nichts an der Beschaffenheit des menschlichen Herzens. Diese wird nicht denaturiert oder ausgetauscht, sehr wohl aber werden die Bilder des Todes durch solche des Lebens ersetzt.[128] Im Austausch der Bilder und Bildwelten vollzieht sich die Erneuerung der Glaubenden, gewinnt das neue Leben in Christo gegenüber der menschlichen Selbstbezogenheit Gestalt und Macht. Insofern schwächen weder der Glaube noch die lutherische Theologie die Einbildungskraft. Unhintergehbarkeit und Recht der Imagination sind anthropologisch begründet und werden – anders als im Rationalismus – auch zur Geltung gebracht. Das zeigt sich (mit Konsequenzen bis in den Gottesdienstraum der Lutheraner hinein) im Recht, Bilder haben zu dürfen. Der im engeren Sinne *theo*logische Grund dieser Legitimität liegt in der Art und Weise, wie Luther zufolge Gott am Menschen handelt: „Das ist unsers herr Gots weise alzeit gewest, das ohren nicht allein horeten, sed etiam oculis viderent."[129]

Gewiss kritisiert Luther eine Bilderpraxis scharf, sobald sie Ausdruck der Werkgerechtigkeit, der Heiligenverehrung

[127] Darum will die Behauptung nicht einleuchten, gegen Karlstadts Entfernung der Bilder aus dem Gottesdienstraum komme es Luther in Umkehrung der Reihenfolge von Außen und Innen darauf an, die Bilder zu allererst aus dem Herzen zu entfernen (so D. Burkard, Bildersturm? Die Reformation(en) und die Bilder, in: BilderStreit. Theologie auf Augenhöhe, hrsg. v. E. Garhammer, Würzburg 2007, 115–140: 130). Nur vor dem Hintergrund solcher (Fehl-)Interpretation kommt die Behauptung zustande: „Die Bildfeindlichkeit wurde zum Kennzeichen für die Reformation schlechthin" (a. a. O., 120).

[128] Vgl. M. Luther, Ein Sermon von der Bereitung zum Sterben (1519), in: WA 2, 685–697: 687, 691 f.

[129] M. Luther, Predigt am Gründonnerstag [1540], in: WA 49, 72–78: 74 f., Z. 39 f.

oder einer Selbstbespiegelung der kirchlichen Heilsanstalt in der Gestalt Marias wird. Aber die in solchen Kontexten geforderte Abschaffung des Götzendienstes richtet sich nie gegen das Bild als solches. Auf das Bilderverbot geht Luther daher in seinen, der allgemeinverständlichen Einführung in das Christentum dienenden, Katechismen nicht einmal ein.[130] Ausdrücklich widerspricht er hingegen der Auffassung, „das durchs Euangelion sollten alle kuenste zu boden geschlagen werden und vergehen, wie ettliche abergeystlichen fur geben, Sondern ich wollt alle kuenste, sonderlich die Musica gerne sehen ym dienst des, der sie geben und geschaffen hat"[131]. Die Sonderstellung der Musik in dieser Äußerung ist teils persönlichen Vorlieben Luthers, teils dem Anlass (das Zitat stammt aus der Vorrede zum Wittenberger Gesangbuch) geschuldet, rechtfertigt aber nicht den Verdacht einer antipictoralen Grundhaltung. Wer solchen Verdacht hegt, ist auch zu der Unterstellung geneigt, in der Privilegierung der Musik zeige sich die Innerlichkeit augustinischer Frömmigkeit und ihre Orientierung an rationalen Ordnungsstrukturen,[132] während die Bildenden Künste der anomischen Einbildungskraft Raum gäben. Solchen Einschätzungen gegenüber ist festzuhalten, dass sich der Eindruck eines prinzipiellen Zerwürfnisses zwischen Protestantismus und bildender Kunst mit Luthers eigenen Texten nicht begründen lässt.

Deshalb sind seine Hinweise auf das Gleißen der Bilder und das dadurch ausgelöste Missverständnis nicht nur als

---

130 Vgl. W. von Loewenich, Art. Bilder VI. Reformatorische und nachreformatorische Zeit, in: TRE VI (s. Anm. 114), 546–557.

131 M. Luther, Die Vorrede des Wittenberger Gesangbuches (1524), in: WA 35, 474f.: 475, Z. 2–5.

132 Vgl. A. Reckermann, Art. Kunst/Kunstwerk II, in: HWPh 4, 1365–1378: 1367.

theologisch, sondern eben auch als ästhetisch relevante Pointe interpretierbar. Es wäre eine systematische Einseitigkeit, Bilder vor allem oder ausschließlich als Abbildungen *sub specie* dessen zu begreifen, dem sie nie vollständig gleichen. Bildreferenz als Beziehung auf einen Gegenstand, der als abgebildet erkennbar wird, ist Sache eines speziellen Gebrauchs von Bildern. Deren Eigenart muss aus anderen Perspektiven ermittelt werden, zu denen die theologische Differenz zwischen dem, was sichtbar und was wesentlich verborgen ist, einen Beitrag leisten kann. Unterschätzt man bildtheoretisch die innere Gegenläufigkeit von Repräsentation und Entzug, so wundert es nicht, wenn man sich auch theologisch im Weg steht, die Predigt des Evangeliums recht zu verstehen. Denn man erliegt dann leicht der Suggestion der Sichtbarkeit, die gute Werke und aufweisbare Früchte des Glaubens oder sinnenfällige Demonstrationen der Macht Gottes empfiehlt, aber nichts davon weiß, dass Gott sich in der Unansehnlichkeit des Gekreuzigten zeigt. Wer dagegen an der Rechtfertigung des Gottlosen gegen den Augenschein seines Lebens festhält, bekommt Spezifisches zu sehen: „Summa, wiltu die heilige, Christlichen kirche gemallt sehen, mit lebendiger farbe und gestalt, ynn einem kleinen bilde gefasset, so nym den Psalter fur dich, so hastu einen feinen, hellen, reinen spiegel, der dir zeigen wird, was die Christenheit sey."[133] In ihm wird um die Einbildungskraft in einer Vielzahl mentaler Bilder gestritten, die in innerer Resonanz zum Sichtbaren stehen. Eine an Luther anschließende Hermeneutik hat – fasst

133 M. Luther, Zweite Vorrede auf den Psalter (1528), in: WA.DB 10.1, 98–105: 104, Z. 5–9. Vgl. dazu: G. Bader, Psalterium affectuum palaestra. Prolegomena zu einer Theologie des Psalters, Tübingen 1996, 167f. (zur ‚Ikonik' der Psalmen und zu Luthers Vorrede s. auch II.3.1b).

man die hier dargelegten Dimensionen zusammen – wenig Anlass, das Bilderverbot als Leitmotiv einer theologischen Bildtheorie auszulegen.

5.3 Bilderverbot und Ebenbildlichkeit

Das Bilderverbot richtet sich als Fremdgötterverbot nicht primär nach außen (s. II 2.2b2), sondern wahrt die Transzendenz Gottes vor allem als dessen innere, für Israel selbst geltende Unverfügbarkeit. Auf diese Einsicht kommt es gerade dort an, wo im Tempelkult oder im Synagogengottesdienst die offenbare Nähe Gottes gefeiert oder diese in der Gabe des Gesetzes, der Herausführung aus Ägypten oder der Tempelweihe erinnert wird (s. II 3.3a–b). So nimmt jedenfalls die Auslegungsgeschichte die Sachverhalte wahr. Freiheit und Andersheit Gottes gegenüber allen menschlichen Versuchen seiner Vergegenständlichung, Objektivierung oder Instrumentalisierung sollen gesichert und also soll die Dialektik zwischen Gabe und Entzug, Nähe und Ferne bzw. Offenbarung und Verborgenheit durchgehalten werden. Nicht Unsichtbarkeit Gottes ist das durch das Bilderverbot geschützte Gut, sondern Resistenz gegenüber Durchschaubarkeit.

Aus dieser Auslegungsperspektive ergibt sich eine Analogie zwischen dem auf dieser Linie interpretierten Bilderverbot und der inneren Beziehung, die zwischen der theologischen Rede von der Gottebenbildlichkeit des Menschen und der rechtlich garantierten Menschenwürde besteht. Auch wenn diese Beziehung nicht als Legitimierung des Grundgesetzes durch religiöse Überzeugungen gedacht sein muss, vielmehr dessen prinzipielle Offenheit für alternative Interpretationen im Blick sein kann, wird an dieser Stelle gerne der Zusammenhang zwischen Theologie und Recht bekräftigt. Das strahlt auf die Rezeption des Bilderverbotes aus.

Eine gegenwärtige Theologie begreift den Menschen nicht im Horizont der Schöpfungsmythen der altorientalischen Religionsgeschichte und deren biblischer Nachklänge, so wenig sie die Sonderstellung des Menschen noch kosmologisch begründet. Aber sie denkt seine Bestimmung zum Bilde Gottes als Bestimmung zur *Selbstbildung*,[134] also im Horizont von Freiheit und Selbstbestimmung. Der Mensch ist nicht nur ein weltoffenes Wesen (Scheler) und das nicht festgestellte Tier (Nietzsche), sondern hat es mit Offenheit vor allem auch im Selbstverhältnis (Plessner) zu tun. So wenig Gott definierbar ist, so wenig kann man den Menschen auf die fixen Grenzen gegebener Identität festlegen.[135] Weil sie davon weiß, dass die individuelle Existenz nicht anders in den Blick genommen werden kann als unter dem Recht freier Selbstbestimmung, erkennt die evangelische Theologie die im Grundgesetz vollzogene Relativierung aller staatlichen Gewalt auf die unantastbare Würde des Menschen hin an. Sie begreift letztere als Ausdruck jener Beziehung zwischen Gott und

---

134 Dies gilt gerade auch dann, wenn vor einer Verwechslung solcher Selbstbestimmung mit abstrakter Autonomie oder mit ‚Selbstverwirklichung aus eigener Kraft' gewarnt wird (wie z. B. bei W. Pannenberg, Anthropologie in theologischer Perspektive, Göttingen 1983, 67). Denn solche Distanzierung ergibt sich erst aus der Grundüberzeugung, Gottesebenbildlichkeit als Prozess „der Bildung zu sich selbst" (ebd.) zu denken.

135 In dieser Hinsicht gehen andere Wege als Pannenberg: E. Jüngel, Der Gott entsprechende Mensch. Bemerkungen zur Gottebenbildlichkeit des Menschen als Grundfigur theologischer Anthropologie, in: Ders., Entsprechungen, München 1980, 290–317: 294f., sowie U. Barth, Kreativität und Kreatürlichkeit, in: Ders., Gott als Projekt der Vernunft, Tübingen 2005, 173–192: 190. Traditionelle Reserven gegenüber der neuzeitlichen Selbstbestimmungs- und Selbstzweckterminologie bleiben erhalten bei: W. Härle, Menschenwürde – konkret und grundsätzlich, in: Menschenwürde [= MJbTh XVII], hrsg. v. ders. u. R. Preul, Marburg 2005, 135–166: 138, 155f.

Mensch, in der die Einheit von Offenbarsein und Verborgensein Gottes die Gottebenbildlichkeit des Menschen begründet. Der Mensch ist unantastbar in dem präzisen Sinne, dass er eine Transzendenz verkörpert, der gegenüber jeder Zugriff souveräner Macht schlechterdings untersagt bleibt. In diesem Sinne wahrt die Kategorie der Gottebenbildlichkeit die Unverfügbarkeit des Menschen wie das Bilderverbot die Transzendenz Gottes. Oder mit einer Formulierung Gerhard Ebelings: „Der Gott, der den Menschen zu seinem Bild geschaffen hat, ist eben dieser" Gott, „dessen Offenbarung [...] das Geheimnis seiner Verborgenheit kundtut, aber nicht aufhebt [...]. Ihm entspricht der Mensch, indem er selbst erst dadurch offenbar wird und zur Wahrheit kommt, daß sein Leben in Gott verborgen ist [...] Der verborgene Gott und der verborgene Mensch [...] entsprechen einander."[136] Die theologische Kategorie der *abscondítas Dei* und die von Plessner geprägte Rede vom *homo absconditus*[137] liest Ebeling im Sinne einer Zusammengehörigkeit von Bilderverbot und Ebenbildlichkeitsbegriff.

Auch wenn Bedenken gegenüber dieser Auslegung bestehen mögen, weil sie die terminologische Differenz zwischen *ṣælæm* und der im Dekalog fokussierten *pæsæl*-Begrifflichkeit übersieht, behauptet sie sich auf dem Boden rezeptionsgeschichtlicher Fragen (vgl. aber auch II 3.2c). Sie greift nämlich immer dann, wenn man den Transzendenz- wie den Verborgenheitsbegriff über ein Negativitätsmoment bestimmt, also ihn gegen das unmittelbare Gegebensein gerichtet sieht.

136 G. Ebeling, Dogmatik des christlichen Glaubens, Bd. 1, Tübingen 1979, 390.

137 Vgl. R. Meyer-Hansen, Apostaten der Natur. Die Differenzanthropologie Helmut Plessners als Herausforderung für die theologische Rede vom Menschen (RPT 73), Tübingen 2013, 351.

Nicht eine positive Mitgift (wie Sprache, Vernunft oder aufrechter Gang) macht den Menschen zum Ebenbild Gottes, sondern die besondere Beziehung Gottes zu ihm, die es ausschließt, dass Subjektivität und Souveränität als Formen beliebiger Verfügung über sich selbst frei erscheinen können. Auch kann gelten: So wenig der Mensch Gott durchschauen kann, so wenig wird er sich selbst durchsichtig. In dieser Korrelation begegnen sich Bilderverbot und Gottebenbildlichkeit. Auf die Konsequenzen ist kurz einzugehen.

5.4 „Bilder geben zu sehen“

Die aus dem sogenannten *iconic turn* hervorgegangenen Bildwissenschaften unterscheiden sich wohl an keinem Punkt deutlicher von traditionellen Philosophien des Bildes als hinsichtlich ihrer Einschätzung und Behandlung des Abbildungsbegriffs. Wenn H. Belting erklärt: „Bilder sind niemals nur das, was sie zu sein behaupten, Abbildungen der Realität“,[138] so mag man diese Erklärung zunächst als eine Einschränkung des traditionellen Paradigmas („niemals nur“) lesen. Wenn aber gelten soll, dass Bilder sichtbar machen, was ohne sie nicht gesehen werden kann, so ist ihre Leistung umfassender. Um es in Anlehnung an Ernst Cassirer zu formulieren: Ihre Funktion ist nicht bloß ab- oder nachbildend, sondern vorbildend.[139] Nach der kopernikanischen Wende der kritisch gewordenen Philosophie genügt der traditionelle Abbildungsbegriff nicht mehr und ergibt sich eine Krise der Repräsentation. Cassirer reagiert auf sie in Anlehnung an

---

138 Belting, Bild-Anthropologie (s. Anm. 18), 109.

139 Vgl. E. Cassirer, Philosophie der symbolischen Formen, Bd. I: Die Sprache (Gesammelte Werke, Hamburger Ausgabe, hrsg. v. B. Recki, Bd. 11, Hamburg 2001), 9 f.

W. von Humboldts Begriff der inneren Sprachform, also mit der Überzeugung, Zeichen, Bilder und Symbole identifizierten und repräsentierten nicht eine ohne sie bereits fertige Welt, sondern eröffneten dem Menschen allererst einen Zugang zur Wirklichkeit. Die symbolischen Formen, unter ihnen das Bild, artikulieren Sinn und setzen Bestimmtheit. Auch wenn nicht zu bestreiten ist, dass wir Bilder als Abbildungen gebrauchen, so folgt daraus nicht, dass dieser Gebrauch die elementarste, ursprünglichste ist oder die systematisch gehaltvollste ikonische Grundfunktion definiert. Insofern lautet der gegenwärtige Konsens (wie er etwa bei G. Boehm ausgesprochen wird),[140] dass Bilder nicht abbilden, sondern zu sehen geben. Diese Formel dürfte historisch auf Äußerungen Paul Klees („Kunst gibt nicht das Sichtbare wieder, sondern macht sichtbar"[141]) oder Martin Heideggers („Das Wesen des Bildes ist: etwas sehen zu lassen. Dagegen sind die Abbilder und Nachbilder bereits Abarten des eigentlichen Bildes, das [...] das Unsichtbare sehen lässt"[142]) zurückzuführen sein. Dieser Gesichtspunkt ist gleichsam die Wasserscheide zwischen traditionellem und transzendental-philosophisch bzw. medientheoretisch reflektiertem Bildbegriff.

Bilder zeigen und verdecken, sie ziehen Grenzen zwischen Sichtbarem und Ungesehenem. Sie geben Blicke frei und prä-

---

140 Vgl. G. Boehm, Die Wiederkehr der Bilder, in: Ders., Was ist ein Bild? (s. Anm. 100), 11–38: 16, 35. Dass die Zeit im Bild zu sehen gibt, ist die Pointe von Boehms Rezeption des Begriffs der Figuration. Vgl. ders., Die ikonische Figuration, in: Figur und Figuration, hrsg. v. ders. (u. a.), München 2007, 33–52: 50 f.

141 P. Klee, Schöpferische Konfession, in: Ders., Kunst-Lehre, hrsg. v. G. Regel, Leipzig 1987, 60–66: 60.

142 M. Heidegger, ... dichterisch wohnet der Mensch ... (1951), in: Ders., Vorträge und Aufsätze. Teil 2, Pfullingen ³1967, 74.

sentieren Sichtweisen, aber ihre Visualisierungsstrategien verstellen zugleich andere Möglichkeiten. Die Revolutionierung der Malerei durch Einführung der Zentralperspektive hat – kaum zufällig – einen der wichtigsten erkenntniskritischen Begriffe geprägt, der das Denken der Moderne und Postmoderne gleichermaßen bestimmt. Dass *Perspektiven* eingenommen werden müssen, damit man etwas sehen kann, aber diese mit der Lenkung des Blickes anderes entziehen (das im Hintergrund, außerhalb des Ausschnitts oder unscharf bleibt), ist aus der Selbstverständigung über Erkenntnis und Wissenschaft nicht wegzudenken. Diese Feststellung fördert nicht notwendigerweise Beliebigkeit jeder oder Gleichgültigkeit aller Perspektiven, aber sie begreift den Perspektivwechsel als Arbeit an der Endlichkeit humaner Einsichten, die einen totalen Blick, einen *view from nowhere*[143], nicht erreichen können. Insofern ist jede *Dar*stellung auch *Ver*stellung, jedes Bild auch Verdrängung einer anderen Sichtweise. Darum lässt sich der (vielleicht etwas hochtrabend formulierte) Gabecharakter des Bildes (das Bild *gibt* zu sehen), seine Eröffnung des Sichtbaren,[144] nicht unabhängig von dem Entzug denken, den es dem Betrachter zumutet.[145] Luca Giuliani stellt seinem Buch *Bild und Mythos*[146] ein Motto von W. Mitchell voran, das diesen Sachverhalt pointiert

143 Vgl. T. Nagel, The View from Nowhere, New York (u. a.) 1986.

144 Vgl. J.-L. Marion, Die Öffnung des Sichtbaren (IKON. Bild und Theologie), Paderborn 2005.

145 Vgl. Präsenz im Entzug. Ambivalenzen des Bildes (Tagungen des Instituts für Bildtheorie [Institute for Iconicity] der Theologischen Fakultät der Universität Rostock im Herbst 2008 und Frühling 2009), hrsg. v. P. Stoellger u. T. Klie, Tübingen 2011.

146 Vgl. L. Giuliani, Bild und Mythos. Geschichte der Bildererzählung in der griechischen Kunst, München 2003.

zusammenfasst: „We can never understand a picture unless we grasp the ways in which it shows what cannot be seen."[147] Die Bildermacher (im denkbar weitesten Sinne des Wortes) arbeiten daher an der „Darstellung des Undarstellbaren",[148] sie präsentieren, was sich nicht sehen lässt, mitten im Sichtbaren. Darauf ist unter dem Gesichtspunkt von Zeitlichkeit und Repräsentation im nächsten Abschnitt noch einmal zurückzukommen. Es sollte aber deutlich sein, in welchem Sinne Bilder Transzendenzphänomene sind, in denen die Schwellen und Grenzen zwischen Sichtbarem und Ungesehenem (also nicht notwendigerweise: dem Unsichtbarem) eingerichtet und doch auch überschritten werden.

Eine Auslegung des Bilderverbotes, die ihren systematischen Bezugspunkt von der Unsichtbarkeit Gottes auf die Dialektik von Offenbarung und Verborgenheit verlagert, lässt das Bilderverbot nicht länger als notwendigerweise ikonoklastisch oder bilderkritisch erscheinen. Die Negation von Bildlichkeit wird in der Rezeptionsgeschichte einseitig betont. Doch das Bilderverbot kann auch das Bildbewusstsein steigern, stärken und verschärfen. Solche Impulse werden vor allem dann freigesetzt, wenn es nicht nur den Gottesgedanken in den Horizont negativer Theologie rückt, sondern auch zur Reflexion des Bildbegriffs herausfordert.

---

147 W. J. T. Mitchell, Iconology. Image, Text, Ideology, Chicago 1986, 39.

148 Vgl. P. Bahr, Darstellung des Undarstellbaren. Religionstheoretische Studien zum Darstellungsbegriff bei A. G. Baumgarten und I. Kant, Tübingen 2004.

6. Die Macht der Bilder: Vergegenwärtigung und Präsenzverdichtung

Von der Macht der Bilder war oben unter den Gesichtspunkten der Herrscherrepräsentation, der Stabilisierung von Macht sowie im Kontext politischer Ikonographie schon die Rede. Nun ist auf die in diesen Phänomenen faktisch vorausgesetzte Macht der Bilder selbst zurückzukommen. Ging es oben um die Bilder der Macht, so ist nun von ihrer Kompetenz zu sprechen, dichte Präsenz erzeugen zu können.

6.1 Ambivalente Präsentationsleistungen

G. Boehm zufolge „erwächst“ die Macht des Bildes „aus der Fähigkeit, ein ungreifbares und fernes Sein zu vergegenwärtigen, ihm eine derartige Präsenz zu leihen, die den Raum der menschlichen Aufmerksamkeit völlig zu erfüllen vermag“[149]. Zweifelsohne: Bilder sind attraktiv und fordern als ‚eye-catcher‘ unseren Blick heraus. Dies gilt nicht nur für erotische Bilder, wird aber an ihnen besonders deutlich. Die Überwältigungsstrategie, mit der die Werbung solchen Reiz zur Sicherung von Marktanteilen einsetzt, ist freilich auch an Bildern reiner Gewalt erkennbar, vor deren Brutalität wir entsetzt zurückweichen und den Blick fernzuhalten suchen[150] – je nach subjektiver Empfindlichkeit auch bereits gegenüber der Dokumentation realer Gewalt, mehr noch freilich von ihrer Inszenierung und Selbstinszenierung.[151] Ihr abstoßender Cha-

---

149 Boehm, Bilderfrage (s. Anm. 100), 328 ff. Vgl. auch Nancy, Ground (s. Anm. 1), 31.

150 Zu denken ist an Filme von S. Leone (Once upon a time in America) oder Q. Tarantino (Kill Bill).

151 Vgl. dazu J.-L. Nancy, Image and Violence, in: Ders., Ground (s. Anm. 1), 15–26: 20 f. Der Zusammenhang spielt eine zentrale Rolle in Augustinus Ein-

rakter ist sozusagen Gegenspiel zum ‚Hingucker', eine Umbesetzung im Haushalt derselben Bildmacht. Wenn Boehm davon spricht, dass solche Macht dem Bild „erwächst", lässt er offen, welche Anteile dieses Prozesses dem Bild selbst und welche der subjektiven ‚Ökonomie der Aufmerksamkeit' (Franck), also der Disposition der Betrachter zukommen. Wenn schließlich vom ‚Bildzauber' oder religionsgeschichtlich von der ‚Magie des Bildes' und dem ‚Bann', der von ihm ausgeht, die Rede ist, scheint es, als handele es sich um eine objektive Macht, mit der das Bild gleichsam atmosphärisch aufgeladen ist. Es legt sich dann nahe, das Bilderverbot als Durchbrechung solcher Macht des Scheins zu verstehen und seinen Freiheit wahrenden Sinn nicht nur auf die Souveränität und Transzendenz Gottes, sondern auch auf die Freiheit der Rezipienten zu beziehen: Bilder bannen, Gottes Wort lässt frei. Doch es ist auch an dieser Stelle damit zu rechnen, dass solche Entgegensetzung trotz ihrer *particula veri* unzureichend bleibt, und die Hermeneutik des Bilderverbotes von einer Vertiefung bildwissenschaftlicher Reflexionen profitieren kann.

6.2 Verschränkung von Anwesenheit und Abwesenheit

Dass sich „[i]m Rätsel des Bildes [...] Anwesenheit und Abwesenheit unauflösbar verschränk[en]"[152], wird jeder zugeben, der seiner Erinnerung mit Photographien aufhilft. Im Bild halten wir präsent und ‚fest', wovon wir im Lauf der Zeit Abstand nehmen oder wovon wir uns räumlich trennen müs-

schätzung der *curiositas* bzw. der in der Arena wie im Theater zum Ausdruck kommenden spätantiken Schaulust (vgl. Confessiones VI/8). Dass Augustinus sie undialektisch als Sinneslust begreift, gehört zu den Begrenzungen seiner Theologie.

152 Belting, Bild-Anthropologie (s. Anm. 18), 29.

sen. Das Bild repräsentiert, es macht gegenwärtig, was dem visuellen Sinn hier und jetzt nicht selbst gegeben ist.[153] Insofern die Leistung der Vergegenwärtigung *Wieder*vergegenwärtigung (*Re*präsentation) ist, wird die schon oben (Abs. III 3.8) erwähnte kulturhistorische Beobachtung erneut einschlägig, dass Bilder im Totenkult eine zentrale Rolle spielten (und auch heute noch spielen). Die Anlage von Gräbern und die Herstellung von Mumien sind Bildpraktiken,[154] Skulpturen, häufig Grabbeigaben, und die ikonische Repräsentation einer ganzen Armee ist Ausdruck bleibender Macht des kaiserlichen Herrschers, die ihn auch im Tod begleitet.[155] Im vorchristlichen Rom wurden Masken toter Ahnen in Trauerumzügen mitgeführt, häufig die Ahnen von Familienmitgliedern oder auch von Schauspielern gedoubelt,[156] um auf diese

---

153 Es gibt Ausnahmen: Die neuen Medien erzeugen Bilder simultan zur Sache selbst, so dass sich beispielsweise Zuschauer bei sportlichen Großveranstaltungen beim Zuschauen selbst betrachten können. Merkwürdigerweise wechseln die Bildregisseure immer in dem Moment das Kamerabild, in dem Zuschauer solche Selbstreferenz entdecken, als ob die Unschuld der Bilder auch heute nur in Distanz zur Sache zu bewahren sei.

154 Das hat schon T. W. Adorno gewusst; vgl. Ästhetische Theorie, in: Ders., Gesammelte Schriften. Bd. 7, hrsg. v. R. Tiedemann, Darmstadt 1998, 416f. Adorno meint, einen Übergang von der Vortäuschung körperlicher Gegenwart der Toten zur symbolischen Andeutung ihrer Gegenwart beobachten zu können, und exemplifiziert das mit Überlegungen zur Entwicklung der Skulptur. Adorno fährt fort: „Eines der Modelle von Kunst wäre die Leiche in ihrer gebannten, unverweslichen Gestalt. Verdinglichung des einst Lebendigen trüge schon in Frühzeiten sich zu, ebenso Revolte gegen den Tod wie naturbefangen-magische Praktik" (a. a. O., 417). Diskursprägend ist inzwischen auch M. Blanchot.

155 Ich spreche von der Terrakotta-Armee des Kaiser Qin Shihuangdis in der Nähe von Xi'an, China.

156 Vgl. unter Verweis auf entsprechende Berichte bei Polybios, Sallust und Diodor Belting, Bild-Anthropologie (s. Anm. 18), 178f.

Weise die Gemeinschaft der Lebenden und der Toten darzustellen. Entsprechende Praktiken hat wohl SapSal 14,15 ff. im Blick, wenn dort von einem Vater berichtet wird, der angesichts des frühen Todes seines Sohnes ein Bild anfertigen lässt, in dem der Verstorbene – so die Wahrnehmung des Textes – als Gott verehrt oder zumindest im Kontext ritueller Feiern präsent gehalten wird. Selbst wenn wir über Sinn und Funktion der Höhlenbilder in Lascaux, Altamira und andernorts nur spekulieren können, so wurde doch auch von ihnen geltend gemacht, dass sie – ob nun aus Gründen des Jagdzaubers, eines Kultus oder der Bändigung des Schreckens – Abwesendes anwesend sein lassen.[157] Noch das von Jeremy Bentham (1748–1832) in Auftrag gegebene Auto-Icon, das – aus seiner Leiche gefertigt – keine Wachsfigur, sondern Mumie sein sollte, zielte auf das Begehren, über den Tod hinaus im Bild (a man who is his own image) präsent zu sein und insofern „*in corpore* an Sitzungen der Universität teil[zu]nehmen“[158].

Solche Bildpraxis wird nur verständlich, wenn sie im Bild oder zumindest im Bildglauben Grund und Anhalt hat. Zu denken ist an die Bildlichkeit konstituierende Unterscheidung zwischen dem Medium und dem in ihm Gezeigten, zwischen Visuellem und dem, was dieses sichtbar macht. Aufgrund dieser zwei Momente des Bildes kann von der realen Gegenwart des einen im anderen die Rede sein. Im Abbild ist das Urbild, im Bild die Sache, im Zeigen das Gezeigte, auf welche Weise auch immer, präsent. Will man im Blick auf diese Struktur des Inneseins von ikonischer Differenz[159] sprechen,

157 Vgl. H. Blumenberg, der im Bild ein Vorspiel der Leistung des Begriffs sieht (ders., Höhlenausgänge, Frankfurt am Main 1989, 26).

158 Vgl. Belting, Bild-Anthropologie (s. Anm. 18), 106.

159 Vgl. Boehm, Wiederkehr (s. Anm. 140), 29 f.

so besteht diese gerade in der Ermöglichung einer Präsenz, die durch das Bild sozusagen verbürgt wird. Bilder koppeln Anwesenheit und Abwesenheit, sie sind nicht nur äußere Zeichen, die für Abwesendes stehen. Dieser Struktur dürfte ihre Funktion im Totenkult verdankt sein.

6.3 Präsenz und Magie

Denkt man sich das, was im und durch das Bild sichtbar wird, als eine diesem einwohnende Kraft, dann kann das Phänomen der Bildpräsenz Bildzauber und Bildmagie verständlich machen. Wie Cassirer immer wieder betont, machen Zauber und Magie von der Eigenart der symbolischen Form Gebrauch, als Verbindung von Sinn und Sinnlichkeit eine Einheit von Geistigem und Materiellem darzustellen, die dem archaischen Zugriff unmittelbar als Indifferenz und Konkreszenz erscheint. Im Zauber mit Bildern und Zeichen wird das Bild, Cassirer zufolge, noch nicht *als Bild*, das Zeichen noch nicht *als Zeichen* verstanden, sondern in der Kontiguität von Bild und Sache ist das eine im anderen gefasst. Das Bild des Feindes wird verletzt, der Büffeltanz inszeniert, weil im Bild der Kampf mit dem Feind oder die Jagd auf die Beute selbst beginnen.[160] Das Bild ist insofern kein Abbild, sondern erste Inkorporation des Feindes. Die Überwindung von Mythos und Magie vollzieht sich als Anfang einer Bewusstwerdung kultureller Vermitteltheit, in der sich der Mensch als *animal symbolicum* entdeckt – ein Prozess, an dem das Differenzbewusstsein der Religion (wie es im jüdischen Bilderverbot, aber nicht nur in ihm, zum Ausdruck kommt) entscheidenden An-

160 Vgl. E. Cassirer, PhdsF II (Gesammelte Werke, Hamburger Ausgabe, hrsg. v. B. Recki, Bd. 12, Hamburg 2002), 48.

teil hat. Auch Hans Jonas beschreibt den Umstand, dass allein der Mensch in der Lage ist, Bilder *als Bilder* zu erfassen und damit auf Distanz zur Präsenz des Gegebenen zu gehen, als das Charakteristikum des Menschen als *homo pictor*: Die Fähigkeit, Eidos und Dasein, Form und Stoff zu unterscheiden, also das aufdringlich Augenfällige von dem abzuheben, was in ihm sichtbar wird, konstituiere die humane Freiheit.[161]

6.4 (Re-)Präsentation und Bild

Eine solche Fokussierung auf Freiheit prägt auch Sartres Phänomenologie der Einbildungskraft,[162] die an dieser Stelle erwähnt wird, weil sie die Eigenart bildlicher Repräsentation unter dem Leitbegriff der Abwesenheit beschreibt. Hilfreich für eine erste Annäherung ist die Beachtung begriffsgeschichtlicher Kontexte. Denn dem im Deutschen als Übersetzung von *repraesentatio* bzw. *idea* eingebürgerten erkenntnistheoretischen Grundbegriff der ‚Vorstellung' entspricht seit Locke und Hume im Englischen wie im Französischen ‚image' – ein Wort also, das die Bedeutung von Bildprozessen im Aufbau von Erkenntnis deutlicher markiert. Dies wird mit der neuerdings üblich gewordenen Rede von ‚mentalen Bildern' (s. o. II 2.4) nun auch in unserer Sprache nachgeholt. Für Hume sind ‚Vorstellungen' schwache Bilder von starken Eindrücken (*impressions*), wie sie die Sinne vermitteln. Als solche sind sie in der Lage, abgeschwächt zu repräsentieren, also wieder präsent zu machen, was ‚Eindruck' hinterließ.[163]

---

161 Vgl. H. Jonas, Homo Pictor und die differentia des Menschen, in: ZphF XV, 1961 237f.: 241.

162 J.-P. Sartre, Das Imaginäre. Phänomenologische Psychologie der Einbildungskraft (frz. *L'Imaginaire. Psychologie phénoménologique de l'imagination*, Paris 1940), übers. v. H. Schöneberg, Reinbek b. Hamburg 1994.

163 A. a. O., 17, unter Verweis auf D. Humes *Treatise of Human Nature*, Buch I.

Sartre untersucht nun das Verhältnis dieser *images* (Vorstellungen) zu dem, was man sonst Bilder nennt, von Photo und Karikatur über die Pantomime bis hin zum Traumbild[164] – und zwar unter dem Leitgesichtspunkt, dass ein Bild seines Freundes Pierre dessen Gesicht und also diesen selbst vergegenwärtigen (*rendre présent*) kann, während dieser abwesend ist.[165] Sartres Pointe ist es, dass die Einbildungskraft (*imagination*) analog zur Wahrnehmung sich direkt auf ‚Pierre' beziehe, ihn zwar als abwesend setze, aber dies doch auf eine Weise, in der Bewusstseinsakt und Gegenstandspol nicht weniger intern verbunden sind als im Fall der Wahrnehmung auch. Die innere Einheit von Akt (*noesis* [νόησις]) und Gegenstand (*noema* [νοήμα]) zeichnet das Bewusstsein durchgängig aus. Vor diesem Hintergrund ergibt sich bei Sartre – ähnlich wie bei Cassirer – eine These zur Abkünftigkeit der Magie archaischer Bildreligionen aus der Eigenart menschlichen Bewusstseins: „Das Original hat den ontologischen Vorrang. Aber es inkarniert sich, es steigt ins Bild ab. Das erklärt die Haltung der Primitiven ihren Abbildungen gegenüber ebenso wie gewisse Praktiken der schwarzen Kunst (das Wachsbild, das man mit einer Nadel durchbohrt, die verwundeten Büffel, die man an die Wände malt, damit die Jagd erfolgreich wird). Es handelt sich übrigens nicht um eine heute verschwundene Denkweise. Die Struktur des Bildes ist bei uns irrational geblieben."[166] Das Bild *als Bild* zu denken sei eine sekundäre Leistung eines reflexiv gewordenen Bewusstseins. Ursprünglicher sei es, „Peter im Gemälde" zu denken: „Das Gemälde *gibt* also Peter, obwohl er nicht da ist."[167]

164 A. a. O., 36ff.

165 A. a. O., 37.

166 A. a. O., 47.

167 Ebd.

Die Einbildungskraft – nach Kant eine verborgene Kunst in der Tiefe der menschlichen Seele, die Begriffe und Anschauungen überhaupt erst vermittelt[168] – bringt sozusagen Präsenzvorstellungen unter der Bedingung der Abwesenheit des Vorgestellten hervor. Die Kopplung von Bild und Präsenz ist bei Sartre so grundlegend, dass nach ihm das mentale Bild Pierres verschwindet, sobald dieser selbst gegenwärtig ist.

Von einer eigentümlichen Präsenz der Sache im Bild ist auch in der analytischen Religionsphilosophie des späten Wittgenstein die Rede. Seine *Philosophische[n] Untersuchungen*[169] vollziehen eine scharfe Kritik der Bildtheorie seines *Tractatus logico-philosophicus*, mit dem er 1918 meinte, die Probleme der Philosophie „im Wesentlichen endgültig gelöst zu haben“[170]. Wittgensteins spätere Wende von der *ideal-language-philosophy* zur *ordinary-language-philosophy* zeitigt Konsequenzen für unseren Zusammenhang, weil sie das Verhältnis von Gott und Bild und vor allem die Zentralstellung des Abbildungsgedankens betrifft.

Für die frühe Position des *Tractatus* fallen unter die Kategorie der Bilder nicht nur Gemälde, Photos und Zeichnungen, sondern auch Landkarten, Modelle, Plastiken und Partituren, ja sogar Schallplattenaufnahmen.[171] Sie alle sind nämlich Darstellungen, die aufgrund einer je spezifischen Methode der Projektion ein Verhältnis zwischen Bild und Sache setzen. Indem Wittgenstein davon ausgeht, dass ein Bild die Wirk-

168 Kant, KdrV A 141 (= AA IV, 101).

169 Vgl. L. Wittgenstein, Philosophische Untersuchungen, in: Schriften, Bd. 1, Frankfurt am Main 1960, 279–544.

170 L. Wittgenstein, Tractatus logico-philosophicus, in: Schriften, Bd. 1 (s. Anm. 169), 7–83: 9 f. (Vorwort).

171 Vgl. A. Kenny, Wittgenstein, übers. v. H. Vetter, Frankfurt am Main 1974, 70.

lichkeit nur abbilden kann, insofern es mit dieser eine gemeinsame Form hat,[172] entwickelt er einen logischen Atomismus, demzufolge der sinnvolle (Einzel-)Satz das Bild einer (einzelnen) Tatsache gibt. Die Welt ist alles, was der Fall ist, nämlich die Gesamtheit der Tatsachen, denen jeweils ein und nur ein Satz unter wahrheitsdefiniten Bedingungen entspricht.[173] Sätze können nur wahr sein, wenn zwischen ihrer Form und der Form der Welt eine Isomorphie besteht. Daraus ergeben sich Behauptungen, die den oben traditionell genannten Abbildungsbegriff unter der Bedingung des logischen Atomismus erneuern. „In Bild und Abgebildetem muß etwas identisch sein, damit das eine überhaupt ein Bild des anderen sein kann."[174] Und: „Was das Bild mit der Wirklichkeit gemein haben muß, um sie [...] abbilden zu können, ist seine Form der Abbildung.[175]. Wittgensteins *Tractatus* zielte darauf, den Bereich sinnvoller Sätze zu identifizieren und also eine klare Grenze zwischen dem zu ziehen, was man sagen kann, und dem, worüber man schweigen muss. Letzteres kann sich aber jenseits aller Möglichkeit, es in Sätzen angemessen zu artikulieren, gleichwohl zeigen.[176] Wittgenstein spricht dann vom Mystischen, wozu alles gehört, worauf es in Ethik, Religion oder in der Frage nach dem Sinn des Lebens ankommt.

Wittgensteins *Philosophische Untersuchungen* kritisieren diese grundlegenden Annahmen seines zur Programmschrift

---

172 „Das Bild kann jede Wirklichkeit abbilden, deren Form es hat. Das räumliche Bild alles Räumliche, das farbige alles Farbige, etc." (Wittgenstein, Tractatus 2.171 [s. Anm. 170], 15).

173 Vgl. die Sätze 1; 1.1; 1.2 und 2.223 (a. a. O., 15 f.).

174 Satz 2.161 (a. a. O., 15).

175 Satz 2.17 (ebd.).

176 Vgl. Sätze 6.52, 6.53 und 7 (a. a. O., 82 f.).

des Wiener Kreises gewordenen *Tractatus* als „schwere Irrtümer"[177] und geben insbesondere den Gedanken der einen Form der Abbildung auf. Das Argument lautet jetzt: Sowenig sich die Vielzahl menschlicher Spiele auf eine einzige gemeinsame Form (etwa: Ballspiele) reduzieren lasse, die sie alle überhaupt erst zu Spielen macht, so wenig bestimme eine identische Form der Abbildung Wesen, Eigenart und Recht der Bilder. Zwar lernen wir, Bilder als Abbildungen zu gebrauchen, etwa im lebensweltlichen Umgang mit Photographien, die wir unter Ähnlichkeitsgesichtspunkten betrachten. Aber eben diese Einstellung müssen wir wieder verlernen bzw. als nicht basal beiseite setzen, wenn wir zum Beispiel Michelangelos Deckengemälde in der Sixtinischen Kapelle betrachten. Dieses zeige uns Gott, aber in anderer Weise, als uns die Bilder des Familienalbums unsere Tanten zeigen. Wittgenstein hebt hervor, dass Michelangelo nicht meinte, dass Gott so aussieht, wie sein Bild ihn darstellt, aber gerade nicht, weil er meinte, dass Gott anders aussähe – als wäre etwa seine Maltechnik noch nicht gut genug entwickelt, um richtig darzustellen – sondern weil er das Bild anders gebraucht.[178] Die Logik der Ähnlichkeitsbeziehung, die das Bild zur Abbildung von Wirklichkeit macht, kann sistiert werden, ohne dass das Bild aufhörte, ein Bild zu sein. Das Bild zeige Gott und dies in einer Form, die durchaus mit dem Satz ausgedrückt werden könne: „Gott ist im Bilde"[179]. Denn das Bild zeige in der schöpferi-

[177] L. Wittgenstein, Vorwort zu den *Philosophische[n] Untersuchungen*, in: Schriften, Bd. 1 (s. Anm. 169), 285–287: 286.

[178] Vgl. Vorlesungen und Gespräche über Ästhetik, Psychologie und Religion, hrsg. v. C. Barret, übers. v. E. Bubser, Göttingen ²1971, 101; vgl. 95 f.

[179] „To say that God is in the picture, is not to say that it is a picture of God" notiert Phillips gegen das realistische Missverständnis, das Bild sei Abbildung und könne daher durch ein anderes Bild (eine genauere oder bessere

schen, Adam zum Leben erweckenden Geste im Grunde alles, worauf es im Verhältnis von Gott und Mensch ankommt. Die Regel, unter der das Bild betrachtet und verstanden wird, lässt sich freilich nur erfassen, indem man die Glaubensvorstellungen der jüdisch-christlichen Religion und die Art und Weise beschreibt, in der diese das Leben und Handeln der Glaubenden bzw. der Jüdinnen und Juden orientieren.

Zu solcher Beschreibung gehört unter Umständen auch die Bearbeitung der Frage, ob der Satz ‚Gott ist im Bilde' einen Verstoß gegen die Voraussetzungen des biblischen Bilderverbotes impliziert. Aber diese Frage kann nicht am Leitfaden einer allgemeinen Bildontologie entschieden werden. Was der Fall ist, lässt sich nur an der Praxis und den Lebensformen der Religion erkennen. Ob ein Bild angebetet oder nur verehrt wird, welche Erwartungen sich auf es richten und wie sich Handlungen an ihm orientieren, muss beschrieben werden, um zu ermitteln, ‚was' es mit dem Bild auf sich hat. Ein theologisches Verständnis des Bilderverbotes kann also nicht nach Maßgabe des Paradigmas der Abbildung entworfen werden, womöglich ergänzt durch eine begriffliche Bestimmung des Gottesgedankens. Vielmehr verlangt ein Verstehen des Verbotes ein Urteil im Lichte weiterer religiöser Überzeugungen. Die Hermeneutik des Bilderverbotes wird zur Sache einer Bildpragmatik.

Abbildung) ersetzt werden (D. Z. Phillips, On Really Believing, in: Ders., Wittgenstein and Religion, New York 1993, 33–55: 38). Vgl. auch: „Of certain pictures we say that they might just as well be replaced by another – e. g. we could, under certain circumstances, have one projection of an ellipse drawn instead of another [...] But in other cases, religious cases included [...] The whole weight may be in the picture" (L. Wittgenstein, Lectures on Religious Belief, Oxford 1966, 71 f.).

6.5 Zwischenfazit

Zusammenfassend lässt sich sagen, dass Bilder Abwesendes vergegenwärtigen und dass diese Repräsentation je nach Machart des Bildes als Präsenzverdichtung oder -steigerung erlebt werden kann. Sichtbarkeit im Bild kann die Intensität des Augenfälligen erhöhen und zwar bis zu einem Punkt, an dem die Bildbetrachtung als ‚Innehalten' und ‚Weilen'[180] oder als ‚Augenblick'[181] erfahren wird. Dass sich die Frömmigkeitspraxis als Bildmeditation oder als betrachtendes Gebet vollziehen kann, ist insofern in der Kompetenz des Bildes selbst verankert. Näher untersucht werden müssten die zeitliche Strukturierung der Bildrezeption und die Frage, ob Bilder eine eigene Zeit ins Werk setzen können (vgl. auch II 3.2a–b). Von einer den Bildern „innewohnende[n] Temporalität", die sie in ihrer Prozesshaftigkeit zu begreifen auffordert, spricht Boehm.[182] Das Bild bedarf einer Figuration, „einer Genese, das heißt der Zeit, die sie zu dem macht und als das erscheinen lässt, was sie jeweils sind"[183]. „Temporale Rekonstruktion des Bildes"[184] ist eine rezeptionsästhetische Kategorie, so richtig es natürlich ist, dass auch die Bild*produktion* ihre eigene Zeitlichkeit hat. Visualisierung wird in der Folge zu einem Grundbegriff, der das Bild nicht nach dem Muster ‚all at once'[185], nicht unter dem Paradigma eines *nunc stans*

---

180 So der Kantische Ausdruck in KdU A 37 (= AA V, 223).

181 Vgl. G. Wohlfart, Der Augenblick. Zeit und ästhetische Erfahrung bei Kant, Hegel, Nietzsche und Heidegger mit einem Exkurs zu Proust, Freiburg i. Br. 1982.

182 Boehm, Figuration (s. Anm. 140), 41.

183 A. a. O., 27.

184 A. a. O., 34.

185 Vgl. M. Moxter, All at once? Simultaneität, Bild, Repräsentation, in: Präsenz

als stehende Nabe im (rollenden) Rad der Zeit zu verstehen sucht. Statt einer solchen Herleitung des Bildes aus der angehaltenen Bewegung, dem stehenden Augenblick, kann man umgekehrt gerade am Bild die Grenzhaftigkeit solcher Zeitfiguren entdecken. Der Augenblick ist, was er ist, indem er vergeht. Auch die ikonische Repräsentation kann die zeitliche Eigenart der Wahrnehmung nicht ausschließen; sie wiederholt sie vielmehr.[186] Der bei Kant begegnende (und in Heideggers Interpretation des Schematismuskapitels der ‚Kritik der reinen Vernunft' besonders hervorgehobene) Zusammenhang von Zeit und Einbildungskraft bildet den philosophiegeschichtlichen Hintergrund solcher Überlegungen.

Jedenfalls erscheint dort, wo eine unmittelbare Identität zwischen einem Bild und dem, was es sichtbar macht, sich der Rezeption aufdrängt, im Bild eine spezifische Macht. Der Grenzwert ikonischer Repräsentation zeigt sich im Phänomen des gebannten Blicks, in dem sich das Dargestellte des Sehenden gleichsam bemächtigt.[187] Das Bild *als Bild* zu verstehen heißt dagegen: dem Bann zu entkommen und in den Prozess der Verschränkung von Repräsentation und Rezeption wieder einzutreten, der zeitlich strukturiert ist (s. o. III 6.3). Im Anschluss an Kantische Terminologie könnte man sagen, dass die Anschauung ein immanentes Gefälle zur Totalität aufweist, zu einem *simul totum*. Dieses ist ein bloßer Grenz-

---

im Entzug. Ambivalenzen des Bildes (HUTh 58), hrsg. v. P. Stoellger u. T. Klie, Tübingen 2011, 129–144.

186 Vgl. auch: Bild und Zeit. Temporalität in Kunst und Kunsttheorie seit 1800, hrsg. v. T. Kisser, München 2011, sowie den von mir herausgegebenen Sammelband: Die Zeit der Bilder. Temporalität und ikonische Repräsentation (erscheint demnächst).

187 Zum archaischen Urerlebnis einer Begegnung mit dem Götzen wird das in der kleinen Erzählung von R. Walser, Das Götzenbild, in: Ders., Sämtliche

wert, weil menschliche Erkenntnis nur unter der Diskursivität des Verstandes zustande kommt. Gerade darin unterscheidet sie sich als endliches Erkennen vom *intellectus divinus*. Man könnte auch sagen: Jede Betrachtung lebt von der Einsicht, das nicht erreichen zu können, was das Bild verspricht.

6.6 Präsenzverdichtung und Verfügbarkeit

Wenn die alt- und neutestamentliche Kritik des Kultbildes immer wieder den Umstand anprangert, dass dieses von Menschenhand produziert, aber nicht als durch Menschenhand Gemachtes ins Bewusstsein tritt, so geht es um die Zurückweisung von Machtsuggestionen. Der Hinweis auf die Entstehung des Kultbildes im Herstellungsprozess des Handwerkes, die Parallelisierung mit der Anfertigung anderer Gebrauchsgegenstände führt die religiöse Vorstellung von der Präsenz der Gottheit auf den Boden humaner Handlungsvollzüge zurück. Erinnert wird an die Machart, die im Bild verschwiegen oder vergessen wird. Der Ritus der kultischen Indienstnahme wird von solcher Kritik nicht mehr als einer verstanden, der dem Bild eine theophore Qualität verleiht. Nicht die Funktion, die Präsenz eines Gottes zu manifestieren, leitet den Aufmerksamkeitsfokus der prophetischen Kritik, sondern die Aufdeckung der Ignoranz hinsichtlich der humanen Repräsentationsprozesse. Nicht die Verführbarkeit durch die Bilder aufgrund ihrer Sinnlichkeit und Leiblichkeit wirft die prophetische Stimme den Fremdgötterkulten vor, sondern die mangelnde Reflexion eigener Repräsentationstätigkeit.

Werke in Einzelausgaben, Bd. 4: Kleine Dichtungen, hrsg. v. J. Greven, Zürich 1985, 34. Ich danke den Hinweis Friedhelm Hartenstein.

An die Stelle einer Deutung des Goldenen Stieres als eines Symbols kanaanäischer Natur- und Fruchtbarkeitskulte, als eines Bildes von Kraft, die JHWH hier und heute zu fehlen scheint und darum nach einem anderen Gott suchen lässt, tritt ein reflektierter Deutungsprozess. Das Stierbild kann durchaus als Vertreter desjenigen Gottes gedacht werden, der Israel aus Ägypten herausgeführt hat – nur soll niemand meinen, dieser Gott könne mittels des Bildes in eine Präsenz gezwungen werden, die weder die Freiheit seiner Verborgenheit noch die Verborgenheit unserer Freiheit wahrt.[188] Nicht die ikonische Repräsentation als solche, sondern die Unverfügbarkeit Gottes wäre dann der Leitgesichtspunkt, unter dem das Bilderverbot verstanden wird.

In diesem Sinne legt Karl Barth im Paragraphen 17 seiner *Kirchliche[n] Dogmatik* das Bilderverbot aus. Während die Selbstoffenbarung Gottes dessen freie, dem Geschöpf ungeschuldete Tat der Gnade ist, kennzeichne es die Religion, derjenige Unglaube zu sein, der „vor einem eigenmächtig entworfenen Bild sich selbst rechtfertigen" will.[189] Auch wenn man der Auffassung sein kann, das Verhältnis von Offenbarung und religiöser Erfahrung lasse sich auf dieser Linie nicht zureichend bestimmen, so ist doch die systematische Pointe dieser Auslegung des Bilderverbotes offensichtlich. Barth verbindet die reformatorische These von der Vergeblichkeit jeder Selbstrechtfertigung des Menschen, die deuterojesajanische Kritik am *homo faber*, der auch noch seine Götter selbst her-

---

188 In diese Richtung argumentiert auch F. Crüsemann, Der Gott Israels und die Religionen der Umwelt, in: Wahrheitsansprüche der Weltreligionen. Konturen gegenwärtiger Religionstheologie, hrsg. v. C. Danz u. F. Hermanni, Neukirchen-Vluyn 2006, 213–232: 226 f.

189 K. Barth, Kirchliche Dogmatik I/2 (= Die Lehre vom Wort Gottes. Prolegomena zur Kirchlichen Dogmatik) Zürich ^{6}1975, 304.

stellt, mit der Projektionsthese der Feuerbach'schen Religionskritik. Im Bild konkretisiert sich ein Selbstverhältnis, das in einem prinzipiellen Konflikt mit dem bleibt, was als Transzendenz in einem strengen Sinne zu verstehen wäre. Der Mensch, der mit Werken des Gesetzes seine Gerechtigkeit vor Gott sichern will, gleicht dem Fabrikanten von Götterbildern, der verfehlt, was er sucht. Solch eigenmächtig angefertigten Bildern widerspricht Gottes Offenbarung, die nicht Bildlosigkeit mit Gewalt durchsetzt, sondern durchaus dem Umstand gerecht werden kann, dass der Mensch ein der Bilder bedürftiges Lebewesen ist. Nicht Abkehr vom Bild, sondern kritisches Selbstbewusstsein (das Bewusstsein der Abständigkeit des menschlichen Handelns gegenüber Gottes Anderssein einschließt) wird dann zur Pointe. In der Folge gilt: Wie allein der Glaube das Handeln des Menschen zu einem guten Werk geraten lässt, so befreit das Bewusstsein für die Souveränität Gottes auch den humanen Gebrauch der Bilder. So müsste das Argument entfaltet werden – eventuell auch gegen Barths eigene Ausführungen.

6.7 Bild und Sakrament

Was wir ikonische Präsenzsteigerung nannten, wirft auch Licht auf das Verhältnis von Bild und Sakrament. Der Glaube an die (wie auch immer zu beschreibende) Gegenwart Christi in Brot und Wein erzeugt eine Konkurrenz zur oben beschriebenen vergegenwärtigenden Macht der Bilder. Zugleich und gegenläufig setzt die im Abendmahl gefeierte Gegenwart Christi nicht nur bildkritische, sondern auch bildproduktive Dimensionen frei.

Sowohl die oben identifizierten Affinitäten zwischen Bild und Leiblichkeit (vgl. Abs. III 3) als auch die ikonische Verschränkung zwischen Präsenz und Repräsentation werden für die Entwicklung der Abendmahlstheologie zur Herausforderung. Die Probleme sind schon diesseits entfalteter Lehren von der Real- oder Spiritualpräsenz Christi in Brot und Wein in den grundlegenden Dimensionen der sakramentalen Feier erkennbar. Das Brechen des Brotes und seine Austeilung wie auch die Darreichung des Weines sind Handlungen mit deutlich ikonischer Qualität, die überdies unterschiedliche Szenen der erzählten Geschichte Jesu erinnern wie sie auch sein Leiden und Sterben als Hingabe seines Lebens ‚für uns' deuten. Brot und Wein selbst sind keine beliebigen, konventionellen Zeichen, die nominalistisch interpretiert oder durch andere Zeichen ersetzt werden könnten. Sie sind Elemente, die kraft Einsetzung durch das Wort gegenüber allen anderen Gegenständen herausgehoben werden und sakramentalen Charakter gewinnen. Sie werden zu heilsamen Medien der Nähe Gottes. Das Abend- bzw. Herrenmahl verweist nicht auf einen Abwesenden, sondern feiert die Präsenz Christi in der Gemeinde und zwar so, dass in der gottesdienstlichen Feier die Versammlung der Glaubenden sich als Leib Christi darstellt. Wahre Vergegenwärtigung und gar – lutherisch – realer Leib sind Sache der sakramentalen Feier, nicht aber der Bilder.

Schon die paulinische Abendmahlsparänese begründet ein Paradigma solcher Konkurrenz: Wer ausweislich der Mahlgemeinschaft zur christlichen Gemeinde gehört, kann sich an Götzendienst und Idolatrie der Heiden nicht beteiligen (so 1 Kor 10, mit Kulmination in Vers 14 und gegenläufig in Vers 30). In Erinnerung an die Wüstenzeit Israels schärft Paulus der Gemeinde ein, wie unmöglich und kategorisch ausgeschlossen jedwede Beteiligung am Fremdgötterkult für sie ist. Zwar mögen die heidnischen Götterbilder verführerische Kraft entfalten (konkret: Lust am Fleischgenuss, der bereits auf dem Markt mit heidnischen Schlachtopferfesten kulturell verbunden war), aber im Zeichen des einen und wahren Gottes werden solche Götter zu Nichtsen (und Dämonen) degradiert. Paulus bringt Bilderverbot und Abendmahl in eine systematische Konstellation, die sich der christlichen Tradition einschreibt und zwar unabhängig von der Frage, ob das Gesetz des alten Bundes (und also das Bilderverbot des Dekalogs) für die Christen verbindlich sei oder nicht.[190]

Es wundert daher nicht, dass theologische Begründungen des Ikonoklasmus darauf insistierten, allein Brot und Wein könnten als wahres Bild Christi gelten, nicht aber Ikonen. So artikuliert es die bilderfeindliche Erklärung der Synode von Hieria (Konzil von Konstantinopel, 754), auf der Kaiser Konstantin V. seine ikonoklastische Politik legitimieren ließ. Die entsprechenden Beschlüsse wurden durch das Nicänum II (zweites Konzil von Nikaia; 787), aber auch durch die Frankfurter Generalsynode unter Karl dem Großen (794) zurückgewiesen bzw. korrigiert.

Die Konkurrenz zwischen Bild und Sakrament bestand jedoch fort. In ihr transformieren sich innerhalb der abendländischen Kirche Fragen der Partizipation an Heil oder Unheil, am Göttlichen oder Widergöttlichen in Fragen im Streit um die verbindliche Repräsentation Gottes. Die Ausbildung der mittelalterlichen Abendmahlstheologie in Gestalt der Lehre von der realen Gegenwart Christi in Brot und Wein – in Abwehr einer ‚bloß' symbolischen Repräsentation – hatte nicht nur frömmigkeitsgeschichtliche Dimensionen der Suche nach

190 Ähnlich verfährt Paulus in Röm 1, wenn er den prophetischen Spott über die Götzenbildner und die in der deuteronomistischen Theologie skandalisierte Aufstellung eines Götterbildes als Paradigma der Macht der Sünde über den Menschen eindrücklich zu machen versucht.

'realem' Heil, sondern reflektierte die machtpolitische Debatte um konkurrierende Repräsentationsansprüche. Wer für die reale Gegenwart Christi in Brot und Wein stritt, verteidigte die Bedeutung der priesterlichen Repräsentation Gottes (schon diesseits einer ausgearbeiteten Transsubstantiationslehre) und relativierte damit den Anspruch des politischen Herrschers auf Verkörperung Gottes oder auf die eigene Salbung als Geistträger. Das gottesdienstliche und kirchliche Handeln durften kein bloß symbolisches sein, demgegenüber sich das Politische hätte als das Reale inszenieren können. Die Zurückweisung der Macht der Bilder ist Relativierung der Macht des Herrschers, die sich in ihnen darstellt. Denn allein im Sakrament des Altars vergegenwärtigt sich die Macht dessen, dem sich alle Knie beugen. Insofern ist die Abendmahlstheologie weder allein von der Sorge um Heilsgewissheit noch von spekulativen Interessen an einem Realismus bestimmt. Sie ist vor allem ein Kapitel politischer Theologie.

Bildtheologisch ist auffällig, dass die Erwartung an die Macht der Bilder, starke Präsenzen zu erzeugen, vom sakramentalen Geschehen absorbiert wurde. Die Hostie wird zum Bild, zum einzigen Bild, in dem sich die Präsenz Christi erfahren und also das Heil empfangen lässt. Anders als Brot und Wein bleibt sie freilich eine kleine, alles andere als sinnenfällige Scheibe.[191] Bild und Bildlosigkeit, figürliche Repräsentation und sakramentale Gestalt sind insofern aneinander gekoppelt. Auch bietet die Erinnerung an den mit der Durch-

---

[191] Vgl. Beltings Bemerkungen zum Epitaph P. Straus, einem von F. Herlin gestalteten Werk des 15. Jahrhunderts (Nördlinger Stadtmuseum), in dem Ähre und Weinrebe durch die Wunden einer Christusfigur wachsen und sich in Brot und Wein transformieren, dargestellt als Kelch und über dem Kelch schwebende Hostie, die als leere Scheibe, gleichsam als Loch im Bild, erscheint (vgl. Belting, Bild [s. Anm. 107], 92).

setzung des Bilderverbotes erzwungenen Verzehr des (vor aller Augen von Mose zermahlenen) Goldenen Stieres (Ex 32,20) ein Kontrastmotiv zum heilvollen Empfang des Leibes Christi.

Belting betont, dass die Konkurrenz zwischen Bild und Sakrament um das Privileg wahrer Präsenz und verwandelnder Macht Konsequenzen für das Bildverständnis und die Bildproduktion hatte. Was die Bilder in der Bestreitung ihrer Repräsentationskraft durch die solitäre Stellung des Sakramentes verlieren, kompensieren sie, so meint Belting zeigen zu können, durch eine Eskalation realistischer Darstellungen.[192] Eindrücklichkeit zu steigern, wird zum Programm von Bildern, die zwar nicht verboten, aber durch das Sakrament um ihren Rang in der Hierarchie der Repräsentation gebracht wurden. Auch in dieser Hinsicht hat eine Hermeneutik des Bilderverbotes Anlass, sich mit der Dialektik abzufinden, dass die düpierten Bilder im Schatten ihrer Negation und Entzauberung ein reicheres Leben entfalten.

Die Konkurrenz zwischen Bild und Sakrament dürfte sich als nachhaltiger erweisen als der viel beschworene Haupt- und Grundgegensatz zwischen Bild und Wort,[193] dem wir uns als nächstes zuwenden.

---

192 A. a. O., 91 f.

193 Einen bemerkenswerten Hinweis gibt L. Marins Interpretation des um 1435 entstandenen Bildes „Die Messe des heiligen Antonius Abbas", das der Meisterschule der Osservanza zugeordnet wird und den Innenraum des Doms von Siena zeigt, dies aber unter Tilgung aller Bilder, die sich dort faktisch befanden. An die Stelle der Bilder tritt die Hostie, die aber auch nicht gezeigt wird, um deren Empfang es jedoch in der Messe geht. Der leere Innenraum, vertreten durch die weiße Wand des Domes, markiert durch Abwesenheit den einzigen Ort, an dem die Präsenz Christi bzw. Gottes im Leib des Menschen erwartet werden darf. Ein vergleichbares Konzept der

7. Sehen versus Hören, Bild versus Wort: Protestantische Konstellationen einer Theologie des Bildes?

Immer wieder trifft man auf Versuche, konkurrierende religiöse oder alternative ontologische Einstellungen zur Welt auf unterschiedliche Privilegierungen der beiden menschlichen Hauptsinne zurückzuführen. So liest man häufig, die Differenz zwischen Sehen und Hören regiere den Gegensatz zwischen einer auf Sichtbarkeit ihrer Ämter, Hostien-Elevation, Monstranz und Fronleichnamsprozessionen, farbenreiche Gewänder und sinnenfrohe Liturgie ausgerichteten und darum auch den neuen Medien kompetent begegnenden katholischen Kirche und eines allein auf das Wort und den *Gehorsam* gegenüber Gott bezogenen, den Kirchenraum als Hörsaal organisierenden Protestantismus, der noch dazu einem veralteten kulturellen Leitmedium (Buch) und einer individuellen, verinnerlichenden Lektüre verpflichtet sei.[194] Das Modell einer solchen schematischen Gegenüberstellung eignet sich auch, um eine abendländische Grundkonstellation von griechisch-heidnischer und jüdisch-christlicher Prägung als Alternative zweier Weltanschauungen auszuflaggen: eine, deren letzte und oberste Gewissheit in Sichtbarkeit gründet, im *logos* (λόγος) als gesammeltem Gesehenhaben und folglich in rationaler *Einsicht* in die Ordnung des Im-

---

Zuordnung von leerem Raum und Christusrepräsentation findet sich in der Wittenberger Predella von L. Cranach d. Ä. (vgl. dazu die Interpretation von C. Spies, Ikonen des abwesenden Bildes, in: Christusbild. Icon und Ikone, hrsg. v. P. Hofmann u. A. Matena, Paderborn 2010, 47–62: 54 ff.).

194 Man mag zweifeln, ob man dieses Doppelbild wegen seiner farbenfrohen und demonstrativen Kontraste typisch katholisch oder wegen seiner Betonung der Unterschiede typisch protestantisch nennen soll.

mergleichen, und einer anderen, die durch den Glauben an einen Gott gekennzeichnet ist, dessen Gesetz sich allein den Hörenden erschließt, während die Welt als eine sich ständig verändernde, kontingente Ordnung erscheint, in der man sich letztlich nicht beheimaten darf.[195] Prägnant zusammengefasst: „Wenn Hellas das ‚Auge der Welt' genannt wird, so läßt sich vielleicht von Israel sagen, daß es das ‚Gehör der Welt' ist."[196]

Zur Diskussion steht im gegenwärtigen Zusammenhang nicht die Verlässlichkeit solcher Konfessionen und/oder Kulturen sortierenden Kontrastbildungen, sondern allein die Frage, ob diese Zuschreibungen zur Wirkungsgeschichte des Bilderverbotes gehören. Immerhin wird ja in der Abwendung vom Bild das Alleinstellungsmerkmal des Judentums innerhalb der antiken Kultur erkannt (vgl. dazu II 2.2a). Wie im exegetischen Teil gezeigt wurde, stellt die formgeschichtliche Einbettung des Dekalogs (und also auch des Bilderverbotes) in die Erzählung von der Gottesoffenbarung am Sinai/Horeb für den hier behandelten Komplex eine wichtige Voraussetzung bereit (s. o. II 3.2.a–b). Allerdings wird man die Genese solcher Einstellungsmuster nicht rekonstruieren können, ohne die sozial- und religionsgeschichtlichen Ab- und Ausgrenzungsstrategien in der Wahrnehmung des Judentums oder auch in dessen Selbstbeschreibung zu beachten.

Wenig verwunderlich, dass der Kontrast von Sehen und Hören auch von der aktuellen alttestamentlichen Forschung

---

195 Vgl. meine kritische Bestandsaufnahme in: M. Moxter, Art. Hören, in: Wörterbuch der philosophischen Metaphern, hrsg. v. R. Konersmann, Darmstadt ³2011, 149–171.

196 J. Taubes, Abendländische Eschatologie. Mit einem Anhang, München 1991, 27.

bemüht wird: „Sogar bei seiner Erscheinung wurde Gott selbst nicht sichtbar, sondern nur hörbar. Damit gibt diese Erläuterung nicht nur dem Gehör einen Vorrang im Gottesverständnis vor dem Gesicht, sondern reißt innerhalb der Sinne geradezu einen Gegensatz zwischen Hören und Sehen, Wort und Bild auf, obwohl unmittelbar vorher noch von Begleiterscheinungen der Theophanie in der Natur die Rede ist. Mögen diese Auswirkungen von JHWHs Erscheinen wahrnehmbar sein, Gott selbst bleibt ‚gestaltlos', nicht abbildbar; er kommt den Menschen nur durch die Stimme nahe."[197] Insofern diese Stimme sich denn auch in der Form artikuliert, dass sie als erstes ihr Bilderverbot erlässt, ist die Konsequenz, auf die der Ausleger hinaus will, eindeutig: Die bildlose Offenbarung des sichtbarkeitsresistenten Gottes ist tendenziell nicht Theophanie, sondern „Theo-*phonie*"[198] und verlangt das Hören auf das Gesetz als das Andere der griechisch-heidnischen-polytheistischen Konzentration auf den Zauber visueller Erscheinungen.

Die *particula veri* dieses Vorschlags wurde im Lutherteil skizziert (s. o. III 5.2). Sie besteht in einem Abstandsgebot gegen den Augenschein zugunsten der Unscheinbarkeit des zur Welt gekommenen Wortes, das den Menschen trotz des sichtbaren Beweises seiner Sünde Kraft des Glaubens an die Stimme des guten Hirten freispricht. In diesem Sinne konnte Luther sagen, das Reich Christi sei „ein hoer Reich, nicht ein sehe Reich": „Denn die augen leiten und furen uns nicht dahin, da

[197] W. H. Schmidt, Die Zehn Gebote im Rahmen alttestamentlicher Ethik, Darmstadt 1993, 75.

[198] J. Ebach, Die Einheit von Sehen und Hören. Beobachtungen und Überlegungen zu Bilderverbot und Sprachbildern im Alten Testament, in: Im Zwischenreich der Bilder, hrsg. v. R.-M. E. Jacobi u. B. Marx, Leipzig 2004, 77–104: 94.

wir Christum finden und kennen lernen, sondern die ohren mussen das thun, aber auch solche oren, die das wort hoeren aus dem mund der jungen kinder und seuglingen."[199] Seinen konstitutiven Kontrast erhält das Reich Christi im Gegenüber zur Welt, deren Ordnung durch den Einsatz von Gewalt aufgerichtet und erhalten werden muss,[200] und im Gegenüber zum Unglauben, der die Herrlichkeit Gottes im Kreuz nicht zu erkennen vermag.

Der Gegensatz von Sehen und Hören hat insofern bei Luther einen spezifischen Ort und Kontext. Soweit ich sehe, plausibilisiert ihn Luther nie mit dem Bilderverbot und trägt ihn auch nicht in allgemeine Erörterungen seines Bildverstehens ein – von dessen Nutzung zur Kennzeichnung allgemeiner kultureller Welteinstellungen ganz zu schweigen. Wenn Luther auf das Bilderverbot zu sprechen kommt, dann meist im Horizont der aktuellen Frage nach der Verbindlichkeit des Gesetzes für den evangelischen Glauben, also im Kontrast zu dem von Karlstadt und anderen vollzogenen Radikalisierungen und in klarer Zurückweisung ihrer Einschätzungen. Das Bilderverbot bleibt bei Luther eine innere Angelegenheit des Judentums. Dasjenige Gesetz Gottes, dessen politischer Gebrauch auch für den Christenmenschen unverzichtbar ist, enthält weder Bilderverbot noch Anweisungen für den Gebrauch von Bildern, sondern lässt ihn offen und erlaubt Bild wie Bildverzicht.

---

199 M. Luther, Predigt [zu Ps 8]. In Merseburg gehalten [6. August 1545], WA 51, 11–22: 11, Z. 29–33.

200 „[S]o stehet doch das euserlich und weltlich Reich allein im thun und nachdruck, da sehen und feust [Fäuste!] zugehoeren. Aber das Reich Christi stehe allein im gehoere, also, das ich das wort hoere, nem es an und gleube es [...] Auff die weis kann kein Keiser, Koenig oder Furst regiren" (WA 51, 13, Z. 30–33.36).

Eine protestantische Hermeneutik des Bilderverbots und (in ihr eingeschlossen) der Bildlichkeit sollte sich daher von dem Leitgegensatz ‚Sehen versus Hören' nicht paralysieren lassen. Sie wird darum die Bildmacht der Sinaiperikope kaum unter den oben zitierten Begriff bloßer ‚*Begleiterscheinungen* der Theophanie' bringen können, sondern eine solche Bestimmung eher als Kollateralschaden eines kulturellen Musters, nicht aber als dessen Begründung gelten lassen können. Sie muss denn auch neue, durch die Bildwissenschaften aufgehellte Wege gehen und wird sich daher weder an die reformierte noch an die lutherische Deutung von Bild und Bilderverbot definitiv binden.

Die Beobachtung, dass Calvin in rigoroser Fortschreibung eines Verdachts gegen die (gottesdienstlichen) Bilder eine „Ästhetik ohne Bild" befürworte, während Luther das „Bild ohne Ästhetik" verteidige,[201] sortiert die Traditionen und ist wiederum als doppelte Defizitdiagnose gemeint: In der reformierten Theologie bleibe es bei einer Perhorreszierung religiöser Bilder, während Luthers Rehabilitierung des Bildes deshalb als unzureichend gilt, weil sie das Bild als Illustration und Ausmalung der Schrift, also literalistisch verstehe.[202] Eine Bildästhetik fehle. Mag diese Gegenüberstellung der beiden Reformatoren ihrerseits schematisch sein, so darf man aus dem notierten Defizit doch folgern, dass die Entgegensetzung von Sehen und Hören die protestantische Perspektive nicht erschöpft. Sie ist auf die jeweiligen Kontexte zu be-

201 So die Gegenüberstellung beider Autoren bei J. Cottin, Das Wort Gottes im Bild. Eine Herausforderung für die protestantische Theologie, übers. v. M. Mühlenberg, Göttingen 2001. Das französische Original hat den schöneren Titel *Le regard et la Parole. Une théologie protestante de límage* und erschien 1994 in Genf.

202 So Cottins Kritik, vgl. a. a. O., 257, 264 f.

schränken, in denen das Alte Testament oder die Reformatorische Theologie sie einführt, sie kann eine evangelische Theologie des Bildes (und des Wortes) aber nicht insgesamt organisieren. Schon eine theologische Aufmerksamkeit auf die Metaphorologie zwingt zur Revision dieser Entgegensetzungen (s. o. II 3.1).

8. Christologische Rehabilitierung der Bilder: Systematische Überlegungen zum Bilderverbot im antiken Christentum

Der byzantinische Bilderstreit war auch ein Ausdruck für die Probleme eines Reiches, das – auf religionspolitische Einheit angewiesen – die Integration des Judentums und des aufkommenden Islams in einen christlichen Kontext leisten musste. Während der Gebrauch der Bilder, im Mönchtum beheimatet, die Frömmigkeitspraxis der Christen prägte, war vor allem Kreisen des Militärs und des byzantinischen Hofes an einer reichseinheitlichen Ordnung gelegen. Herrschaftswechsel und Thronfolge bedeuteten in diesem besonders sensiblen Bereich über ein Jahrhundert hinweg eine permanente Unruhe der Bildpolitik, eine Abfolge religionspolitischer Kehrtwendungen.

Im lateinischen Westen wurden diese Bilderkämpfe vor allem unter dem Gesichtspunkt eines gewaltförmigen Ikonoklasmus und einer kaiserlichen Verbotspolitik und zugleich mit dem Interesse wahrgenommen, an der eigenen selbstverständlich gewordenen Bildpraxis festzuhalten. Die abendländische Kirche hat sich insofern gegenüber der liturgischen Sonderstellung der Ikone und gegenüber der schließlich siegreichen Dogmatisierung der Ikonenfrömmigkeit zurückgehalten. Die Heftigkeit des ostkirchlichen Streites blieb ihr fremd. Das lag freilich auch an der Art und Weise, wie sie das Thema behandelte.

8.1 Didaktische Rehabilitierung der Bilder

Aus der Perspektive der Westkirche blieb der im Oktober 600 geschriebene Brief Papst Gregors des Großen (540 geb; 590–604) an Serenus, den Bischof von Marseille, das klärende Wort, mit dem sich die kirchliche Praxis gegen den Vorwurf einer Missachtung des Bilderverbots wappnete. Serenus, durch den strengen Geist asketischer Frömmigkeit geprägt, hatte in der ihm fremden, synkretistisch bunten und von Angst vor der Pest bestimmten Hafenstadt eine Heiligenanrufung zum Schutz vor der Krankheit nicht nur unterbunden, sondern die *sanctorum imagines* zerstören lassen.

Gregor tadelt den Rigorismus und unbesonnenen Eifer des Bilderstürmers, so sehr er der theologischen Überzeugung recht gibt, eine Anbetung der Bilder sei unmöglich. Jedoch transformiert er das theologische Problem sozusagen in eines der Religionsdidaktik und findet zu klarstellenden Formulierungen, die geeignet waren, den Bilderstreit zu entspannen. Er ruft den Bischof zur Räson, indem er den Bildergebrauch der Ungebildeten rechtfertigt: „etwas anderes ist es, ein Gemälde anzubeten (*picturam adorare*), und wieder etwas anderes, durch das auf dem Bild Dargestellte zu lernen (*addiscere*), was Anbetung verdient – Denn was die Schrift denen bietet, die des Lesens kundig sind, das bietet das Bild den aufs Schauen angewiesenen Gläubigen, welche nicht lesen können. Entsprechend stellt den Analphabeten ein nachahmungswürdiges Beispiel vor Augen und belehrt sie, was sie befolgen sollen. Darum sind die Bilder vorzüglich für die Ungebildeten (gentibus) geeignet."[203] Bilder sind demnach Medien der Veranschaulichung biblischer Lehren für das Volk, so dass dieses etwa an einem Bild des barmherzigen Samariters sich einprägen kann, ‚wie man sich verhalten' soll. Als *biblia pauperum* sind die Wandgemälde Bildungseinrichtungen für Gehalte, die dem Gelehrten auf andere Weise erschlossen sind. In dieser Einschätzung mag auch die Überzeugung nachwirken bzw. mitspielen, dass Bilder das affektive Zentrum menschlichen Erlebens nachhaltiger treffen als es λόγος und *ratio* vermögen.[204]

Bemerkenswert ist, dass in solcher Perspektivierung das Bild als ein Medium des subjektiven Gebrauchs gedacht wird und nicht als Manifestation eines ihm immanenten Heiligen erscheint.[205] Insofern bleibt das Bild auf die Schrift bzw. auf die *sacra doctrina* bezogen und empfängt von diesen seine Rechtfertigung und Legitimität.[206] Die Nützlichkeit der Bilder wird diesseits der bildtheologischen Frage nach einer Prä-

---

203 Gregor der Große, CCSL 140A Ep. XI. Meine Hamburger Kollegin Barbara Müller, der ich für die kritische Durchsicht dieses Textabschnittes danke, plädiert für die strikte Übersetzung, die Bilder seien „für die Heiden" hilfreich; Gregor reflektiere, wie in anderen Briefen auch, die religionskulturelle Situation der Hafenstadt.

204 Immerhin konnte Gregor von Nyssa (gest. 394) in anderem Kontext zur Verteidigung der Bilder anführen, er habe noch nie ein Bild der Opferung Isaaks betrachtet, ohne zu Tränen gerührt zu sein (vgl. HDThG 1 [s. Anm. 25], 294).

205 So der Mönch Johannes von Jerusalem [um 764] (vgl. HDThG 1 [s. Anm. 25], 305).

206 Auch das konnte in anderem Kontext Gregor von Nyssa zugunsten der Bilder anführen: „Denn auch das stumme Gemälde an der Wand vermag zu sprechen und allergrößten Nutzen zu schaffen. Ebenso verwandelt der Mosaikkünstler den Boden, über den der Fuß geht, in einen Geschichtenerzähler" (Gregor von Nyssa, MPG 46, 737D–740A; übers. n. G. Lange, Bild und Wort. Die katechetischen Funktionen des Bildes in der griechischen

senz des Heiligen bzw. der Gegenwart Gottes in ihnen diskutiert. Depotenziert wie das Bild auf diese Weise ist, kann man es den Menschen überlassen, die seiner bedürfen.

Argumente dieses Typs verschafften der lateinischen Kirche die Freiheit zum Bildergebrauch und legitimierten ihre Praxis gegenüber Angriffen der Ikonoklasten. Aber indem sie Bilder zu Instrumenten und Nachhilfemitteln der Verkündigung machen, unterlaufen sie deren eigentliches, aber eben auch ambivalentes Potenzial: Als Orte ästhetisch-religiöser Erfahrung, als prägnante Vermittlung eigener Wahrheit oder als Präsenz Gottes werden sie auf diese Weise gar nicht erst gedacht. An einer aus unseren Tagen stammenden Paraphrase des Lehrentscheids der Synode von Nicäa (Nicänum II) findet man diesen Zug ins Sekundäre prägnant artikuliert: „Diese Bilder haben bereits katechetischen Charakter; sie sollen eine Verständnishilfe bei der Aufnahme der Botschaft sein, die Gott an die Seinigen richtet [...] Indem sie diese unterweisende Funktion erfüllen, weisen die Bilder immerfort auf etwas anderes, Höheres hin, als sie selber sind.“[207] Was als Verständnishilfe eine bloß dienende Funktion erhält, bleibt in der Tat von aller Macht und Faszination durch einen Graben getrennt. Hat man die Bilder erst einmal auf dieses Niveau trivialisiert, kann man ihnen aufwandsarm Legitimität verschaffen. Nur betreibt diese instrumentelle Lesart eine Neutralisierungsstrategie.

Dementsprechend wird vor allem ethisch über die Grenzen legitimen Bildergebrauchs reflektiert. Ein Bild darf man weder anbeten noch sich seiner Macht unterwerfen, muss

Theologie des sechsten bis neunten Jahrhunderts, München/Würzburg 1969, 39 f.).

207 G. Dumeige Nicäa II (787) [GÖK 4], Mainz 1985, 28.

doch zwischen dem, was Gottes, und dem, was des Bildes ist (letztlich zwischen Schöpfer und Geschöpf), unterscheiden. Der innere Zusammenhang zwischen der Selbstvorstellung Gottes (‚Ich bin der Herr, dein Gott') und der Bestimmung des Bilderverbots ist gewahrt, solange die λατρεία (*latreia – adoratio*) Gott allein vorbehalten bleibt. Dem Bild τιμή (*time – veneratio*) entgegenzubringen, kann aber nicht verboten werden. Sich vor einem Bild niederzuwerfen, es zu küssen oder Kerzen vor ihm aufzustellen etc., kann Ausdruck einer auf Gott selbst und Gott allein gerichteten Hingabe des Menschen sein, wenn er sich vom Bild oder vor ihm an Gott erinnern lässt, dem allein Anbetung gebührt und den kein Bild um- und erfasst. Wo immer der Westen am byzantinischen Bilderstreit durch die Lektüre von Konzilstexten und anderen schriftlichen Stellungnahmen Anteil nahm, spielte es übrigens eine zentrale Rolle, wie das griechische *proskynesis* (προσκύνησις) ins Lateinische übersetzt wurde. Welche Art von Reverenzerweis dieses Wort bezeichnet, entscheidet – ein markantes Beispiel für Wittgensteins These, die Grenzen der Sprache bedeuteten die Grenzen einer Welt – dann über die Legitimität der Frömmigkeitspraxis.

8.2 Theologische Perspektiven

Theologisch tiefgründiger hat Johannes Damascenus (gest. vor 754) in seinen drei ‚Reden über die Bilder' deren Legitimität dargelegt[208] und dabei vor allem die Einschlägigkeit des

---

208 Vgl. Joh. Damascenus, Drei Reden gegen die Verleumder der heiligen Bilder [lat. *Contra imaginum calumniatores orationes tres*], in: Die Schriften des Johannes von Damaskos, Bd. 3, hrsg. vom Byzantinischen Institut der Abtei Scheyern, bes. v. B. Kotter, Berlin (u. a.) 1975, 65–200. Anlass war wiederum ein ikonoklastischer Akt: Leo III. und sein in dieser Sache noch härter

alttestamentlichen Bilderverbots für das theologische Urteil in Sachen Bildlichkeit bestritten. Das Bilderverbot könne für die Christen nicht verbindlich sein, weil sie nicht länger unter dem Gesetz leben – eine Begründung, in der die paulinische Behandlung des Beschneidungsgebots als Vorbild theologischer Hermeneutik erkennbar ist. Dass Paulus, der die Abscheu vor den Götzenbildern in Röm 1 voraussetzt, bei den Bildgegnern als neutestamentlicher Kronzeuge für die bleibende Geltung des Bilderverbots zählt, beeindruckt den Autor nicht. Das Bilderverbot sei allein an die Juden gerichtet und dies in einer Situation, in der sie auf der Flucht aus Ägypten der dort endemischen Idolatrie noch nicht gänzlich entkommen waren. Ihr Stierbild war deshalb Ausdruck eines Rückfalls in die Knechtschaft.

Das müsse abgewehrt werden, aber in der Gegenwart drohe Ungemach an anderer Stelle, weshalb das entsprechende Verbot das gegenwärtige Verhalten zum Bilde nicht bestimmen müsse. Denn Gott habe „selbst [...] als erster Bilder gemacht und Bilder sehen lassen“[209], indem er die Lade mit Cherubimen zu umgeben anordnete. Vor allem aber begründet Johannes die Legitimität des Bildes mit einer Definition des Bildbegriffs: „Das Bild [...] ist [...] das Abbild (ὁμοίωμα [*homoioma*]) und das Beispiel (παράδειγμα [*paradeigma*]) und der Abdruck (ἐκτύπωμα [*ektypoma*]) von etwas, indem es in sich das Abgebildete zeigt.“[210] Diese Bestimmung ist auf Un-

---

durchgreifender Sohn hatten ein Christusbild am Tor ihres Palastes durch ein Kreuzeszeichen ersetzen lassen, wobei es bei der Entfernung zu tumultuarischen Szenen kam. Der Patriarch Germanus, der die theologische Legitimität des kaiserlichen Aktes bestritt, wurde zum Rücktritt gezwungen.

209 Imag. II, 20 (Kotter, Schriften [s. Anm. 208], 119): „Αὐτὸς ὁ θεός πρῶτος ἐποίησεν εἰκόνα καὶ ἔδειξεν εἰκόνας“.

210 Imag. III, 16 (a. a. O., 125): „Εἰκὼν μὲν οὖν ἐστιν ὁμοίωμα καὶ παρά-

terscheidung angelegt und deutet das Bild als Manifestation einer internen Differenz. Es dürfte die Stärke dieser Definition sein, dass sie aus der Eigenart des Bildes denjenigen Gebrauch herzuleiten vermag, der die legitime Bilderverehrung von Idolatrie abhebt. Denn diese Gefahr ergibt sich erst, wenn das Verhältnis zwischen dem Bild und dem von ihm Gezeigten (nach Maßgabe eines neuplatonischen Partizipationsgedankens) als unmittelbare Präsenz des unsichtbaren Urbildes gedacht wird und das Abbild selbst als heiliger Gegenstand erscheint, in dem sich Göttliches manifestiert.[211] Doch das Bild muss nicht solche Präsenzsuggestionen erzeugen, es kann genauso gut im Gefälle der in ihm selbst liegenden Unterscheidung gebraucht werden.

Wie oben schon betont (III 4.5), kann ein neuplatonischer Bildbegriff gegenläufig akzentuiert werden. Wahlweise kann Präsenz des Urbildes im Abbild oder Anderssein und Entzug des Einen hervorgehoben werden.

8.3 Partizipation am Heiligen

Partizipiert das Bild an der Wirklichkeit, die es abbildet, ja ist Bildlichkeit eine Form des Ausgangs aus dem Einen bzw. aus Gott, so kann die Vorstellung gestützt werden, es gebe auch Bilder, die weder natürlich entstanden noch durch Menschenhand gemacht seien (*non-manu-factum*). Im Glauben an solche *acheiropoetischen*[212] Bilder verbinden sich der Partizipa-

δειγμα καὶ ἐκτύπωμα τινος ἐν ἑαυτῷ δεικνύον τὸ εἰκονιζόμενον […]".

211 In Analogie zur Lade, die um des in ihr geborgenen und verborgenen Gesetzes willen heilig erscheint.

212 „Nicht mit Händen gemacht" (ἀχειροποίητος) – diese Formulierung (als Kontrast zu dem, was von Gott kommt) begegnet neutestamentlich bei Paulus (2 Kor 5,1) und ist das Gegenstück zu der kritischen Überzeugung in

tionsgedanke und eine Vorstellung übernatürlicher Entstehung, wie sie dem Wunderglauben immanent ist. Präsenz des Göttlichen im Bild wird dann durch dessen wunderbare Entstehung verbürgt oder bezeugt. Von Gott selbst zu kommen, *theographos* (θεόγραφος) oder *theoteuktos* (θεότευκτος) zu sein, meint pointiert: unter Ausschaltung der menschlichen Tätigkeit oder einer natürlichen Ursache entstanden zu sein. – Solche Abrogation und Leugnung jedweder Vermittlung begegnet nicht nur in der Bildtheologie, sondern auch in der Schriftlehre, wenn diese unter die Räder einer Verbalinspirationsvorstellung gerät.

Orientiert an göttlicher Herkunft und wunderbarer Entstehung gewinnt das Schweißtuch der *Veronika* die Auszeichnung, *vera icon* zu sein: Denn in ihm ist die Entstehung eines Bildes Jesu die direkte Fortsetzung und das unmittelbare Resultat seines Tätigseins, hinterlässt doch Jesu Gesicht seinen Abdruck im ihm gereichten Tuch[213] (vgl. Bild 3, *Die heilige Veronika mit dem Schweißtuch Christi*, S. 323) – wie ja auch in der Geschichte von der am Blutfluss leidenden Frau die heilende Kraft im Moment der Berührung des heiligen Körpers von diesem ausging, ohne Zwischenschaltung einer souveränen Entscheidung Jesu, der Frau zu helfen (Mk 5,27 ff.; vgl. im Blick auf Paulus Apg 19,12). Im Schweißtuch der Veronika begründet Haptisches Visuelles, die Berührung des Leibes stiftet sichtbare Spuren und realistische Abbildung. Man könnte auch sagen: Der Reliquienglaube begründet hier die Hochschätzung des Bildes und transformiert

---

Jes 44,9 ff. (vgl. oben II. 2 b. 2), was mit Händen gemacht sei, könne kein Gott sein. So wird auch in Apg 19,26 eine Leitthese paulinischer Verkündigung identifiziert: „οὐκ εἰσὶν θεοὶ οἱ διὰ χειρῶν γινόμενοι".

213 Ausführlich dazu: Belting, Bild (s. Anm. 107), 56 ff.

den Wunsch nach Sichtbarem in ein Bildverständnis.[214] Das wahre Bild ist das übernatürliche Bild, das ganz ohne menschliches Zutun entsteht. Erst in dieser Zuspitzung entsteht das Verständnis des Kultus, das die Reformatoren anprangerten (sei es als Kritiker kirchlicher Praxis, sei es im Gestus entzaubernder Aufklärer oder sei es als Bonifatius nacheifernde Bilderstürmer): der Umschlag des Heiligenbildes ins heilige Bild. Wo sich solcher Bilderglaube ausbreitet, fehlen Berichte über die wunderbaren Kräfte, die von Bildern ausgehen, so selten wie Erzählungen über die sagenumwobene Auffindung eines Bildes oder über das Weinen und Bluten solcher Bilder, die durch Zugriff Ungläubiger verletzt wurden. Solche Narrative nehmen Motive auf, die sowohl in den alttestamentlichen Erzählungen von der Lade (1 Sam 5) wie auch in Mythen über Wunder wirkende Bilder und Skulpturen begegneten.

Ob in der volkstümlichen oder in einer philosophisch bzw. theologisch raffinierteren Fassung – der Bilderglaube begreift das heilige Bild nicht als einen Gegenstand, den man betrachtet, sondern als eine göttliche Wirklichkeit, der man sich aussetzt (vgl. II 1.1b zu den entsprechenden altorientalischen Vorstellungen). Sie werden darum auch nicht durch einen Künstler *gemacht,* sondern sie entstehen gleichsam (*passivum divinum*) im Künstler und durch ihn hindurch und zwar in einem religiösen Akt, der durch Reinigung und Askese, Kontemplation und Gebet bestimmt ist. In der Ikone berührt das Göttliche die Welt. Sie ist das geöffnete Fenster zu einer höheren Wirklichkeit.

---

214 Verstärkt wird dieses Gefälle durch den Umstand, dass das Schweißtuch im sogenannten *Sacco die Roma* 1527 in die Hände von Plünderern fällt, die es in den Tavernen der Stadt herumreichten, so dass es erst wiedergefunden und in von Künstlerhänden gemalten Bildern erinnert werden muss (vgl. a. a. O., 63 ff., 126 ff.). Im Fall des Turiner Grabtuches verleiht die wunder-

8.4 Bildtheologie und Christologie

Vor diesem Hintergrund wird verständlich, warum der Streit um die Bilder, der mit der Frage nach der Geltung des Bilderverbots begann, sich zu einem Streit um die Christologie entwickelte und als solcher schließlich entschieden wurde. Seitens der Bildergegner begründet die Vorstellung einer Präsenz Gottes im Bild eine Konkurrenz von Bilderfahrung und Christusglaube. Nur der einzige Sohn des Vaters galt als das wahre Bild Gottes (Kol 1,15), als Ort göttlicher Gegenwart. Wer diese anderswo suchte, zog sich den Verdacht und Vorwurf zu, das Vergängliche mit dem Ewigen zu verwechseln und so die Gottheit Gottes zu entehren. Seitens der Ikonophilen – die man Ikonodulen nicht nennen sollte –, war es jedoch gerade der Inkarnation des Logos gedankt, dass das Vergängliche auf den Weg zur Unvergänglichkeit gebracht wurde. Die Präsenz des Geistes Jesu in der Kirche heiligte all ihr Tun und inspirierte und verwandelte die Gottesdienste. Konnte da der Glaube ausbleiben, der „Morgenglanz der Ewigkeit“ strahle in der Ikone auf? Begründung dieses Glaubens war die Inkarnation des Sohnes Gottes, die Ikone also wesentlich: Christusbild.

Die Beziehung zwischen Partizipationsgedanken, Bildtheologie und Christologie zeigt sich auch daran, dass beide Seiten das Argument vertreten konnten, das Bild Christi sei *Christus selbst*. Es begegnet bei Kaiser Konstantin V. wie auch bei Johannes Damascenus.[215] Wer die Begründung für das Bilderverbot in dem übergriffigen Versuch sah, den in keine

bare (überraschende) Auffindung des Bildes im Negativabzug des nichtsahnenden Photographen dem Stoff die Aura des Acheiropoetischen – und dies im Zeitalter technischer Reproduzierbarkeit.

215 Vgl. Wessel, Dogma (s. Anm. 25), 300 f., 306. Der Unterschied liegt darin, dass für Joh. Damascenus der *inkarnierte* Logos abgebildet werden können

Grenzen einschließbaren, unendlichen Gott zu verendlichen, kam am Ort der Christologie in Schwierigkeiten. Weder das Muster ‚Weil Christus göttlicher Natur ist, darf er nicht dargestellt werden' noch das gegenläufige Motto ‚Weil er (nichts als) Mensch ist, kann er dargestellt werden' konnten überzeugen. An den bildtheologischen Fragen konnte man sich das Odium des christologischen Häretikers zuziehen, aber auch einer einseitigen Akzentuierung bezichtigt werden, wenn man alles Menschliche so von der Präsenz Gottes überstrahlt sah, dass gleichsam nichts zu malen übrig blieb. Zwischen Monophysitismus und Nestorianismus, zwischen alexandrinischen und antiochenischen Traditionen, zeigte sich die Stellungnahme zu den Bildern mit Lehrentscheidungen der Christologie vermittelt. Bildtheologie wurde zu einem Kapitel der Christologie.

Galt das Bilderverbot als Implikation der Gottheit Gottes, so begründete sich das theologische Recht der Bilder umgekehrt aus der Christologie, aus der Vorstellung von der Menschwerdung Gottes. Doch der Zusammenhang mit der Christologie hatte auch eine andere Seite. Denn im Maß der Durchsetzung dieser Begründung ergab sich, dass Bilder nicht nur erlaubt, sondern Christus-Ikonen geradezu der Ausdruck konsequenter Dogmatik, also um der rechten Lehre willen regelrecht geboten waren. Orthodoxie bewährte sich als Ikonenfrömmigkeit.

Das Nicänum II, als sogenanntes siebtes ökumenisches Konzil, hat im Herbst 787 dementsprechend beschlossen, „in

---

muss, die religiöse Verehrung aber nicht den materiellen Farben und Formen, sondern dem (in ihnen) Dargestellten erwiesen wird, während für die Religionspolitik des Kaisers die göttliche Natur des λόγος die Abbildung ausschließt.

den heiligen Kirchen Gottes, auf den heiligen Geräten, Wändern und Tafeln, Häusern und Wegen, ebenso wie die Darstellung des kostbaren und lebendigmachenden Kreuzes die ehrwürdigen und heiligen Bilder - seien sie aus Farben, Stein (!) oder sonst einem geeigneten Material - anzubringen". Und mit diesen heiligen Bildern sind Bilder Christi, Marias (die gegen Nestorius Gottesgebärerin genannt wird), der Engel sowie aller heiligen oder frommen Menschen gemeint. Die theologischen Argumente von Johannes Damascenus und Basilius dem Großen, die Unterscheidung von Anbetung und Verehrung, die Überzeugung, dass die Verehrung des Abbildes dem Urbild gelte, gehen in den Konzilstext explizit ein. Häretiker ist demnach, wer irgendetwas von dem wegwirft, was als bildliche Darstellung von der Kirche geweiht wurde.[216]

Die christologischen Implikationen der Bildtheologie zeigten sich noch einmal, als die reformierte Tradition, deren Christologie stets an der Unverwechselbarkeit von göttlicher und menschlicher Natur ausgerichtet war, auf Distanz zu den Bildern ging, während das eher alexandrinisch geprägte Luthertum keine solche *reservatio mentalis* entwickelte. Entscheidend jedoch ist, dass die Rolle der Bilder im Gottesdienst vor allem auf der Ebene diskutiert wurde, auf der sie seit Gregor dem Großen im Westen betrachtet wurden: als Praxis, die um der Ungebildeten willen zu akzeptieren war. Gegenüber dieser Kompromisslinie beharrte der reformierte Protestantismus auf Wiederherstellung der reinen biblischen Lehre. Insofern belässt es der Heidelberger Katechismus angesichts der Frage: „Mögen aber nicht die bilder als der Leyen bücher, in den Kirchen geduldet werden?" bei der klaren Absage:

---

[216] Zit. n. H. Denzinger, Enchiridion Symbolorum, hrsg. v. P. Hünermann, 442014; nr. 600–603.

„Nein: Denn wir nicht sollen weiser sein denn Gott, welcher seine Christenheyt nicht durch stumme Götzen, sonder durch die lebendige predig seines worts wil underwiesen haben.“[217]

Wer die Sache so betrachtet, übersieht die komplexen und tiefreichenden Beziehungen der Bilderfrage und der Christologie, der Affinität von Bild und Leib, der Abwehr aller Dualismen, welche die Theologie und Anthropologie bestimmen könnten. Dass mit der Christologie zugleich über die Hermeneutik des Bildes entschieden wird, darf als Ertrag ostkirchlicher Theologie gelten. Sie hat diese Pointe freilich nur für die Sonderwelt der Ikone zur Geltung gebracht. Es lag ihr fern, aus der Legitimität des Bildes Christi Konsequenzen für die visuelle Wahrnehmung im Allgemeinen oder für das Recht anderer Bilder zu ziehen. Demgegenüber legt es sich für uns nahe, den theologischen Sinn für Bildlichkeit im Horizont der Auslegungsgeschichte des Bilderverbots noch einmal zu erweitern.

9. Ästhetik im Horizont des Bilderverbots

In der Kritischen Theorie der Frankfurter Schule wächst dem Bilderverbot eine Rezeptionsgeschichte zu, die Perspektiven der Negativen Theologie aufnimmt und zwar in der Form einer ‚Negativen Dialektik‘ und einer ihre entsprechenden ‚Ästhetischen Theorie‘. Von ihr aus fällt Licht auch auf ikonoklastische Strategien der modernen Kunst, für die das biblische Bilderverbot einen hermeneutischen Schlüssel bietet.

---

[217] Der Heidelberger Katechismus von 1563, in: Die Bekenntnisschriften der reformierten Kirche, hrsg. v. E. F. K. Müller, Leipzig 1903, 682–719: 710 (Frage 98).

Darum ist es für eine Hermeneutik des Bilderverbots sachgemäß, abschließend den Blick zu weiten.

9.1 Das Bilderverbot in der Kritischen Theorie

Schon in *Dialektik der Aufklärung* machten Adorno (1903–1969) und Horkheimer (1895–1973) „das Verbot, das Falsche als Gott anzurufen" zu einem Motto ihrer Kritik der bürgerlichen Gesellschaft. Der Grundschaden letzterer, der von Entfremdung über Kulturindustrie bis zum Antisemitismus führt, resultiere aus einer Verkehrung der Wahrheit in Lüge, die nurmehr ein beschädigtes Leben zulässt. Zur Dialektik der Moderne gehöre, dass sie diejenige Aufklärung, die bereits der Mythos leistet, verkenne, und ihr deshalb Aufklärung in Mythologie umschlage.[218]

Vorausgesetzt ist in dieser Diagnose die zentrale Bedeutung, die in der Selbstbeschreibung neuzeitlicher Wissenschaft die Verbindung der platonischen Bildkritik und der biblischen Götzenbilderkritik spielt. Francis Bacon (1561–1626) hatte die Befangenheiten und Verblendungszusammenhänge traditioneller Meinungen (wie sie in der Sprache, in Dogmen der Theologie oder Lehrmeinungen der Philosophie vorliegen) ‚Idole' genannt. Diese sind Trugbilder,[219] wie sie Platon zufolge die Sophisten ihren Gefangenen vorgaukeln, und zugleich Götzenbilder, die man im Namen der Wahrheit enttarnen und zerschlagen muss. Die Sünde der Unfreiheit und die Gewöhnung an den Irrtum arbeiten sich wechselseitig in die Hände. Seine Bestimmung, über die Na-

---

218 T. W. Adorno u. M. Horkheimer, Dialektik der Aufklärung. Philosophische Fragmente, Frankfurt 1969, 5.

219 F. Bacon, Novum Organum sive indica vera de interpretatione naturae (1620).

tur zu herrschen, könne der Mensch nur realisieren, wenn er die Natur mit den Mitteln der exakten Wissenschaft zu beschreiben und zu erklären lernt.

Jedoch ist die Einseitigkeit, mit der die moderne Wissenschaften den mit diesem Selbstbild motivierten Prozess der Entzauberung in einen besinnungslosen Positivismus vorantreiben, geeignet, den Impuls der Aufklärung in sein Gegenteil zu verkehren. Adorno und Horkheimer beschreiben den Übergang von der methodischen Mathematisierung der Naturerkenntnis in ein technisches Weltverhältnis, das mit dem Willen zur Ausbeutung der Natur gepaart ist, aber auch mit der Ausrichtung aller sozialen Relationen an Kalkulation und Zweckrationalität einhergeht.

In Vergessenheit gerät, dass bereits die biblischen Schöpfungsberichte Formen der Entmythologisierung waren, freilich solche, in denen die Macht des Wortes, in denen Wahrheit und Geist noch nicht der universalen Berechenbarkeit geopfert wurden. Entsprechende Resistenz gegen einen kruden Positivismus leisten Dichtung und Kunst bzw. ein an beide gewöhntes Denken. Während die Rationalität der mathematischen Naturwissenschaft nur die Applikation leerer Formen auf eine Wirklichkeit kennt, die sie nach Maßgabe ihrer beliebigen Zwecken konstruiert, gemahnten der antike Mythos wie die Religion des Wortes an die innere Beziehung zwischen Denken und Wirklichkeit, Sprache und Realität.

Vor diesem Hintergrund greifen die Autoren zentrale Gehalte des Judentums auf und zwar in subtiler Betonung ihres negativ-theologischen Charakters. „In der jüdischen Religion [...] bleibt das Band zwischen Namen und Sein anerkannt durch das Verbot, den Gottesnamen auszusprechen. Die entzauberte Welt des Judentums [...] duldet kein Wort, das der Verzweiflung aller Sterblichen Trost gewährte. Hoffnung knüpft sie einzig ans Verbot, das Falsche als Gott anzurufen, das Endliche als das Unendliche, die Lüge als Wahrheit. Das Unterpfand der Rettung liegt in der Abwendung von allem Glauben, der sich ihr unterschiebt, die Erkenntnis in der Denunziation des Wahns. Gerettet wird das Recht des Bildes in der treuen Durchführung seines Verbotes."[220] Der Zusammenhang zwischen dem Verbot, den Gottesnamen auszusprechen, und dem, sich ein Bild Gottes zu machen, ist also auch aus einer philosophischen Perspektive nachvollziehbar. Aus dem Paradies vertrieben, Tod und Verzweiflung als Signatur der Endlichkeit menschlichen Lebens annehmend, schlägt die jüdische Religion die *via negationis* ein: Sie durchschaut alle positiven Heilsversprechen als bloße Vertröstungen, als schlechte Affirmation des Bestehenden und hütet sich vor der Verwechslung des Endlichen mit dem Unendlichen. Negation und Widerspruch werden zu den typischen Formen der Erinnerung an das Reich der Freiheit, die sich jedes Glaubens an ein schon eingetretenes Heil bzw. an eine vollzogene Versöhnung entschlägt – vor allem dann, wenn mit dem Versöhnungsbegriff die bestehenden Verhältnisse verklärt werden. Solche Rechtfertigung des Bestehenden, wie sie Hegel in seiner Apotheose des Preußischen Staates als verwirklichte Vernunft und vernünftige Wirklichkeit vollzogen habe, zu vermeiden, könne nur einer Denkbewegung gelingen, die sich sämtlicher Synthesen enthält und also Negative Dialektik bleibt. Namen- und Bilderverbot, aber auch ihre Überzeugung, dass der Messias noch nicht gekommen sei, wirkten als Barrieren gegenüber der Drift der christlichen Inkarnationsgewissheit in eine Verabsolutierung des Endlichen sowie gegenüber der Auflösung der

220 T. W. Adorno u. M. Horkheimer, (s. Anm. 218) 24f.

Eschatologie ins Präsentische. „Darum sehe ich keine andere Möglichkeit als äußerste Askese jeglichem Offenbarungsglauben gegenüber, äußerste Treue zum Bilderverbot, weit über das hinaus, was es einmal an Ort und Stelle meinte."[221]

Aus dieser Perspektive stellt sich die Lage so dar, dass das Christentum mit dem Glauben an die Menschwerdung Gottes die Idolatrie wieder heraufbeschwöre, während die genuin jüdische Verbindung von Namen- und Bilderverbot, Messiaserwartung und Erinnerung an die Opfer die Wurzeln einer Kritischen Theorie der Gesellschaft bilden. Das Bilderverbot ist insofern ein wesentliches Paradigma, unter dem die vernünftigen Gehalte der Religion philosophisch rekonstruiert werden können. Hermeneutisch bemerkenswert ist, dass das Bilderverbot in dieser Perspektive wesentlich als Verbot eines Rückfalls, einer Regression, rezipiert wird. Die Regression zu den falschen Göttern, die ein Heil nur vorgaukeln und damit der Stabilisierung von Entfremdung zuarbeiten, erscheint als das, was *unbedingt* vermieden werden muss.

Ob es über die Negativitätsfigur hinaus, die im Bilderverbot fundiert ist, einen Vorschein von Erlösung dennoch geben kann, wäre im Horizont der Ästhetik Adornos zu diskutieren. Dazu fehlt an dieser Stelle der Raum. Es ist jedoch abschließend, auf das Folgende überleitend, darauf aufmerksam zu machen, dass die bildende Kunst vor dem Bilderverbot nicht kapituliert, sondern sich gerade durch die Entwicklung ikonoklastischer Bildprogramme behauptet. Die Negation des Bildes kann selbst ins Bild gesetzt und die Zerstörung der

---

[221] So lautet Adornos Fazit zum Verhältnis von Vernunft und Offenbarung, in: Ders., Stichworte. Kritische Modelle 2, Frankfurt am Main [3]1970, 28. Adornos Beobachtung, dass ein Verständnis des Bilderverbotes „weit über das hinaus führt, was es einmal an Ort und Stelle meinte", hat sich uns Zug um Zug bestätigt.

Bilder kann als Aufbau neuer Bilder genutzt werden. Davon handeln die folgenden Abschnitte.

9.2 Bildproduktive Dimensionen reformatorischer Theologie

Das Verhältnis zwischen reformatorischer Theologie und Bildender Kunst scheint durch die Zentralstellung des Wortes gegenüber den Magieverdacht erregenden Bildpraktiken der Römisch-Katholischen Kirche, vor allem aber durch die Entfernung und Zerstörung der Bilder im Umkreis der von Zwingli und Calvin geprägten Reformierten Kirchen bestimmt (und insgesamt lädiert) zu sein. Allerdings wurde gegen diese Einschätzung in jüngster Zeit immer wieder eingewandt, dass der Protestantismus auch als Freisetzung einer neuen Bildpraxis verstanden und wirksam werden konnte (reformationsgeschichtlich gilt das für Dürer genauso wie für Cranach und eben auch für die Kunst der Moderne). In gebotener Kürze und ohne Anspruch auf Vollzähligkeit sind die folgenden Gesichtspunkte im Zusammenhang einer Hermeneutik des Bilderverbots im Blick zu halten.

a) Luthers angesichts des Wittenberger Bildersturms entwickelte Position lasse, so ist immer wieder zu hören, zwar das Wort gegenüber dem Bild ‚siegen',[222] bereite aber dem Bild keine Niederlage, sondern würdige es als *Adiaphoron*. Die magische Verfehlung gründe nicht im Bilde selbst, sondern im Irr- und Aberglauben derer, die mit den Bildern falsch umgehen. An und für sich sind Bilder und andere Kunstgegenstände weder heilig noch sündig, sondern ‚weltliche Dinge',

---

[222] Vgl. Luther und die Folgen für die Kunst (Ausstellung Hamburger Kunsthalle, 11. November 1983–8. Januar 1984), hrsg. v. W. Hofmann, München 1983, 23.

die mit Sinn und Verstand gebraucht werden können. Mit Hinweis auf die entsprechenden Erklärungen Luthers in den Invokavitpredigten („Die Bilder sind weder das eine noch das andere, sie sind weder gut noch böse, man kann sie haben oder nicht haben“[223]) statuiert Hofmann: „Mit diesem Freibrief beginnt die Moderne“[224] – womit er offensichtlich eine kunsthistorische Epochenbezeichnung meint, aber auch eine Brise Legitimität einstreut. Die Autonomie der modernen Kunst erscheint als Resultat einer Entlastung der Bilder sowohl von religiösen Ansprüchen als auch von religiöser Zensur. Insofern wird bei Hofmann der modernitätstheoretische Topos: ‚Freiheitsgewinn durch reformatorisch begründete Weltlichkeit‘ fortgeschrieben. Die entsprechende Säkularisierungsthese begegnet auch bei vielen Ko-Autoren des von Hofmann herausgegebenen wegweisenden Bandes *Luther und die Folgen für die Kunst.*[225]

b) Zu dieser generellen Einschätzung gesellt sich die spezifischere These, Luther habe mit seinem Insistieren auf der Rolle des Bildergebrauchs einer Rezeptionsästhetik (Hofmann spricht von ‚Betrachterästhetik) den Weg bereitet. Was das Kunstwerk sei oder darstelle, entscheide sich an der Perspektive des Betrachters.[226] Mit dem Hinweis auf die Bedeutungsprägnanz des Sehaktes (Sehen ist immer ‚etwas als etwas sehen‘ [s. o. III 6.5]) erklärt Hofmann die neuen Formen, in denen in der ästhetischen Erfahrung der Moderne Bild und Religion verknüpft werden. Wenn Caspar David Friedrich über

---

223 M. Luther, Invokavitpredigten [1522], in: WA 10, III, 1–64: 26, 35.

224 Hofmann, Luther (s. Anm. 222), 46.

225 So bei C. Tümpel, Die Reformation und die Kunst der Niederlande, in: Hofmann, Luther (s. Anm. 222), 309–321, 314, und E. Schaar, Calvinismus und Kunst in den nördlichen Niederlanden, a. a. O., 348–374: 348.

226 Hofmann, Luther (s. Anm. 222), 50.

die Präsenz des Kreuzes in seinen Bildern sagen konnte, die einen sähen dieses Kreuz *als Trost*, die anderen dagegen nichts als ein bloßes Kreuz,[227] so sei auf die Freiheit der Rezeption abgestellt.

c) Ein solcher Bedeutungs*switch* zeige am historischen Sonderfall, was zur Eigenart des Ästhetischen insgesamt gehört. Auch der Umstand, dass ein Readymade Marcel Duchamps (etwa seine berühmte Montage eines Rades auf einem Hocker) *als* Kunst wahrgenommen werde, gründe in der Freiheit der Betrachtung. Über die Konstitution der Kunst im Auge des Betrachters heißt es daher bei Hofmann: „Alles das hat mit Luther begonnen. Seine Abwertung der Bilder schlug in deren Aufwertung um, die Beschränkung erwies sich als Befreiung."[228] Luthers theologische Auseinandersetzung mit der Bilderfrage und insbesondere seine Unterscheidung von Gesetz und Evangelium erhält in dieser Interpretation eine weit ausgreifende Bedeutung für das Bildverständnis der Moderne und darum auch für die Geschichte der Kunst insgesamt. Der an das Bilderverbot angelagerte Bilderstreit und seine Wiederkehr in der Reformation werden zum Ferment der Bildproduktion.

d) Zwingli und Calvin verbannen zwar die Bilder aus der Kirche, erlauben diese aber im privaten und politisch-öffentlichen Raum (im Wohnhaus, im Rathaus und in der Folge auch im Kunsthaus, also im ‚Museum'). Damit befördern

---

227 „[D]enen, so es sehen, ein Trost, denen, so es nicht sehen, ein Kreuz" (C. D. Friedrich, Brief an Louise Seidler vom 9. Mai 1815, in: Caspar David Friedrich in Briefen und Bekenntnissen, hrsg. v. S. Hinz, München 1974, 27.

228 Hofmann (s. Anm. 222), 47. Man muss sich also nicht wundern, wenn gelegentlich eine Reinigungskraft des Museums eine Fettecke von Beuys im Zuge ihrer Dienstgeschäfte auf- und wegwischt. Dergleichen ist der Preis für den Vorrang der Betrachterperspektive.

sie de facto neue Bildprogramme. Denn mit dem neuen Ort und Kontext rücken Motive aus der Familien- und Stadtgeschichte, Darstellungen der Bürger- und Ratsversammlung oder Tier- und Landschaftsbilder in den Fokus des Interesses. Sofern die Bilder nicht der Prunksucht, sondern dem Studium der Natur oder der privaten und öffentlichen Erinnerung dienen, sind sie selbst für Puristen nützlich und also legitim. Im Sinne einer Säkularisierungsthese, die freilich ihre systematischen Tücken hat,[229] kann dies als eine Umstellung der Kunst vom Geistlichen aufs Weltliche, von der gottesdienstlichen Funktion auf eine im Horizont ihrer eigenen Mittel und Themen sich entfaltenden Kunst verstanden werden. An Tendenzen der Verbürgerlichung in den Darstellung biblischer Szenen, die unter den Formen solcher Kunst immer stärker nostrifiziert werden, kann man freilich nicht nur die Durchgriffsstärke, sondern auch die Ambivalenz dieser Entwicklung ablesen.[230]

e) Führte die schroffe Entgegensetzung von Geistigem und Sinnlichem, von Geistlichem und Fleischlichem, von Gott und Bild bei Calvin zu der restriktiven Regel, nur das malerisch darstellen zu dürfen, was man mit den Augen auch tatsächlich sehen könne, so begünstige die Befolgung dieser Einseitigkeit *in the long run* einen Trend zur realistischen Malerei. Das Verdikt gegen Imagination und Phantasie präge etwa den calvinistisch geprägten holländischen Realismus und lasse sich noch im Frühwerk van Goghs nachweisen.[231]

---

229 Vgl. Religion und Säkularisierung. Ein interdisziplinäres Handbuch, hrsg. v. T. M. Schmidt u. A. Pitschmann, Stuttgart 2014; darin: M. Moxter, Eigenständigkeit der Moderne (Blumenberg), 49–63.

230 Beispiele bei Schuster (s. Anm. 234).

231 Vgl. Hofmann, Luther (s. Anm. 222).

f) Dass Luther die Drucke seiner eigenen Bibelübersetzungen mit reichhaltigen Beigaben an Holzschnitten ausstatten ließ, entsprach einer didaktisch-illustrativen Engführung des Bildverständnisses, deren Begründung und Begrenzung oben in Erinnerung gerufen wurden (III 8.1). Unter dem Vorrang und der Regie des Wortes erhielt das Bild die Funktion, charakteristische Momente biblischer Erzählungen darzustellen. Die langfristige Folge solcher neuer Funktionalisierung zeige sich produktiv in der Entwicklung der sogenannten Historienmalerei. In ihr definieren *narratio* und *factum* Rang und Reichweite des Bildes.[232] In diesem Sinne konnte sogar der späte Zwingli zu einem affirmativen Bildverständnis finden, soweit und sofern garantiert ist, dass die Bilder nur „Geschichtswyss“ gemalt sind, also in der Weise eines Historienbildes entstehen.[233]

g) Gegen die überbordende Sinnlichkeit katholischer Provenienz (Rubens) setze eine protestantische Bildkultur auf die Klarheit des Wortes und die Reinheit des Sinns (Rembrandt). In der späteren Kunstentwicklung dominiere diese Tendenz immer deutlicher und wirke sich zugunsten klarer Formgebung aus. Der rationalistische Grundzug des Protestantismus befördere die Neigung zur Abstraktion und zeige Fernwirkungen noch in der Kunst Piet Mondrians (s. u. III 9.3).

h) Mit der Vorherrschaft des Wortes vor dem Bild entstehen schließlich auch Bildprogramme, die das Wort zum Bild machen. Ein reformatorisches Beispiel bietet das Altarbild der evangelisch-lutherischen Spitalkirche von Dinkelsbühl, das

232 Vgl. Tümpel, Reformation (s. Anm. 225), 309 ff., 312.

233 H. Zwingli, Ein kurtze und christeliche inleitung [1523], in: Sämtliche Werke, hrsg. v. E. Egli u. G. Finsler, Bd. 2, Leipzig 1908, 626–663: 654–658: Von den bilden, 658; vgl. Tümpel, Reformation (s. Anm. 225), 314.

nur die Einsetzungsworte und den Dekalog darstellt – dies aber mit bildnerischen Mitteln: „ein Bild ganz aus Schrift“[234] (vgl. Bild 4, S. 324).

Bereits bei Rabanus Maurus finden sich um 825/26 Figurengedichte (*carmina figurata*), in denen Bild und Wort, genauer: Bild und Schrift, verschmelzen (vgl. Bild 5, S. 325).[235]

Die Sammlung wird eröffnet mit einem Christusbild, das mit seinen ausgebreiteten Armen kreuzförmig ist, aber einen dem Betrachter (Leser) entgegenkommenden Christus meint. Sein gesamter Körper besteht aus Schriftzeichen – unverkennbar eine programmatische Bejahung der Darstellbarkeit des Christus bei gleichzeitiger Umsetzung der Überzeugung, das Bild verweise dienend auf das eigentliche Geheimnis des Glaubens. Freilich wird diese Überzeugung ins Bild gesetzt. Beispiele aus unserer Gegenwart finden sich in den Schrifttafeln Klaus Krögers (vgl. Bild 6, S. 326) in Ölbildern, in denen Zitate aus der Heiligen Schrift (z. B. aus der synoptischen Apokalypse) wie eingraviert erscheinen: Bilder als Wandbilder, die an das Menetekel der auf der Wand erscheinenden Schrift (Dan 5,1–30) aber auch an Einkerbungen auf Gefängniswänden erinnern. Texte werden auf diese Weise ästhetisch in Bilder transformiert.

Auf die Dominanz des Wortes über das Bild antwortet in dialektischer Umkehrung das Wort im Bild und als Bild. Die Differenz zwischen beiden wird getilgt, erhalten und überbo-

---

234 P.-K. Schuster, Abstraktion, Agitation und Einfühlung. Formen protestantischer Kunst im 16. Jahrhundert, in: Hofmann, Luther (s. Anm. 222), 115–125: 116. Das Triptychon präsentiert die Zehn Gebote auf den Seitentafeln als Erinnerung an die Gesetzestafeln, die Mose angesichts des Stierbildes zerschmettert; vgl. Belting, Bild (s. Anm. 107), 164f.

235 De laudibus sanctae crucis (= Codex Vaticanus Reginensis latinus 124). Auf dieses Werk hat mich Barbara Müller aufmerksam gemacht.

ten, indem sich die Eigenart malerischer Mittel weiterentwickelt. Ein neues Bildverständnis entsteht am und mit dem Text.[236] Entsprechende Arbeiten finden sich auch bei dem durch die Theologie Karl Barths geprägten Schweizer Künstler Rémy Zaugg (vgl. Bild 7, S. 327).

Auch Jochen Gerz (Bilder einer Ausstellung, St. Etienne 1973/75) verdient Beachtung. Die zehn Bilder dieser Ausstellung repräsentierten zehn Sätze (in Analogie zum Dekalog), die im Ausstellungsraum allerdings nicht unmittelbar zugänglich, sondern nur mit technischen Hilfsmitteln ‚entzifferbar' waren und die von „sieh mich nicht an" über „vergleiche mich nicht" bis zu „mach dir von mir kein Bild" eine Tafel der Bilderverbote ergaben.[237]

Das sind nur einige wenige Hinweise auf die ästhetisch produktiven Seiten des Kontrasts zwischen Wort und Bild.

9.3 Ikonoklasmus als ästhetische Strategie

Die Behauptung, die Ästhetik der Moderne entwickele ihre eigene Hermeneutik des Bilderverbots in der Arbeit an und mit dem Bild, kann an dieser Stelle nicht durch kunsthistorisch informierte Analysen belegt werden. Es müssen einige wenige Hinweise auf Künstler genügen, die für ihre Arbeiten einen solchen Zusammenhang in Anspruch nehmen.

a) Kazimir Malevich (1878–1935) hat mit seinem *Schwarzen Quadrat* von 1915 (vgl. Bild 8a, S. 328) und mit *Weiß auf Weiß* (vgl. Bild 8b, S. 328) von 1917 die Entwicklung der abstrakten Kunst als Lösung von vorgegebenen und abzubildenden Gegenständen, als Verselbständigung von Strukturen, Formen und Farben in eine Richtung fortgesetzt, in der

---

[236] Vgl. Hofmann, Luther (s. Anm. 222), 601.

[237] A. a. O., 607.

das Bild in einem spezifischen Sinne ‚nichts mehr zeigt'. Es entstehen Bilder, welche die Erwartung des Betrachters enttäuschen. Letzterem wird ein Schritt ‚tiefer in die leere Einöde und Wüstenei'[238] zugemutet, in der das Schöpferische und das Destruktive, das Sein und das Nichts, zusammenfallen: „I have transformed myself *in the zero of form.*"[239] Diese *Transformation*, die die Form auflöst und in uranfängliche Formlosigkeit zurückführt, sucht eine letzte *reductio in nihilum*, die auf keine *creatio ex nihilo* Hoffnung macht, es sei denn auf eine, die in der künstlerischen Arbeit selbst liegt. Malevichs *Schwarzes Quadrat* wurde als Ausdruck des Nihilismus (in Nietzsches Sinne) wahrgenommen: als Erfahrung eines Verlustes, zugleich aber auch als Umwertung aller bisher geltenden Bildwerte. Wenn Malevich sein schwarzes Quadrat jedoch an einem Ort präsentiert, der in der Raumordnung russisch-orthodoxer Frömmigkeitsgeschichte der Ikone vorbehalten war, wenn er das Bild nicht an die museale Ausstellungswand, sondern in den oberen Winkel des Raumes hängt, schafft er eine Einheit aus Negation des Bildes und Repräsentation. Das Bild, das nichts mehr zeigt, vertritt *via negativa* den Gott, dessen Tod Nietzsches Zarathustra verkündigt.[240] In seinem Essay ‚Gott ist nicht gestürzt!'[241] handelt Malevich entsprechend von einer Transzendenzbewegung, die im Bild über das Bild hinaus führt. Faktisch nimmt er damit eine

[238] Vgl. die Interpretation bei Besançon, Image (s. Anm. 6), 362: „further into the empty wilderness".

[239] A. a. O., 364.

[240] Vgl. F. Nietzsche, Also sprach Zarathustra. Ein Buch für Alle und Keinen [1883–1885], in: Ders., Sämtliche Werke. Kritische Studienausgabe in 15 Bänden, Bd. 4, hrsg. von G. Colli u. M. Montinari, München (u. a.) 1980, 14: „ [...] dass Gott todt ist!"

[241] Vgl. K. Malevich, Gott ist nicht gestürzt! Schriften zu Kunst, Kirche, Fabrik, hrsg. v. A. A. Hansen-Löve, München 2004.

Struktur in Anspruch, die Tillich mit seiner Rede vom ‚Gott über Gott'[242] begrifflich artikuliert. Die Transzendenz Gottes ist gerade dort erfahrbar, wo konkrete Gottesbilder überschritten werden.

b) Ad Reinhardt (1913–1967) integriert in eine schwarze Fläche ein schwarzes Kreuz, das dem oberflächlichen Blick genauso entgeht wie dieser die innere Dynamik der Farbflächen in Malevichs *Schwarze[m] Quadrat* ebenfalls verpasst (vgl. Bild 9, S. 329). Reinhardts Bild zeigt ein Kreuz, indem es dieses verbirgt, als müsse er der Dialektik von Offenbarung und Verborgenheit, von Nähe und Ferne Gottes, von Präsenz und Entzug entsprechen. Reinhardt stellt seine Arbeit der Reduktion bzw. Negation bildnerischer Mittel unter den Titel *The Last Painting*[243]: Im Schwarz des Bildes breitet sich ein Medium aus, das Sichtbarkeit hintertreibt, eine Verfinsterung, die zur synoptischen Passionsgeschichte genauso gehört wie das letzte Abendmahl auch. Transzendenz vermittelt sich über Negation. Reinhardts Selbstkommentierung: „Selftranscendence / revealed yet unrevealed / Undifferentiated unity, oneness, no divisions, no multiplicity/No consciousness of anything/No consciousness of consciousness /All distinctions disappear in darkness/The darkness is the brilliance numinous"[244] greift die Terminologie negativer Theologie explizit auf. Erinnerungen an den Schöpfungsakt, an den Zusammenhang von Bilderverbot und Gottesverständnis sowie an eine Theolo-

---

242 Vgl. P. Tillich, Der Mut zum Sein, Berlin / New York 1991, 137 ff.

243 Vgl. L. R. Lippard, Ad Reinhardt, New York 1984, 158: „I'm merely making the last painting which anyone can make". Ich folge in der Interpretation dieses Reinhardt-Zitates M. C. Taylor, Disfiguring. Art, Architecture, Religion, Chicago, London: 1992, 85 ff.

244 A. Reinhardt, Art-As-Art. The selected writings of Ad Reinhardt, hrsg. v. B. Rose, New York 1975, 90. Zit. n. Taylor, ebd.

gie des Kreuzes setzen das Recht eines letzten Bildes frei, das alles traditionell Bildliche definitiv hinter sich lässt.

c) Verwandt bzw. familienähnlich hat man John Hilliards *Schwarze Tiefe* (1974) nennen dürfen (vgl. Bild 10, S. 330/31). Hilliard kombiniert vier schwarze quadratische Photos so, dass im Leerraum zwischen ihnen ein Kreuz entsteht.[245] Aus der Negation der Abbildung – die Photos zeigen nichts – bildet sich das Symbol des Kreuzes als handele es sich um ein fernes Echo auf antike Ikonoklasten, die in der Apsis der Eirene-Kirche das Bild des Christus Pantokrator entfernt und durch ein schwarzes Kreuz ersetzt hatten.[246]

d) Piet Mondrians (1872–1944) Variante abstrakter Bilder führt geometrische oder strikt binäre Ordnungszeichen ein und begreift diese als Absage an eine unmittelbare Abbildung des Sinnlich-Gegebenen. Nicht allein Gott, sondern schon die sichtbare Welt entzieht sich der direkten Repräsentation. Mondrians Bild *Die See/das Meer* nähert sich dem Gesehenen auf einem Umweg über das logisch Konstruierte (vgl. Bild 11, S. 336). Das Bild wird gleichsam in ausschließlich dem Denken zugängliche Figuren und diagrammatische Strukturen übersetzt. So repräsentiert ein Feld horizontaler und vertikaler Zeichen in nicht abzählbarer Variation die Struktur und Dynamik einer Wasseroberfläche, wie das Meer sie zeigt. Noch das Sinnliche manifestiert sich allein über das Gegenteil seiner selbst. Die Gestalt, die wir sehen, verweigert ihre direkte Abbildung und lässt sich nur in der abstrakten Form eines binären Codes, in diesem aber anschaulich, darstellen. Was das Bild zeigt, transformiert es in Andersheit.

Wenn Calvin vom Künstler die Selbstbescheidung ver-

---

245 So Hofmann, Luther (s. Anm. 222), 607.

246 Vgl. Belting, Bild (s. Anm. 107), 143, 145.

langte, nur das zu malen, was man sehen kann (s. o. III 9.2.d), so dominiert bei Mondrian (unter Einfluss der Theosophie Madame Blavatskys) die Überzeugung, dass man noch nicht einmal das malen könne, was man sieht. Schon die Darstellung der sichtbaren Welt bedarf der Vergeistigung, schon sie soll die Grenzen der Partikularität überschreiten und darum dem Allgemeinen durch eine abstrakte Formensprache entsprechen. ‚Rein' wird Bildlichkeit, wenn sie vom Sinnlich-Konkreten zum Geistig-Allgemeinen führt. Werke wie ‚Komposition I-A' (1930) oder ‚Komposition in Rot, Blau und Gelb' (1937–42) lassen die gegenständliche Malerei, mit der Mondrian begann, hinter sich und entwickeln Bilder zu Ordnungssystemen, in denen Balancen zwischen Formen und Farben bestehen. Als darstellerisches Mittel dienen Gitter, die nicht nur Flächen umschließen, sondern immer wieder auch Linien unbegrenzt (gleichsam ins Unendliche) laufen lassen, so dass sich die sonst umschlossenen Farbflächen über den gegebenen Rahmen hinaus öffnen. So sperren die Bilder alle sinnlichen Gegenstände aus und repräsentieren zugleich eine Bewegung der Transzendenz. Die Nachbarschaft zum Bilderverbot (bzw. seiner rationalistischen Interpretation [vgl. o. III 3.5]) deutet Mondrian an, wenn er 1913/14 in seinen Skizzenbüchern festhält: „If one does not represent things, a place remains for the Divine."[247]

e) Entschieden ikonoklastisch ist die Liebe zum Bild im Werk Arnulf Rainers (1929 geboren). Rainer zerstört Bilder durch Übermalungen, sei es durch zunächst monochrome Teilübermalungen oder durch Malträtierung des Bildes (oft eines Photos seiner selbst) durch schwarze Kreidestriche, die das Ausgangsbild fratzenartig entstellen (vgl. Bild 12a *Braune*

247 Zit. n. Taylor, Disfiguring (s. Anm. 243), 49. Meine Ausführungen folgen Taylor.

und blaue Flamme und Bild 12b *Rotbraun-Kreuz*). Gleichwohl entsteht in der Verletzung des Bildes ein neues Bild: Bildabbau ist zugleich Bildaufbau.[248] Der religiös-theologische Hintergrund wird nicht erst dort sichtbar, wo sich alles auf das Kreuz konzentriert. Vielmehr begreift Rainer die Zerstörung des Bildes (vor allem des Selbstbildnisses) als *mortificatio,* als ein Christförmig-Werden. In Analogie zu Karlstadt erscheint die *Abtuung der Bilder* (s. o. III 3.1) als eine Abtötung des Fleisches bzw. des alten Adams. Wenn sich später anstelle des aggressiven Schwarzes ein ‚Farbkleid der Engel' über Rainers Bilder ergießt, so begreift dies der Künstler in Entsprechung zur Auferstehung.[249]

Es handelt sich, wohl gemerkt, nicht um Illustrationen einer kreuzestheologischen Dogmatik oder um eine künstlerische Gestaltung von Kirchenräumen. Rainer betont die Ablehnung seiner Arbeiten durch die Kirchen und bezeugt anhaltenden „Ärger mit den Theologen"[250], übrigens auch die Wut, die in seinen Werken Ausdruck suche. Gerade an der Distanz zur Binnenwelt der Kirche aber zeigt sich, dass Bilderstreit und Ikonoklasmus nicht nur theologiegeschichtliche Positionen, sondern auch eine gegenwärtige ästhetische Strategie sein können. Das darf eine Hermeneutik des Bilderverbots, die mit der Virulenz der Bilder rechnet, nicht vergessen.

---

248 Ein markantes Beispiel für solche Negation des Bildes ist auch R. Rauschenbergs Arbeit *Erased De Kooning* von 1953. Rauschenberg hat sich eine Kreide- und Kohlezeichnung von Willem de Kooning schenken lassen und sie zwei Monate lang so vollständig ausradiert, dass nichts von ihr blieb als eine reine Spur der Ent-Bildlichung.

249 Thorsten Rodiek, Heribert Schulz: Arnulf Rainer [Eine Ausstellung des Museums- und Kunstvereins und des Kulturgeschichtlichen Museums Osnabrück], Osnabrück 1993.

250 A. a. O. 154.

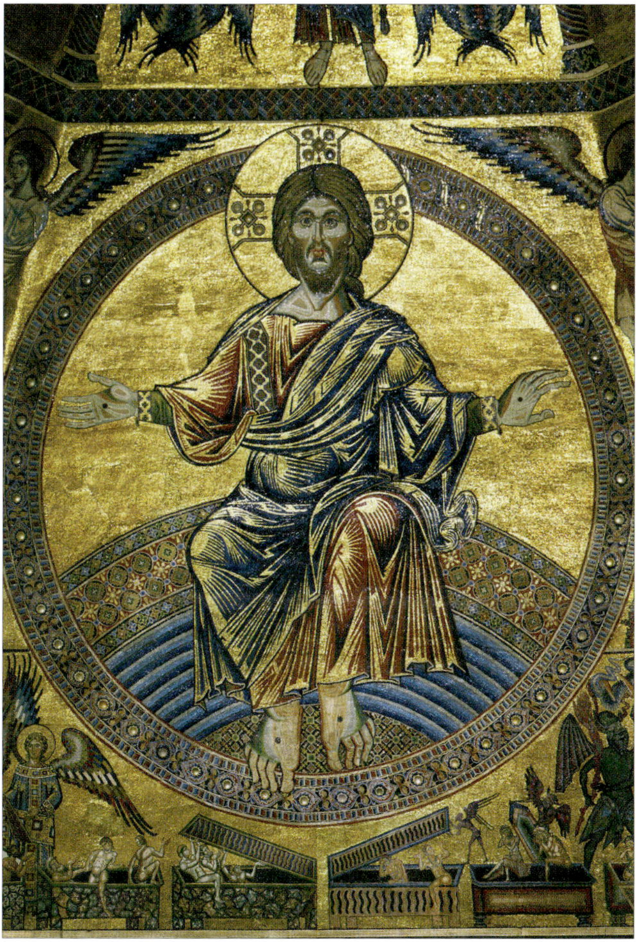

Bild 1: *Christus Pantokrator*, Ausschnitt aus dem Kuppelmosaik im Baptisterium San Giovanni von Florenz, um 1300, © akg-images / Erich Lessing.

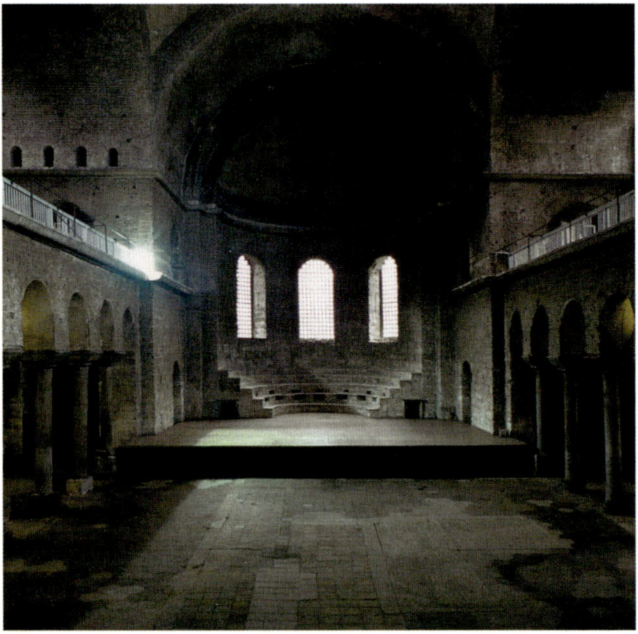

Bild 2: *Istanbul*, Aya Irini Kilisesi – Hagia Eirene, Innenraum, 4. Jahrhundert, © akg-images/Andrea Jemolo.

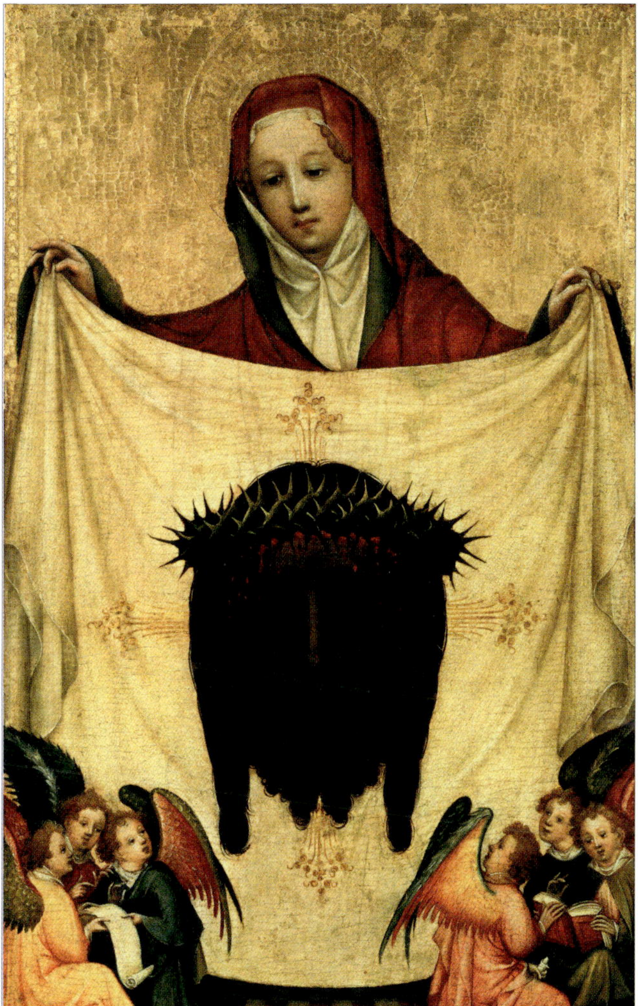

Bild 3: *Die heilige Veronika mit dem Schweißtuch Christi*, Meister der hl. Veronika, um 1420. Auf Nadelholz, mit Leinwand überzogen, 78 x 48 cm. München, Alte Pinakothek, © akg images.

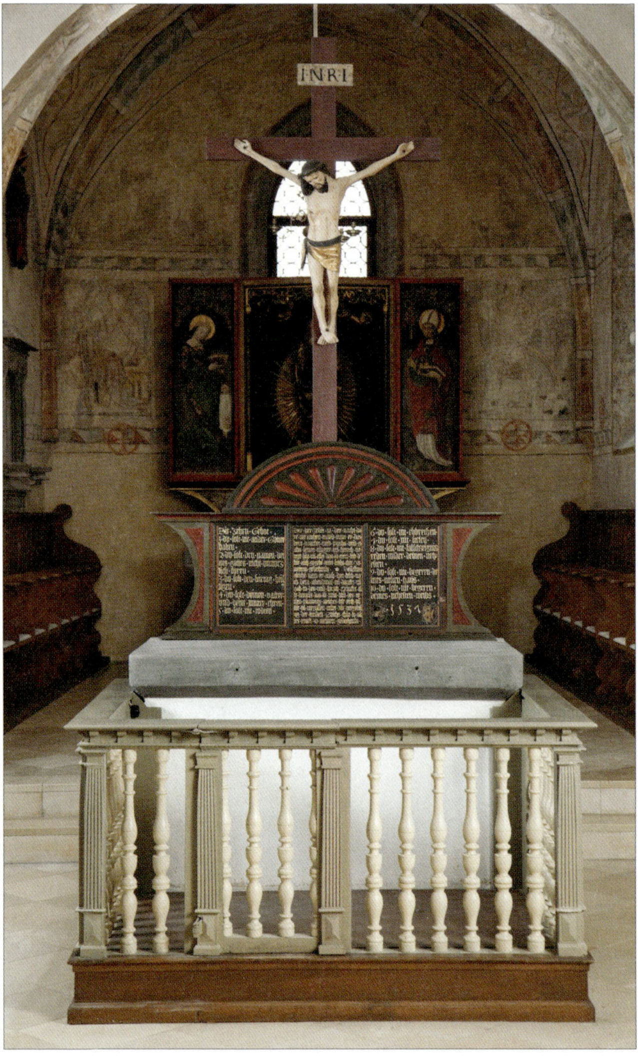

Bild 4: Altarbild der evangelisch-lutherischen Spitalkirche von Dinkelsbühl, © Bildarchiv Foto Marburg/Scheidt, Köhler, Stein.

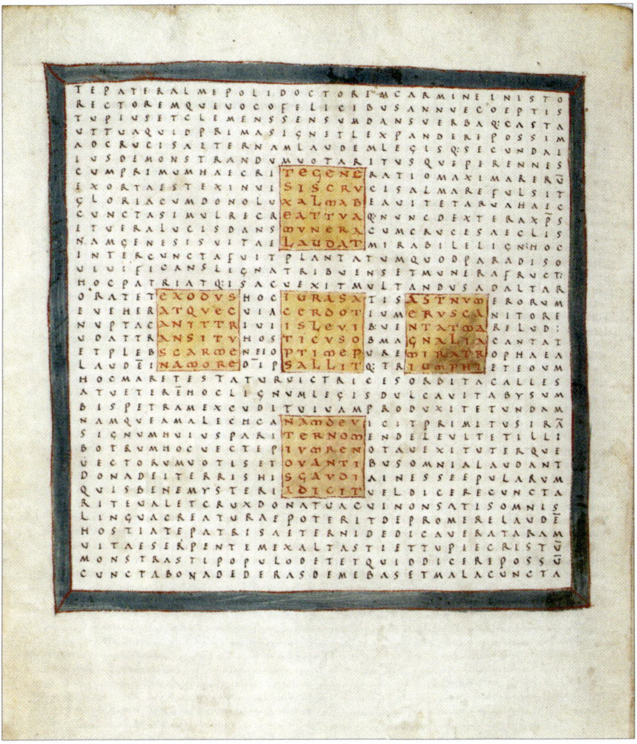

Bild 5: Rabanus Maurus, *In honorem sanctae Crucis* (*De laudibus sanctae Crucis*), © Bibliothèque nationale de France.

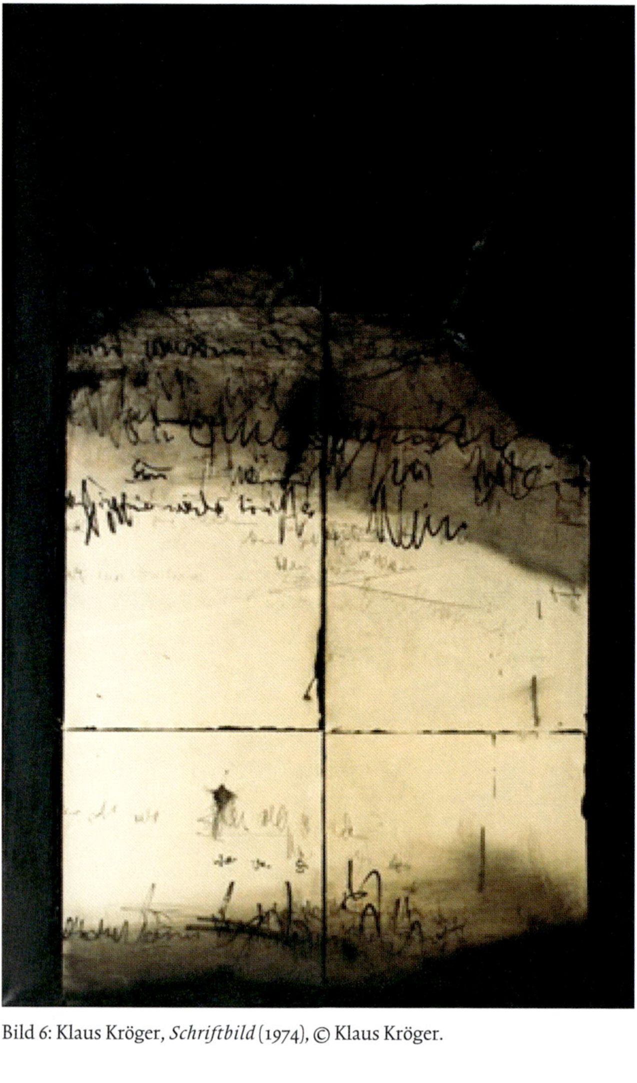

Bild 6: Klaus Kröger, *Schriftbild* (1974), © Klaus Kröger.

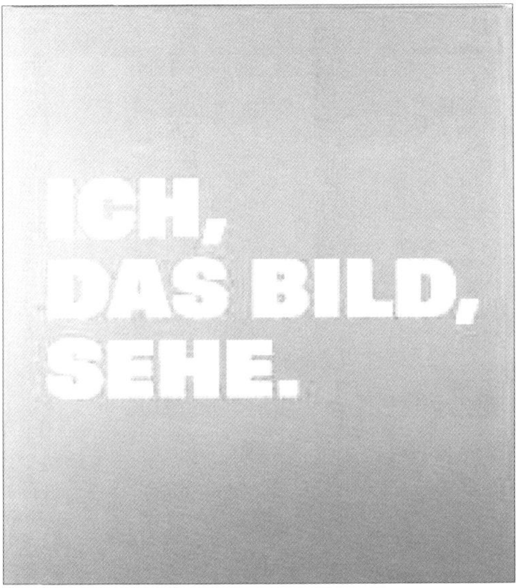

Bild 7: Rémy Zaugg, *Ich, das Bild, sehe* (1998), Aluminium, Lack, Siebdruck © Rémy Zaugg.

Bild 8a: Kazimir Malevich, *Das Schwarze Quadrat* (1915), Öl auf Leinwand, The State Tretyakov Picture Gallery in Moskau © akg-images/Sputnik.

Bild 8b: *Weiß auf Weiß* (1918), Öl auf Leinwand, Museum of Modern Art in New York, DIGITAL IMAGE © 2016 The Museum of Modern Art/Scala, Florence.

Bild 9: Ad Reinhardt, Abstract Painting (1966), Museum of Modern Art in New York, DIGITAL IMAGE © 2016 The Museum of Modern Art/Scala, Florence.

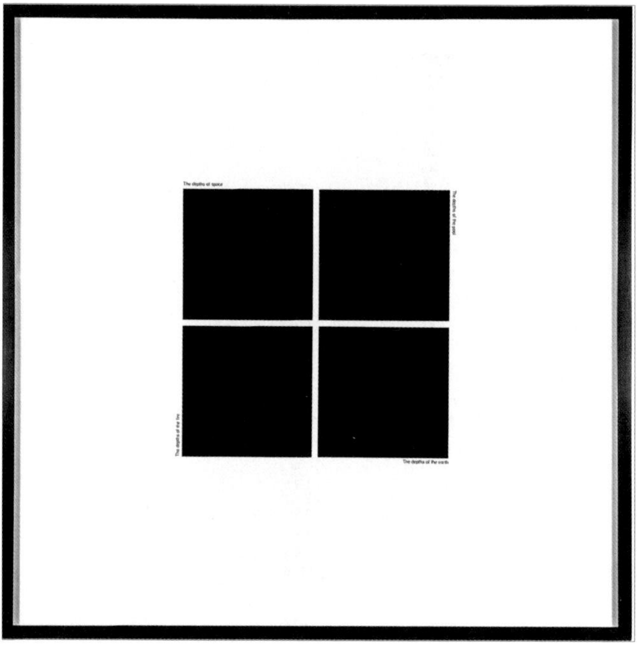

Bild 10 (doppelseitig): John Hilliard, *Black Depths* (1974), Schwarz-Weiß-Druck und Letraset auf Museumskarton, Richard Saltoun Gallery in London, © John Hilliard.

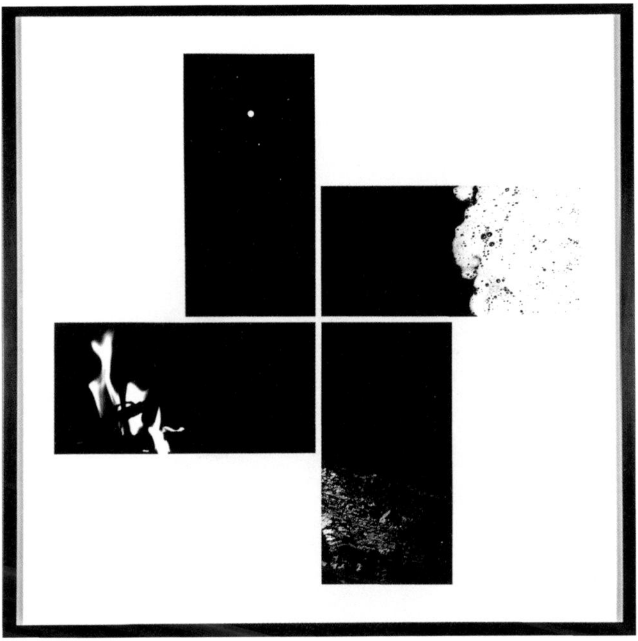

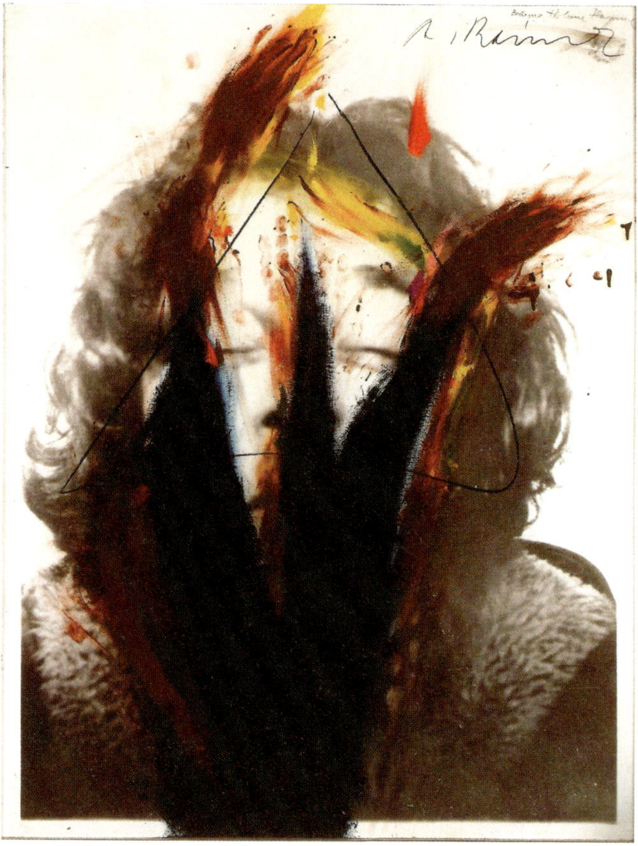

Bild 12a: Arnulf Rainer, *Braune und blaue Flamme*, 1969, Öl auf Foto auf Holz, in: Thorsten Rodiek, Heribert Schulz, Arnulf Rainer. Katalog zur Ausstellung des Museums- und Kunstvereins und des Kulturgeschichtlichen Museums Osnabrück, Osnabrück 1993, 79, 153; © Atelier Rainer.

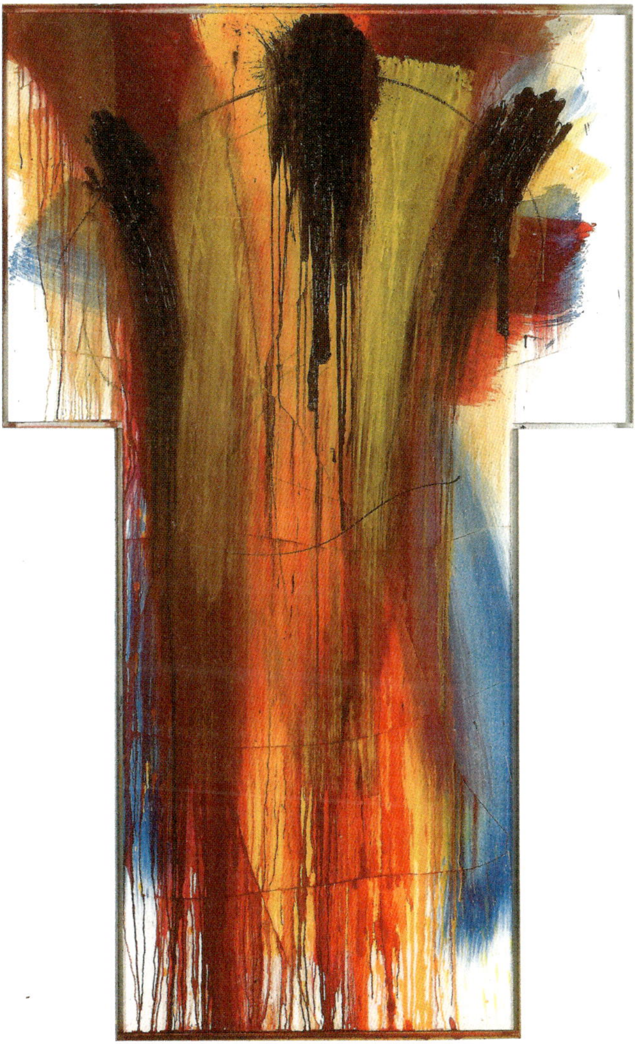

Bild 12b: Arnulf Rainer, *Rotbraun-Kreuz* (1992–92), Öl auf Holz, in: Thorsten Rodie, Heribert Schulz (a. a. O., s. Bild 12a).

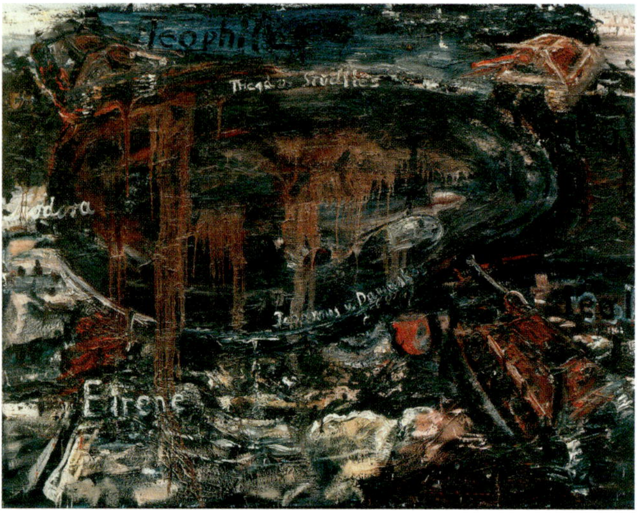

Bild 13a: Anselm Kiefer, *Bilderstreit* (1977), Öl auf Leinwand, Vanabbemuseum in Eindhoven, © Anselm Kiefer.

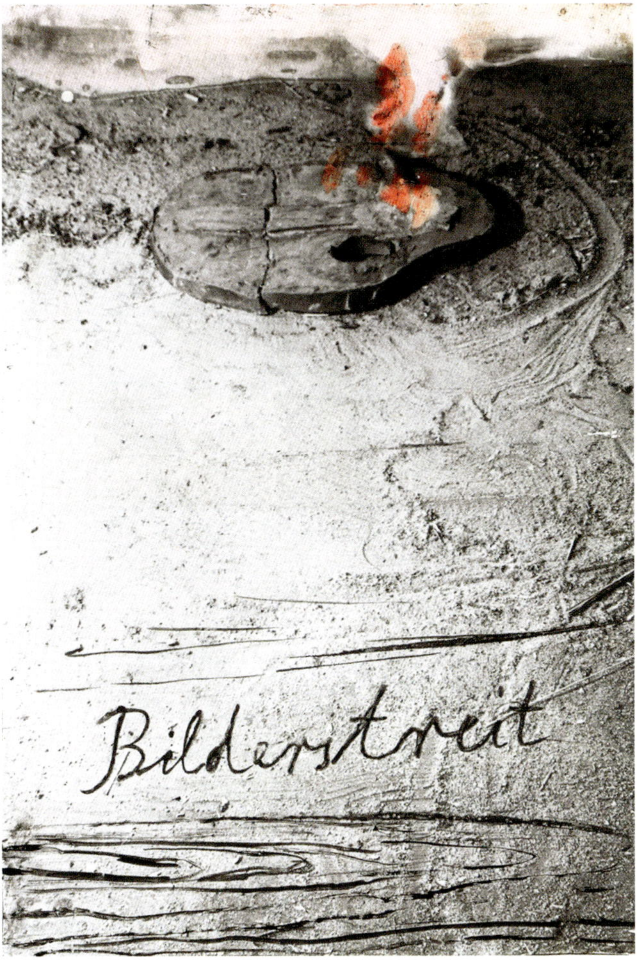

Bild 13b: Anselm Kiefer, *Bilderstreit* (1980), Öl auf Leinwand, Guggenheim Museum in Bilbao, © Anselm Kiefer.

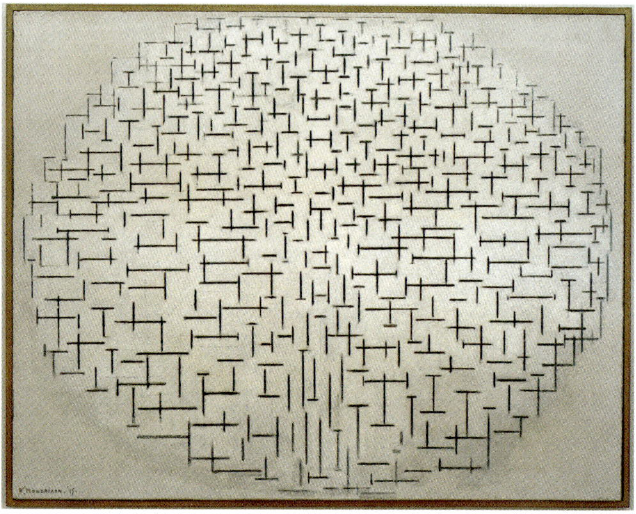

Bild 11: Piet Mondrian, Composition No. 10: Pier and Ocean (1915), Öl auf Leinwand, Otterlo, Rijksmuseum Kröller-Müller, © akg images.

f) Am Ende dieses Abschnittes mag der Hinweis auf Anselm Kiefer stehen, der den byzantinischen Streit um die Bilder auch explizit mit den Mitteln des Bildes thematisiert. In der Fassung von 1977 (vgl. Bild 13a, S. 334) sind die Namen der in der ostkirchlichen Debatte federführenden Gestalten (Kaiserin Eirene genauso wie Johannes Damascenus und deren ikonoklastischen Gegenspieler) im Bild integriert. Sie gruppieren sich um eine bilddominierende Malerpalette, die zugleich auf drei Seiten von Panzern in Schach gehalten wird. In einer späteren Fassung von 1980 erscheint als einziger Schriftzug der Titel ‚Bilderstreit' im Bild. Das Bild ist aus unterschiedlichen Medien zusammengesetzt: aus dem Photo einer Steinmauer, das teils übermalt, teils mit querlaufendem Holzfurnier überformt ist, und auf das ausgeschnittene Photos von Panzern geklebt wurden. In schwarzer Farbe trägt Kiefer wiederum die Konturen einer Malerpalette auf, in deren Zentrum das Photo einer Skulptur von Michael Heizer (Rift) erkennbar ist. Auf diese Mitte zielen die martialisch wirkenden Panzer. Flammen und schwarze Flecke nehmen sich aus wie Einschusskrater auf dem Schlachtfeld der Malerpalette, die zugleich die Form einer Zielscheibe angenommen hat. Ich verweise abschließend knapp auf die Deutungen von Hofmann und Taylor. Der eine interpretiert die frühe, der andere die spätere Fassung.

Hofmann betont auf der Linie seiner Protestantismusinterpretation die Beziehung zwischen Wort und Bild: Erst durch das Verständnis der Namen und ihrer historischen Bedeutung erschließe sich das Bild. Die Palette sei von den Geschossen der Bildgegner getroffen und die Farbe fließe wie Blut von ihr ab. Der Streit zerstöre die Möglichkeit des Malens und zeige den Maler hilflos angesichts des Streits der Ideologien, die ihn aus dem Feld schlugen. Das Bild sei „ein neuer Typ des Historienbildes, der sich (wie im Mittelalter) der wechselseitigen Kommentierung von Wort und Bild" bediene.[251]

Taylor stellt dagegen Beziehungen zu Kiefers Aaron-Bildern und zu dessen Holocaust-Arbeiten ins Zentrum seiner Interpretation: „Kiefer realizes that idolatry is not only a religio-aesthetic issue, but, perhaps more important, a political problem."[252] Das Bild zeige die Verwüstung und Zerstörung (Shoah), die lodernden Flammen erinnerten an Krieg, aber auch an Opferstätten und vor allem an die Verbrennungsöfen in Auschwitz. "Kiefer's artistic wager is that what cannot be thought can be figured by a certain disfiguring [...] He neither erases nor absolutizes figure but uses figure with and against itself to figure the unfigurable."[253] Das Bild bediene sich der Entstellung und Verneinung, konstituiere Darstellung auf dem Umweg der Negation, weil es das thematisiere, was jedes Maß menschlicher Vorstellungskraft sprengt. Der theologische Streit um das Eigenrecht der Bilder wird in der Interpretation des postmodernen amerikanischen Theologen noch einmal auf das Problem der Darstellung des Undarstellbaren bezogen. Nur geht es nach Taylor nicht allein um die Gottheit Gottes, sondern um diejenige Krise der Repräsentation, die zur Erinnerung an die Shoah gehört.

9.4 Noch einmal: Die Darstellung des Undarstellbaren

Adornos Dictum, nach Auschwitz könne kein Gedicht mehr geschrieben werden, der Schatten des Inkommensurablen und Unerträglichen verunmögliche die schöne Form, wirkt auch auf die bildende Kunst. Gerhard Richters Abbruch der

---

[251] Hofmann, Luther (s. Anm. 222), 639.

[252] M. C. Taylor, Disfiguring (s. Anm. 243), 298.

[253] A. a. O., 299.

Arbeit an einem Ausschwitzbild gehört in diesen Sachzusammenhang wie auch die Feststellung Joseph Beuys', Auschwitz verweise auf das, „was nicht repräsentiert werden kann", einen Schrecken, der sich dem Bild und seinen Mitteln widersetze und gerade so die Erinnerung präge. Nur im Widerstand gegen einhegende ästhetische Übersetzungen, nur als Nicht-Repräsentierbares sei Auschwitz ins Bild zu ziehen. Jean-Luc Nancy hat in seinem Text *Forbidden Representation* den Zusammenhang zwischen biblischem Bilderverbot und dieser Krise der bildlichen Repräsentation ausführlich diskutiert, freilich auch mit der Schlussbemerkung zusammengefasst: "The confusion gets even more difficult when attempts are made to establish connections with what we call the biblical prohibition on representation."[254]

Wenn man für die genannten Bilder geltend macht, es handele sich um „Bilder der Bildlosigkeit"[255], so gehören sie zur Rezeptionsgeschichte des Bilderverbots.

9.5 Das Ende des Bildes?

Hegels Unterscheidung von Kunst, Religion und Philosophie als dreier Sphären des Geistes kann an dieser Stelle in Erinnerung gerufen werden. Hegel hatte die Kunst dem sinnlichen Wissen, die Religion der Vorstellung und die Philosophie dem Begriff zugeordnet und die Selbigkeit ihres Gegenstandes mit der Differenz dieser drei Formen zu vermitteln gesucht.

Auch Kunst und Philosophie haben demnach das Absolute und also Gott zum Gegenstand, freilich nicht in der spezifisch religiösen Form. Diese überbietet die Form der Kunst wie sie ihrerseits in die des Begriffs aufgehoben wird.

---

254 J.-L. Nancy, Ground (s. Anm. 1), 28.

255 Hofmann, Luther (s. Anm. 222), 602.

Wenn Hegel in dieser Architektur die Kunst würdigt, weil „*sie* gerade in ihrer bildlichen Weise den Gehalt der Wahrheit" exponiere, charakterisiert er zugleich die Schranke, die zur Aufhebung herausfordert: „Uns gilt die Kunst nicht mehr als die höchste Weise, in welcher die Wahrheit sich Existenz verschafft." Hegel begründet dies wie folgt: „Im ganzen hat sich der Gedanke früh schon gegen die Kunst als versinnlichende Vorstellung des Göttlichen gerichtet, bei den Juden und Mohammedanern z. B., ja selbst bei den Griechen." Natürlich ist das Auslegung des Bilderverbots. Hegel meint sodann, das Christentum habe nach bildlosen Anfängen hernach die Kunst gefördert, mit der inneren Geistigkeit der Reformation aber sei dieses Stadium beendet worden. Der tiefere Geist stoße die Form der äußeren Sinnlichkeit von sich ab wie die Schlange die alte Haut: „Man kann wohl hoffen, dass die Kunst immer mehr steigen und sich vollenden werde, aber ihre Form hat aufgehört, das höchste Bedürfnis des Geistes zu sein. Mögen wir die griechischen Götterbilder noch so vortrefflich finden und Gottvater, Christus, Maria noch so würdig und vollendet dargestellt sehen: es hilft nichts, unser Knie beugen wir doch nicht mehr."[256]

Die oben gegebenen Hinweise auf das Nachleben des Bilderverbots in der Kunst der Gegenwart (III 9.3) zeigen, dass Hegels Bemerkung zum Ende der Kunst keinen Abbruch ästhetischer Arbeit und Erfahrung markieren können, sondern bestenfalls ein Anlass sind, neue und radikalere Gestalten der Bildlichkeit freizusetzen. Weil die Hegel'sche These von der Bedeutung des Bilderverbots auf die durch protestantische Innerlichkeit vollzogene Depotenzierung des Bildes führt,

---

[256] G. W. F. Hegel, Ästhetik, Bd. 1, hrsg. v. F. Bassenge, Westberlin ^{4}1985, 109 f.

darf sie den Übergang zu unserer Schlussreflexion bilden – in Widerspruch eher als in Anknüpfung.

10. Schlussreflexion des systematischen Teils

Der weite Weg der Interpretations- und Rezeptionsgeschichte, der in diesem dritten Teil in Sieben-Meilen-Stiefeln abgeschritten wurde, ist der Aufgabe, zu einem angemessenen Verständnis des Bilderverbots zu gelangen, auch dann nicht äußerlich, wenn er sich von den im zweiten Teil dargestellten ursprünglichen Kontexten weit entfernt. Denn nur so lässt sich der Prozess der kulturellen Sedimentierung von Bedeutungsschichten wahrnehmen, der durch keinen historistischen Rückgriff auf den vermeintlich ursprünglichen Sinn zum bloßen Beiwerk oder zur tertiären Anlagerung erklärt werden kann. Die positivistische Beteuerung, zum wahren Kern der einen Ur-Tatsache vorgestoßen zu sein, würde hermeneutische Arbeit durch eine neue Einfalt ersetzen. Auslegung und Rezeption gehören vielmehr zum Text hinzu, weil dieser selbst erst durch einen langen Prozess transformierender Überlieferung, der Redaktion und der theologischen Reflexion seine prägende Gestalt gewann. Wie der exegetische Teil dieses Bandes im Krebsgang des Geistes vom Späteren ausging, um nach dem von ihm Umgeprägten zurückzufragen, so hielten sich auch die systematischen Beobachtungen an die elaboriertesten, auf klare Gegensätze zugespitzten Auslegungsmodelle. An ihren Voraussetzungen und Konsequenzen sollte rekonstruiert werden, wie sich die Paradigmen der Auslegung verändern. Nicht die Eindeutigkeit des einzig adäquaten, ursprünglichen Sinnes, sondern der Bedeutungswandel, ist der ‚Gegenstand', den es zu verstehen gilt.

a) Statt das Bilderverbot zur Urschicht biblischer Texte oder zum Urgestein jüdischer Religion zu rechnen, galt es – in Aufnahme einer von Cornelius Castoriadis geprägten Metapher[257] – das Magma zu beobachten, dessen permanenter Fluß Bedeutungen generiert, die es zugleich im Bedeutungswandel verschiebt. Selbst die Rede von der Bildlosigkeit des frühen jüdischen Kultus oder der Hinweis auf das Fehlen eines Götterbildes im Jerusalemer Tempel (s. o. II 1.1e) bestimmen die Phänomene bereits im Kontrast zu anderen historischen Erscheinungen. Wir wissen sicher nur, dass die Artikulation des Bilderverbotes spät erfolgt und zwar im Verbund mit anderen Formen sich abhebender Selbstidentifikation (Beschneidung, Einzigkeit JHWHs, Bundesvorstellung), und so zum Merkmal jüdisch-alttestamentlicher Religion wurde.

Seine Prägnanz gewann das Bilderverbot, indem es eine Vielzahl von Sinndimensionen, durchsetzt mit Imaginationen und Erinnerungen in gewandelten Kontexten modifizierte. Transzendenz Gottes versus Stillstellung jeder Veränderung im gegebenen Kult-Objekt, Unendlichkeit versus Verendlichung, Isolation versus Konkreszenz, Unbegrenztheit versus Bestimmtheit, Geist versus Leib, Rationalität versus Sinnlichkeit, Freiheit versus Knechtschaft, wunderbare Entstehung versus eigenmächtige Herstellung, Offenbarung versus Projektion, Reinheit versus Verführbarkeit, Andersheit versus Identität, vor allem aber: Schöpfer versus Geschöpf sind solche Gegensätze, die nicht erst einer sekundären Auslegung der biblischen Texte entstammen, sondern die Nährlösung bilden, in der sich das Bilderverbot herauskristallisiert (s. o. II 2.3–4).

---

[257] C. Castoriadis, Gesellschaft als imaginäre Institution. Entwurf einer Politischen Philosophie, Frankfurt am Main ²1997, 564 ff.

Darum ist es sachgemäß, dass sich im Kontext des Christentums (genauer: zunächst für einen sich auf Jesus von Nazareth berufenden christologisch-soteriologisch bestimmten Glauben an den Gott Israels) dieser Bedeutungswandel fortsetzt. Auf dem Weg zu seiner trinitätstheologischen Ausformung gerät dieser Bedeutungswandel sodann unter verstärkten Einfluss der philosophischen Bildkritik und einer neuplatonischen Bildtheologie. Die Legitimität des Bildes wird trotz Verbot und Versagung erstritten und zwar verstärkt durch eine Inkarnationschristologie. War das Bilderverbot jüdischer Identitätsmarker, so konnte die Wiedereinführung des durch es Ausgeschlossenen dieselbe Funktion erfüllen und also das christliche Bewusstsein orientieren. Dass für das Christentum ein Bilderverbot nicht mehr gilt oder gar dass in Christo Gottes Herrlichkeit gesehen werden kann, bestimmt(e) das Selbstbewusstsein, wie auch, dass die Bilderfreunde, die zunächst verfolgt wurden, den Sieg davontrugen. Nicht der Ausschluss der Ketzer bestimmte in diesem Prozess die Formatierung kirchlicher Frömmigkeit, sondern die Vergeblichkeit aller Versuche, das Bild zu verbieten.

b) Die hier skizzierte Hermeneutik des Bilderverbotes entfaltet sich zwischen den Polen der Transzendenz und Andersheit Gottes mit einem Gefälle zur Negativen Theologie einerseits und andererseits dem einer Anthropologie der *imago Dei* mit einem Gefälle zum *animal symbolicum et fingens* bzw. zum *homo pictor*. In diesem Spannungsfeld sind nicht nur Bildfragen Glaubensfragen,[258] sondern auch Bildtheorien Theologien (auch wenn diese gelegentlich schwach oder scheinbar trivial ausfallen mögen). Die Christologie war

[258] Belting, Bild (s. Anm. 107), trägt den Untertitel: „Bildfragen als Glaubensfragen".

und ist das organisierende Zentrum dieser Spannungen und erfüllt zugleich die Funktion einer Medientheorie.[259]

c) Der sogenannte *iconic turn* der Kulturwissenschaften bzw. die Renaissance philosophischer Bildtheorien eröffnet der Theologie eine Horizontverschiebung. Er ist nicht nur eine theoretische Herausforderung, sondern indiziert eine signifikante Änderung der Bildpraxis. Parallel zur Digitalisierung der Bildwelten und dem weltweiten Dauerzugriff auf sie steigert sich die Ambivalenz bildlicher Erfahrung. Die Alternative zwischen religiöser und säkularer Bildbetrachtung, zwischen Kultbild und Kunstbild wird immer häufiger durch fremde Blicke durchkreuzt. Die Erregbarkeit der Öffentlichkeit durch Bilder nimmt zu, immer seltener bleiben sie privat. Sexueller Missbrauch von Kindern ist zu einem Bildproblem geworden, so dass vielfältiger Anlass besteht, erneut Bilderverbote zu fordern. Auch gegenwärtig bewährt sich Humanität im Streit um Bilder.

d) Hinsichtlich des Bildbegriffs ist dessen Lösung vom Paradigma der Abbildung die wohl wichtigste Tendenz der Forschung. Mit ihr fällt die Konkurrenz zwischen Bild und Satz, sinnlich Visuellem und rational Artikuliertem, Bild und Wort im Streit um die angemessene Darstellungsform. Sie wird abgelöst durch eine neue Aufmerksamkeit für die unvertretbare Kompetenz des Bildes etwas zu zeigen bzw. sichtbar zu machen, was ohne es ungesehen bliebe oder übersehen würde. Bilder sind selbst dann Medien, die Grenzen zwischen Sichtbarem und Verborgenem ziehen, wenn sie zum Zwecke der Abbildung gebraucht werden.

e) Zu ihrer Ambivalenz gehört nicht nur das Glück gelungener Repräsentation, sondern auch die Verzweiflung über

[259] Hörisch, Sinn (s. Anm. 71), 53.

das „Dilemma, dass zwar unser Sehen uns die Dinge erkennen lässt, dass es aber gleichzeitig die Erkenntnis der Welt begrenzt und partiell unmöglich macht“[260]. Darum ist die Spannung zwischen bildlicher Darstellung und theologischem Gegenstand im Sinne einer langen Auslegungstradition des Bilderverbotes nicht nur als eine der Unangemessenheit und Diskrepanz zu denken, sondern es sind auch Affinitäten zwischen Bildkultur und evangelischem Glauben zu entdecken. Sie wären in einer Bild-Anthropologie zu entfalten, die jene Eigenart des Menschen ernst nähme, die Luther als Spannung zwischen *ratio* und *cors*, zwischen *intellectus fidei* und *vis imaginativa* identifiziert hat.

f) Dem entspricht die in unserer Gegenwart beobachtbare Tendenz, das biblische Verbot, ein Bild zu machen, in das Gebot: „Du sollst Dir Bilder machen!“[261] zu überführen bzw. durch es zu interpretieren. An der konstitutiven Pluralbildung zeigt sich die theologische Einschätzung, was am Bild befürchtet wurde und warum die Tradition es für verboten hielt: aufgrund der bannenden Kraft der Vereindeutigung, die im einzig wahren Bild alle neuen Erfahrungen stillstellen müsste. Entsprechend erklärt Bruno Latour: „Du sollst Dir kein erstarrtes Bildnis machen!“[262] Vieles spricht also dafür, dass eine Hermeneutik des Bilderverbots nicht nur einer Theologie und Bildanthropologie, sondern auch einer Theologie der Kultur zuarbeiten kann.

---

260 G. Richter, zit. n. D. Elger, Gerhard Richter, Maler, Köln 2008, 172.

261 Predigt von P. Bahr.

262 Latour, Iconoclash (s. Anm. 73), 76.

IV Ausblick

Als die Arbeit an der vorliegenden Publikation begann, war noch nicht absehbar, wie aktuell die Frage nach den Bildern und mit ihr diejenige nach der Bedeutung des Bilderverbots noch werden würde. Mit den Anschlägen von Paris im Januar 2015 wurde in unserer Gegenwart erstmals die Grenze überschritten, dass durch militante Islamisten nicht nur Bildwerke alter Kulturen und anderer Religionen zerstört wurden wie bei den Buddhastatuen durch die Taliban, sondern dass man Künstler mitten in Europa ermordete, weil sie Bilder geschaffen haben, die als Frevel und Provokation empfunden wurden. Wie Horst Bredekamp in einem Interview in der Süddeutschen ausführte, ist damit die Frage nach unserem Umgang mit Bildern nach langer Zeit wieder zu einer Frage von Leben und Tod geworden.[1] Der neue Ikonoklasmus, der vor Leib und Leben des *homo pictor* nicht Halt macht, fordert das wichtigste Erbe von Reformation und Aufklärung existenziell heraus: die Fähigkeit zur Distanz, die erst die Freiheit der Kunst, des Schaffens *und* des Sehens, ermöglicht. Bredekamp bezieht sich dazu auf seine *Theorie des Bildakts*[2]: „Um unseren Freiraum zu wahren, müssen wir bestehen auf der Distanz von Bild und Körper, Bild und Gott. Wie der Mord an den Zeichnern von Paris gezeigt hat, ist das nun das wichtigste

---

1 Doppelmord an Mensch und Werk: Interview mit H. Bredekamp, geführt von K. Vahland, Süddeutsche Zeitung Nr. 8, Montag, 12. Januar 2015, 9.

2 H. Bredekamp, Theorie des Bildakts. Frankfurter Adorno-Vorlesungen 2007, Berlin 2010.

Gebot der Aufklärung: eine Frage von Leben und Tod. Dieser Zusammenhang ist über lange Zeit verdrängt, verdreht und verharmlost worden. Wir müssen uns den Fragen der Bildkultur stellen."[3] Die neue Qualität dieser Fragen lässt sich keineswegs nur auf den Kultur- und Religionsgegensatz eines „clash of civilizations" zwischen Abendland und Morgenland, Christentum und Islam, zurückführen, stellt aber genau in diesem Kontext auf vermutlich unabsehbare Zeit eine Herausforderung für die westlichen Gesellschaften dar.

Wie Silvia Naef betont, gibt es im Islam, anders als in Judentum und Christentum, kein explizites Bilderverbot, sondern nur mehrdeutige Texte der Tradition, die historisch unterschiedlich rigoros interpretiert wurden.[4] Gemeinsam ist ihnen die Abgrenzung von einer Bilderverehrung, die in der Gefahr steht, den religiösen Bereich zu „verunreinigen". Die Reaktion des fundamentalistischen Islamismus auf die Mohammed-Karikaturen steht insofern in einem viel weiteren Kontext einer empfundenen Gefährdung des „Heiligen", die im Einflussbereich des Islam auch damit zu tun hat, dass durch die Dominanz der westlichen Kultur

> „zwar seit zwei Jahrhunderten eine rasante ‚Vermehrung' der Bilder stattfindet, die vor allem mit den neuen Reproduktionstechniken zusammenhängt, dass sich aber der Ort des Bildes in der Gesellschaft nicht grundlegend verändert hat: Das Bild bleibt nach wie vor aus der religiösen Praxis ausgeschlossen, ist aber im profanen Bereich erlaubt. Statt von einem ‚Bilderverbot' sollte man vielleicht besser von dem Umstand sprechen, dass dem Bild im Islam bestimmte Funktionen

---

3 SZ (s. Anm. 1), 9.

4 S. Naef, Bilder und Bilderverbot im Islam. Vom Koran bis zum Karikaturenstreit, München 2007 (frz. 2004 unter dem Titel: Y-at-il une «question de l'image» en Islam?).

zukommen, die sich von denen unterscheiden, die das Christentum kannte und immer noch kennt."[5]

Naef verweist darauf, dass die islamischen Traditionen in dieser Hinsicht der antik-jüdischen Theorie und Praxis des Umgangs mit Bildern näher stehen als derjenigen des Christentums.[6] In Judentum und Islam führte nicht das Bild *als solches*, wohl aber die Möglichkeit seiner kultischen Verehrung zur Abgrenzung. Ein entsprechender Umgang mit den Bildern war *ein* (kein zentrales) Element am „richtigen" Vollzug religiöser Praxis: Bilder müssen ausgegrenzt oder beim Gebet unsichtbar gemacht werden, weil sie ablenken und verführen könnten.[7] Darin ist ein – in den Quellen des Islam kaum reflektiertes – Bilderverständnis enthalten, das ihnen eine erhebliche Macht zuschreibt. Das gilt ganz offensichtlich besonders für die extreme Variante der Bildauffassung islamistischer Kreise, die dem Bild eine Wirklichkeit (vor allem als Wirkung auf Menschen) zuschreibt, die keinerlei Distanz kennt wie Bredekamp hervorhebt: „Die neuen Täter unterscheiden nicht zwischen Bild und Gott, Bild und Körper. Sie identifizieren die gezeichneten Figuren des Propheten mit dem Propheten selbst."[8] Es handelt sich nicht einfach nur um ein vormodernes Konzept, dem gegenüber Anlass zu Überle-

5 Naef, Bilder (s. Anm. 4), 137. Wenn dann direkt als Schlusssatz des Buches die Pointe folgt: „Daraus ergibt sich eine neue, vielleicht auch etwas provokante Frage: Ist das ‚Bilderverbot' im Islam nicht im Grunde eine Frage – oder sogar Erfindung – des Westens?", wird man angesichts der gegenwärtigen Auseinandersetzungen nicht geneigt sein, dem einfach zuzustimmen. Vielmehr entsteht genau hier erhöhter Diskussionsbedarf.

6 Naef, Bilder (s. Anm. 4), 27.

7 Naef, a. a. O., 11–32, zu den Texten der Tradition; 131–137, zur Gegenwart.

8 SZ (s. Anm. 1), 9.

genheitsgefühlen bestünde. Die virtuose ikonische Inszenierung z. B. von Bilderzerstörungen in Syrien und im Irak durch den sogenannten „Islamischen Staat" zeigt ja auf ihre Weise, dass mediale Bildermacht (in diesem Fall die bewusste Präsentation eines Angriffs aufs Weltkulturerbe) einen Nerv unserer eigenen, in rasantem Wandel begriffenen Bildkultur trifft.

Im weltumspannenden digitalen Netz ist jedes Bild sofort verfügbar. Mit der grenzenlosen Präsenz von Bildern schwindet zugleich die Unterscheidungs- und Deutungskompetenz „vor dem Bild". Was – wie im systematisch-theologischen Beitrag dieses Bandes dargelegt wurde – bei ikonischer Inszenierung politischer Macht oder bei Bildern zur erotischen Stimulierung sofort einsichtig wird, dass es nämlich eine Bildpräsenz gibt, die Distanz nicht zulässt (zulassen soll), prägt auch die digitale Alltagskultur. Bredekamp verweist hierfür etwa auf die „Bewegung der Selfies" (bei denen oft nicht mehr zwischen Selbst und Inszenierung unterschieden wird) und auf den „Augenblicksjournalismus" mit seiner suggestiven Unmittelbarkeit von Live-Bildern, die nichts erklären, sondern – gerade bei Katastrophen und Kriegen – einer Ästhetik der Überwältigung gehorchen: „Was wir dagegen brauchen in den Medien, ist Raum für Reflexion, nicht Distanzlosigkeit zum Geschehen."[9]

Es ist auch ein Anliegen beider Teile dieses Buches, durch die Zugänge der biblisch-exegetischen und der systematisch-theologischen Reflexion einer „Hermeneutik des Bilderverbotes" zuzuarbeiten, die die Fähigkeit zu einem verantwortet unterscheidenden Umgang mit Bildern stärkt. Angesichts der Bildlichkeit als eines anthropologischen Phänomens von großer Prägnanz und bleibender Ungleichzeitigkeit ist die

9 SZ (s. Anm. 1), 9.

christliche Theologie heute besonders herausgefordert, ihren Beitrag zum besseren Verstehen von Bildern im Licht des biblischen Bilderverbots im Kontext anderer biblischer Texte zu leisten.

Dies sollte durch eine historische *und* systematisch-theologische Erkundung von Entstehungszusammenhängen und Rezeptionsgestalten des Bilderverbots geschehen. Die Aufgabe bestand für die Autoren darin, exemplarisch die Vielfalt von Interpretationsschichten aus der Perspektive evangelischer Theologie offenzulegen. Der doppelte Zugang hat exemplarischen Charakter für die diszplinübergreifende Zusammenarbeit an solchen Themen der Theologie, deren Komplexität nicht allein durch *eine* Sichtweise erfasst werden kann. Das zeigt sich auch in der Auseinandersetzung mit bildwissenschaftlichen und philosophischen Erkenntnissen, die aus Sicht beider Verfasser eine Hermeneutik des Bilderverbots als theologische Aufgabe erst zureichend erfassen lassen.

Im Blick auf Alter und Herkunft des Bilderverbots sollte es nicht um (als solche gar nicht mögliche) „letzte" Erklärungen durch die Rekonstruktion von „Ursprüngen" oder „Ur-Intentionen" gehen. Stattdessen zeigte sich der Problemkreis als einer, den man erst unter den Bedingungen des expliziten Monotheismus Altisraels ab der Exilszeit historisch präzise beschreiben kann. Es bot sich insofern der Weg einer „archäologischen" Rückfrage an, bei der vom Standpunkt der klassisch-antiken Außensicht auf das Bilderverbot zunächst nach den späten bilderpolemischen Texten des Alten Testaments und von dort aus nach dem (exilischen) Dekalog und eventuell älteren Elementen (Anikonismus Jerusalems, prophetische Bilderkritik) zurück gefragt wurde. Deutlich ist, dass die hellenistischen und römischen Autoren recht hatten, wenn sie die Bildlosigkeit der antik-jüdischen Religion (vom „Verbot" ist hier nicht die Rede) aufs Engste mit deren speziellem Monotheismus in Verbindung brachten. In der Tat ist das dekalogische Bilderverbot nicht unabhängig, sondern als Konkretion und Zuspitzung des 1. Gebots (der Alleinverehrung JHWHs) zu sehen. In diesem Zusammenhang ist dann die These Jan Assmanns – trotz berechtigter Kritik an Einzelheiten – nach wie vor interessant, dass Ikonoklasmus im Licht der Unterscheidung von Gott und Welt *Theo*klasmus ist und zuletzt dem (aus anthropologischen Gründen) nicht aufhebbaren „Kosmotheismus" gilt.[10] Es bleibt dazu aber festzuhalten, dass die jüdische Religion zwar eine Semantik der Gewalt gegen Bilder/Götter tradierte (vgl. Dtn 7 u. ö.), dass diese aber aufgrund der Geschichte des Judentums – anders als in Christentum und Islam – nicht zu ikonoklastischen Taten führte.[11]

---

10 Vgl. J. Assmann, Die Mosaische Unterscheidung oder der Preis des Monotheismus, München/Wien 2003, 83–106, in Präzisierung von ders., Moses der Ägypter. Entzifferung einer Gedächtnisspur, München 1998; vgl. ders., What's wrong with Images?, in: J. Ellenbogen, A. Tugendhaft (Hg.), Idol Anxiety, Stanford 2011, 19–31. Zur Diskussion von Assmanns Monotheismus-These vgl. die Dokumentation kritischer Anfragen im Anhang von „Die mosaische Unterscheidung" (193–286) sowie F. Hartenstein, Monotheismus und Intoleranz. Überlegungen aus alttestamentlicher Sicht, GluL 26, 2011, 13–25.

11 Vgl. zum Problempotenzial solcher Semantik J. Assmann, Monotheismus und die Sprache der Gewalt. Wiener Vorlesungen im Rathaus 116, ⁵2009, mit dem Resümee (57): „Das semantische Dynamit, das in den heiligen Texten der monotheistischen Religionen steckt, zündet in den Händen nicht der Gläubigen, sondern der Fundamentalisten, denen es um politische Macht geht und die sich der religiösen Gewaltmotive bedienen, um die Massen hinter sich zu bringen. [...] Daher kommt es darauf an, diese Motive zu historisieren, indem man sie auf ihre Ursprungssituation zurückführt. Es gilt, ihre Genese aufzudecken, um sie in ihrer Geltung einzuschränken."

Unter den Bedingungen eines christologisch transformierten Bilderdenkens hat sich im Christentum neben der Affirmation der Bilder auch immer wieder deren gewaltsame Beseitigung Bahn gebrochen, so im oströmisch beherrschten Ägypten (gegenüber den Zeugnissen der pharaonischen Kultur) und im späteren byzantinischen Bilderstreit oder während der Reformation (nach innen). Dazu vorgebrachte Begründungen und Gegenargumente werden im systematisch-theologischen Teil des Buches in Korrelation mit neueren Bildtheorien transparent gemacht. Auch dieser Teil folgt keiner chronologischen Darstellung, „erzählt" also keine Geschichte. Vielmehr macht er deutlich, wie angesichts der fundamentalen anthropologischen (und theologischen) Bedeutung der Bilderfrage Konflikte und Lösungsversuche ohne Aussicht endgültiger Klärung aufeinander folgen. Im Sinne J. G. Droysens entwirrt die Darstellung das Knäuel von Auslegungen des Bilderverbots in der christlichen Sinngeschichte und legt sie ordnend auseinander.[12] Dabei ist die exegetisch und religionshistorisch gewonnene Leitthese wichtig, dass der Bildbegriff, den das biblische Bilderverbot und seine bereits inneralttestamentlich einsetzende Rezeptionsgeschichte

12 „Interpretation ist nicht Erklärung des Späteren aus dem Früheren, des Gewordenen als ein *notwendiges* Resultat der historischen Bedingungen, sondern ist die Deutung dessen, was vorliegt, gleichsam ein Lockermachen und Auseinanderlegen dieses unscheinbaren Materials nach der ganzen Fülle seiner Momente, der zahllosen Fäden, die sich zu einem Knoten verschürzt haben, das durch die Kunst der Interpretation gleichsam wieder rege wird und Sprache gewinnt." (J. G. Droysen, Historik. Rekonstruktion der ersten vollständigen Fassung der Vorlesungen [1857], Grundriß der Historik in der ersten handschriftlichen [1857/1858] und in der letzten gedruckten Fassung [1882], Textausgabe von P. Leyh, Stuttgart-Bad Cannstatt 1977, 162 f. [Hervorhebungen und Klammern im Original]).

impliziert, anhand der wirkmächtigen Theorie von Ähnlichkeit und Abbildung nicht erfasst werden kann. Vielmehr hat diese Theorie einer Entwertung des Bildes zum „bloßen Bild" zugearbeitet.

Stattdessen gehen neuere bildtheoretische Entwürfe seit Heidegger und vor allem seit dem mit Hans Belting und Gottfried Boehm verbundenen *iconic turn* in Philosophie und Kulturwissenschaften von einem Bildverständnis aus, das mit einer spezifischen Präsenz des Bildes rechnet. Die Re-Präsentation ist dabei nicht aus dem Spiel, gehorcht aber nicht mehr der Logik der Mimesis einer höheren Realität (Platons Theorie von Urbild und Abbild). Die besondere Präsenz des Bildes liegt stattdessen in seiner Intensivierung durch *Präsentation*:[13] Das Bild zeigt etwas, indem es „sich zeigt", also „zu sehen gibt". Die Genese *als* Bild *in actu et in mente* ist ein sowohl produktiver wie rezeptiver Akt, Bildermachen und Bildersehen wirken zusammen.

Die Pointe eines solchen Konzepts liegt nicht – wie man angesichts der oben erwähnten Phänomene alltagskultureller Bildmacht meinen könnte – in einer Präsenz, die den Betrachter schlechthin in ihren Bann zieht und alle Unterschiede verwischt. Auch wenn passive Widerfahrnisse vor und mit einem Bild bild-anthropologisch Wesentliches zum Vorschein bringen,[14] so ist doch die „Mitpräsenz" des Betrachters (G. Boehm[15]) im Akt der Wahrnehmung auch von *Differenzen*

---

13 Siehe G. Boehm, Repräsentation – Präsentation – Präsenz. Auf den Spuren des homo pictor, in: ders. (Hg.), Homo Pictor, Colloquium Rauricum 7, München / Leipzig 2001, 3–13: 5 f.

14 Vgl. das Prosastück „Das Götzenbild" von Robert Walser von 1913 (s. o. III, Anm. 187), und G. Didi-Huberman, Vor einem Bild, München 2000 (frz. 1990).

15 Boehm, Repräsentation (s. Anm. 13), 13.

geprägt. Im Bild tritt auf spezifische Weise etwas so in Erscheinung, dass es in der Anwesenheit auch Abwesendes „da“ und *als solches* wirksam sein lässt. Es entsteht ein Rückraum des Unauslotbaren am Bild selbst, eine „ikonische Opazität“[16]. Die Präsenz des Bildes ist also auch sein Entzug, sie unterliegt der Zeit, deren Wahrnehmung ein stetes Übergehen ins Vergangene, nicht mehr Fixierbare, prägt. Dem Bild wohnt das Anti-Bildliche inne – die Affinität zum Bilderverbot und zu einer „negativen Theologie“ ist dem so verstandenen Bild nicht fremd.

Vor diesem Hintergrund ist schließlich für beide Zugänge des Buches auch noch ein zweites Moment an der Leitthese von der Ablösung des Abbildungsparadigmas durch das Modell von Präsenz (und Entzug) bedeutsam: Dem biblischen Bilderverbot ging es nicht um die Bewahrung der Unsichtbarkeit Gottes (oder die Abwehr jeder Gestaltvorstellung), sondern im präzisen Sinn um Gottes *Verborgenheit,* auch im Zusammenhang seiner Offenbarung. Die dialektische Dynamik von Erscheinen und Verbergen, Präsenz und Entzug stellt – in ihrer unhintergehbar zeitlichen Dimension – eine wichtige, wenn nicht die nach Auffassung der Autoren wichtigste Grenzbestimmung des Bilderdenkens in Theologie und Philosophie dar. Die *theologia crucis* kann stellvertretend für die damit gegebenen Interpretationslinien des zuletzt Nicht-Interpretierbaren stehen.

Das Spiel der entzogenen Transzendenz im Bild prägt – nicht selten vor allem in Form eine „negativen Theologie“ – auch manche Bilder zeitgenössischer Kunst, wenn man sie im Licht der Äußerungen von Künstlern wie Gerhard Richter betrachtet. Der systematisch-theologische Beitrag endet mit ei-

16 Boehm, Repräsentation (s. Anm. 13), 9.

nem Ausblick auf solche theologische und christologische Dimensionen in modernen Kunstwerken. Sie verweisen darauf, dass Bild und Bilderverbot immer noch „zuhaufe" gehören wie Glaube und Gott bei Luther.[17] Auch in zeitgenössischer Kunst hat sich die mit dem Bilderverbot explizit gewordene Grundspannung des Bildes nicht verflüchtigt, sondern verwandelt. Sie unterliegt heute neuen Herausforderungen des Denkens. Die Arbeit an „den Fragen der Bildkultur"[18] muss – auch wegen der aktuellen Relevanz des Themas und seiner ernsten Bedeutung – noch intensiver und interdisziplinärer werden. Eine „Hermeneutik des Bilderverbots" erscheint nicht nur als Desiderat der Theologie (etwa im Blick auf eine bildtheoretische Christologie oder Sakramentenlehre), sondern auch als wichtiges Bindeglied zu Medientheorie, Ästhetik und Kulturhermeneutik. Nur so kann es gelingen, die Kunst der rechten Unterscheidung (eine noch immer theologische Tugend) in die gegenwärtigen Debatten um die „Bilderflut" einzubringen, in der das Bewusstsein für das Bild und damit für die Relevanz des Bilderverbots als der nötigen Distanz zum Bild unterzugehen droht:

> „Die Bilderfeindlichkeit der Medienindustrie ist ungebrochen, nicht weil sie die Bilder verböte oder verhinderte, im Gegenteil: weil sie eine Bilderflut in Gang setzt, deren Grundtendenz auf Suggestion zielt, auf bildlichen Realitätsersatz, zu dessen Kriterien seit jeher gehörte, die Grenzen der eigenen Bildlichkeit zu verschleiern. Das vielbeschworene neue Zeitalter des Bildes, – nach demjenigen Gutenbergs –, ist ikonoklastisch, auch dann, wenn es seine Enthusiasten nicht einmal bemerken. Damit ist natürlich nicht gesagt, daß mit reproduktiven – oder simulierenden – Bildtechniken nicht starke Bilder gemacht werden könnten. Die Geschichte der Photographie, des Films oder der

[17] Vgl. M. Luther, Der große Katechismus, in: BSLK, Göttingen [7]1976, 560.
[18] Bredekamp, SZ (s. Anm. 1), 9.

beginnenden Videokunst haben dies zur Genüge bewiesen. Von diesen neuen Techniken einen bildstärkenden Gebrauch zu machen, setzte freilich voraus, die ikonische Spannung kontrolliert aufzubauen und dem Betrachter sichtbar werden zu lassen. Ein starkes Bild lebt aus eben dieser doppelten Wahrheit: etwas zu zeigen, auch etwas vorzutäuschen und *zugleich die Kriterien und Prämissen dieser Erfahrung zu demonstrieren.*“[19]

Es wird eine entscheidende Aufgabe einer Hermeneutik des Bilderverbots sein, den Sinn für die mit dem Bild zugleich gegebenen Grenzen des Sichtbaren wachzuhalten und so die Fähigkeit zur Distanz von jeder Ideologisierung des Bildes auszubilden und zu bewahren.

---

19 G. Boehm, Die Wiederkehr der Bilder, in: Ders., Was ist ein Bild?, Bild und Text, München ²1995, 11–38: 35 (Hervorhebung FH).

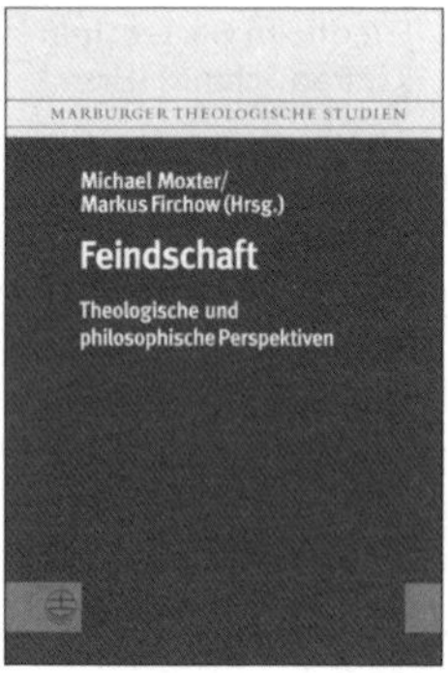
MARBURGER THEOLOGISCHE STUDIEN
Michael Moxter/
Markus Firchow (Hrsg.)
Feindschaft
Theologische und
philosophische Perspektiven